大国镜鉴

百年教训

20世纪的政治遗产

肖德甫◎著

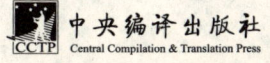

前言
Preface

人类已经告别 20 世纪。也许 20 世纪作为历史还未能完全沉淀，甚至有些事件还在延续或者进一步发展，一时半会难以有个终极结果。不过，人类还是从过往实践中得出了不少结论，毕竟，人们已经行进到了大致能够看清一座山的全貌的距离，并且随着时间的推移还会看得更加清楚。

（一）

20 世纪无疑是一个变化的世纪。

世纪初，人们作环球旅行需漂洋过海两三个月；世纪结束时，则只需要一二十个小时。

世纪初，村落与村落、地区与地区之间信息闭塞，相互隔绝；世纪结束时，地区一体化与洲际联盟已见端倪，大有联合之势。

世纪初，全球仅有 1.5 亿人居住在城市，占世界总人口的比例不足 10%；世纪结束时，全球有 29 亿人居住在城市，几近世界总人口的一半。

世纪初，君臣之间对话，一个坐着，一个跪着；世纪结束时，国家权力的获得则要征得人民的同意。

世纪初，有舆论认为世界的进步已经到顶了，人类应该节衣缩食，学会在一个无增长的世界里生存；世纪结束时，一切关于达到了极限时代的说法

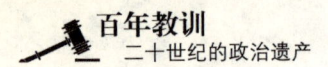

都被证明是目光短浅和愚蠢的,世界不仅没有陷于停滞,而且每个领域都取得了空前的进展。

……

的确,在希望中诞生的20世纪,给了人类无数的惊喜与憧憬。

在这个世纪里,战争、疾病和自然灾害虽曾使人类遭受巨大伤亡,但到2000年时,世界人口已从1900年的12亿增至62亿。医学上的革命使人的平均寿命大大延长了,人口迅速增长了。在世界很多地区,人的预期寿命提高了30%到50%。保健事业的发展超过了过去所有时期的总和,流行病、儿童死亡率大大减少或降低,结核、天花等曾使一些国家万户萧疏的疾病已经基本消灭。而物理、生物方面的科研创新以及人类基因工程的划时代开拓,又在迅速改变甚至重新界定人类的生活。

在这个世纪里,农业得到了空前发展,经济学领域关于人口的增长将超过粮食增长、地球不堪重负的不祥预言被否定。世纪初时,美国曾有40%的劳动人口从事农业,世纪末时则低于2%,其产量足以供养3亿人,每年还有数百万吨的粮食输往国外。即使上百年来饥荒不断、曾被西方认为不可救药的印度和中国,以自产的粮食养活两国近25亿的人口——接近世界总人口的40%——也绰绰有余。

在这个世纪里,汽车取代了马和马车,飞机开始从火车的上空掠过,电话代替了电报,收音机、电影和电视使人们的交流发生了革命。1900年,人们只能乘坐汽车、汽船和火车作长途旅行。1950年有了螺旋桨飞机,1980年又有了超音速喷气式飞机,而到了1999年,人类则已经有了可以飞出并重返大气层的航天飞机,环绕地球一周所需的时间以分钟为单位计算。就在20世纪,人类还开创了电脑时代并曾在月球上行走。

在这个世纪里,新闻媒介已先后从印刷文字变为语言广播,又变为电视图像。在过去,倘若封建的独裁者还能使一个国家孤立于世界之外,并进而控制该国人民获取外部的一切信息;而现在,这样的时代已一去不复返了。电视、报纸、电话、传真等现代化通讯手段的普及,尤其是全球信息网络的形成,已给信息的交流和传播创造了更为便利的条件,使信息不再受时空和地域的限制。

在这个世纪里,人类充分地解放了生产力并且颠覆了以往对组织社会生产的认识。市场经济的发展，既突破了国家决策者的头脑，也突破了传统的国家界线。人类生产已经日益公司化、国际化和网络化。到1998年，全世界已有大型母公司5万家，其下属的跨国子公司达到45万家。全球生产组织演变的一个重要趋势是，生产渐渐地不是由多国公司承担，而是由跨国的生产网络完成。

人类在20世纪这一百年里所经历的科技进步、经济发展、社会变迁和观念更新，与过去中古世界崩溃、近代世界形成所经历的变化相比，无疑都更加广泛，更加深刻，也更加伟大。完全有理由说，假若没有20世纪，人类的历史断然不会如此辉煌。

人类在20世纪的这一百年里本来也还可以通过科学和理性把这个世纪变得更美好些的，很多评论家在世纪初时也曾欢呼，20世纪是真正的理性时代的开端。然而，非常不幸的是，人类在诸多方面却又没有跟上时代的进步，以致20世纪在为人类兴起了所能想象的最大希望的同时，竟也摧毁了人们许多美好的幻想与理想。

与世纪初对和平前景看好的情况相反，20世纪上半叶成了人类战争最烈、流血最多和怨恨最深的一个时期，骇人听闻、司空见惯的屠杀和残暴达到了空前的程度。用大规模的生产手段有组织地杀人，这是历史上没有过的。死亡的人数之多，是超过以往所有的历史记录的。出于狂妄的非理性的目的，持续不断地从事肉体消灭，更是旷古未闻。

而到了这个世纪的60、70年代，一种以自我为中心和自我满足为目的的价值追求，又曾主宰社会并成为界定个人生存的内容和标准。一时间，传统的伦理道德、勤勉的工作观、家庭和社会的责任与信任等等，都被日趋炽烈的物欲之风、享乐之风所吞没所替代。人们离一个有高尚道德评判标准的社会，似乎越来越远了。

进入20世纪90年代后，世界性的危机便接连出现。不仅经济不景气，人类生存环境恶化，政治也到处出现毛病。虽然全球大战的危机基本消除，人们担忧的核毁灭没有变成现实，但海湾战争、南斯拉夫战争引起了人们的普遍不安。在经济全球化的冲击下，不少国家分离主义势力抬头，社会四分五裂，政治前途一片迷茫。而更严重的问题还在于，随着苏东剧变，一大批共产党执政的国家纷纷改变颜色，陡然新增10多个内乱频仍、前途未卜的国家，不但动摇了稳定40年之久的国际体系，使世界失去规则和秩序，同时也造成了一大片不稳定的政治真空地带，使人们的政治理想进一步破灭。于是，原本就存在的社会信仰危机又在世纪末上升为全球性主体危机。

正是以上这些，给20世纪投下了令人心悸和毛骨悚然的阴影。

"这是一个最好的时代，也是一个最坏的时代；这是一个智慧的时代，也是一个愚蠢的时代；这是一个信仰的时代，也是一个怀疑的时代；这是一个光明的季节，也是一个黑暗的季节；这是一个希望之春，也是一个失望之冬……"英国小说家狄更斯写于《双城记》开头的这段话，形容的虽是英国由封建社会向资本主义社会过渡时的混乱，却也完全适合于描述20世纪。

（二）

同样毋庸置疑，20世纪是人类政治觉醒并繁荣的世纪。

在这个世纪里，人的思想和精神获得了极大的解放。统治者和政治精英开始大规模地动员民众参与政治行动并进而塑造世界，民众则由少数群体逐步发展到整个民族、种族、国家、地区直至全球，真正地觉醒了，行动起来了。在人类的历史上，政治意识从来没有像在20世纪这样，成为精神凝聚力的源泉和达成政治共识的基础；人类从未耗费如此多的生命来寻求政治上的自我拯救，重建人的尊严与自信。有史以来，也没有哪一个时代的人，能够如此广泛地意识到历史是人们自己所能参与创造的。

在这个世纪里，人类社会发生了最深刻的变革。刚一跨进20世纪的门槛，许多古老的体制就开始剧烈地摇晃起来。虽然欧洲人在巴黎举办了历史上最为奢华的博览会，用以炫耀欧洲文明的中心地位与殖民扩张成果，但在非洲，一场殖民者之间的战争正如火如荼，英国人和荷兰裔白人为了争夺南非诱人的大金矿不惜兵戎相见；在大洋洲，拓展殖民地的活动不仅没有带来殖民地的扩大，反而导致了澳大利亚脱离英联邦而独立；在古老的亚洲，中国爆发了义和团运动，成群结队的农夫从乡村涌出，手持长矛短棍，剿杀洋人，向一切帝国主义面孔宣战。世纪元年所发生的这一切，果然预示了这个世纪后来发生的莫大变故。

在这个世纪里,各种"主义"应运而生。古典自由主义、古典保守主义被新自由主义和新保守主义所取代;社会主义—共产主义大范围地被付诸社会实践;法西斯主义几乎毁灭整个人类;无政府主义、存在主义、民族主义、宗教原教旨主义以及生态环保主义等等,都曾构成不同的流派,并且每一流派又都给20世纪留下了或多或少、或大或小的印记。

在这个世纪里,人们的政治活动和政治关系在空间和时间上都得到了极大的扩展与延伸,民族和国家的界限不再是政治的围栏。在世界任一地区和角落所作的政治决定和所发生的政治行为能够迅即传遍全球,并获得世界性反应。各个政治中心或政策制定中心可以通过迅捷的信息传播途径连接成复杂的互动网络,并进而促进政治活动或政治决策迅速向纵深发展。即便是远涉重洋的个人,在他有意愿时,也能通过卫星电视、电子邮件等多种手段,对自己的效忠国履行公民义务。

在这个世纪里,国家的发展、人类的命运得到了最大的整合和协调。贫穷问题、能源问题、环境问题、政治纷争等,在很大程度上都已经不是一个国家一个地区的问题,而是无论穷国还是富国、资本主义国家还是社会主义国家、先发展国家还是后发展国家,共同面临的问题。人类已经深切地认识到,需要通过和平的环境加速发展,从而远离贫困、饥饿、灾难、恐怖和战争;需要克服和摒弃肤色、宗教信仰、价值观念、语言文化和社会制度等多方面的差异,从而走向平等、和谐和共同发展。

尽管这个世纪被深刻地打上了政治错位、政治断裂和政治失当的烙印,从毁灭性的世界大战到连绵不断的局部战争,从法西斯的疯狂屠杀到腥风血雨的种族冲突,从周期性的经济危机到壁垒分明的政治对抗,都无不给人们带来惊恐、损失和毁灭,但人类政治在这个世纪毕竟还是获得了非凡的进步,并且更加理性和人性了。

(三)

2011年是中国辛亥革命爆发100周年。这一发生在古老东方大地上的惊天事件,是对过去的否定,是对外敌的不屑,是中华民族复兴的起点。

自人类文明初曙时,中国就闪亮夺目,光耀全球。

公元前8世纪,中国文化曾与印度、希腊、希伯来文化等共同开创了人类文明启蒙的轴心时代。后来,虽然诸多文明都因时间的流逝而湮没了万象,但中国却从未中断自己文明的源流,中国文明也成为世界上唯一一个从其诞生一直延续到现在的古老文明。

在历史上,公元前221年是真正的帝国元年。千古一帝秦始皇一统天下,废分封,设郡县,修驰道,筑长城,同文,同律,同衡,同轨。从此,普天之下,莫非王土;率土之滨,莫非王臣。中国以高度的政治智慧与独特的文化内涵,把大一统思想作为整个社会的至高理想永恒地载入了史册。

在历史上,中国的GDP曾有过长时间的世界第一。公元8世纪,汉唐的GDP高居世界榜首,达到40%。在1800年的世界工业生产中,中国的份额占三分之一。在1820年的世界GDP总量中,中国占28.7%,比排名第二至第四位的印、法、英三国的总和还要多。

在历史上,中国的版图曾横贯欧亚。美国前国家安全事务助理布热津斯基说:"到了18世纪,中国又一次成为一个完全合格的帝国。……中国的统治从今天俄罗斯的远东部分起一直越过南西伯利亚到贝加尔湖,深入到当今的哈萨克斯坦,然后向南到印度洋,然后回过头来向东,又覆盖了老挝和越南的北部。"[1]"在中国的全盛时期,中国在全球没有可以与之相匹敌的国家,没有其他大国能够向中国的帝国地位挑战,甚至如果中国想进一步扩张的话,也不会有任何其他大国能抵挡中国的扩张。"[2]

在历史上,中国的文化曾抵达西欧。华夏瓷器和漆器在世界各地被视为珍品,其精致的造型和绘画令世人叹为观止。中国古代的丝绸以其轻盈、柔软打扮了人类,由此在东西方之间产生了一条丝绸之路。远在地理大发现之前的1405年,郑和就开始下西洋,比哥伦布1492年到达美洲早87年,比达·伽马1498年到达印度早93年,比麦哲伦1521年到达菲律宾早116年。

---

[1] 〔美〕兹比格纽·布热津斯基:《大棋局》,中国国际问题研究所译,上海:上海人民出版社1998年版,第18页。

[2] 〔美〕兹比格纽·布热津斯基:《大棋局》,中国国际问题研究所译,上海:上海人民出版社1998年版,第21页。

然而，历史的故事未能延续。到了 19 世纪中叶，作为人类文明摇篮之一的中国开始衰败了，帝国主义列强开始在中国的大地上肆虐，中国的大片大片土地、大批大批财富开始被瓜分被占领被掠夺了。虽然中国有着辉煌久远的历史，中国人也不乏强烈的历史感，但辉煌久远的历史和强烈的历史感，却没有形成对命运的正向关切和把握。

——中国修筑了万里长城，抵御了北方游牧民族的侵扰，但也限制了自己的视野和对外交往。

——中国开凿了大运河，沟通了祖国的南北，但这对封建帝王来说，主要是加强自己的统治，满足自己游玩的需要，其经济意义并未得到重视。

——郑和虽曾 7 次下西洋，但它的主要目的不是开辟国际贸易市场，因而未能促进商品经济的发展和生产力的提高。

——中国古代有毫不逊色于西方的科技，拥有四大发明，但它并不能在中西方发生同等的效应。千百年不变的自给自足的小生产格局，使人们没有运用先进生产技术和生产工具的期望，许多发明创造自生自灭。

——中国历史上早有商品经济的萌芽，战国时期就曾出现"天下熙熙，皆为利来；天下攘攘，皆为利往"的交易场所，但历朝历代的封建统治者都固执地认为商为不义之举，因而提倡农为本、商为末，扼杀了中国率先走向近代社会的可能。

——中国农民阶层人数众多，生产生活条件大致相同，但共同的生活际遇和生产方式不是使他们相互交往、关系密切，而是使他们相互隔离，各自为政。

——中国历史上也不乏有见地的政治家和改革大家，但每当历史发展到重要时刻，占上风的总是祖宗成法不可变更，就此一次次地禁锢了人们的思想和社会生产力的发展。

以往的逻辑和趋势都表明，灿烂的文化、辽阔的疆域和众多的人口，不但没有成为中国前进的动力，反而成了中国发展的包袱。就在西方列强在工业革命的浪潮中高歌猛进的时候，中国这一东方巨狮却仍愚盲自负地试图保持它那封建帝王的至尊。

中国再不能止步于过去的成就！

中国再不能重复历史上的错误！

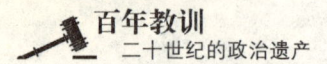

中国再不能忍受列强的欺侮！

中华民族要复兴！

就是在这样的情况下，孙中山喊出了"驱除鞑虏，恢复中华"的口号，开创了中国近代史上真正意义的民族民主革命。在他的领导下，中国人民推翻了帝制，缔造了亚洲第一个共和国。这是中国历史上的一座巍峨丰碑。

尽管辛亥革命未能彻底改变旧中国的性质，也未能根本扭转国势继续衰落的趋势，但其史诗般的意义是不可低估的。辛亥革命绝不只是使内忧外患深重的中国发生了广阔而深刻的社会变革，终结了两千年的封建制度，更重要的还在于，它唤醒了沉睡的民族，让人们燃起了争取独立、解放、民主、自由，建立起自己当家做主的崭新社会的希望。38年后人民共和国的建立，不正是辛亥革命的继续吗？一茬茬中国人努力追求民主、自由、幸福的新生活，不正是辛亥革命的精髓吗？炎黄子孙一直孜孜以求的民族大同理想，不也是辛亥革命的理想吗？一切有志于振兴中华、复兴中华民族的人们，是决不会忘记也决不应该忘记这些的。对于辛亥革命的最好纪念，就是把这场革命的成果、精髓和理想继承好，维护好，发展好。

（四）

常常有人说，历史是一面镜子，是一座宝库，是最好的教科书。人们之所以得出这样的结论，是因为历史中有智慧，有前进的方向，有亘古不变的规律和道理。尽管20世纪行进得并不顺利，其间充满暴力、极端和荒谬，并且是在问题重重中落下帷幕的，但它却不失为人类的教员。

就如同项链总是由一个个珍珠连接起来的一样，20世纪的历史也大抵是由一些具有重大意义的事件而组成的。历史研究的价值，不在于解读，而在于引领；不在于粉饰，而在于警示；不在于赞美过去的辉煌，而在于撩开通向未来的雾障。循着史家们的这些共识，本书没有对20世纪进行系统总结，只是就一些作者以为对当下最具参考和指导意义的方面进行了重点挖掘；没有采取历时写法，而是以所述的问题为主线而展开；也没有对相关理论进行综述，而是希望以事说理，寓理于事。

一段时间以来，作者的心一直沉甸甸的——这不仅仅是因为20世纪历史的沉重，政治话题的沉重，而且也是因为一本书所应该有的责任和意义的沉重。现在稍微感到安慰的是，我又做了一件想做的事，了却了自己的一桩心愿。

作 者
2010年8月于北京

目 录
Content

绪　论　20世纪——人类政治发展的黄金世纪 / 001

　　世界历史上所有的黄金时代都是紧张和恐惧的时代。伯里克利的雅典，文艺复兴的意大利，伊丽莎白时代的英国，无不如此。

一　十月革命开启了人类政治的新纪元 / 003

二　冷战把世界政治发展推向了极端 / 007

三　苏东剧变带来了全球政治反思和回归 / 014

四　四大基石奠定了人类政治的繁荣发展 / 019

第一章　从蒙昧到觉醒——人们的信仰是可以自由的，但人类的政治追求是共通的 / 027

　　这个口号今天已从我们的纪念建筑物和我们的旗帜上抹掉了，但它一旦公告于世，将会获得人们普遍的赞同。是的，人们可以抹掉它，也可以嘲笑它，但它决不会因遭人践踏而被真正抹掉，或受到损害。因为它是正确的，它是神圣的；它代表人们追求的理想，它象征神示的未来；它已在理论原则上面占了优势，它终将也有一天在客观事实上赢得胜利；它是磨灭不了的，它是永存的。

一　独立·自由——世纪的最强音 / 029

二　民主·共和——人民的心声 / 036

三　和平·发展——时代的主旋律 / 050

四　以人为本——全人类的归属 / 057

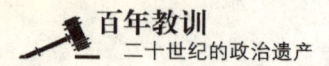

第二章 从信仰不共戴天到目标殊途同归——原来，主义和制度是可以修改的 / 063

这是一个"过去"已经在其中失去地位的世界——甚至包括眼前的"过去"在内。……我们行经的景观已经改变，我们航向的大海不复旧观。也许，这是有史以来第一个与过去完全不同的世界。

- 一 自我疗伤——资本主义死里逃生 / 065
- 二 "猫论""摸论""不争论"——社会主义浴火重生 / 080
- 三 双向融合，中间发展——第三条道路应运而生 / 094

第三章 从为了战争进行战争准备到为了遏制战争进行战争准备——和平是人类最昂贵的奢侈品，永远拒绝自满 / 101

和平有如一种娇嫩的植物，应不断进行照料和培育才能生存。如果我们对它有所疏忽，它就会凋萎以至死亡。

- 一 穿军装的军队已不是唯一的军队，但战争依然是政治的继续 / 103
- 二 原子能是最令人望而生畏的科学发现，核平衡下的和平毕竟是恐怖的脆弱的 / 114
- 三 维和——人类在20世纪未能接受这一挑战，但在未来的世纪不能再有此失误 / 121

第四章 从蜂窝、部落到地球村——现代化一体化是人类的宿命 / 133

今天，真正的边界不在国与国之间，而在于强者与弱者、自由者与被压制者、特权者与受屈辱者之间。今天，没有一堵墙能把世界上一个地区的人道主义或人权危机，与另一地区的国家安全危机分隔开。科学家告诉我们，自然界其实很小，而且是相互依存的。亚马逊雨林中的一只蝴蝶扇动一下翅膀，就可以引起地球另一端的剧烈风暴。这就是我们所说的蝴蝶效应。今天，我们比以往更加清楚地认识到，人类世界的活动也存在蝴蝶效应，福事如此，祸事亦是如此。

- 一 厨房辩论的思考——一切社会变迁和政治变革的终极原因，都应当

目 录

在有关时代的经济学中去寻找 / 136

二 柏林墙的诉说——社会体系可能因其本身的缺陷而消失,而并不一定由自觉动员的社会运动所击垮 / 153

三 宗教世俗化的奇迹——最古老的文明站在了时代潮头 / 161

四 欧洲梦的结晶——人类的历史归根结底是按照人的发展在发展 / 178

第五章 从暴风骤雨般的革命到温良恭俭让的改革——社会转型必须合乎逻辑和规律 / 193

我们已经来到历史上一个关键的转折点。如果我们一成不变沿着当前这条道路走下去,其结果必定是一次猛烈的革命;如果我们努力开创新方向,其结果将是一次和平的复兴。

一 史亡而国亡,历史虚无主义往往是魔鬼之歌的序曲 / 197

二 "颜色革命"之所以悄然褪色——移花接木毕竟只改变工具而不改变价值 / 201

三 革命是万不得已的事情——用渐进向善累积社会成功 / 209

四 坚持"摸着石头过河"——"中国回来了,在荣誉的光环下!" / 221

第六章 从奇技淫巧到第一生产力——科学技术是让国家富强起来的决定性一招 / 233

为使你们的工作能够赐福于人类,仅仅懂得应用科学是不够的。……光有知识和技能并不能使人类过上幸福而优裕的生活,人类有充分理由把对高尚的道德准则和价值观念的赞美置于对客观真理的发现之上。

一 影响人类历史的事件虽然与政治、战争、革命等密切相关,但有时一件工具的发明、一项技术的革新,就足以改变人类的命运 / 236

二 科学技术并不能自动服务于人类,只有人类自己才能让人类更美好 / 241

三 科学的根本精神在于求真理 / 254

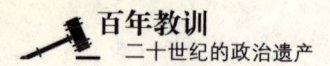

第七章 从穷人反对富人的武器到全人类的共识——民主的建立不可能一蹴而就，但它是一道必须迈过的现代化之坎 / 261

过去一个世纪的教训告诉我们，无论在哪个地方，只要人的尊严被践踏或受到威胁，那里的人民不能拥有选择自己政府或者定期改选的基本权利，那么冲突就会接踵而至，无辜平民就要付出生灵涂炭、家园被毁的代价。如果哪个国家背离了法律，侵犯了其公民的个人权利，它就不仅成了本国人民的威胁，也是其邻国乃至全世界的真正威胁。

一 苏联的实践——民主让国家付出了沉重的代价，但它是人民最终的选择 / 264

二 美国的实践——民主不能包治百病，但民主的一切弊端都可以用更多的民主来医治 / 277

三 德国、日本的实践——民主本身并不为幸福生活提供现成的答案，它是需要注入内容的容器 / 286

四 发展中国家的实践——民主、自由、法治……虽然每一个词都包含着深刻的社会内容，但只有当这些词结合在一起时，它们才是真理和生命的最美妙表达形式 / 292

第八章 从君权神授到君权民授——老百姓的伟大决定国家的伟大 / 301

20世纪政治革命的实质是结束了人类分成统治者和被统治者是由神注定的这种观念。人们不再认为政治高于人民，也不再认为人民在政府之下。政治革命有史以来首次在一个比城邦更大的规模上显示了政治和人民是密不可分的——民众已经觉醒并积极行动起来，不仅参与了政治，而且把这样做看作自己固有的权利。一旦个人和民族使关于充分发展的民主自由的概念进入他们的头脑，就再没有什么比这更控制不了的力量了。

一 合法性新标杆：人民高兴不高兴满意不满意答应不答应 / 303

二 权力新要求：一个执政党的寿命不取决于它的光荣历史，而是要看它适应和驾驭社会发展的能力 / 313

三 社会新密码：未来属于具有先进政治文化的民族 / 322

第九章 从硬实力到软实力——任何国家无法长久地保持它的世界影响,除非它能提供对全世界具有重要意义的启示 / 335

当我们老了,回顾平生,我们就会清醒地意识到,那些最重要的时刻却总是和物质成功无关,而是和情感,和与我们的人类同胞、生物同胞、所居处的地球之间的关联息息相关。

一 由伦敦共识到华盛顿共识——一种隐性霸权导致了世界领导权的禅让 / 338

二 由华沙之跪到莫斯科微笑——虔诚的战争赎罪帮助实现了大国回归 / 345

三 由国内满意到国际推崇——蕞尔小国开启了国家德治之先 / 349

四 由注重物质消费到注重精神消费——国家之间的竞争将更表现为软实力的竞争 / 360

第十章 从革命理想主义到政治现实主义——历史并不站在任何人一边,但选择永远存在 / 369

没有现实主义的理想主义是天真而又危险的,没有理想主义的现实主义是玩世不恭而又毫无意义的。你也许对战略不感兴趣,但战略却对你感兴趣。如果你的牌打得蹩脚、一再出错,一直在等着你的黑暗时代很快就会到来。

一 美国崛起——孤立主义的胜利 / 371

二 苏联狂飙陨落——勉为其难争霸的产物 / 379

三 内不折腾,外不当头——中国腾飞的双翅 / 384

主要参考文献 / 417

绪 论
Introduction

20 世纪
——人类政治发展的黄金世纪

> 世界历史上所有的黄金时代都是紧张和恐惧的时代。伯里克利的雅典,文艺复兴的意大利,伊丽莎白时代的英国,无不如此。
>
> ——〔美〕斯塔夫里阿诺斯

绪论 20世纪——人类政治发展的黄金世纪

20世纪是跌宕起伏、波澜壮阔的。在这个世纪里，资本主义峰回路转，社会主义异军突起，殖民地半殖民地人民纷纷获得独立和解放，超级大国苏联狂飙陨落，人类科学技术得到了前所未有的发展……毫无疑问，20世纪既是人类经济社会发展的黄金世纪，也是人类政治发展的黄金世纪。

一 十月革命开启了人类政治的新纪元

人类是在相对祥和、满怀希望的情况下进入20世纪的。

1900年，世界许多大国的首都弥漫着欣喜憧憬的气氛。在巴黎，这年举办了人类有史以来最为奢华的博览会。在伦敦、柏林、东京、华盛顿和圣彼得堡，这些大国的首都也正享受着工业革命的成果，逐渐成为经济和科学文化的中心。与此同时，人们还开始显示出对民主政治的信心，对业已步入的新世纪充满了激情和遐想。欧洲很多政治著作甚至欢呼，20世纪的到来是真正理性时代的开端。一时，对未来的乐观情绪在世界的大部分地区占了支配地位。

但是，没过多久，宁静就被打破了。

1914年6月28日，随着两记清脆而急促的枪声——奥匈帝国皇储斐迪南夫妇在萨拉热窝被打死，欧洲火药库终于被引爆了。这场旨在重新瓜分殖民地的、人类历史上第一次真正意义的世界大战，迅速把亿万生灵拖进了一场史无前例的流血冲突之中。不过，这在使人民蒙受巨大灾难的同时，也掀起了空前的反战、罢工和争取政治权利的斗争。这正孕育了十月革命，为新的社会的诞生、新的世界政治格局的出现创造了条件。正有如毛泽东所指出的："第一次帝国主义世界大战和第一次胜利的社会主义十月革命，改变了整个世

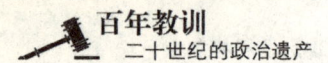

界历史的方向,划分了整个世界历史的时代。"①

早在1917年春天——第一次世界大战还在进行的时候,以列宁为首的布尔什维克党人即从理论上、行动上积极领导人民从事革命斗争的准备。从革命斗争的过程来看,十月革命的胜利是在二月资产阶级革命的基础上取得的。

这年1月22日,彼得格勒工人在纪念1905年1月22日"流血的星期日"12周年时,举行了大规模的罢工与游行。莫斯科、巴库等城市也爆发了类似的罢工与游行。

3月8日国际妇女节这天,彼得格勒9万多名妇女走上街头,与参加罢工示威的20多万工人汇集在一起,喊出了"要面包""打倒专制"的革命口号。10日,彼得格勒的所有工厂和工业企业陷于停顿,示威的人们甚至解除了警察的武装,并与军队发生冲突。沙皇命令首都卫戍部队以武力镇压罢工。沙皇还发布命令,解散支持罢工的国家机构杜马。这两项命令无疑是火上浇油,全俄人民被激怒了,人民再也不能忍受下去了。

3月12日,工人们举着大旗,喊着"打倒沙皇政府"的口号,冲向沙皇的统治机关,把二月革命推向了高潮,先后有6万多名士兵起义,加入人民革命的行列。起义者攻占了军火库、兵工厂、炮兵总部和火车站,电话被切断了,关押政治犯的要塞被打开了。工人们得到了武器,整个首都被起义者控制了,沙皇成了笼中困兽,大臣被抓了起来,国家杜马所在地塔夫利达宫也被占领了。

12日晚,罢工领袖、工厂代表和各社会主义政党的代表们举行集会,成立了工人代表会议——苏维埃。3天后,又选出了以李沃夫大公为首的临时政府,并迫使沙皇退位,将其监禁。从此,统治俄国300多年的罗曼诺夫王朝被彻底推翻了。

二月革命虽然是一次成功的资产阶级民主革命,但布尔什维克党人却被排斥在领导权之外,工人革命面临半途而废的危险。

1917年4月,在国外侨居10年之久的列宁回到俄国,提出了社会主义革命纲领,并发表著名的《四月提纲》,指出俄国民主革命的阶段已经过去,新的革命是进行社会主义革命。

---

① 《毛泽东选集》(合订本),北京:人民出版社1968年版,第628页。

绪论　20世纪——人类政治发展的黄金世纪

6月，在彼得格勒召开的第一次全俄苏维埃代表大会上，鉴于布尔什维克党人当时在代表席位上占少数，列宁提出了由温和的社会主义派——在大会代表席位中占大多数的孟什维克和社会革命党——领导控制苏维埃，把立宪民主党从临时政府中剔除出去的主张。这一提议立即得到了工人代表和士兵代表的支持，布尔什维克党也由此获得了工人和士兵的拥护。

10月，列宁在布尔什维克党中央委员会会议上详细分析了国内外形势，提出了立即领导工人、农民和士兵举行武装起义并夺取政权的建议。建议得到了托洛茨基、斯大林、捷尔任斯基等多数委员的赞成。

1917年11月6日（俄历10月24日）夜，由托洛茨基领导的革命军事委员会正式发布了起义指令。按照指令，起义武装迅速地占领了塔夫利达宫以及邮局、火车站、银行、电话局、发电厂等战略要点。

7日凌晨，专制政府的内阁总理克伦斯基逃出首都，布尔什维克党便迅即接管了政权。

7日晚，列宁在苏维埃第二次代表大会上发表演说，提出了著名的《和平法令》与《土地法令》，把农民在革命胜利之初即争取过来了。这次会议宣告，成立苏维埃政府，列宁为人民委员会主席，李可夫为内务人民委员，托洛茨基为外交人民委员，斯大林为民族事务人民委员——崭新的政权和社会就此诞生！

十月革命所走过的道路，总的来说，是迅速而容易地获得胜利的道路。它不仅只用8个月的时间，就取得了从二月革命到十月武装起义的胜利，而且从中央政府到全国各地建立起苏维埃政权，也只用了一年左右的时间。在武装起义过程中，伤亡也很小，不足百人，这在人类革命史上堪称奇迹。因此列宁说，这是一次"罕见的不流血的和异常顺利的起义"①。

这次革命之所以能够如此迅速而容易地取得胜利，主要原因是，当时俄国国内阶级力量的对比和世界大战的形势对十月革命都比较有利。在国内，由于社会经济落后，资产阶级比较软弱，且执政的时间短，统治经验不足；而工人阶级则有列宁和布尔什维克党的坚强领导。十月革命前，布尔什维克党已迅速发展为拥有35万党员的大党，并在工兵苏维埃中占多数，在首都和

---

① 《列宁全集》中文第2版第33卷，北京：人民出版社1960年版，第4页。

其他工业中心具有决定性影响。加之，布尔什维克党采取了和平合法斗争与武装起义相结合的灵活策略，提出了符合广大民众愿望的和平与土地政策，依靠并巩固工农联盟，团结小资产阶级民主派中的多数，最终形成了力量对比优势。在国际上，帝国主义集团当时正忙于相互厮杀，难以集中更大的力量来援助俄国资产阶级，从而使这次革命"恰好碰上了一个幸运的时机"。

1917年11月7日——俄历10月25日，成了人类历史上一个被永久纪念的日子。

英国历史学家霍布斯鲍姆评论道："比起当年法国革命高潮时期的激进派雅各宾党人，俄国十月革命可说更为彻底，更无妥协余地。……这场革命的意义，不只限于一国一地，而是全世界全人类的革命；不只为俄国带来了自由与社会主义，进而也在全世界掀起了无产阶级革命。"①

美国记者、十月革命的目击者约翰·里德指出："不论人们对于布尔什维主义的观感如何，这一点是无可否认的：俄国革命是人类历史上伟大的事件之一，而布尔什维克的兴起则是一件具有世界意义的非凡大事。"②

十月革命与人类历史上各个时期各种样式的社会革命最大的不同，是它公开宣示，革命旨在消灭剥削制度，消灭阶级，最终建立崭新的社会主义—共产主义社会。这在人类历史上是第一次。因此毛泽东说："十月社会主义革命不只是开创了俄国历史的新纪元，而且开创了世界历史的新纪元。"③

由于十月革命的影响，在欧洲，德国工人于1918年举行十一月革命，推翻了德意志帝国。奥匈帝国境内各族人民纷纷起来斗争，建立了一批民族独立的国家。为了响应列宁提出的世界革命的号召，柏林、汉堡、布达佩斯都模仿布尔什维克党的做法，建立了苏维埃政权。在伦敦、罗马和巴黎街头，也纷纷举行了争取民主权利的游行示威。

在亚洲，中国1919年爆发了轰轰烈烈的五四爱国运动。在孙中山提出"联俄、联共、扶助农工"三大政策后，国共从1925年开始联合挥师北伐，展开扫除封建统治的斗争。与此同时，在朝鲜、印度、土耳其，相继爆发了反侵略反专制的大规模抵抗运动或民族独立革命战争。

---

① 梁维平：《荣耀与苦难：20世纪文明的历史见证》，北京：东方出版社2002年版，第102页。
② 〔美〕约翰·里德：《震撼世界的十天》，郭圣铭译，北京：人民出版社1980年版，第9页。
③ 《毛泽东选集》(合订本)，北京：人民出版社1968年版，第278页。

在拉美，1918 年在阿根廷科尔多瓦爆发了学生革命运动。运动不久就遍及整个拉丁美洲。

十月革命胜利，世界上诞生了第一个社会主义国家，为国际无产阶级树立了现实榜样。到第二次世界大战结束时，社会主义即超出苏联一国的范围，先后在波兰、捷克、南斯拉夫、中国、越南、朝鲜及古巴等 10 多个国家中取得胜利，形成了强大的社会主义阵营。特别是新中国的建立，使占人类总数四分之一的中国人从此站立起来了，不仅在中华民族几千年的历史上开创了一个全新的时代，而且决定性地改变了世界政治的版图。正是由于十月革命的胜利，世界才形成资本主义和社会主义两个既相互对立又相互联系和影响的社会体系，使人类进入到更高的社会发展时期。

十月革命的胜利，有力推动了马克思列宁主义在全世界的传播。十月革命是列宁把马克思主义的基本原理同俄国革命实践相结合的产物。以列宁为首的布尔什维克党的主要功绩，就在于把马克思、恩格斯所创立的科学社会主义理论在俄国变成了现实，并且有所创造，有所前进。虽然十月革命是一次改变了马克思、恩格斯预言的革命——未能在最发达的资本主义国家首先实现社会主义，但却闯出了一条新路——在经济文化比较落后的国家，无产阶级可以先夺取政权，再建设社会主义的物质文化基础，然后再在经济和社会发展方面全面赶超资本主义发达国家。毛泽东形象地指出："十月革命一声炮响，给我们送来了马克思列宁主义。十月革命帮助了全世界的也帮助了中国的先进分子，用无产阶级的宇宙观作为观察国家命运的工具，重新考虑自己的问题。走俄国人的路——这就是结论。"①

二 冷战把世界政治发展推向了极端

第二次世界大战结束以后，美国和苏联成为世界上经济和军事最为强大的两个国家，由于意识形态、社会制度和政治价值的不同与对立，由此也开

---

① 《毛泽东选集》(合订本)，北京：人民出版社 1964 年版，第 1360 页。

始了一场把对方作为自己最主要威胁和对手的冷战。这场长达40多年的冷战,不仅使两个超级大国之间长期处于武装对峙并极度紧张的状态,而且也使二战后分别由两个超级大国所主导的西方资本主义阵营和东方社会主义阵营之间,在政治、经济、文化和军事等方面,都全面处于敌对状态。这种状态,决定了整个世界近半个世纪的格局,其时间之长,手段之特殊,对世界的影响和危害之烈,都是人类历史上空前的。

冷战的帷幕是在美国拉开的。

1947年3月12日,美国总统杜鲁门在国会参众两院联席会议上发表演说,将世界划分为"民主阵营"和"极权阵营",要求所有国家都必须在这两种不同生活方式之间作出抉择。此前,已经下野的英国首相丘吉尔也曾应美国之邀,在杜鲁门总统的家乡富尔顿发表演说,声称苏联的"铁幕"隔断了欧洲,铁幕后是共产主义的势力范围。

1947年,美国连续出台三项对外政策,不仅标志着冷战的正式开始,而且也形成了此后几十年美国冷战政策的基础。这三项政策是:

——杜鲁门主义。从杜鲁门政府开始,美国决定动用军事、经济、外交等手段,对世界各地的"自由国家"提供援助,以抵制共产主义的渗透。杜鲁门主义不仅首开动用国家手段反共的先例,而且彻底否定了美国传统的孤立主义立场,它的出笼是美国全面干预世界事务的起点。根据这一扩张主义政策,仅1947年,美国就给希腊、土耳其提供4亿美元的军事援助,帮助镇压那里的人民革命。

——马歇尔计划。作为在欧洲推行杜鲁门主义的一个重大步骤,由美国国务卿马歇尔组织,制定了一揽子援助计划,帮助战后欧洲重建,其根本目的是阻止欧洲国家建立共产党政权。这项计划从1948年开始实施,到1952年6月,美国共拨出款项131.5亿美元。在美国的支持下,西欧16国的经济很快就恢复到了战前水平。

——遏制战略。这一创新表述最先由美国国务院官员乔治·凯南提出,他认为,美国应当针锋相对地对苏联实行一种"坚定而警觉的遏制政策"。他的这一主张一提出就得到白宫和五角大楼的首肯,成为美国首次制定的国家安全战略的核心。此后,对苏进行全面遏制就一直是美国军事政策和外交政策的基础、全球战略的重点。

绪论 20世纪——人类政治发展的黄金世纪

冷战最初是在欧洲展开的，但随后不久即波及全球。

二战结束以后，随着德国分裂，欧洲被分成了东欧和西欧两个部分。苏联在东欧地区建立共产党政权并驻军，力图建立一个地域广大的共产主义阵营。以美国为首的西方国家集团则在欧洲其余地区巩固和扩大自己的阵营，全力阻止苏联的行动。1949年北约组织和1955年华约组织两大军事集团的建立，标志着美苏在欧洲迅速形成了各自的营垒，从此，欧洲便进入一种针锋相对、剑拔弩张的极度紧张状态。

1950年朝鲜战争的爆发，既意味着冷战扩大到了亚洲地区，又使冷战进一步升温。

到了20世纪60年代，国际危机达到高潮，世界上几乎所有的地区和国家都被卷入美苏所主导的资本主义阵营与社会主义阵营的斗争之中。为了各自的利益，美苏在把欧洲视为最优先考虑地区、在欧洲形成直接军事对峙的同时，在世界其他地区也建立起前沿阵地。双方都总是千方百计地削弱对方，千方百计地巩固和扩大自己的势力范围。对第三世界国家，美国采取军事入侵，政治颠覆和经济、军事援助等手段，广泛地扩张，不允许苏联渗入。在美洲，美国甚至鼓动发布《加拉加斯反共宣言》，形成了共同反对与防止共产主义在该地区蔓延的联盟。苏联则打着支持民族民主与解放运动的旗号，通过政治支持、经济和军事援助以及意识形态宣传等手段，在第三世界培植自己的力量，极力加强同美国的竞争。

只是进入70年代后，两极化的世界模式才开始变得模糊起来，东西方之间的紧张状况才出现缓和迹象。这一方面是因为以中苏分歧为主的社会主义阵营的裂痕在加剧，而中美关系则在尼克松访华后得到改善。另一方面是因为日本和德国的经济在复苏，逐渐成长为经济大国。这两方面的原因，都使世界出现多极化的苗头。

20世纪80年代是冷战进一步趋缓直至最后终结的年代。先是由于社会主义阵营实行改革，对外政策随之发生重大调整。后是戈尔巴乔夫担任苏联领导人，直接推动同美国的缓和与合作，结束了两国的严重敌对状态。最后是柏林墙的倒塌和苏东剧变，才使冷战得以完全结束。

冷战虽然结束了，却遗留了大量问题，以致对世界的影响和危害是如此地全面、深刻和绵久。

冷战的一大特征是，除未发生直接的军事冲突外，在其方法上几乎动用了一切斗争手段，包括利用了可能利用的一切理由、敌方的一切薄弱环节、人类的一切弱点，以及能够影响人的一切方式；在其内容上涉及人类生活的方方面面，包括经济、政治、外交、文化、教育、体育、旅游等等。这种通过军备竞赛、外交角力、经济施压、意识形态斗争、间谍战等等途径所造成的国际紧张局势和国家间的长期敌视与仇恨，无异于一场新的世界战争。它在制造国际矛盾和冲突方面，在推行强权政治和霸权主义方面，都开了危险的先例，贻害无穷。

冷战的又一特征是，它是在人们毫无思想准备的情况下骤然结束的；而随着它的骤然结束，二战后以美苏遏制与反遏制斗争而形成的两国关系架构和整个国际关系体系也瞬间坍塌。这样一来，一种存续了几十年之久的稳定状态突然失去了，世界秩序难免不乱，甚至连许多国家的内部政治结构也因此而岌岌可危。在前苏联地区和东欧地区，冷战结束就像带来一场大地震，所引起的余震和次生灾害持续发酵，使这里成为世界不安的新热点。在中东，在朝鲜半岛，危机和冲突一再出现。在世界其他地区，被冷战长期压制和掩盖的诸多民族的、宗教的、地区的和国家内部的动乱因子，都因为冷战的突然结束而迸发而激化，带来了持久的动荡与不安。冷战虽然结束了一个时代，但却并没有结束国际矛盾与冲突。

冷战遗留给人类的第三大祸害是，由于冷战中长期的军备竞赛，世界贮存了大量令人难以置信的军火，使人类始终难以摆脱战争——特别是核战争的阴影。在冷战中，美苏两国的武装力量虽没有发生直接冲突，但在军事方面的对抗和竞争却一直是重头戏，并且贯穿始终。为了争夺军事战略优势，美苏双方展开了无止境的军备竞赛。两国都认为，冷战中的国家安全和盟友安全高于一切，而安全又有赖于占有优势地位的常规军事力量和核力量。因此双方就都把对方增加军备的行为看作是对自己的最大威胁，寸步不让地采取反措施，从而使军备竞赛愈演愈烈。双方角力的主要方面是：研制热核武器，包括核弹头、运载工具、反弹道导弹系统和太空武器；组织军事集团，在国外驻军；出售武器，角逐世界军火市场；适应形势变化，不断推出新的军事政策。美国先后提出了大规模报复战略、灵活反应战略、现实威慑战略和地区防务战略等。苏联则先后提出了火箭核战略和先发制人、同等安全以

绪论 20世纪——人类政治发展的黄金世纪

及合理足够等战略。两个超级军事大国如此竞争的最大恶果，就是给人们带来的长期战争恐怖。

除了以上这些，冷战对于世界的影响和危害还体现在人类政治发展方面。并且，这可能是影响最大也最为深远的一个方面。这主要是因为，冷战在很大程度上其实就是一场意识形态战争，一场资本主义与社会主义谁胜谁负的战争。在这场持续40多年的搏斗与较量中，意识形态从始至终都居于核心地位。它既是冷战的内容和手段，又是冷战的起因和目的。以美苏为代表的资本主义、社会主义两大阵营，在意识形态的斗争方面都极尽所能，使斗争达到了白热化的程度。

尼克松曾经直言不讳："尽管我们与苏联在军事、经济和政治上进行竞争，但意识形态是我们争夺的根源。苏联企图扩张共产主义，消灭自由，而美国则要阻止共产主义，扩大自由。如果我们在意识形态斗争中打了败仗，我们所有的武器、条约、贸易、外援和文化关系都将毫无意义。"[①]

在美国和苏联，几乎所有的政治领导人都毫无例外地把意识形态因素作为其考虑和处理内政与外交问题的重要组成部分。在两国的国家决策中，意识形态往往起着明显的并且常常是决定性的作用。

一向标榜政治自由的美国，早在十月革命时就颁布了一部《反叛乱法》，对国内的共产党活动严加管制。1919年八九月间，美国两个共产主义政党——美国共产党和共产主义工党刚成立，美国统治集团就迫不及待地进行镇压。经过对全国70多座城市进行几个月的大搜捕，逮捕了上万名共产党员和进步人士。康涅狄格州一名普通售货员仅因在与顾客交谈中说列宁是世界上最有头脑的政治家，就被判刑6个月。40年代末50年代初，美国又曾在国内展开一场大规模的人人自危的所谓"共产主义分子清剿"。1947年3月，杜鲁门总统发布《忠诚法令》，要求数百万公职人员宣誓效忠政府，并对公民进行"忠诚调查"。对不宣誓、不接受忠诚调查者，则予以解雇。同年颁布的《塔夫脱·哈莱特法案》则限制了罢工和工会活动。1950年，美国颁布《国内安全法》，禁止共产党人及其同情者在政府和国防企业中就职。许多政府官员和政府部门因共产党嫌疑受到打击、迫害和追究。美国之音电台被指为同情共产

[①] 〔美〕理查德·尼克松：《1999年：不战而胜》，王观声等译，北京：世界知识出版社1989年版，第96页。

党，其负责人和 30 名雇员被强迫辞职。

与此同时，美国在国际上对苏联的社会主义制度和意识形态进行了最猛烈最恶毒的攻击。声称苏联是"罪恶的帝国"，资本主义的制度、民主、人权和基督教文明受到了苏联专制、计划经济和无神论的挑战，苏联要破坏和毁灭西方的社会制度和生活方式，是自由世界誓不两立的敌人。自诩为"反共斗士"的尼克松称："没有任何一桩事比政治自由和经济自由能否在俄国和其他前共产主义国家生根并茁壮成长对世界的政治影响更大。"① 被誉为"冷战英雄"的美国 80 年代的总统里根认为：美苏之间的竞争不是在制造炸弹和武器方面，而是在意识形态领域。美苏在制度之间正进行和平竞赛，苏联人现在是、将来仍然是美国的主要敌手——实际上是人类所有信仰自由的人的敌手。里根说："我们永远不会拿我们的原则和准则讨价还价。我们永远不会出让我们的自由。我们永远不会背弃对上帝的信仰。"② "我宁可看到我的孩子们现在怀着对上帝的信念阒然长逝，也不愿她们在共产主义的阴影下成长，并且有朝一日带着对上帝无所信仰的心态死去。"③ 为了促成苏联和东欧地区的和平演变，美国还不遗余力地宣传美国的价值观和西方生活方式，以期对苏联和东欧国家的民众发生潜移默化的作用。美国新闻署强调，这是一种争夺头脑的斗争，无论什么时候，美国都需要或者说更有必要继续向世界做宣传。

而作为对手的苏联，意识形态本就是其立国之本。二战结束不久，斯大林即指示开展思想惩治运动，严格控制社会舆论。而后来的一些继承者，则进一步把意识形态作为判定一切人、一切事物的终极标准，使得整个社会的政治生活几近凝固和窒息。在国际社会，苏联则一方面驳斥美国对自己的攻击，揭露和批判西方的社会制度和生活方式；另一方面则大力宣传苏联的建设成就和政策主张，提倡世界革命，鼓励和支持其他国家走社会主义道路。在冷战期间，苏联对其盟国的许多大国主义、干涉主义行为，也往往是打着国际主义的旗号进行。斯大林在一次报告中说："处在资产阶级国家包围中的我国，像一座巨大的石山屹立着。波浪一个接着一个地向它冲击，声势汹涌地要把它淹没，把它冲毁。但是这座石山仍然屹立不动。我国的力量何在呢？

---

① [美]理查德·尼克松：《超越和平》，范建民等译，北京：世界知识出版社 1999 年版，第 45 页。
② 于歌：《美国的本质》，北京：当代中国出版社 2006 年版，第 194 页。
③ 于歌：《美国的本质》，北京：当代中国出版社 2006 年版，第 195 页。

这不仅是因为我国建立在工农联盟上,它体现着各自由民族的联盟,它受到红军和红海军的强有力的保护。我国的力量,它的坚强巩固,就在于它得到全世界工人和农民深刻的同情和坚决的支持。全世界工人和农民都想保全苏维埃共和国,认为这是列宁同志用他百发百中的妙手射入敌人阵营的一支箭,是他们希望摆脱压迫和剥削的靠山,是给他们指出解放道路的可以信赖的灯塔。……列宁从来没有把苏维埃共和国看作最终目的。他始终把它看作加强西方和东方各国革命运动的必要环节,看作促进全世界劳动者战胜资本主义的必要环节。……列宁不仅是俄国无产阶级的领袖,不仅是欧洲工人的领袖,不仅是殖民地东方的领袖,而且是全球整个劳动世界的领袖。"①

毫无疑问,在整个冷战期间,美苏双方都把自己当成了救世主,认为自己的"主义"就是灵丹妙药,自己的道路就是其他国家的归属。美国国家智库的学者称:"美国在20世纪为击败对民主的威胁——德意志帝国、日本帝国、第三帝国和欧洲与亚洲的共产主义——而牺牲了成千上万的生命和数不清的财富。如果没有能为这些牺牲提供根据的理想和价值观,美国人就不会为他们的国家为人类建设一个更好的世界所做的事情而引以为自豪。"②由于建立在这样的认识基础之上,双方就都把意识形态当成了外交的内核,在世界各地推广他们的价值理念,并且甚为合理合法。以至于冷战结束之后,美国仍然将民主、人权作为其外交政策的基础和履行国际责任的旗帜。

意识形态并不是一般的思想观念,它的系统性、持久性特征往往会在国际政治领域产生广泛而深刻的影响,由此带来的国与国之间的歧见、敌视和仇恨,也很难在短时间内消失,甚至会影响整整一代人或几代人。今天世界各地的政治家实际上都是在冷战时代成长起来的,冷战中的经验和思维——特别是冷战时期那种把意识形态绝对化、以意识形态画线、从意识形态角度区分敌友的方法,必然会长期影响冷战后的世界。2001年初,美国新总统一上台就把一些国家列为邪恶轴心国家;2009年9月,美国情报部门每四年一次发布的《国家情报战略》报告又把中国、俄罗斯、朝鲜等国视为对美国最具挑战性和威胁性的国家,都说明冷战思维并没有随着冷战的结束而结束。

所以,冷战虽然已经成为历史,但人类还远远没有超越冷战。冷战给世

---

① 泽明等编:《外国首脑文集》,北京:中华工商联合出版社1997年版,第152—153页。
② 刘建飞:《意识形态在美国外交政策中的地位》,载《美国研究》2001年第2期,第73页。

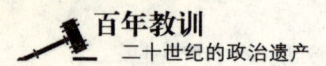

界打下的烙印不是短期所能消除的，人们仍将在它的阴影下生活。

三 苏东剧变带来了全球政治反思和回归

20世纪90年代，注定是一个不平凡的年代。就在这个年代与上个年代之交，苏联与东欧地区的社会主义国家先后改变了自己的国家性质、社会制度和政治信仰。雪崩首先是从东欧开始的。

自1987年下半年以来，东欧各国的领导人面对世界性的改革浪潮和国内社会经济形势的急剧恶化就不知所措。波兰的改革屡遭团结工会的冲击而陷于瘫痪；匈牙利的改革时断时续而无计可施；保加利亚、捷克斯洛伐克的改革停留在文件和会议中；民主德国的改革半途而废，甚至收紧了原已放宽的某些政策；罗马尼亚拒绝接受"市场社会主义"，全面放弃了改革；阿尔巴尼亚则始终反对改革，坚持封闭型的高度集中的经济模式。与此同时，在这些国家的政坛，竞相探索改革创新和寻求国家出路的各种政治派别又蜂拥而出。内外交困之下，东欧各国便在仓促中把政治改革作为应急措施提上日程。然而，所有各国的政治改革又都不是沿着社会主义自我完善的途径在发展，而是在朝着资本主义方向逆转。

1989年6月，随着团结工会在全国大选中取得完全胜利，波兰由一个共产党执政的国家变成了一个非共产党执政的国家。在东欧，波兰是最有影响力的社会主义国家；既然多米诺骨牌的第一张已经倒了，其他国家的剧变便接踵而至。短短半年多时间，政治风云突变，匈牙利、南斯拉夫、保加利亚、捷克斯洛伐克等国的国体、政体以及经济体制迅速改变，共产党一个接一个地失去了自己的领导权，非共产党纷纷上台执政。在罗马尼亚，这种剧变更是以极其猛烈的方式实现，罗共被解散，总统齐奥塞斯库死于非命。到了1990年上半年，东欧地区的共产党再次遭到重创——通过全国大选或地方选举，除保加利亚一国外，全部都丧失执政地位，沦为在野党。

东欧各国非共产党力量上台执政后，清一色都实行政治多元化和经济私有化，长期以来受到苏联压抑的国家民族主义情绪也迅速高涨，形成了脱离

绪论 20世纪——人类政治发展的黄金世纪

"大家庭"之势。在政治同盟不复存在的情况下，军事、经济同盟自然也难以为继。1991年上半年，华沙条约组织和经济互助委员会先后被解散。就这样，维系苏东同盟关系几十年之久的两条纽带就都被剪断了。1991年12月，存在了74年之久的庞大苏维埃联盟自己又解体，世界上第一个共产党执政的社会主义国家正式消亡。至此，苏联、东欧地区的社会主义阵营便整个儿寿终正寝了。

苏联和东欧地区社会主义国家的剧变，尤其是苏联的退场，其影响是全球性的。它标志着战后在欧洲形成的以苏联为首的社会主义大家庭不复存在了，雅尔塔体系崩溃了，国际冷战格局结束了，世界历史进入到了一个新的时期。不过，问题还不止于此。由于苏联的解体是以和平、自觉的方式实现的，并且在政治上付出了逆转的代价，这就不能不引起全世界——既包括失败者，也包括胜利者；不仅包括东方，也包括西方——在政治上的深刻反思。这种反思不是总结为什么胜利或者为什么失败，也不是为着填补什么政治真空，而是一种深刻的内省，带有否定意味的自我反省，内容涉及人们自己走过的道路、所构筑的社会体制，乃至所信奉的哲学观点。

就其大的方面看，人们首先反思的第一个问题是，社会主义运动到底还能不能进行下去，马克思主义到底还灵不灵。

在美国，曾任美国总统国家安全事务助理、哥伦比亚大学共产主义事务研究所所长的布热津斯基认为："共产主义是一种错误的尝试"，"把一个犹太人血统的德国移民知识分子在大英博物馆公共阅览室中苦思冥想出来的、一种基本属于西欧的思想，移植到一个相当遥远的欧亚帝国的准东方的专制传统之中，再由一个专会写小册子的俄国革命者来充当历史的外科手术师，其结果必然是荒诞不经的"。①

美国还有一些学者断言："意识形态的争论已经结束了。""我们时代的决定性的事态发展是，西方在旷日持久的长达40年的冷战中获得了胜利。"②

在法国，从1995年起，连续5年在巴黎举行了共有世界各地6000多名学

---

① 〔美〕兹·布热津斯基：《大失败——二十世纪共产主义的兴亡》，军事科学院外国军事研究部译，北京：军事科学出版社1989年版，第17、271页。
② 李慎明主编：《2005年：世界社会主义跟踪研究报告——且听低谷新潮声之二》，北京：社会科学文献出版社2006年版，第183页。

者参加的"国际马克思主义大会"。法国学者指出:"资本主义具有十个无法愈合的伤口,在这种情况下,不能没有马克思。""没有对马克思的记忆,不去阅读或者不反复阅读和讨论马克思,将永远都是一个错误,而且越来越成为一个错误,一个理论的、哲学的和政治的责任方面的错误。"①

在英国,大不列颠广播公司在全球范围进行"千年思想家"网上评选活动,结果,马克思高居榜首。

在俄罗斯,国家杜马议员麦德维杰夫认为,苏共亡党苏联亡国不是社会主义制度的过错。他在《苏联的最后一年》中写道:"许多西方和俄罗斯的思想家很愿意将苏联和苏共的瓦解说成不仅是共产主义思想根本形态的覆灭,而且是整个社会主义的崩溃,包括意识形态和生活方式。这是个严重的错误。……没有任何理由将世界上第一个社会主义国家的崩溃理解为社会主义制度的不可逆转的崩溃。"②

俄罗斯另一位学者季诺维也夫同样认为,尽管40多年的冷战最终以苏联的失败而告终,但不能简单地认为这就是社会主义制度和马克思主义的失败。季诺维也夫说:"通常人们认为,似乎苏联及其卫星国在冷战中的失败证明了共产主义社会制度的软弱性和资本主义制度的优越性。这种观点是不对的。共产主义国家的失败有一系列的复杂原因,其中共产主义的缺点也曾经起了作用。但是这还不能证明共产主义类型的社会制度缺乏生命力,软弱无力。资本主义西方的胜利本身也有一系列的复杂原因,其中资本主义的优点也曾经在其中起到了作用;但是这也不能证明资本主义的优越性。西方利用了苏联的弱点——包括共产主义的缺陷,它也利用了自己的优势——包括资本主义的优点;但是,西方对苏联的胜利并非是资本主义对共产主义的胜利。冷战是具体民族和国家之间的战争,而不是抽象的社会体制之间的战争。"③"现实共产主义存在的时间十分短暂——而且还是在十分不利的条件下,因而不能得出关于共产主义软弱无力的绝对结论。事件的进一步发展表明,将冷战

---

① 李慎明主编:《世界社会主义跟踪研究报告——且听低谷新潮声之一》,北京:社会科学文献出版社2006年版,第539页。
② 〔俄〕罗伊·麦德维杰夫:《苏联的最后一年》,王晓玉、姚强译,北京:社会科学文献出版社2005年版,第226页。
③ 〔俄〕亚历山大·季诺维也夫:《俄罗斯共产主义的悲剧》,侯艾君等译,北京:新华出版社2004年版,第49页。

时期历史进程的实质理解为两种社会体制——资本主义和共产主义——的斗争,是很表面化的,归根结底也是错误的,这是把该进程的历史形式当作了其实质。"①

在中国,1992年春在武昌、深圳、珠海、上海等地巡视的邓小平,则以他一生的曲折、坎坷和永不言败的经历告诫人们:"我的入门老师是《共产党宣言》和《共产主义 ABC》……马克思主义是打不倒的。"②"我坚信,世界上赞成马克思主义的人会多起来的,因为马克思主义是科学。它运用历史唯物主义揭示了人类社会发展的规律。封建社会代替奴隶社会,资本主义代替封建主义,社会主义经历一个长过程发展后必然代替资本主义。这是社会历史发展不可逆转的总趋势,但道路是曲折的。资本主义代替封建主义的几百年间,发生过多少次王朝复辟?所以,从一定意义上说,某种暂时复辟也是难以完全避免的规律性现象。一些国家出现严重曲折,社会主义好像被削弱了,但人民经受锻炼,从中吸取教训,将促使社会主义向着更加健康的方向发展。因此,不要惊慌失措,不要认为马克思主义就消失了,没用了,失败了。哪有这回事!"③

人们反思的另一大问题是,苏联社会主义的失败是不是意味着西方资本主义"以广泛的、系统的和普遍的方式"取得了胜利;如果是,为什么两极霸权瓦解之后美国又未能担当起领导责任,建立起有效的世界体系,甚至还出现了全球范围内的精神危机。

针对冷战结束后的国际格局,有舆论指出:人类两百年来第一次是一个毫无任何国际体系或架构的世界。在欧洲和前苏联地区新兴国家林立时,国际社会却没有任何独立机制为它们决定疆界,甚至没有立场超然,可以有资格作为第三者从中调停。一些学者甚至诘问:"过去出面'排难解纷'、为别人确定未定之界或至少认可未定之界的超级大国,都上哪儿去了?第一次、第二次世界大战之后,在它们的监督之下,重划欧洲及世界版图,在这里画一条国界,在那里举办一场全民公决,这些昔日的胜利者,怎么都不见踪影

---

① 〔俄〕亚历山大·季诺维也夫:《俄罗斯共产主义的悲剧》,侯艾君等译,北京:新华出版社2004年版,第50页。
② 《邓小平文选》第3卷,北京:人民出版社1993年版,第382页。
③ 《邓小平文选》第3卷,北京:人民出版社1993年版,第383页。

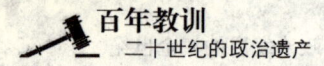

了呢?"

有更多的人对美国感到失望。原来以为,苏联解体后,两极世界让位于单极世界,会导致用一种声音说话的"一强独霸"的形成——这也确实给理想主义者和乐观主义者们以极大的鼓舞——人们满以为建立在国际准则和道德基础之上的世界新秩序已经到来了。一时,美国也凭借自己的军事实力和政治经济权威,极力扮演世界警察的角色——1991年在海湾战争中击退了伊拉克对科威特的入侵,1999年对科索沃实施"人道主义干预",2001年空袭阿富汗导致塔利班政权垮台,2003年又颠覆萨达姆,驻军伊拉克。但是不久,人们就开始质疑美国所担负的世界警察角色了。

人们既怀疑美国作为世界警察的真实意图——认为海湾战争和以后对伊拉克的制裁不过是反映了美国和西方国家对石油供应的关注,维护国际法和国家主权的花言巧语仅是为了掩盖权力政治的本质和对国家利益的追求;同时也怀疑美国扮演世界警察的能力。早在1993年初,布热津斯基即指出:"美国成不了全球警察,也当不成全球银行家,甚至连全球道德家也做不成。因为第一种人需要名正言顺的合法性;第二种人的根基是拥有偿债能力;而第三种人则需自身清白。"①"尽管目前美国是举世无双的,也没有一个对手能够取代它的综合实力,但是,美国的国内难题却抑制了美国力量的实际影响范围,并阻碍了把该力量转变为公认的全球权威。"②

对于以上两大问题的反思和质疑,虽然人们并没有得出统一的结论,但在政治理性的道路上毕竟还是迈出了可喜的步伐。世纪末,东方和西方终于放弃了意识形态上的长期针锋相对——尽管可能是表面的甚至是暂时的,由政治对抗走向了政治对话;终于结束了全球紧张状态,在和平解决国际争端、反对侵略和扩张、控制与裁减军备方面,都有了更多的默契,进一步消除了世界性战争的可能性;终于在诸如改善环境、消除贫困和反对恐怖主义等事关人类前途与命运的若干重大问题上得到了交集,开始通过广泛的合作来加以解决。

---

① 〔美〕兹比格涅夫·布热津斯基:《大失控与大混乱》,潘嘉玢、刘瑞祥译,北京:中国社会科学出版社1994年版,第163页。

② 〔美〕兹比格涅夫·布热津斯基:《大失控与大混乱》,潘嘉玢、刘瑞祥译,北京:中国社会科学出版社1994年版,第163页。

绪论 20世纪——人类政治发展的黄金世纪

如此看来，苏联、东欧社会主义集团以何种方式退场并不重要，重要的是退场以后的结果如何。如从苏东剧变后引起了全世界的政治反思与回归，使人类在政治理性上又有了划时代的认识和进步这方面来看的话，也许苏东社会主义集团的退场比其出现意义更为深远。

四 四大基石奠定了人类政治的繁荣发展

纵览20世纪，人类社会最广泛最深刻的变化莫过于传统小农经济的死亡、城市化、识字和文化的普及，以及经济全球化。这几个方面互为影响和作用，决定性地影响了20世纪的政治发展。

传统小农经济的死亡

自从新石器时代以来，世界上绝大多数人类都是依靠土地或水域为生，由畜禽、庄稼和鱼虾供养着。进入20世纪后，即使在一些工业化比较早的国家，农牧人口仍在就业人数中占有极高的比例。第二次世界大战前夕，农业、渔业人口低于总人口20%的国家，全世界只有英国、比利时。当时世界上工业化最彻底的两个国家——美国和德国，其农业人口虽在稳定下降，但却仍占总人口的25%左右。在法国、瑞典、奥地利，农业人口的比例在35%—40%之间。在世界其他地区，基本上每5名居民中就有4名依然以土地为生。

然而，到了20世纪70年代末、80年代初，情况就全然改观了。这时，每100名英国人或比利时人当中，只有不到3人仍然从事农业方面的生产。而美国境内农牧人口的数目，则下降到总人口的2%，并且能生产出大量粮食输往世界各地。在日本，农业人口1947年时还为52.4%，而到1985年时则急速降为9%。在芬兰，一位小姑娘生下来是农家之女，结婚时也嫁做农人之妇；但在她中年岁月开始时却已改头换面，变成了一名世界级都市的知识分子及政治人物。回想1940年间，当她父亲在那个寒冷的冬天在战争中不幸牺牲，留下孤儿寡妇无所依靠时，全芬兰还有57%的人口在从事农林牧生产；

而待到她45岁时，这个比例却已经不足10%了，其个人生涯与国家的发展，都进入到了一个完全不同的境地。

非但发达地区的国家如此，真正令人惊奇的，是在一些显然贫穷落后的国家，农业人口也同样出现了空前的下降趋势。

在拉丁美洲，20年间，哥伦比亚（1951—1971年）、墨西哥（1960—1980年）和巴西，农民总数急遽减少50%；而多米尼加（1960—1980年）、委内瑞拉（1961—1981年）、牙买加（1953—1981年）诸国，则突减了三分之二。这些国家二战结束时的小农人数都占其全部就业人口的半数以上甚至绝大多数，但到了70年代初期，拉丁美洲全境除海地和几个小国外，没有一国的小农没有变成少数。

西半球伊斯兰世界的情况也大同小异。20年间，阿尔及利亚的农民由75%锐减为20%，突尼斯从68%降为23%。摩洛哥下降的速度虽然没有这般戏剧性，其农业人口也失去了原来的多数地位。叙利亚和伊拉克两国，50年代中期仍有半数人口在土地上胼手胝足，而到70年代中期，叙利亚的比例已经减半，伊拉克也降为不到三分之一。伊朗50年代中期为55%左右，进入80年代后降为29%。

如此一来，到80年代结束时，全球只有三大地区——撒哈拉沙漠以南的非洲、南亚和东南亚的大陆地带，以及中国，依旧是村庄和农业人口占主导地位，并且仍然保持着相对稳定的比例。如利比里亚为70%，加纳为60%，印度为66%。不过，虽然20世纪结束时这些以农业为主的地区仍占全人类人口的半数，但农业在国家经济发展中的比例却迅速降低，农村人口也在快速地流失和减少。甚者南部非洲一些历来以农业为主的国家，农业实际上也成为以女性劳动力为主，大批男性劳动力都进城或到矿区工作去了。

小农阶级的一扫而空，造成的经济、社会与文化变迁是人类有史以来最巨大最快速最根本的变化。它的不可逆转性，永远地结束了人类农牧社会的历史。它极大地壮大了工人阶级队伍和革命阶级力量，从根本上导致了20世纪农民革命、工人运动和民族解放事业的如火如荼。它改造了人类文明基于小农经济这一根源而产生的保守封闭、僵化守成因子，空前激发了人类善于致富、敢于创新的天性，促进全球在历史上第一次形成了社会化大生产、大流通、大市场的经济格局。

绪论　20世纪——人类政治发展的黄金世纪

城市化

伴随着小农经济的消失，农村的人口大量转移，城市即开始挤满了人。与农村人口急剧下降大致同步，20世纪的城市大发展是从第二次世界大战结束开始的，到80年代就出现了空前的都市化现象。这时，发达国家的城市化程度都达到了70%左右，美国则达到了90%。在这些发达国家，传统意义上的乡村已不存在，城乡分割的状态已经消失，社会人群也只有从业状态的不同。处于前列的发达国家，"市民"、"农民"这样的称谓已经失去意义，而只能代之以"国民"的概念。

在一些欠发达地区，人口动辄数百万的大都市也如雨后春笋般兴起。如德黑兰、雅加达、马尼拉、新德里、曼谷、汉城和卡拉奇等，1980年时的人口即已突破500万，有的甚至高达850万。而在二战结束时，除雅加达以外，以上这些城市的人口都在150万以内。80年代人口狂潮大量涌向都市的典型是开罗、圣保罗和墨西哥城，这三个大都市的人口都达到1000万以上。到20世纪末时，在传统农业大国和世界人口大国的中国和印度，人们也开始从乡间流向城市，尤其是朝大城市集中。2000年，中国的城市化水平达到了36%。

全球性城市化水平的迅速提高对于人类政治发展所带来的影响主要在于：

——它加快了人类生活现代化步伐。大量城市的产生，使人群的聚落形态从乡村的小规模、家族式、功能单一和文化守成模式，逐步转变为集约化、大规模、族群混居、功能复杂、文化开放并不断丰富的模式。虽然在城市化过程中城市文化与乡村社会一直保持着某种内在关联，城市以乡村为自然资源地、劳动力资源地和文化母体，但城市历来是牵引社会发展的核心力量，一直在生产着与乡村不同质的文化。一方面，城市社会的组织形式、运作形式、价值标准、公众准则和日常生活习俗都和乡村社会完全不同；另一方面，城市的经济效能、政治行为、社会运转和思想文化密度，也远比乡村社会更强大、更激进、更有效、更丰富。这样一来，城市化水平的提高就大大加速了人类生活现代化水平的提高。

——它导致了现代市民社会的产生。由于城市社会所培育的公众准则与乡民社会大不相同，任何一个进入城市并在其中生活的人，都需要在城市的公共平台上学会协调彼此之间的关系，学会平等待人、尊重他人权利，需要自觉维护公共准则和公共产品，并逐步建立和完善符合这种城市运作方式、运行准则的道德理念与价值尺度。唯有这样才可能履行和实现自己的权利、责任与义务。这些城市独有的特性，就改变了大量涌入城市的传统人口的自由民身份，产生了市民阶层，并进而构成了市民社会。

——它促进了社会的公平与正义。这主要是因为，城市集中涵盖了人们在政治、经济、文化等方面的需求，它既是人们物质生活的家园，也是人们精神生活的家园；它既以教堂、会所、剧场、商店、体育场、广场、音乐厅等大型景观建筑为核心，构造出一定数量的公共空间，供人们举行仪式、组织交流和娱乐休息，又以公众首先服从于共同认可的原则、然后再享受城市为人们提供的便利为前提，构成了独具城市性意义和节奏的政治文化形态。在这里，人们是一个整体，社会的运行规则不断趋向公开、公平和公正，经济自由、文化开放和政治开明的风气不断形成和深化，就使城市渐渐地成了社会公平与正义的重要舞台。

识字和文化的普及提高

20世纪的现代化进程首先是由人的现代化发轫的；而人的现代化则又发端于识字和文化的普及提高。

在20世纪开头的几十年里，西欧和北美以外地区的识字率仍然是比较低的。联合国教科文组织的报告表明，在欧洲的南部和东部地区，识字率只有30%；在埃及和印度，识字率不足10%；在拉丁美洲，识字率占到50%左右。到了20世纪中期，欧洲东南部的识字率猛增到70%以上；埃及和印度的识字率翻了一番；拉丁美洲的识字率达到了70%。

20世纪后半期，全球性的识字和文化普及更为迅速，在许多发展中国家与城市化进程的加快同时发生。尽管发展中国家1950年时居住在城市的人口只有2.85亿，仅占全球总人口的17%左右，但到1990年时城市人口即达到13.85亿，占到全球总人口的34%。这些到了城市的人很快识字，并且很容易接受政治动员，渴望对自己的处境找出政治解释和作出政治矫正。与此同时，世界发达地区的城市人口1990年时也达到8.76亿，并且其中的大学生人数占到2.5%以上。这就为出现一个以政治觉悟水平不断提高为特征的全球政治性社会提供了条件。

识字和文化的普及提高，首先打破的是广大劳苦民众在政治上消极被动的局面。政治觉醒后的人们突然从心灵上感受到了：社会的不平等不是可以逆来顺受的上帝的行为，而是罪恶昭彰的社会不公正；应该行动起来，改变过去那种等级制度中的末流地位。这种思想认识上的转变，唤起了亿万民众生活方式的一场革命，把他们过去的价值观念和行为方式彻底废除了。可以说，正是识字和文化的普及提高，再加上工业化和城市化的推波助澜，才燃起了人们理想信念上的激情。

其次，识字和文化的普及提高，极大地促进了青年运动的高涨。用科学和文化武装起来的青年，最具活力，最少保守思想，天生对社会和政治问题敏感，潜意识中充满了怀疑与反叛。社会的相对富足并未能消除他们对社会现状的不满，他们对社会的缺点和不足，如僵化的体制、腐败的政治、黯淡的就业前景、巨大的贫富差距、无处不在的权力滥用、极度恶化的生存环境等等，他们都毫不放过，毫无妥协。因此在整个20世纪，推动社会变化的主角，在很多时候都是由青年扮演的。比较典型的，除了20世纪早期的中国五四运动、阿根廷学生运动，还有后来的美国民权运动、反战运动，法国的"五月风暴"运动等，它们都以巨大的影响和激动留在了人们的记忆中。

三是，识字和文化的普及提高，带动了妇女积极参政。人类从原始的母系社会过渡到父系社会以后，在几千年的社会发展中，除个别少数民族外，女性始终被置于受压抑的卑贱的从属地位。虽然她们对于这种压迫和歧视是不满的，极力反抗的，但由女性自己组织起来集体反抗，这在历史上是罕见的。只是到了20世纪，由于识字和文化的普及提高，处于社会底层的妇女才开始踏上争取自身解放的征途，并汇成一股不可阻挡的潮流，最终完成了从家庭到社会、从个人到集体的革命性解放，进而成为人类经济社会发展中的重要力量。到2000年，全世界已有三分之二以上的国家明文规定，女性与男性拥有同等的社会权利。自1960年斯里兰卡班达拉奈克夫人成为全球第一位女总理来，先后有20多个国家的政治首脑由女性担任，并且，她们并非因为父亲或丈夫的原因，而是靠自身的职业政治家身份登上国家领导人地位的。20世纪的历史表明，妇女参政既是现代政治文化的产物，同时又在不断地塑

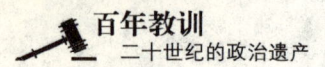

造着新的政治文化。

经济全球化

从20世纪中期开始的下述五种趋势成就了经济全球化。

一是自由市场的发展。自20世纪50年代起，发源于欧美发达经济体的自由市场经济思想不仅使二战后百废待兴的日本、德国迅速恢复了经济活力与实力，并且促成了韩国、新加坡这些国家和中国台湾、香港等地区的繁荣。而从80年代起，市场经济的思想又在中国、印度、拉美和非洲部分国家和地区获得了更大的成功。到20世纪结束时，已经实现和正在实现工业化目标的国家决策者们，大都从"计划精神"转向了"市场精神"，市场经济最终被认为是组织经济生活的最有效的手段和方式。它的发展最终打破了传统国家的经济发展界限。

二是经济重心的转移。由于市场竞争促使资本向着更具投资优势的地区转移，这就使许多发展中的经济体成为世界经济发展的重心。这一变化，不仅使资本、技术和劳动力可以在更广阔的地域自由流通，而且使各国的经济广泛渗透，在很大程度上弥合了国与国之间的经济鸿沟，使得任何一国的经济都已同其他国家的经济密不可分了。

三是通讯技术的进步。进入20世纪下半期以后，电信和计算机成本大幅度下降，电视、电子邮件、因特网技术广泛应用，迅速改变了世界各地相互沟通的方式，也迅速改变了社会经济活动的方式，使得原来根本不可能实现的事情成为现实。特别是国际互联网的存在和发展，彻底颠覆了传统的经济运行模式，使得员工与员工之间、厂商与客户之间、厂商与供应商之间，洽谈交流可以瞬间完成，极大地提高了效率和效益。

四是各国在贸易、投资和技术转让方面的开放。这种开放不仅为公司、企业创造了新的市场机会，而且使来自国外的竞争对手也进入到国内市场，竞争对手之间为了争取顾客、获得规模效益、利用最佳技术和场所降低成本，就必然展开激烈的竞争。而正是这种竞争，促使经济全球化形成了一种自我加速的循环。

五是冷战结束以后国际合作的加强。随着两极格局解体，东西方之间长

绪论 20世纪——人类政治发展的黄金世纪

期以来人为设置的障碍逐步消除，极大地增强了国际间的交流与合作，促进了跨国和跨地区经济组织的建立，有力地推动了全球经济一体化进程。

完全出乎意料的是，最初以经济为主要内容和目的的这一全球化格局一经建立起来，就很快就蔓延到其他领域了。到20世纪末，传统民族国家之间的界限已逐渐模糊，世界性的、地区性的和国家性的事务互相影响，政治的、经济的、文化的各个要素互相关联，世界仿佛变成了一个无国界的世界。

这一趋势对国际政治的发展所带来的影响是不言而喻的。它凸显超国家国际组织、非政府组织的地位和作用，对传统民族国家的主权构成了严重挑战。它使大国间发生大规模战争的可能性降低了，迫使各大国间纷纷建立起种种不同性质的战略伙伴关系，力图达成一个不使用武力而解决双方分歧的默契。由于经济发展中你中有我、我中有你，便进一步消除了东西方之间原有的意识形态对立，有利于各国在保留自己民族特点的基础上求同存异，探索真正适合自己的发展道路。

经济全球化对于国内政治的作用和影响也是巨大的。由于经济全球化使世界上各种文化的交互融合加速、趋同速度加快，这就必然会冲击国家的政治、社会的结构和人们的心理，带来全民族全社会的思想解放、观念更新和社会进步。同时，由于全球化过程本质上是一个充满矛盾的过程，它既包含有一体化的趋势，又包含有分裂化的倾向；既表现出单一化，又表现出多样化；既有属于全球性的，又有属于本土性的，为了在如此复杂的情况下有效化解参与全球化进程所带来的风险，保障国家稳定发展，就迫使各国不得不加速政府改革，甚至包括作出相应的制度安排。

仍在加速向纵深推进并且毫无倦意的经济全球化虽然没有一套固定的模式，谁也不知道它会把人们带向何方，但有一点似乎又是可以预期的，这就是：经济全球化必然催生政治全球化。这是不以人的意志为转移的，是一定会到来的。在经济全球化面前，所有的国家都是应考者，所有的国家都有必要从政治的高度来重新思考自己的未来。

第一章
Chapter One

从蒙昧到觉醒
——人们的信仰是可以自由的,但人类的
政治追求是共通的

> 这个口号今天已从我们的纪念建筑物和我们的旗帜上抹掉了,但它一旦公告于世,将会获得人们普遍的赞同。是的,人们可以抹掉它,也可以嘲笑它,但它决不会因遭人践踏而被真正抹掉,或受到损害。因为它是正确的,它是神圣的;它代表人们追求的理想,它象征神示的未来;它已在理论原则上面占了优势,它终将也有一天在客观事实上赢得胜利;它是磨灭不了的,它是永存的。
>
> ——[法]皮埃尔·勒鲁

还是在 19 世纪中叶，马克思和恩格斯在《共产党宣言》这部著作中就作了这样的论断："由于开拓了世界市场，使一切国家的生产和消费都成为世界性的了。……过去那种地方的和民族的自给自足和闭关自守的状态，被各民族的各方面的相互往来和各方面的相互依赖所代替了。物质的生产是如此，精神的生产也是如此。各民族的精神产品成了公共的财产。民族的片面性和局限性日益成为不可能……"①

20 世纪的历史令人信服地证明了马克思、恩格斯这一论断的真理性。一进入 20 世纪，可以说，一些代表着历史进步的方向、反映着大多数人理想的精神，就已是人类共同的价值追求。而到了 20 世纪后期，在势不可挡的现代化和经济全球化面前，又几乎没有一个国家不在忙着"照国际惯例办事，与国际惯例接轨"。并且，这种"办事"和"接轨"早已突破经济范畴，涵盖了自然科学、人文科学、政治思想和道德情操等各个方面，成为一种世界性的文化现象。

一 独立·自由——世纪的最强音

1994 年 4 月 26 日，南非大选开始了。这是南非历史上第一次举行全民选举，世界瞩目。

大选在宁静的气氛中进行。选举第一天是国内的残疾人和在海外的南非人投票。由于新西兰的查塔姆群岛最靠近国际日期变更线，因此新西兰是最先迎来 4 月 26 日的国家，设在新西兰首都惠灵顿的投票站也就成了南非大选

---

① 中共中央马恩列斯著作编译局马列部编：《马克思主义经典著作选读》，北京：人民出版社 1999 年版，第 39 页。

的揭幕地。居住在新西兰的曼德拉的外甥女诺玛扎·佩因顿黎明时分就来到投票站,投下了南非首次全民大选的第一张票。这也是342年来祖祖辈辈的南非黑人投下的第一张选票。

4月26日午夜23点59分,旧的南非国旗降下了,新的南非国旗在27日凌晨1分升起了。这标志着南非新时代的开始。南非大选也在这一天进入高潮。各种肤色的人在全国9000个投票站排成了长龙,许多队伍绵延数公里,人们等待着投下自己庄严的一票。

这天早晨7点零5分,曼德拉在纳塔尔省德班市一所中学的投票站投了票。为这一票奋斗了一辈子的曼德拉动情地说:"这是一个难忘的时刻,我们几十年的希望和梦想终于变成了现实。"

始终坚定支持黑人反对种族隔离的南非圣公会大主教投票后说,他此刻的心情"犹如初恋一般甜蜜"。

这一天,整个南非沉浸在节日的气氛中。人们之所以心潮难平,是因为人们没有忘记那些黑暗日子里的痛苦经历。种族隔离是20世纪最不人道的一种社会制度,它比种族歧视更残酷更丑恶,表现得也更直接更具体。在南非殖民者眼里,黑人只不过是站立行走的动物,没有任何尊严和权利可言。本来是黑人世世代代生活的土地,却因白人的移入而使生存在这里的黑人处于被压榨被奴役的地位。肤色决定了人们的命运,使他们被隔离成不同的群体,一个生活在天堂,一个生活在地狱。

南非的种族隔离制度不仅遭到南非黑人的坚决抵制和反抗,也遭到国际社会的严厉谴责和制裁。从20世纪60年代开始,南非即受到武器、石油禁运等国际制裁;1974年被剥夺在联合国的权益;1985年受到国际社会更严格更全面的制裁。到1988年底,与南非保持大使级外交关系的国家只有22个,4年中有277家外国公司从南非撤出,外流外国资本120亿美元、本国资本50亿美元。许多国家还主张进一步扩大对南非的制裁范围。

正是在国际社会的重重压力下,南非白人社会才开始分化,认识到种族隔离制度没有前途,应该考虑和探讨新的出路,与黑人共存与和解。1989年9月,德克勒克当选南非最后一任种族隔离制度下的白人总统。为了缓和日趋尖锐的种族矛盾,改善南非在国际上极其孤立的地位,他开始调整政策和推行政治改革,先后无条件释放了老一代黑人领袖,取消了海滨和一些住宅区的种族限制,宣布解除党禁,直至最后从南非宪法及有关地方立法中废除了种族隔离内容,这才为南非的政治解放清除了最后障碍。

正因为如此来之不易,所以南非黑人格外珍视这次大选。千千万万的黑人,不同政治派别、不同部族的黑人,个个都踊跃参加投票。尽管投票过程中曾出现计算机故障,选票也未能及时送到,但没有引起任何混乱。广大黑人期待着政治解放和自由,对建设新国家充满了希望,下决心要投下自己神圣的一票。一位黑人老人自豪地说:"我参加投票是我个人对种族隔离制度的判决。"

这次选举一共进行了3天,结果,曼德拉所领导的非国大党在选举中获得了62.5%的选票。这意味着非国大党在国家议会中得到了252个席位,曼德拉就任南非第一任黑人总统。一个被政府囚禁了27年的政治犯最终实现了他的梦想——曼德拉可以建设一个自由、民主、平等、和睦的新南非了。这也同时意味着,经过世世代代的抗争和无数黑人的流血牺牲,南非近350年的白人统治和种族隔离制度最终被埋葬了,整个非洲大陆被殖民的时代也就此寿终正寝了。

1994年5月10日,曼德拉宣誓就职,揭开了南非历史的新篇章,千百万支持者欣喜若狂。

在总统就职演说中,曼德拉庄严宣布:"我们立下誓约,要建立一个让所有南非人——不论是黑人还是白人——都可以昂首阔步的社会。"

在非国大党的庆祝会上,曼德拉激动地说:"这是我们国家政治生活中最重要的时刻。我对我国人民所表现的冷静、耐心与决心,深感骄傲与欣喜。我们可以站在屋顶上高呼,终于自由了!"

他的话音刚落,一瓶香槟酒"砰"的一声被打开,人们紧紧地拥抱在一起,欢笑着,通宵达旦。

人们的狂欢是完全可以理解的,因为人类在政治上的许多诉求都是相同的。

由于殖民掠夺是人类最大的政治歧视——它广泛地带来了民族不平等、种族不平等;殖民掠夺是人类最大的战争祸端——几个世纪来世界上的殖民战争就从未停止过,因此,反对殖民统治也就成为20世纪人类政治进步的最大动力。20世纪之所以被认为是人类政治觉醒的世纪,一个根本的标志,就是民族国家的纷纷独立和解放。从1901年1月1日澳大利亚联邦独立，正式脱离英国殖民统治，到1999年12月20日澳门回归中国，正式脱离葡萄牙殖民统治，几乎整个世纪都响彻着民族独立和解放的声音。仅持续十数年的大规模民族独立和解放浪潮就出现过三次，并且一浪高过一浪，直至最后彻底结束殖民政治，埋葬殖民主义。

第一次浪潮出现在十月革命后。

苏俄十月革命的胜利、世界上第一个社会主义国家的建立，极大地鼓舞了殖民地人民，促进了被压迫民族的独立和解放斗争。

在汉城，爆发了沉重打击日本殖民统治的"三一运动"，"朝鲜独立万岁！""日本侵略者滚出去！"口号响彻云霄。

在印度，甘地领导开展"非暴力不合作运动"，人们口诛笔伐，抨击英国对印度的殖民统治是"喜马拉雅山般的错误"。

在中国，由伟大"五四运动"掀起的反帝反封建运动，使马克思列宁主义得以在中国的大地上传播，也使无产阶级开始登上中国的政治舞台。

在土耳其，一场民族解放战争取得了完全胜利，彻底结束了国土长期被英法意等帝国主义列强瓜分的屈辱历史。

在摩洛哥，爆发了"里夫大起义"。里夫山区的部落军利用古老的枪箭，同西班牙和法国的30万殖民军展开了一场殊死决战，谱写了一曲殖民地民族争取独立和解放的壮歌。

在埃及，尽管英国殖民者出动飞机和大炮镇压人民的反抗，但慑于强大的民族独立和解放力量，不得不改变统治方式。埃及人民虽然在这次斗争中没有真正获得独立，却终于有了一个民族政府。

十月革命后短短几年间，由于反对殖民主义的斗争此起彼伏，殖民地半殖民地的民族解放运动很快便由资产阶级革命的同盟军变成了无产阶级革命的同盟军，使资本主义、帝国主义国家的无产阶级革命运动与殖民地半殖民地人民的民族解放运动联合起来，形成了一条国际反帝统一战线，从而开辟了被压迫民族和被压迫人民解放斗争的新时代。

第二次浪潮出现在二战后。

第二次世界大战刚一结束，全球争取民族独立和解放的斗争便风起云涌，直接冲击着帝国主义殖民体系。这次浪潮从1940年代中期开始，至1950年代中期结束,中心在亚洲和北非一带,先后有近20个国家获得独立。

在亚洲,先后获得独立的国家有:印度尼西亚(1945年)、越南(1945年)、老挝(1945年)、叙利亚(1946年)、约旦(1946年)、菲律宾(1946年)、巴基斯坦(1947年)、印度(1947年)、缅甸(1948年)、斯里兰卡(1948年)、朝鲜(1948年)、中国(1949年)、阿曼(1951年)、柬埔寨(1953年)、马来西亚(1957年)。

在北非,先后获得独立国家有:利比亚(1951年)、苏丹(1956年)、摩洛哥(1956年)、突尼斯(1956年)。

第二次世界大战后民族独立解放运动之所以在亚洲、北非地区蓬勃兴起,首先与二战有关。二战期间,亚洲和北非地区遭受法西斯的直接侵略,这些地区的国家蒙受了巨大的生命和财产损失;同时,战争也锻炼和教育了被侵略国家的人民,这就为战后民族独立解放运动的发展创造了条件。其次,也与地区的社会经济发展水平有关。就全球被殖民的几大区域来看,亚洲、北非地区与非洲其他地区比较起来,一般社会经济发展水平要高许多,民族资产阶级和工人阶级的力量也比较强,因此使民族的独立解放运动有新兴的阶级来领导。而与拉美地区相比,拉美早在18世纪后期和19世纪早期就曾进行了长达几十年之久的独立战争,绝大部分地区都已摆脱殖民主义在政治上的直接控制,建立了民族独立国家,所以争取民族独立和解放的斗争不像亚洲这样尖锐。

第三次浪潮始于50年代末,持续时间长达30年。这是一次以非洲为中心建立民族独立国家的浪潮。

虽然非洲这块古老而神奇的土地曾在人类文明史上写下过辉煌的篇章,但当世界因沟通而了解、因交流而发展时,非洲却还在殖民主义的桎梏下继续沉沦。从15世纪起,英国、法国、比利时、葡萄牙、西班牙、意大利等欧洲列强就对非洲进行残酷的掠夺和压迫,先后使非洲国家沦为他们的"殖民地""保护国""海外省"或"托管地"。到第二次世界大战前,非洲只有埃塞俄比亚、埃及和利比里亚三个独立国。

1957年3月6日,英属黄金海岸宣布独立,成立加纳共和国,打开了撒哈拉以南非洲殖民堡垒的第一个缺口。1958年10月2日,几内亚又脱离法兰西共同体宣告独立,成立了几内亚人民革命共和国。以这两国独立为契机,非洲大陆掀起了一个波澜壮阔的独立浪潮。

面对这一浪潮,英、法殖民统治者不得不放弃殖民主义政策。1958年,法国戴高乐政府颁布第五共和国宪法,宣布法属非洲领地由法兰西联邦内的"半自治共和国"变为法兰西共同体内的"自治共和国"。1960年又推行非殖民化政策,与共同体中的12国签署移交权力的协定,承认这些国家独立。英国几乎是与法国同步采取的行动。1960年年初,时任英国首相麦克米伦对非洲做了近40天的殖民地访问旅行。他在回忆当时的感受时说,他所到之处都弥漫着一种把握不定的感觉,意识到一场危险的风暴正在逼近。访问期间,麦克米伦在南非议会发表演说时说:"变革之风已经吹遍这个大陆,不管我们喜欢不喜欢,民族意识的这种增长是个政治事实。我们大家都必须承认这是事实,并且在制定国家政策时把它考虑进去。"① 正是依据这种认识,英国在麦克米伦这次访问结束后,就放弃了传统的殖民主义政策,加快了非殖民化进程。

1960年被称为"非洲年",当年就有17个非洲国家获得独立。这17国中,喀麦隆、塞内加尔、多哥、马达加斯加、贝宁、尼日尔、布基纳法索、科特迪瓦、乍得、中非、刚果、加蓬、马里和毛里塔尼亚等14国独立前为法兰西共同体的成员国或法属托管地。其余3国——扎伊尔、尼日利亚和索马里,独立前分别是比利时、英国和意大利的殖民地。

1960年后,非洲的民族独立解放运动继续向前发展。1961年至1968年间,非洲又有15个国家获得独立。它们是:塞拉利昂(1961年)、坦桑尼亚(1961年)、阿尔及利亚(1962年)、布隆迪(1962年)、卢旺达(1962年)、乌干达(1962年)、肯尼亚(1963年)、马拉维(1964年)、赞比亚(1964年)、冈比亚(1965年)、博茨瓦纳(1966年)、莱索托(1966年)、毛里求斯(1968年)、斯威士兰(1968年)和赤道几内亚(1968年)。这样,英法比3国在非洲的殖民体系就彻底崩溃了。

到70年代中期,历时500年之久的葡萄牙帝国在非洲的殖民统治也告结束。葡萄牙是最早侵入非洲的老牌殖民主义国家,其在非洲领地的野蛮、残暴统治曾无数次激起非洲人民的激烈反抗。从60年代初即开始的安哥拉、几

---

① 〔英〕哈罗德·麦克米伦:《麦克米伦回忆录》第5册,商务印书馆翻译组译,北京:商务印书馆1976年版,第190页。

内亚比绍、莫桑比克等殖民地人民的民族独立解放斗争，曾遭到14万葡军的血腥镇压。1974年4月，葡萄牙国内发生军事政变，新政府焦头烂额，才被迫同殖民地解放组织签署了放弃殖民政策的协议，使得几内亚比绍（1973年）、莫桑比克（1975年）、佛得角（1975年）、圣多美和普林西比（1975年）和安哥拉（1975年）诸国相继宣告独立。

从1970年代末期起，非洲大陆的最后几个殖民地国家又先后获得独立——吉布提（1977年）、津巴布韦（1980年）、纳米比亚（1990年），加之南非在史无前例的全国大选中诞生了第一位黑人总统（1994年），非洲大陆的去殖民化任务才终于全部实现了。

在非洲历史性地结束殖民统治的同时，作为第3次浪潮的重要组成部分，世界其他地区的民族独立解放斗争也毫未放松。

在亚洲，先后诞生的独立国家有：塞浦路斯（1960年）、科威特（1961年）、马尔代夫（1965年）、新加坡（1965年）、巴林（1971年）、卡塔尔（1971年）、阿拉伯联合酋长国（1971年）、文莱（1984年）、巴勒斯坦（1988年）。特别是，随着香港、澳门两个地区分别于1997年7月和1999年12月回归中国，从此，亚洲便是属于亚洲人的了。

在美洲，先后宣布独立的国家有：牙买加（1962年）、特立尼达和多巴哥（1962年）、圭亚那（1966年）、格林纳达（1974年）、苏里南（1975年）、多米尼加（1978年）、圣卢西亚（1979年）、圣文森特和格林纳丁斯（1979年）、伯利兹（1981年）、圣基茨和尼维斯（1983年）。

在大洋洲，先后宣布独立的国家有：西萨摩亚（1962年）、瑙鲁（1968年）、汤加（1970年）、斐济（1970年）、巴布亚新几内亚（1975年）、所罗门群岛（1978年）、图瓦卢（1978年）、瓦努阿图（1980年）、马绍尔群岛（1986年）、密克罗尼西亚（1986年11月）。

就这样，在20世纪结束时的世界210多个国家和地区中，有116个是在20世纪的反殖民斗争中获得独立和解放的。其中，亚洲37个、非洲52个、美洲14个、大洋洲12个、欧洲1个。这么多的国家和地区挣脱殖民枷锁，登上世界政治舞台，是以往民族独立解放运动所不能比拟的。这是人类历史的巨大进步，也构成了20世纪政治发展的一个显著特点。

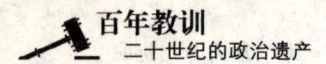

二 民主·共和——人民的心声

"国之本在家。"中国古代圣哲孟子这样说。

"当今之国家,非一人之国家,乃我人民之国家。"显然,中国革命先驱孙中山丰富和发展了孟子"国之本在家"的思想。

应该说,"国"与"家"既是中国哲学几千年来的主题,也是世界一切民族国家的主题。人类的20世纪,就是在人民的呐喊中上演了一场"国"与"家"的辩证统一——民为邦本,本固邦宁;就是在人民的呐喊中,结束了那种仍然力图以中世纪精神、靠原始迷信和封建世袭发挥作用的国家政体。到20世纪末,虽然位于南欧、拉美和东南亚的一些国家又出现政治危机,但不管采取哪一种策略进行治理,民主、共和都成了这些国家最终的归宿。

不过,历史总是在曲折中前进的。20世纪的民主、共和也毫不例外地呈现出这样一种螺旋式的发展状态,出现了许多惊心动魄、耐人寻味却又势不可挡、不再逆转的历史性趋势。

王朝纷纷崩溃

刚刚进入20世纪,欧亚大陆的许多古老体制就开始摇晃起来。尽管中国清王朝、俄国罗曼诺夫王朝的统治都风雨飘摇、岌岌可危,但最先还是在葡萄牙发生了王朝崩溃。

葡萄牙虽是欧洲西南端的一个小国,但1143年即为独立王国,从15世纪开始就积极从事海外探险活动,是欧洲最早进行殖民扩张的国家。到16世纪上半叶,葡萄牙已先后从非洲、美洲、亚洲夺得大片殖民地,建立起了世界上第一个殖民帝国。尽管好景不长,西班牙于16世纪末控制了葡萄牙的内政,日益强大起来的荷兰、英国又在17世纪摧毁了葡萄牙的海上霸权,在接下来的战乱中还多次被欧洲其他列强所占领,但葡萄牙在1640年12月1日建立起来的布拉甘沙王朝却统治依旧。只是到了19世纪后期,共和主义在葡萄牙不断发展，才真正危及王朝性命。

1889年，葡属最大的殖民地巴西爆发革命，推翻了布拉甘沙王朝在巴西的统治者唐·佩德罗二世，于11月15日这天成立了巴西共和国。这一事件进一步鼓舞了葡萄牙国内的反抗斗争。人们更加确信，创立一个共和国来取代君主专制才是民族和国家的希望所在。

面对越来越强大的共和主义力量，卡洛斯国王把内阁权力交给了一个叫若奥·佛朗哥的人。佛朗哥这个被称为"葡萄牙最后一个君主主义者"的独裁者，尽管不遗余力地为国王效劳，但仍无力回天，甚至自己的统治也随着一桩突然事件的到来而迅速结束。1908年2月1日，当国王全家出行后返回里斯本向王宫走去时，遭到了刺客的袭击，卡洛斯国王和王位继承人路易斯王子当场中弹身亡。因对这一事件负有直接责任，佛朗哥引咎下台，卡洛斯不到19岁的第二个王子曼努埃尔成了新国王。

受命于危难之时的曼努埃尔二世显然只是占了一个虚位。对于他来说，除了等着共和党人准备就绪后来接管这个国家以外，别无选择。1910年10月4日这天，革命终于到来了。起义军只是象征性地朝王宫进行了小规模的射击和炮轰之后，很快就掌握了政权。年轻的国王同他的母亲携带着财宝逃往直布罗陀，经那里去了英格兰。

这样，在一个延续了近8个世纪之久的君主专制制度的国家里，一个新的共和国便诞生了，葡萄牙的历史从此开始了新的一页。

紧随葡萄牙布拉甘沙王朝之后，1911年10月10日在中国腹地武昌爆发的一次起义——史称辛亥革命——一次震惊世界的革命，由于得到了全国25个省中15个省的拥护，因此也使清王朝的统治崩溃在即。

武昌起义几乎是在一夜之间就取得成功的，但成功后人们很快发现，革命急需坚强有力的领导，急需建立一个新政权来取代旧政权。然而，以孙中山为首的中国同盟会的领袖们这时并不在武昌，甚至不在国内，直接组织起义的湖北文学社和武昌共进会的领导人也因逃避当局的搜捕而没有露面。于是，人们只好找出湖北新军统领黎元洪，于起义的第二天把湖北军政府都督的头衔安在了他身上。这一安排，使素与革命无关甚至敌视革命的人成了革命领袖，无疑暴露了革命队伍的软弱，也潜藏了日后的危机。

武昌起义成功给了清政府极大打击，清政府便急忙调兵向武汉发动进攻。

各帝国主义势力虽然也怕自己的在华利益受到损失而百般阻拦革命，但它们对清政府是否有能力控制局势又持怀疑态度。这就使革命形势不仅变得非常险恶而且错综复杂。正是在这种情况下，袁世凯的政治欺骗有了市场。

时为北洋军阀首领的袁世凯，一面靠出卖维新派和镇压义和团运动博得慈禧太后的信任，一面又以"新政"为名在各省督抚和立宪派绅士中树立声望，几面取宠，甚为春风得意。而且还因为他处处仰洋人鼻息，因而成为外国势力最可信赖的人。这样也使人们一致看好袁世凯，认为当时的局面非他而不可收拾。而老谋深算的袁世凯意识到这一点以后，又进一步地玩弄两面手法，既利用革命来迫使清政府向他交权，又通过政治、军事压力来使革命派就范。

1911年11月初，袁世凯如愿以偿地从清政府那里得到了权力，由他担任内阁总理大臣，统领军政。这时，英国驻华公使朱而典则周旋于武昌和北京之间，为袁世凯策划南北和谈。和谈的条件是：停战、清帝退位和袁世凯出任总统。迫于各种压力，湖北军政府只好同意谈判。

正在这个节骨眼上，孙中山从国外回到了上海，他受到了热烈欢迎，因为在革命者心中，他是公认的革命领袖。1894年，孙中山就在檀香山组建兴中会，决意推翻满清政权。1905年，他又在日本联合华兴会、光复会等团体，成立中国同盟会，并被推选为总理。他不仅是中国第一个提倡通过革命实现理想的人，而且武昌起义和各省的响应也是以他为首的革命党人多年宣传发动的结果。所以，他一回国就被人们一致推举为"中华民国"临时大总统。

1912年1月1日，孙中山在南京宣誓就职，宣告"中华民国"正式成立。

然而，以孙中山为首的"中华民国"临时政府虽然建立起来了，但它却仍然面临中外反革命势力的强大威胁。这就使得孙中山在就任大总统之时便同意南北议和，并表示：如袁世凯真心拥护共和，清帝退位，他就让出大总统职位。

1912年2月12日，在袁世凯的威逼利诱下，清帝宣布退位。由此，不仅结束了清朝260多年的统治，也宣告了中国两千多年君主专制制度的终结。

遗憾的是，革命阵营没有足够的力量来彻底完成这次革命，从而给袁世凯篡夺革命果实提供了机会。

清帝退位的第二天——1912年2月13日，孙中山履行诺言，辞去临时大总统职务，让位于袁世凯。3月，袁世凯在北京就任"中华民国"临时大总统。

虽然这场革命并不彻底,未能真正实现民主、共和,但由孙中山主导制定的《中华民国临时约法》还是作出规定:"中华民国"的主权属于全体国民;国内各民族一律平等;国民有言论、结社、集会、著作的自由。后来的实践证明,正是这些政治纲领,为中华民族建立民主共和的政体打下根基,同时也解放封建专制统治下禁锢的生产力,为社会经济进入较大规模的发展开辟了道路。

1917年初春,发生在俄罗斯的一场革命,又迅速地结束了俄国300多年罗曼诺夫王朝的统治。

几乎与国家的形成同步,俄罗斯的政治统治历来就是神权与皇权的混合物。15世纪,伊凡三世宣布自己是拜占庭帝国的继承者,并声称莫斯科是"永久的罗马"。16世纪,伊凡四世干脆废除大公称号,加冕为沙皇。这就意味着他拥有像古罗马统治者恺撒一样的权力。尽管从那时起俄国社会发生了巨大变化,但君主专制制度一直延续到1917年二月革命前。几个世纪来,罗曼诺夫王朝的沙皇们把西方的宗教与权力紧紧地渗透在一起,使他们不仅是世俗的统治者,还是上帝在人间的代理人。而深受宗教力量影响的一些俄罗斯民众,还总是对沙皇抱有一种本能的亲近,认为人"生而有罪,在世就是为了经受苦难来实现救赎,主人的鞭挞、沙皇的暴政都不过是上帝要自己通过受苦受难来获得灵魂的拯救"。不仅普通民众有这样的意识,一些著名的思想家也认为:"人类只应追随自己的天然领袖即上帝册封的君主,只应追随以这种或那种方式从上天本身那里领受使命并有能力来实现这一使命的那个人,沿着那条能够使自己真正进步的道路前进。"①

但是,人民终究还是觉醒了。

1917年3月(俄历2月),俄罗斯爆发了继1905年之后的又一次民主革命,史称二月革命。如前所述,3月8日至12日,仅彼得格勒就有100多万民众上街游行示威。在革命浪潮的猛烈冲击下,起义士兵和工人迅速夺取了兵工厂、军械库、火车站、发电厂,捣毁了警察局和政治犯监狱,占领了政府机关,逮捕了政府大臣。革命在首都迅速取得了胜利并席卷全国。3月15日,沙皇尼古拉二世被迫发表声明退位。随着罗曼诺夫王朝的崩溃,俄罗斯

---

① 中央电视台《大国崛起》节目组编:《大国崛起·俄罗斯》,北京:中国民主法制出版社2006年版,第7页。

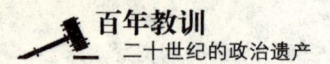

的沙皇专制制度彻底结束了。

在20世纪，用民主共和摧毁千年帝制、百年王朝这样的情况，其实不只发生在葡萄牙、中国和俄罗斯。1919年11月，以德皇威廉二世逃亡荷兰为标志，统治德国217年的霍亨索伦王朝便崩溃了，取而代之的是李卜克内西在皇宫阳台上升起红旗时所宣布的"自由社会主义共和国"。1931年4月，同样以世袭国王逃亡国外为标志，由全国大选而产生的西班牙"革命委员会"组成临时政府，正式建立了西班牙共和国。这样的例子不胜枚举。

不过，在20世纪所有发生的王朝崩溃事件中，最富传奇色彩的还是伊朗。传奇就传奇在：一个年过七旬的老人，没有一兵一卒，没有导致流血牺牲，完全靠遥控指挥，就发动群众把拥有40万正规军队的专制君主赶下了台。

这个老人是霍梅尼，奇迹是在1979年发生的。

1979年2月1日，也就是巴列维被迫离开他占据了37年之久的伊朗王位并逃亡国外半个月之后，伊朗宗教领袖霍梅尼乘坐喷气式飞机抵达德黑兰上空，结束了他15年的流亡生活，在无数群众的欢呼声中返回了故国。他是回来接掌政权的，他要创立一个共和国。

霍梅尼1902年出生在伊朗一个叫霍梅因的小镇。1922年，霍梅尼到伊斯兰教什叶派圣城库姆求学深造，逐渐成为伊斯兰教法学家和神学家。50年代末，霍梅尼获得"阿亚图拉"称号，成为伊朗6个"阿亚图拉"之一。"阿亚图拉"意为"真主意志的体现者"，也是什叶派的宗教职称和学衔。凡是获得这一称号的人，都是学识渊博、有很高权威并称得上宗教领袖的人。霍梅尼在库姆执教近40年，是神学学生公认的导师、伊朗8万多个清真寺中的伊斯兰教神学家，很多人都是霍梅尼的学生。

霍梅尼之所以成为伊朗这次巨大变革的中心人物，主要还在于他不屈不挠的精神。近40年来，他始终坚持要求国王退位，废除君主制。从1941年起，他就公开提出，反抗暴君是穆斯林的首要职责。

1963年，巴列维国王实行"白色革命"，剥夺了清真寺的大量土地。这就触犯了宗教传统，霍梅尼遂组织大规模的群众示威运动进行抵制，使巴列维的政策没有推行下去。1964年，霍梅尼又号召民众反对《美伊安全条约》，因为这个条约的附带条件是允许美国军人在伊朗拥有治外法权。巴列维惧怕再次掀起大规模的群众示威运动，便对霍梅尼采取特别行动，将霍梅尼押送到了国外。从此,霍梅尼开始了他的流亡生涯。

1978年初,伊朗政局又出现了动荡。起因是,一家报纸刊登一篇抨击霍梅尼的文章后,霍梅尼的弟子立即撰文回击,但政府新闻部门不准报纸刊登。这就成了导火线,群众纷纷上街游行示威,高喊"打倒国王!""成立伊斯兰共和国!"怒火迅速蔓延到全国,霍梅尼也成了人们反对政府的精神领袖。

一直到1978年底,流亡巴黎的霍梅尼都通过遥控指挥国内斗争,不断对斗争提出具体要求。而对这一情况,巴列维却一无所知。因为长期以来,由于秘密警察的猖獗和朝臣的阿谀奉承,巴列维已与社会完全隔绝。等到他知道事件真相时,局面已十分严峻,就连保卫国王的军队也发生了动摇。无可奈何之下,巴列维只好在1979年1月15日上午出走,流亡埃及。

回国两个月后,霍梅尼这位赶走了国王的77岁老人组织了政权。1979年4月1日,伊斯兰共和国宣告成立。

伊朗政局这一翻天覆地的变化,使国际社会大为震惊,霍梅尼也因此成为20世纪的世界风云人物。

独裁专制不得人心

在20世纪,独裁专制的极端典型是被世人所不齿的德意日三国的法西斯主义专政。

法西斯主义这种民族国家至上的极右政治意识形态,是国家垄断资本主义恶性发展而产生的政治怪胎。在20世纪20—40年代,它先后成为意大利墨索里尼政府(1922—1943)、德国希特勒政府(1933—1945)以及日本军国主义政府(1931—1945)的官方意识形态。法西斯主义是对法国大革命以后所形成的西方主流价值观念的全面反动。在"一切为了国家""无条件效忠国家"的口号下,理性主义、自由、平等、博爱等价值观念都遭到颠覆,取而代之的是斗争、权力、恐怖和战争等概念。

德意日三国的法西斯统治各有特点,但在极端的独裁专制和剥夺人民的民主权利方面,却是惊人的一致。

希特勒所建立的德意志政府,完全是由一些纳粹法西斯魁首所组成的独裁恐怖政权,他们控制了国家的一切权力。在德国,宪法被废除、议会被取消、政党活动被取缔。在德国，只有一个政党、一个民族、一个领袖，国家政权从属于党。虽然法西斯主义并不是德国所独有，也并不是首先在德国产生，但德国纳粹法西斯以其臭名昭著、恶贯满盈的累累罪行必定被永远地刻在人类历史耻辱柱上最显著的位置。因为，就是德国法西斯发动了那场有史以来规模最大的罪恶战争，千百万生灵涂炭；就是德国法西斯在残害无辜生命的类型和手段上，依照"没有生存价值的生命就全部淘汰"的法西斯逻辑，制造了像梦魇一般长留在人们记忆中的历史惨剧；就是德国法西斯把少数人的疯狂和狂热演变成了千百万人不计后果的集体非理性行为，把民族利己主义和社会达尔文主义发展成为极端的种族主义，让人类文明蒙羞。德国法西斯的这几项罪过，在世界上是独一无二的。

　　意大利是现代世界史上最早建立法西斯组织并由法西斯分子掌握政权的国家。1915年1月25日，狂热的沙文主义者墨索里尼建立了第一个法西斯组织——"革命行动队"，并极力煽动民族主义情绪。由于在第一次世界大战中，意大利作为战胜国不仅没有得到所期望的利益却反而出现了通货膨胀和经济混乱，这就为法西斯主义的产生提供了肥沃的土壤。越来越多害怕丧失特权地位的中产阶级、渴望改变社会地位的中下阶层和社会上一些狂热的理想主义者、未来主义者，以及各式各样的不得志者，都被极端民族主义所吸引，迅速地汇集到了墨索里尼门下。1921年11月7日，在召开的第三次法西斯全国代表大会上，墨索里尼宣布正式成立国家法西斯党，墨索里尼为党的领袖，其法西斯主义也开始具体化。1922年10月29日，国王正式任命墨索里尼为首相，他一上台组阁便宣布放弃建立共和国的主张，拥护君主专制。1926年11月，他操纵颁布《非常法》，取消了反对派议员资格，取缔了一切反对派政党，建立了迫害反法西斯人士的特别法庭和秘密警察组织。此外，他还颁布《反秘密团体法》，取消了集会和结社自由；颁布《政府首脑职责与特权法》，强化了自己的独裁地位；颁布《政府颁布法规权力法》，使他所主宰的政府从根本上摆脱了议会的监督，将意大利变成了一个法西斯一党专政和个人独裁的国家。

　　日本的法西斯势力自第一次世界大战结束前后就在民间右翼团体和军国主义分子中开始出现。1919年8月，日本法西斯主义鼻祖北一辉发表了《国家改造案原理大纲》，宣扬"天皇乃国民之总代表，国家之根柱"，提出必须动用天皇大权来改造日本，在3年内停止实行宪法，解散议院，由天皇直接统领军队，建立军事独裁政权。并且指责，民主主义是"极其幼稚的主张"，选举制是以"投票神权说"来反对"帝王神权说"的低能哲学。北一辉的这个《大纲》是日本法西斯主义的经典。1936年2、3月间，一场政变发生后，日本统制派人物广田弘毅受命组阁，他完全以军方的意图为国策，对内加强法西斯统治，对外全面推行战争政策。1936年11月与德国签订《反共国际协定》，日本从此正式同希特勒法西斯政权携起手来。1937年5月又颁布《国家总动员法》，将国家经济社会进一步军事化。随着卢沟桥事变后全面侵华战争的发动和扩大，日本法西斯专政体制就最终形成了。

然而，法西斯主义毕竟是反潮流、反社会、反人类的，由于它在国内与民主、共和背道而驰，在国际社会与和平、发展背道而驰，因而招致全世界人民的反对，最终被扫进了历史的垃圾堆。

在20世纪，除了依靠法西斯主义这种极端意识形态所建立起来的独裁政权短命外，一些国家依靠军队进行军事独裁统治也是很不得人心的。

在尼加拉瓜，国民警卫队的忠诚历来是统治者赖以生存的支柱。索摩查父子几十年来正是依靠这股力量并以小恩小惠收买警卫队官兵而维护其家族统治的。作为世界上最贪婪的暴君，索摩查父子当政时既是国家元首、政府首脑，又是执政党领袖，还担任国民警卫队司令。为了镇压民众的反抗，他们随时可以宣布戒严令，实行紧急状态和新闻管制法。他们取消了宪法规定的出版、言论、集会、结社自由等最基本的民主权利，企图以暴力手段使民众永远处于恐怖、涣散和无组织状态之中。但是，人民是不可能长期被愚弄的。终于，1979年7月，以桑地诺民族解放阵线为核心的尼加拉瓜民族复兴组织，组成广泛的爱国统一阵线，通过全国总罢工和武装起义等手段，推翻了索摩查家族43年的独裁统治。

在海地，杜瓦利埃1957年9月就任总统后，一直依靠特务组织、私人军队甚至巫术来维持自己的独裁统治。1964年，他玩弄政治手腕，以修宪形式确定自己为"终身总统"。1971年，自感年迈的杜瓦利埃又再次修改宪法，使得年仅19岁的儿子在他死后也能当上"终身总统"。小杜瓦利埃上台后，其统治手段比他父亲有过之而无不及。执政14年来，由于他的横征暴敛，使海地沦为世界上最贫穷的国家，而他却掌握着国家财政的40%任意挥霍。在宗教和武力的淫威下,海地人民沉默了20多年。然而,沉默并不意味着屈服。1986年2月7日凌晨3时,年方34岁的"终身总统"小杜瓦利埃不得不在海地人民的愤怒声讨中逃往美国。随着飞机的轰鸣声在漆黑的夜空中消失,杜瓦利埃父子统治海地28年的历史也宣告结束了。

在菲律宾,马科斯是这个国家的第六任总统。1965年当选后,马科斯曾为菲律宾的经济发展和社会进步作出过很大贡献,所以1969年得以再次当选。但进入1970年代后,马科斯渐渐独裁、腐败起来,权力欲与物质欲同步滋长。特别是,马科斯擅长利用军队,海、陆、空军的司令以及总统府警备司令、国家安全与情报局长等,都是由他亲自挑选的忠诚者担任。军队中90%的将级军官也都是由他家乡所在省的人担任。1972年9月,国防部长恩里莱的座车在马尼拉市郊遭到袭击,恩里莱当时不在车上,司机被当场打死。这一事件成了马科斯大权独揽的借口。马科斯迅即发布公告,宣布把全国置于军事管制之下。转眼之间,菲律宾风声鹤唳,人人自危。1981年虽然结束了军事管制,但同时又颁布了《反颠覆法》和《社会安全法》,使总统可以直接下令逮捕任何企图颠覆政府的嫌疑犯。随着马科斯统治的继续,菲律宾经济日益衰退、政府滥用职权与腐败之风加剧,民众怨声载道,到处都布满了"干柴",愤怒之火随时都可能燃烧起来。1983年8月13日,杀害反对党领导人阿基诺的枪声,终于使菲律宾烈火燎原,马科斯王朝也在这场大火中化为灰烬。有评论认为,马科斯是搬起石头砸了自己的脚。

在20世纪,作为另一类使人民深受其害、也被人民深恶痛绝并最终被人民所抛弃的独裁政治,是1970年代发生在柬埔寨的红色恐怖暴政。

1970年初,柬埔寨国王诺罗敦·西哈努克到法国治病。但就在这期间,原首相朗诺在美国人的支持下发动了政变。这一重大变故,导致十多年来一直反对西哈努克的地下武装组织红色高棉转而成了西哈努克的支持者,他们决定打着西哈努克的旗帜开展一场民族解放战争。政策的转变使红色高棉赢得了全国多数民众尤其是广大农民的支持,他们的武装力量迅速壮大,在不到半年的时间里就控制了全国一半的地盘。到1975年4月,红色高棉便夺取了全国政权。对于红色高棉领导人波尔布特来说,这一胜利来得过于容易,也过于突然,以至于连怎样治理国家都还没有来得及仔细考虑。

1976年4月17日,这在柬埔寨历史上是一个特别的、使人刻骨铭心的日子。就在这一天，波尔布特和他的战友们制定了一个空前绝后、震惊世界的革命性计划：立即将城市居民全部疏散到农村去。这项计划因其涉及人口之多、破坏之烈而成为波尔布特政权红色恐怖暴政的正式开场。当时柬埔寨全国人口接近800万，其中首都金边达200多万。要根据这项计划在三天之内就把金边市民全部疏散到乡村，绝非易事。波尔布特政权称，这一做法是为了摧毁旧社会的基础，解决200多万城市人口的吃饭问题，特别是要驱散潜伏着的2万多名特务和叛徒。

面对一座突然之间变得空荡荡的城市，踌躇满志的波尔布特雄心万丈，开始在这张白纸上规划着他的蓝图。他把柬埔寨当作一块试验田，完全按照自己的主观意志和政治理想来耕作，幻想改变历史，创造神话。在他的想象中，柬埔寨可以直接进入共产主义，而不必像别的社会主义国家那样经过过渡期。

在接下来的三年八个月中，波尔布特政权推出了一系列令人瞠目结舌的政策措施：打破家庭结构，成立农村合作社，强行推行集体化运动；取消货币，取消集市，实行供给制；每30—40户办一家集体食堂，每10人一桌，饭菜统一定量；男女恋爱由组织安排时间和地点，无合适对象的由领导指定；新婚夫妇结婚一周后各自回到原来的地方，一年安排两次聚会，每次45天；新生婴儿哺乳期满后送进幼儿园，母亲每月看望一次，父亲每半年看望一次；禁止信仰宗教，组织僧侣还俗，集体结婚。与此同时，还制定了国家"超大跃进"四年计划和拒绝所有外援的孤立主义外交政策。

波尔布特时期的柬埔寨是一个极端恐怖的年代。

为着建立"净化的共产主义社会"，波尔布特政权不断地开展清洗叛徒、特务和政治异己分子的活动，迫害知识分子和一切有文化者，誓将旧社会的遗存和寄生分子全部杀掉。在他的理想和铁拳下，人民成了任意屠宰的羔羊。据联合国有关数据，在波尔布特领导的红色高棉执政期间，估计至少有170万高棉人被杀害或因疾病和饥饿而死。这在只有800万人口的柬埔寨所占的比例是惊人的。波尔布特自己也曾承认，在那几年中他们杀害了10万多人。

为着实现"波尔布特式的社会主义"理想，消灭城乡差别，人们像苦役一般过着集中营式的生活——没有流动的自由，没有通信的自由，甚至还被剥夺了拥有收音机的权利。

为着实现"超大跃进"的目标，波尔布特政权一再人为地拔高生产指标；

而为了完成高指标，除了基层单位虚报产量外，就是在"不分昼夜地尽快建成社会主义"的口号下，无限制地延长人们的劳动时间。繁重的劳役和严重的饥荒，摧毁了无数人的健康和生命。

历史早已证明，践踏人权、藐视人的尊严、恣意妄为的社会革命是不可能取得成功的。以波尔布特为首的红色高棉集团，尽管打着革命的旗号，并得意于一时，但是凭着主观意志专横跋扈，为所欲为，终难逃覆亡的命运和历史的严正审判。后来，波尔布特在众叛亲离、走投无路中去世，其他红色高棉领导人则先后投降和被捕。

政治复辟天理不容

也许是中国古老的体制过于悠久、惯性太大，20世纪最先上演的政治复辟竟然也首先在中国发生，并且曾两次出现。

第一次闹复辟的是袁世凯。

作为复辟的第一步，袁世凯于1913年10月6日以武力相胁迫，操纵国会选举他为"中华民国"正式大总统。尔后，为防止国会中的国民党议员犯上作乱，他又于11月下令解散国民党，并把400多名国民党议员赶出了国会。1914年1月，袁世凯又公然解散国会，停止了国会参众两院议员的职务——其中包括一大批拥护袁世凯并曾为他出大力的人。为了登上皇帝的宝座，他已顾不得这些了。

解散国会、停止议会活动之后，妨碍袁世凯权力欲望的便只剩下孙中山主持制定的《中华民国临时约法》了。袁世凯对临时约法极端仇恨，亲自组织修改。1914年5月1日，由袁世凯及其党羽炮制的《中华民国约法》正式出笼，它极大地满足了袁世凯的皇权欲。因为依据这一约法，一切内政、外交、军事、财政、制宪、官制、任免等都要由大总统决定。这时，袁世凯实际已拥有皇帝的权力，所缺的就只是一件龙袍了。

于是，袁世凯便策划制造复辟舆论。他首先抬出"孔教"的灵牌，祭天祭孔，借孔子及其儒家学说为君权至上、皇统万世作辩护，并下令立孔教为国教，载入宪法。接着，袁世凯又示意御用文人宣传帝制，鼓噪所谓"君主实较民主为优"的谬论，高喊"去共和""求君主"。袁世凯甚至还恳恳他的美日两

第一章 从蒙昧到觉醒

国顾问分别发表了"共和与君主论""共和宪法持久策"等文章,胡诌中国不适合民主共和,而应选择君主专制政体。一时,一伙土洋互为配合的复辟小丑,掀起了一股拥袁登基的逆流。

进入1915年9月后,复辟丑剧加快了步伐。先是9月1日这天,经过精心策划的一伙御用代表打着"公民请愿团"的旗号,请求"变更国体";9月19日,由袁世凯的心腹梁士诒组织,提出"公选新的大皇帝"的要求。接着,根据袁世凯发布的申令,10月6日改选出国民代表,由国民代表大会投票决定国体。其实,所谓改选国民代表和由国民代表大会投票决定国体,以及从10月28日起陆续开始国体投票,到12月11日举行总开票,一切都是袁世凯的幕后主使,一切都在袁世凯的掌控之中。最后——1915年12月12日,在国民代表大会"全票"通过国体投票和各省官吏"劝进""再劝进"的情况下,袁世凯装模作样地说了诸如"既然全国民心如此,我勉力为之"一类的话后,便接受"推戴",宣布自1916年1月1日起废民国年号,改为洪宪元年。

袁世凯靠玩弄权术爬上了皇帝的宝座,但他坐上的却是一座积蓄已久的"火山"。革命的洪流和人民的反抗,早已铸就了他的末日。

1916年初春,云南率先爆发了推翻帝制的护国运动,由蔡锷统领的护国军同时向川、桂、粤、黔、湘5省进军,讨伐袁世凯。到5月中下旬,便有11个省加入声讨。这时的袁世凯已处于四面楚歌之中,连内阁大臣、参谋总长也无人愿意担当。3月22日,迫于众叛亲离,袁世凯只好宣布取消帝制。6月6日,忧惧成疾的袁世凯在护国运动的暴风雨中一命呜呼。如以洪宪年号计算,从1916年1月1日到3月23日,袁世凯只做了83天的皇帝梦。

然而,虽然袁世凯暴毙次日黎元洪就接任大总统,宣布恢复"中华民国"元年的《中华民国临时约法》,但中国的王朝复辟却并没有到此结束。1916年至1917年间,又上演了一场由前清江南提督张勋导演的复辟丑剧。这也是发生在民国期间的第二次复辟丑剧。

张勋在江南提督任上就十分仇视辛亥革命,是袁世凯窃取辛亥革命成果的暗中助力者,曾凭借袁世凯的势力专横跋扈,不可一世。袁世凯死后,张勋当即接过袁世凯的衣钵,到处招兵买马,伺机恢复清王朝。一时间,前清的遗老遗少、王公贵族、军阀官僚、旧文人学士以及残渣余孽,都簇拥在张勋周围,张勋所在的徐州城也变成了封建残余势力的垃圾坑和发酵池。

1917年，大总统黎元洪与内阁总理段祺瑞在对德国是否宣战问题上发生了激烈争吵，张勋见有机可乘，便于6月7日以调停总统与总理之间的分歧为由统兵北上。经过天津时，段祺瑞以"解散国会，推倒总统"相怂恿，使张勋更加坚定了复辟的决心。张勋通电黎元洪，要求以解散国会为调停条件。黎元洪接受这一调停条件，于6月12日解散了国会。6月14日，张勋率领辫子军进入北京，旋即接管了一切。紧接着，康有为和复辟派的各路兵将也像苍蝇逐臭一样汇聚到了北京，帮助张勋张罗复辟大事。

7月1日，张勋率领前清遗老遗少蜂拥进入皇宫，请废帝宣统重新登上皇帝宝座，宣布恢复大清帝国。随即，清朝龙旗取代了青天白日共和旗，许多遗老遗少又穿起了蟒服，戴起了顶戴花翎。帝制又复活了！

但是，丑陋的政治僵尸是人民所深恶痛绝的。于是，全国各地一致讨伐，孙中山在南方组织革命军北伐，黎元洪和段祺瑞也组织力量进行反击。7月11日，段祺瑞的讨逆军围攻北京，击溃了辫子军。12日，张勋狼狈逃亡，宣统帝便再次宣布退位。历时12天的复辟丑剧至此也匆匆收场。

从1911年到1917年的短短6年间，就接连发生了两次王朝复辟；并且，多少年来人们一直在为共和而奋斗，共和也一再降临，但在民国的招牌下，真正的民主共和却仍如水中之月可望而不可及。看来，孙中山"革命尚未成功，同志仍须努力"这一至理哲言，实是这两次政治倒退所能带给人们的最重要昭示。

20世纪后期，在非洲也同样上演过一出政治复辟丑剧——中非共和国总统博卡萨在坐了11年总统宝座之后，竟然又自我加冕当上了皇帝。

这发生在1977年12月。在博卡萨看来，皇帝的御袍总是比总统的礼服更有权威，于是他便废除共和制，宣布建立中非帝国，并自封为博卡萨国王一世。12月4日这天，在首都班吉一个被装饰一新的体育馆内，伴随着从交响乐队中流淌出来的莫扎特的乐曲和远处传来的部落的击鼓声，博卡萨为自己举行了近代非洲历史上最浪费和最壮观的登基加冕典礼。

1977年的中非，国家财政收入仅为6000万美元，是世界上最贫穷的国家之一，但这并不能阻止博卡萨对拿破仑的效仿。作为前法国殖民军中的上尉，博卡萨最崇拜的人就是拿破仑。为了使他的加冕典礼办得像拿破仑当年登基一样隆重而豪华，博卡萨专门修整了皇宫，装修了班吉教堂，还包租22架外国飞机从世界各地运来了各种贵重物品。最令他属意的,是由法国人为他制作的一件御袍、一个以一只傲慢的铜鹰为陪衬图案的镀金宝座和一项镶嵌了5000颗钻石的皇冠。博卡萨还向100多个国家的领导人发出了参加他加冕典礼的请柬,并特意邀请罗马教皇来主持加冕仪式,尽管这后来成了笑柄。

博卡萨称帝后,中非帝国经济濒临破产,陷入空前困境。从1978年下半年起,职工、教员数月领不到工资,士兵领不到军饷,学生拿不到助学金。黑暗的统治、贫困的生活使中非人民受尽了苦难,纷纷起来反抗。两年间,反抗浪潮由最初一些零星的抗捐抗税斗争,迅速发展到政治性的游行示威。1979年春,首都班吉的反抗斗争得到了全国各地的声援,工人罢工,教员罢教,医生罢医,农民烧毁棉花……斗争愈演愈烈,逐渐达到了高潮。待到这年9月博卡萨去参加利比亚国庆10周年庆典时,他的王位终于倾覆了。

戏剧性讽刺性十足的是,博卡萨的兴起和跌落,与前总统达科的关联竟是如此地紧密,并且互为因果。

1966年1月1日,任中非共和国陆军参谋长的博卡萨发动政变,迫使时任总统达科——中非共和国的缔造者,签署了一项将权力全部移交出来的声明。政变成功后,博卡萨即宣布了他早已拟定的革命委员会名单,紧接着又宣布解散议会,废除了1964年达科主持制定的宪法。

1月3日,一个由10人组成的新政府正式成立,博卡萨一人兼4职:共和国总统、总理、国防部长和司法部长,几乎全部重要的国家权力都集中在了他自己手里。前总统达科这时虽已下台,但仍被视为博卡萨政权的最大威胁,曾被软禁10年,直到1976年他答应出任博卡萨的私人顾问时为止。

后来发生的事证明博卡萨对达科的戒心和担忧不无道理。博卡萨在国内实行暴政,经济衰退,民不聊生,自己却又挥霍无度。于是,国内外反对势力不断增长,这又给前总统达科提供了机会。

1979年9月20日这天夜晚,利比亚首都的黎波里国家宫灯火辉煌,欢快喜庆的阿拉伯乐曲在大厅中回荡。利比亚总统卡扎菲在这里举行盛大宴会,招待前来参加利比亚国庆10周年庆典的各国贵宾。在这里,博卡萨遇到了在利比亚流亡的另一个非洲暴君——乌干达前总统阿明。酒逢知己千杯少。两人把多日的忧愁抛到九霄云外,开怀畅饮,直到酩酊大醉才分手。

第二天,博卡萨还在昏睡。上午10时,守在电话机旁的女侍卫得到了国内发生政变的消息。

原来，就在博卡萨抵达利比亚时，前总统达科在法国和其他非洲国家的帮助下策划了一场不流血的政变，"将被颠倒的历史重新又颠倒了过来"。夺回政权后，达科当即宣布废除帝制，重新恢复共和制。

听到消息后博卡萨几乎麻木，不知所措。他的随从不得不向利比亚领导人提出博卡萨在利比亚避难的要求，但遭到了拒绝。于是，博卡萨决定到法国去，因他有法国国籍。

21日下午，法国依斯特尔空中探测中心收到发自一架陌生喷气式飞机上的呼号："我是博卡萨皇帝，我要立即在奥尔利机场着陆。"但由于喷气式飞机这时已飞行一个半小时，油料耗尽，不得不降落在一个海军基地。法国政府派了总统的非洲事务顾问到基地去处理这件事。这位非洲事务顾问告诉博卡萨，要为他另找一个住处，他不能住在法国。博卡萨听后大发雷霆，狂吼要"炸掉飞机"。

被本国人民所唾弃的人也必然被别国唾弃。为了给博卡萨找住处，法国总统的非洲事务顾问多方联系但到处碰壁。瑞士、加蓬、多哥、扎伊尔……都不欢迎这个被废黜的皇帝。只是最后，经博卡萨的妻子卡特琳向科特迪瓦总统苦苦哀求之后才总算找到一个落脚之地。1986年10月，博卡萨走投无路之际又潜回中非，遭到逮捕后曾被判处死刑。后经赦免，改判为终身服苦役。

三　和平·发展——时代的主旋律

一般认为，20世纪的上半叶是战争与革命的年代，下半叶才是和平与发展的时期。其实，从20世纪的历程来看，和平与发展都是贯彻在这个世纪的始终的，并且，在这个世纪的三次世界大战——两次"热战"、一次"冷战"之后，人类社会都出现了一个发展的高峰。只不过，二战结束特别是冷战结束之后，人们把发展放在了更加突出的位置，并且更加关注人类的可持续发展。

客观地看，20世纪和平发展的先声，应是美国总统伍德罗·威尔逊在第一次世界大战结束之际提出的"十四点计划"。

和平是人类发展的前提；进行和平调停是符合一切善良人们的愿望的；只要采取行动，这些行动总会或多或少地对世界局势产生影响。基于这样的认识，美国总统威尔逊于1918年1月8日在国会演说中提出了有关一战调停的"十四点计划"。接着，威尔逊又携着这"十四点计划"抵达欧洲，于1919年1月18日以和平调停者的身份出现在法国巴黎和会上，在欧洲列强之间进行斡旋和调停。

威尔逊所提出的"十四点计划"的基本内容是：
(1)不搞秘密外交，公开的和平条约应该公开地达成；
(2)各国领海以外的海洋上应有绝对的航行自由；
(3)消除国家之间的经济障碍，并建立平等的贸易条件；
(4)采取充分保证措施，使各国军备减至符合国内保安所需的最低限度；
(5)自由、开明和绝对公正地协调各国对殖民地的要求，在决定关于主权的一切问题时，当地居民的利益和管治权待决的政府的要求应获得同等重视；
(6)敌对双方在俄国领土上的军队全部撤回；
(7)恢复比利时的独立和完整；
(8)把阿尔萨斯和洛林还给法国；
(9)意大利的疆界依照明晰可辨的民族界线予以重新调整；
(10)原奥匈帝国的各民族在帝国崩溃后有自决权；
(11)巴尔干半岛各民族应有自决权；
(12)奥斯曼土耳其帝国各民族应有自决权；
(13)恢复波兰的独立；
(14)根据专门公约成立一个普遍性的国际联合组织，目的在于使大小各国同样获得政治独立和领土完整的相互保证。

由于"十四点计划"充分照顾了各交战方的利益，也比较务实，因而受到大多数国家的欢迎。

1919年1月18日在巴黎召开的和平会议，是人类历史上一次具有世界规模的缔约会议。参加会议的代表共有70人，分别来自全世界各大洲的32个国家。总统、首相、政治家、外交家、地理学家、银行家、将军等各种人物在一起开会，可谓冠盖云集，济济一堂。虽然参会国各有各的打算，会议期间也充满争吵、妥协、勾结甚至恫吓，但最后总算取得一致，签署了和约。

紧接着，1919年2月14日——巴黎和会开幕近一个月后，在美、英、法三国的主导下，又通过了建立"国际联盟"的《凡尔赛和约》。1920年1月10日，这一盟约正式生效，同一天，国际联盟正式成立。中国、英国、法国、意大利和日本等44国是国际联盟的第一批参加国。美国因未实现最初的目的，国会拒绝批准加入，这使威尔逊总统懊恨不已。

国际联盟的宗旨是崇高的：增进国际间的合作，保持和平与安全；提出的任务是庄严神圣的：各国承受不从事战争之义务，裁减本国的军备至足以保卫国家安全及履行国际义务的最低限度，尊重并保持联盟各国领土完整和政治独立。虽然后来证明威尔逊的"十四点计划"和国际联盟捍卫和平发展的手段是软弱无力的，特别是未能阻止新的世界大战的发生，但正是因为巴黎和会的召开、国际联盟的成立，才得以确立新的世界版图、新的国际法律和新的思想观念，世界也才以一个新的面孔又开始了前进。

第二次世界大战的结束，可以说是人类和平与发展这一愿望的极大释放和满足。历经两次大战浩劫的人们，第一次这样痛切地渴望和平，期待富足和繁荣。这就使世界出现了一个高速发展的时期。

在这一时期，比起美苏两个超级大国的竞相发展来，更令人称道的还是饱经磨难的亚洲人民再一次把握住了自己的命运，迅速崛起在世界的东方。短短几十年间，在这块曾经孕育了人类历史上多个最古老最辉煌文明而后来却又相继沦为殖民地或半殖民地并被掠夺原料、倾销产品的土地上，竟然有了脱胎换骨的发展。

这一发展是在一波接一波的经济高速增长中完成的。

第一个发展波次出现在日本。令人震惊的是，日本是在其经济遭受了毁灭性打击并濒临崩溃的边缘后创造世界经济奇迹的。

二战结束后，美国以盟国的名义对日本实行了军事占领。根据1945年7月以中美英三国名义发表的《波茨坦公告》，美国最初的方针只是要对日本进行"非军事化"和"民主化"改造，消除日本再次发动战争的能力，并没有扶持日本发展经济的任务。然而，随着冷战的开始，美国开始转变对日方针，从消除日本威胁变扶植日本为盟友，以便使其成为美国在远东的反共基地。于是，二战后的日本经济也与非军事化和民主化改造同步，很快复活了。

具体来看，战后日本经济的飞速发展，有这样一些因素起到了重要作用。

首先是美国的扶植。在确定了帮助日本复兴经济的政策后，美国派底特律银行董事长道奇抵达日本主持这项工作，并向日本提供了23亿美元。这对日本经济起飞起了输血作用。二是朝鲜战争推动了日本经济复兴。大量的战争特需订货为日本的经济发展带来了新的机会。三是日本所采取的一系列国家措施。特别是，日本政府以巨大的勇气和高度的自信力，于1960年发表了《国民收入倍增计划》——10年内国民收入增长一倍。从此，一代日本人在这个口号的感召下，以忘我的精神投入到了振兴经济的洪流中。

不久，世界历史上罕见的经济奇迹出现了：从1956年到1973年的18年间，日本经济持续高速增长，年平均增长率达到9.7%；在整个60年代，年平均增长都高达11.4%。经过这样的高速增长，日本便很快从一个破碎的二战战败国一跃而成为西方世界中仅次于美国的第二大经济体。1974年后，虽受到两次石油危机的影响，但日本仍然保持了稳定增长。到1985年时，日本又取代美国成为世界头号债权大国和世界头号资产大国。

至此，日本已是一个地道的超级经济大国，其国民生产总值占到了全世界的15%左右。经济上的成功还激发了日本人久已淡忘的政治抱负，使日本在世界舞台上发挥出日益重要的作用。

掀起第二波发展高潮的是"四小龙"和"四小虎"。

被誉为亚洲"四小龙"的韩国、中国香港、新加坡和中国台湾，从60年代初起步，不失时机地利用外部条件，迅速建立起原料、产品两头都在外的"哑铃型"经济，保持了近30年的高速增长，成功地跻身到世界中等发达社会行列，成为发展中国家和地区的佼佼者。

被誉为亚洲"四小虎"的马来西亚、菲律宾、泰国和印度尼西亚，起步虽晚于"四小龙"，但发展势头猛、潜力大，且土地辽阔、矿藏丰富，因而取得了比同期的发展中国家和发达国家平均增长率都高的骄人成绩，迅速地改变了经济面貌。1989年，世界经合组织曾把马来西亚和泰国与亚洲"四小龙"并称为"最具活力的经济群体"。

第三个高潮发生在古老的东方巨龙中国。自1978年底选择改革开放之路后，中国经济连续保持了长达30多年、高达10%左右的惊人增长，将亚洲从"远东"重又推上世界经济和政治舞台的中心地位。这也许是人类20世纪末最亮丽的一道风景。特别是考虑到中国的发展是发生在这样一个国度：1949年新中国成立后，外部的冷战环境和内部的政治气氛曾严重妨害过国家的有序发展；中国的人口高达13亿①，占到全世界总人口的1/5；中国走的是一条不同于西方的发展道路——有中国特色的社会主义，这就使人们不得不思考世界的未来。

当然，在亚洲迅速崛起的同时，世界其他地方的发展也同样加快了脚步。特别是由于冷战的结束、意识形态纷争的淡化，世界各国不但出现了竞相发展的局面，也加速了联合发展的趋势。甚至可以说，如果二战结束以后的世界发展是以经济生活为主要内容、以发展速度为主要特征的话，那么，冷战结束之后的世界发展则是以质量和效益为主要内容、以人类集体发展和可持续发展为主要目标的。从1992年起，世界各国便开始联手解决如下一些关乎人类长远、均衡发展的问题。

——环境恶化问题。由于大规模的工业化和发达的交通运输方式，一方面产生大量的废气、废渣、废水，使全球的大气层和江河湖海受到严重污染，另一方面又带来了严重的"温室效应"，使全球在经过了1940年代到1970年代的气温下降以后从1980年代又暖了起来，并且一年比一年暖。科学预测证明，如不采取措施，到2025年全球气温将比1990年升高1摄氏度，到21世纪末大约上升3摄氏度；到那时热浪将席卷全球，造成干旱和荒漠化，两极冰川的融化将使海平面上升数米，许多人口密集的沿海城市将被淹没。与此同时，由于人类赖以生存的生态系统内部失衡，以及生态系统与非生态系统之间的相互关系日益恶化，还导致了许多自然灾害的发生。这样，孕育了人类的地球就正在承受着人类带给它的沉重负担和严重创伤，人类正面临着一场严重威胁自己生存的生态危机。于是，人们不得不携起手来，共同寻找解决的办法。1992年6月，有178个国家的代表——包括102个国家的国家元首和政府首脑——参加的联合国环境与发展大会，是在这方面采取的一个重大步骤。

——人口爆炸问题。进入20世纪以来，世界人口增长速度不断加快。联合国的统计数据表明，世界人口从19世纪初闯过10亿大关以后，到20世纪初的100年间只增加了6.5亿。但在20世纪，每增加10亿人口所需要的时间

---

① 根据2010年我国进行的第六次全国人口普查，居住在大陆的总人口数为13.328亿人。

已经依次递减为30年、15年、12年。到1999年10月12日，世界人口就突破了60亿，并还保持着每年增加8000万人的上升速度。而科学研究认为，地球只能养活80亿—100亿人，这是能使人类吃得较好并维持合理的健康的人口极限。这样，在人口爆炸带来的全方位压力面前，人们也不得不采取共同措施，以使人口规模与地球的承载能力相适应。

——能源资源枯竭问题。自20世纪50年代以来，随着生产大发展，城市化步伐加快，世界进入到了一个大规模消耗自然资源的阶段。人类为了向大自然索取更多的生活资料和生产资料，恣意开发矿藏，乱砍滥伐森林，大量汲取地下水，四处围捕野生动物，致使耕地日益沙化，森林面积锐减，物种灭绝速度越来越快，能源和资源出现枯竭。联合国公布的报告中指出，过去100年间，全球近一半的湿地消失；水坝等设施切断了全球近60%的主要河流，导致20%的淡水鱼灭亡或接近灭亡；海洋捕鱼活动泛滥，70%的鱼类数量不断减少；全球近一半森林消失，热带雨林砍伐的速度正在惊人地上升，9%的树种处于灭亡的危险边缘；过去50年，三分之二的农业用地土质大幅度下降，三分之一的原始森林被开发成农业用地；全世界每年有600万公顷的土地沦为沙漠，沙漠化土地已占全球陆地面积的35%。同样紧张的还有淡水资源。世界上已有20亿人口饮用水紧缺，还有10亿人口正在饮用被污染的水，由水源引发的国际争端也日益频繁，21世纪人类很可能将为水而战。在不可更新的资源方面，煤、石油和天然气等矿物燃料的消耗量更是急剧增加。如果任其发展下去，人类将面临能源资源匮乏的困境。

——贫富不均问题。虽然20世纪的经济获得了极大的繁荣和发展，但并没有带来人类大家庭的普遍富裕和共同幸福。在世纪末的世界经济体系中，位于金字塔顶端的是西方工业化国家，处于金字塔底层的是广大发展中国家。虽然人类历史上各个国家和地区的经济社会发展从来都不是整齐划一的，但国家间贫富的差异从来没有像今天这样悬殊。由于财富分配严重不均，世界已经空前分裂：一个是富人的世界，一个是穷人的世界；一个是人们受到良好教育的世界，另一个是文盲充斥的世界；一个是以工业和城市为主的世界，另一个是以农业和乡村为主的世界；一个是过度消费的世界，另一个却是为生存而斗争的世界。1998年10月，联合国发展计划署发布的《战胜人类贫困》报告披露，世界最富的五分之一人口消费了世界全部商品和服务的86%，而处于收入另一端的五分之一人口仅消费了 1%；世界最富的 225 人拥有的 1 万亿美元的财富，相当于世界最贫穷的 25 亿人的收入；世界最富有的 15 人的资产，超过了撒哈拉以南全部非洲国家国内生产总值的总和；在 1990 年代，西方发达国家人均国内生产总值已达到 1.1 万美元，而发展中国家中低收入国家的人均国内生产总值仅为 266 美元，差距达到 40 倍以上。贫富鸿沟历来是产生国际冲突和社会动荡的温床，人类也曾因此陷入深深的怨恨和相互仇杀。所以在 2000 年 9 月联合国召开的人类千年发展会议上，世界各国政要达成共识：贫富不均不仅是发展中国家的问题，而是全世界的问题；在相互依存的全球化时代，人类应该共同致力于经济发展和财富积累存在的不平衡性与不合理性的解决。

英国《牛津 20 世纪史》这部书的引言中有这样一段话："21 世纪的开端实与百年前非常相似，也是同样的希望和恐惧并存，但一个重大的差异是，百年前主要是欧洲各国的争战把其他地区卷进来，而现在则很可能倒过来，是全球性问题把西方卷进去，确切地说，将是非西方社会的争战把西方卷进去。"

2001 年 12 月，时任联合国秘书长安南在挪威首都奥斯陆接受诺贝尔和平奖时也曾指出："每个人都有权为自己独特的信仰或传统而自豪。但如果认为，那些属于我们的东西必然与属于他们的相矛盾，这种观点不仅是错误的，也是危险的。"①"拥有不同宗教和文化背景的人民在世界的各个地方毗邻而居，我们多数人都有着相互交叉的认同，是这些认同将我们与极为不同的人群联系在一起，并有了力量。"②

这两段话既是担忧也是预警。它同时还告诉人们，人类社会的发展已经使全球成为一个休戚与共的共同体，推动这种共同体前进的，正是人类愿望和政治价值的趋同性。

回眸 20 世纪不难看到，人类在思想认识、道德选择、价值取向等方面虽然具有独立性、多样性和差异性，并不要求"玫瑰花和紫罗兰散发出同样的芳香"，更不企求世界上最丰富的精神只能有一种存在形式；但不可否认的又是，人类在政治方面的许多诉求是一致的，须臾不能因为多样性而否定一致

---

① 〔美〕斯坦利·梅斯勒：《安南传》，曹化银等译，北京：中信出版社 2007 年版，第 281 页。
② 〔美〕斯坦利·梅斯勒：《安南传》，曹化银等译，北京：中信出版社 2007 年版，第 282 页。

性，因为民族性而否定世界性，因为特殊性而否定普遍性。尤其是，由于经济全球化的驱动，20世纪末叶的所有民族国家实际上都已经卷入并且日益成为一个更大的更紧密的全球体系的一部分，国与国之间的联系与依赖几乎在人类活动的所有领域都已经发展起来了。在全球俨然已是一个休戚与共的共同体的情况下，任何再强大的国家力量都是难以独善其身、独自存在的。全球性政治的出现实在是人们所不能忽视的，人类的生活也实在不是意识形态所能改变的。

四 以人为本——全人类的归属

在经过了奴役、压榨、杀戮、冷战和精神摧毁之后，把人作为社会发展的目的而不仅仅是作为手段，把社会的中心致力于实现人的充分发展和完全幸福，并为建立确保这种充分发展和完全幸福得以实现的社会制度而不懈努力，这可以说是20世纪人类最重大的理性回归和最重大的社会思想进步。

早在中世纪后期，欧洲一大批思想家和宗教改革者，就开始寻找冲出封建君主制和教皇一统天下的突破口，对基督教以神为中心的观点进行了猛烈抨击，确立了以人为中心的出发点，并把眼光由仰望苍穹神宫转向平视世俗人生。他们强调人的尊严，赞美人的伟大，追求人性解放、自由意志和现世享乐，提高了人的地位。后来，文艺复兴、思想启蒙与一系列社会改革兴起，一步步强化了被神学贬低的个人价值，终在人类思想史上，完成了由"神本""君本""官本""资本"向"人本"这种新的本位观的历史性转变，并且使重视人、以人为一切事物的原点，成为现代民主政治的基本前提。

"以人为本"虽然主要是西方语言，与西方形形色色的人本主义相联系，但是对其最为权威和最为合理的论述，还是出自人类思想家马克思。1848年，马克思同恩格斯在《共产党宣言》中即谈到，未来的共产主义社会"将是这样一个联合体，在那里，每个人的自由发展是一切人的自由发展的条件"。后来，马克思在《资本论》中又把共产主义社会看作是"以每个人的全面而自由的发展为基本原则的社会形式"。马克思还说："人的根本就是人本身"，"人就是人的世界，就是国家、社会"。①

马克思的这些论述，显然都是以阐发、发展和实现人的崇高价值为唯一目标取向的。在马克思看来，人就是人的最高目的，人在国家和社会中具有最高的价值，国家和社会的中心问题就是人的问题，国家和社会的主要任务就是为人的全面而自由的发展创造条件。可见，一切以人为中心——尊重人的生命，保障人的幸福，促进人的发展——无论何种国家和社会，都应该把它作为第一位的任务。

在历史上，西方资本主义国家的以人为本，更多的是通过实现和保护公民的基本权利来体现的。

12 世纪时，公民权利作为社会文明的重要内容在西方就受到人们重视。到了 17 世纪后，随着自然法被确认为国际法的基础，主权国家日益增多，人权保护越来越成为重要的权利保护内容，西方国家进入了一个公民权利陆续获得法律认可的阶段。英国 1628 年的《权利请愿书》和 1689 年的《权利法案》，美国 1776 年的《弗吉尼亚权利宣言》和《独立宣言》，法国 1789 年的《人权和公民权宣言》等，可谓其中的典型代表。进入 20 世纪后，有关公民权利在西方国家的法律中又进一步获得了拓展和承认，并带动世界上许多国家也推出了相关的法律规定。

在西方国家的公民权利中，鉴于物质财富方面的权利已相对得到满足，20 世纪后期则把重点转到了履行和维护公民的民主权利方面。衡量公民民主权利落实不落实的标尺，主要是看：(1)政府的合法性如何，是否得到人民的认可和支持。只有人民支持，政府才是合法的；只有人民支持，政府的工作才能更有效率。(2)政府和政党的职位是否由竞争选举产生。有了竞争选举的政治才是民主政治，否则就谈不上民主。(3)公共权力的行使是否充分考虑公民权利的实现和保护。公共权力的行使者在行使权力时，必须对大多数民众负责，代表大多数民众的利益。(4)对公共政策的弃权和反对是否有效。民主不仅仅体现在公民具有投票和拥护的权利，还表现在公民具有弃权和反对的权利上，这种行为是对决议的不服从，不是对法律的不服从，更不是对法律的违背。(5)政治上是否平等。政治的平等表现在政治地位的平等、政治资格

---

① 《马克思恩格斯全集》第 1 卷，北京：人民出版社 1956 年版，第 452 页。

的平等、政治权利的平等、政治义务的平等以及政治行为的平等这些方面；公民在政治上必须具有同等的资格，享有同等的权利，负有对等的义务；只有实现了政治上的平等，才能确保民主的实现。(6)媒体是否独立，言论是否自由。新闻媒体保持其独立性是现代政治民主的重要表现，言论自由是现代民主政治的基本象征。

在20世纪，以人为本的概念往往是与人权紧密联系在一起的。1948年，联合国通过了《世界人权宣言》，它囊括了以往类似宣言的精华，成为人权理论的基础，对保障世界各国公民的基本权利起到积极作用。人权是公民权利保护的重点内容，但与公民权利侧重市民社会中公民个体的权利不同，它往往更侧重公民作为自然人的权利。

根据联合国1948年通过的《世界人权宣言》和1966年通过的《经济·社会·文化权利国际公约》与《公民权利和政治权利国际公约》，20世纪，人权的基本内容为：

——生存权和发展权。生存权包括人的生命保障权、健康保持权、疾病救助权和居住所有权等。发展权主要包括：(1)财产权。法律保护公民合法的私有财产不受任何他人或者公共权力机构的侵害。如出于公共利益的需要，需要个人出让私有财产，国家应与所有者协商，并对此给予补偿。(2)受教育权。每一公民都有接受基本教育和高级教育的权利。基本教育为国家义务教育，是必须接受的；高级教育为义务教育以外的教育，由公民根据个人需要选择。(3)劳动权。有劳动能力的公民有参加劳动的权利。为了确保劳动的可持续性，公民具有休息的权利、为了提高劳动技能而接受再培训的权利，以及劳动保险等权利。(4)创作权。公民对其创作的成果具有所有权和支配权，与此有关的知识产权和商标使用权获得法律保障。(5)获得社会援助的权利。因为疾病、工伤事故等原因丧失了劳动能力的公民，纳入社会福利保障范围。

——民主权。主要内容包括：(1)选举权和被选举权。凡年满18岁、精神健康的公民都有选举权和被选举权。(2)监督权。宪法赋予公民享有对国家机构和权力机关工作人员的行为进行监督的权利。(3)建议权。公民享有对国家公共政策和管理行为提出建议的权利。(4)知情权。公民作为社会成员和国家公民，对于国家的基本决策和发展动向、有关社会公共政策及相关信息，有知悉和了解的权利。(5)举报权。公民有对任何国家机关工作人员或任何组织的非法行为进行举报的权利。这是监督权的后继权利,是监督权得以实现的重要途径。

——平等权。主要内容包括:(1)人格平等。人没有高低贵贱之分,从生下来就平等。(2)法律平等。法律对公民的保护相等,对公民的制约力相等,公民无一例外地都同等遵守法律,在法律面前人人平等。(3)民族平等。各民族不论面积大小、人口多少、经济贫富,享受相等的各项公民权利。(4)男女平等。公民不分性别,权利平等,机会平等。(5)职业平等。所有职业不分高低贵贱,一律平等。衡量事业成功与否的标准是个人自我价值的实现、社会价值的实现以及二者的结合。

——自由权。主要内容包括:(1)人身自由。公民不受任意逮捕、拘留、拘禁和各种非法侵害,拥有自己选择居住场所的自由。(2)言论自由。公民以口头、书面以及其他形式发表言论受法律保护。(3)通信自由。公民的通信和通信内容受法律保护,不受侵犯。私拆他人信件是违法行为。(4)集会自由。公民可在特定的场所或场合进行集会表达自己的意志、意愿或商讨特定的问题。(5)结社自由。公民可组织起来成立团体共同行动。(6)宗教信仰自由。公民可选择信仰宗教或不信仰宗教,信仰这种宗教或信仰另一种宗教,任何个人或组织不得以任何理由加以干涉或限制。(7)婚姻自由。公民可自由恋爱,自由选择伴侣。如果婚姻出现问题,公民有离婚的自由。

曾令世界为之一惊的是,在20世纪末21世纪初,世界上最大的人口国中国响亮而鲜明地提出了"以人为本"的口号。中国共产党第十六届四中全会指出,以人为本,是科学发展观的本质和核心。胡锦涛说:"坚持以人为本,就是要以实现人的全面发展为目标,从人民群众的根本利益出发谋发展、促发展,不断满足人民群众日益增长的物质文化需要,切实保障人民群众的经济、政治和文化权益,让改革发展的成果惠及全体人民。"[①]

这一来自拥有13亿人口的东方大国的声音,于世界人权事业无疑是划时代的,标志着人类社会发展理论与实践的新飞跃。

虽然中国仍然是一个发展中国家,促进人的全面发展有一个逐步提升的过程,但人们欣喜地看到,以人为本发展理念的确立,带来了国家政治、经

[①] 中共中央文献研究室编:《科学发展观重要论述摘编》,北京:中央文献出版社2009年版,第29页。

第一章 从蒙昧到觉醒

济和社会生活多方面的变化。尊重和保障人权被郑重地写入宪法,成为一条重要原则。发布《国家人权行动计划》,坚定不移地促进人权事业全面发展。随着建设法治和服务型政府不断推进,依法行政、政务公开、文明执法被提上议事日程,上学难、看病难、就业难等民生问题逐步得到重视和解决,帮助农民工清收拖欠工资、维护食品药品安全日渐有效,健全社会保障体系、推进扶贫工程有了长足进展,运用外交资源维护公民在国外的生命安全和合法权益的力度显著加大。

与此同时,在经济社会发展方式方面也出现若干新变化。改变过去相对"重物轻人"的经济增长,把就业、减贫、社会保障和居民消费放在了优先位置。施行"生态文明"战略,在建设资源节约型、环境友好型社会方面迈出了新步伐。适应社会思想活动独立性、选择性、差异性增强的趋势,坚持用宽容和包容的态度对待,学会在倾听中疏导,在减少社会思想冲突、缓解公众情绪、平衡社会心理方面有了新的起色。把和谐理念运用到国际交往中,同世界广泛开展经济技术合作与科学文化交流,既利用世界和平与发展的有利时机发展自己,又以自己的发展促进世界的和平与发展,开创了合作、互利、共赢的外交新格局。

特别是 2008 年四川汶川特大地震发生后,全中国践行以人为本这一崇高精神,万众一心,众志成城,奋力抗震救灾,谱写了惊天地泣鬼神的壮歌。共和国把人民的生命看得高于一切,"只要有一线希望,就作出百倍努力";"永不放弃,永不抛弃"。这年 5 月 19 日 14 时 28 分——大地震发生 7 天时,巨大的中国又停顿下来,为在这场灾难中死亡的数万同胞默哀。尽管只有 3 分钟,但这却是中华文明漫漫五千年来最为忧伤也最为温柔的一刻,令世界无不意外和动容。国外媒体纷纷报道:"这是自 1976 年毛泽东逝世以来最高规格的哀悼活动。""这种对个体生命的最高敬意,代表中国迈向了以人为本的重要里程碑。"

人是万物之灵。天地之间,莫贵于人。一切从人的需要出发、一切以人为目的来构建社会,发展社会,是 20 世纪所有成功的社会实践所一再证明的至真道理。而 20 世纪所有失败的社会实践则又一再证明,一个国家如果不能以自己国民的发展为发展,将永远不可能获得真正的发展;即使获得了一时的发展,也不过是一种残缺的发展,是断难持久的。

第二章
Chapter Two

从信仰不共戴天到目标殊途同归
——原来，主义和制度是可以修改的

> 这是一个"过去"已经在其中失去地位的世界——甚至包括眼前的"过去"在内。……也许，这是有史以来第一个与过去完全不同的世界。
>
> ——〔英〕霍布斯鲍姆

第二章　从信仰不共戴天到目标殊途同归

历史地看，人类是在"生存"与"需求"这两个力量的驱动下不断向前发展的。在这一发展过程中，人们从小的群体逐步发展为氏族、部落、部落联盟、国家和国家联盟，先后经历了原始社会、奴隶社会、封建社会、资本主义社会，才到达20世纪的资本主义社会与社会主义社会并存这个阶段。

世界原本是无路的，路只是人走出来的，但是，对于社会主义社会的探索却为资本主义所不容。1917年苏俄第一个社会主义政权刚一诞生便被资本主义视为洪水猛兽，欲置之死地而后快。正如世界上的许多是非都往往是人为制造出来的一样，既然资本主义容不得社会主义，社会主义也就自然把资本主义视为自己最凶恶的敌人。于是，资本主义与社会主义两大阵营之间就展开了如前所述的激烈争斗，使这个世纪成了国家和国家集团之间意识形态纷争最为激烈、政治怨恨最为深重的世纪，以至于不得不为主义、制度而诉诸战争。

不过，应该看到的是，冷战、热战并不是20世纪的全部，世纪末资本主义阵营与社会主义阵营的两军对垒不复存在也不能说明全部的问题。一个常常被人们所忽视的方面是，资本主义与社会主义在一个世界里共存并非全无益处。它不仅能使各自在发展时更加小心、更加清醒，而且还能使对手之间相互注视、学习和借鉴。为什么20世纪里资本主义多次出现危机却能够安然度过、社会主义跌落到了谷底又能够迅速回升？其实，个中原因都离不开在主义、制度上对对立面的融合。

一　自我疗伤——资本主义死里逃生

在20世纪，虽然早就被马克思主义经典作家判了死刑的资本主义并没有死亡，但的确发展不顺利。19世纪末至20世纪初，随着金融资本在国家的经济和政治生活中占了统治地位，资本主义世界是以危机揭开20世纪的序幕的。这也是第一次世界大战的根本成因。一战后，经济上的危机又在新的历史条件下发生，以致在20世纪30年代爆发了一场震撼资本主义世界的经济大倒退。这又成了第二次世界大战的经济前提。二战以后，虽然出现过从50年代中期到70年代初期和整个1990年代的经济大发展，但从总体上来看，却始终未能摆脱生产过剩、经济泡沫以及一会儿衰退一会儿滞胀所产生的周期性危机。

然而，令人深思的是，20世纪所发生的危机却远未动摇资本主义的根基。在经历了经济大倒退、法西斯猖獗、两次世界大战和长期的冷战这些20世纪最大的灾难之后，资本主义不仅没有崩溃，而且还每每成为胜利者，在世纪末时又呈现出一派高歌猛进的态势。仔细分析起来，资本主义世界20世纪的发展其实一直有这样两个基本方面，一是依据形势的变化，不断进行自我调适；二是向社会主义学习，借鉴社会主义的成功。

在自我调适方面，资本主义世界采取的主要措施包括：

——在经济发展上改变单纯"守夜人"的角色，灵活运用"两只手"。

在以往传统的资本主义下，西方国家的职能主要是维护其资本主义制度和社会治安。在美国，政府历来有"守夜人"之称，历来奉行"小政府"方针，主张限制政府的规模和权力，反对政府干预经济运行。而在20世纪，随着资本主义发生了从一般垄断资本主义转变为国家垄断资本主义的变化，国家也开始承担起了经济发展职能。在经过20世纪30年代的经济大危机和第二次世界大战后，国家干预便成了资本主义经济中必不可少的内在机制。这一制度创新为资本主义经济发展注入了新的生机与活力。如果国家在过去的作用只在于维护资本主义生产方式的外部条件的话，现在则能够作为生产资料的所有者、投资者、购买者直接参与社会资本的再生产过程，有计划地对经济进行调节。这种凌驾于私人垄断资本之上的国家干预机制与市场机制同时并存，互相结合，互为补充，往往能对经济发展起着十分重要的甚至是决定性的作用。因为它大大加强了生产的社会性，有利于弥补市场力量的盲目性和避免市场失灵。

资本主义世界这种国家职能的转变，一个重要方面是得益于西方经济学理论的成熟。以英国约翰·梅纳德·凯恩斯为代表的新自由主义经济学家认为：国家一方面赋予了个人和经济联合体以权利和权力，另一方面，为了公正执法，国家又必须对这些权力进行监督；自由和控制之间并不存在真正的对立，因为每一种自由都依靠一种相应的控制；自由也不是脱离国家作用的自由，如果国家不解决社会和经济问题，就不可能建立自由政治制度；资本主义的经济病根在于社会有效需求不足，这是发生经济危机和失业的重要原因，而经济危机和失业有导致革命和毁灭资本主义的危险。凯恩斯主张，对资本主义应加以"明智管理"，提出膨胀性财政——扩大政府支出、赤字预算、举债进行社会建设等。凯恩斯嘲笑自由放任主义者信奉的资本主义经济可以自行调节而消除经济危机的观点，认为只有国家干预才是避免资本主义经济形态毁灭的有效办法。1934年，凯恩斯曾造访美国，与罗斯福总统长谈，因而凯恩斯理论也被认为是罗斯福新政的理论依据。

由于凯恩斯的理论不是从单一的经济因素来研究问题，而是综合考虑国民生产与国民收入、政府开支与政府投资、社会就业与社会保障等诸多方面的一种总需求理论；也不是可以被简单地理解为纯粹经济学的理论，而是既认识到市场失灵的经济危害，也认识到大规模地运用国家干预以缓解社会尖锐矛盾的具有极大政治效能的社会学理论，因此，凯恩斯的理论二战后被资本主义国家普遍采用。

不过，在20世纪，资本主义世界也并不是一味地采取国家干预手段，而是同另一只"看不见的手"一起灵活地使用。20世纪70年代新的危机发生后，西方又重新审视它的经济指导思想和制度体制模式，重新提倡自由放任，导致了1980年代经济政策的大调整和经济体制的大改革。为了适应新的历史条件，资本主义世界总是一方面实行自由化，在某些领域、部门和环节上放松、减少、取消政府的干预和限制，让市场机制更多地发挥作用；一方面又在另一些领域、部门和环节上，强化国家干预，如此"灵活地界定政府的职责"，轮番采取国家干预与自由放任两种方式，以保证经济社会正常运转。

——充分发挥现代科学技术的作用，推动经济社会转型。

实践证明，20世纪科学技术的大发展为资本主义世界一再从危机泥沼中重新奋起提供了强大动力。50年代初，西方资本主义国家刚刚步入战后重建就遇上新科技革命，搭上了顺风车。随着包括核能、半导体在内的一大批新兴科学技术在生产中的普遍应用，新型客机和各种家用电器大量生产，核电站广为建设，交通通信设施迅速现代化，若干新技术产品和新产业部门如雨后春笋般涌现，直接导致了资本主义社会产业结构的重大变化。1983年资本主义国家先后走出滞胀危机，90年代资本主义世界的又一个黄金发展期，也都得益于科学技术的发展。特别是在90年代新科技革命浪潮的推动下，发达资本主义国家基本上实现了从工业经济向信息经济的转变。这既是资本主义经济社会的一次历史性转变，也是人类经济社会的一次历史性转变。

资本主义世界利用科学技术推动经济社会转型还体现在另一个重要方面，就是对社会的生产活动进行科学组织，包括进行企业革命、创新新型企业和企业家精神。

几个世纪以来，西方资本主义国家各种类型的企业经历了一个比较长的发展过程。在资本主义初期，企业是一些手工作坊，随着规模不断扩大、分工越来越细，才逐渐发展成手工业工场。18世纪中叶发生产业革命后，现代企业初步形成，但这时主要还是资本家个人的企业。到了19世纪，股份制公司逐步发展起来，出现了现代企业制度的第一次大飞跃。而进入20世纪后，在不断发展的生产力面前，资本主义总是能在与生产力的社会性相适应中创造出新的企业制度来。先是20世纪初期，随着猛烈增长着的生产力，股份制公司通过各种方式联合起来，形成了垄断组织。再是20世纪中后期，垄断资本与国家政权相结合，又使企业制度发生了新的变化，主要表现为：资本社会化达到新的高度；生产和资本大规模跨越国界；大公司成为大规模的公众公司；资本的所有权同管理权分离，企业内部可以实施严密的组织和科学的管理等。这是有史以来人类社会在生产组织方面最有意义的进步。

与此同时，企业家成为企业的灵魂，新型的企业掌握在了新型企业家手里。这是现代经济社会形成的一个核心要素。作为资本主义世界的神话，类似比尔·盖茨这样的新型企业家在美国、日本、欧洲层出不穷，成为无数青年的偶像。他们既不同于19世纪末20世纪初的老一代垄断资本家，也不同于二战后活跃在商界的那批企业家。他们之所以是新型的，是因为他们都是精通新技术的专家，同时又熟谙企业管理之道；他们不仅拥有知识和信息，还拥有相当数量的资本；他们既目光远大，具有战略头脑，又敢于负责，富于开拓创新精神。正是因为有了他们，现代企业管理才发生历史性变化，社

第二章 从信仰不共戴天到目标殊途同归

会生产力才得到极大发展,也使20世纪备受周期性经济危机困扰的资本主义经济不断焕发出了新的活力。

——积极推进社会政治生活改革,缓和社会紧张状态。

虽然从总体上看,资本主义世界是挟着英国和美国两次工业革命的成果、美国和法国两次政治革命的余威,在社会相对太平和富足的情况下进入20世纪的,其政治制度的基本架构已经形成,国家政治生活已趋稳定,内部不存在不可调和的民族和社会矛盾,不需要像封建王朝国家那样进行颠覆性的社会革命,甚至连急风暴雨式的社会变革和转型也很少发生,这是资本主义世界可以无忧也可以为傲的一个方面。但是,在另一面,由于20世纪殖民主义体系走向瓦解、世界上出现了一个人口众多且强大的社会主义阵营,直接冲击着西方的政治制度和社会价值观念;由于20世纪发生了两次大战、一次冷战,世界渴望和平,人民民主力量空前壮大;由于20世纪中后期西方社会内部矛盾上升,人民普遍不满,纷纷要求改进和加强政府治理,这样一来,资本主义世界在国内政治改革方面也就不可能停步,不得不进行调整、修复和完善。

一是改革完善参与机制。鉴于选举是公民最基本的参政活动,资本主义各国在这方面都纷纷采取行动,取消了早期对选举人在财产、年龄、性别、种族、文化等方面的资格限制,全面实行普选制,像建立自由的市场经济体制那样,建立了自由的政治竞争机制。由于这种竞争机制程序在先——程序是事先约定的、公开的和确定的,结果在后——竞争的结果在竞争发生和竞争完成之前对当事人和局外人来说都是不确定的,体现了公平与正义,因而极大地激活了西方政治社会。此外,资本主义世界还在公民行使创制权与复决权投票、以组织社团或压力集团形式参与、利用新闻媒体表达,以及以公民自发行为为特征的政治参与等方面,都提供了可靠保障。

二是改革完善监督制衡机制。除了定期的和有效的选举这种大量的最基本的监督手段外,强化了在野党、利益集团、新闻媒体和司法机构在纠正执政党或政府的错误方面所起的作用。尤其是随着"阳光政治"的施行,使新闻媒体在这方面的作用得到凸现。美国前总统尼克松因"水门事件"而辞职,日本前首相田中角荣因贿款案而辞职,都是首先由新闻媒体揭发曝光所致。在防止政府权力滥用方面,除了坚持传统的三权分立制衡机制以外,还逐步形成了中央或联邦政府与地方或州政府的分权制衡机制、国会中的参议院与众议院的分权制衡机制、地方或州政府内部的分权制衡机制等等,以保证国家权力的行使均衡协调和政府政策的施行公平正义。

三是改革完善法治机制。更加强化依法立国、法律的至高无上性和法律面前人人平等。国家的性质、政权的组织形式、中央和地方的关系、人民的权利等等,都严格用法律的形式予以固定和体现。进一步完善司法独立,包括法院组织独立、法院审判独立和法官独立,以保证法律的公正性。鉴于权力腐败对政治和社会制度有极大的破坏力,普遍加大了防止权力滥用和防止腐败方面的立法。如从经济上监督官员的财产收入;限制官员收受礼品和禁止贿赂;管制竞选经费;颁布政府官员道德准则;建立对高级官员的弹劾制度;强化对政府机构财务的独立审计,审查开支及其合法性与经济效益等等。

四是改革完善社区自治机制。虽然资本主义国家的社区是人民自治和互助的基层组织,历史悠久,但随着时代的进步,在20世纪又得到了新的发展。尤为突出的,是扩大了社区管理机构的职能。社区可以广泛地代表居民同政府部门交往,参与地方建设,维持社会治安,帮助解决失业问题,改善社区生活设施等。

五是不断调整阶级关系。在自由竞争法则下,传统资本主义无论在自由资本主义阶段还是垄断资本主义阶段,社会结构的特点是金字塔形,贫富悬殊,处于塔顶的是少数富人,处于塔底的是广大贫苦民众。这往往成为资本主义社会动荡不安的主要原因。为解决这个问题,资本主义世界便从满足社会的大多数入手,通过累进税、遗产税、财产转赠税等措施进行社会财富的再分配,通过反垄断法和限制价格、财政支持等措施扶植中小企业,造就了一个庞大的中间阶层,从而使社会结构变为中间大、两头小的橄榄型——中等收入的中产阶级占绝大多数,富人和穷人永远都是少数。这就使阶级矛盾得到缓和,社会趋于稳定,保证在发生经济危机时不至于再出现大的社会动荡。

——建立国际调节机制,降低危机风险。

这是资本主义世界痛定思痛的产物。在1929年至1933年的大危机期间,由于资本主义国家纷纷实行贸易保护政策,提高关税,限制进口,同时又贬低币值,对外倾销,以邻为壑,这就使危机迅速升级,加重了灾难。鉴于这

第二章 从信仰不共戴天到目标殊途同归

一教训,资本主义世界便在经济发展方面也建立广泛的国际联盟,以协调行动,共同应对危机。

1944年7月1日,由美国倡导的国际货币金融会议在美国新罕布什尔州布雷顿召开;1947年10月30日,由欧美主要贸易国主导的《关税及贸易总协定》在日内瓦签字,这两大事件使调节世界经济的国际体系得以确立,并且主宰了二战后整个世界的经济秩序。虽然这一国际体系在一定程度上也适应了世界新兴国家发展经济的需要,但它无疑是在更大的程度上帮助资本主义发达国家开拓了世界市场,占据了优势发展地位。

资本主义世界采取的以上这些行动,证实了马克思、恩格斯的预言:在生产社会化面前,"资产阶级除非对生产工具,从而对生产关系,从而对全部社会关系不断地进行革命,否则就不能生存下去。"①

在向社会主义学习、借鉴社会主义的成功方面,资本主义世界同样表现出了令人难以置信的态度。甚至完全可以说,资本主义在与社会主义的竞争发展中,一方面排斥扼制社会主义,一方面又借鉴吸收社会主义的经验成果,构成了20世纪特别是二战前后资本主义世界发展的独特轨迹。

20世纪30年代,社会主义在苏联获得了极大成功,这也成为资本主义世界向社会主义学习的起点和高峰期。苏联仅经过近20年的努力,国家的经济实力和人民的生活就有了很大提高。按照最保守的估计,从1922年苏维埃联盟成立到30年代末,苏联的工业产量便增加了3倍,由一个农业国变成了一个工业国,大工业在整个国民生产总值中的比重增长到了70%。在两个五年计划期间,苏联建成了6000多个大企业。1925年至1940年期间,苏联的工业年均增长10%,而美国只有2%。也就在1940年,苏联的工业总产值超过法国、英国和德国,跃居欧洲第1位,世界第2位。在沙皇时代,四分之三的人口是文盲,而在1939年,全国识字的人口达到了87%。还有些科技领域,如粒子加速器、宇宙火箭理论等,还居于世界前列。而更令人惊奇的是,苏联境内毫无失业现象,人民的生活有可靠保障。从1935年1月1日起,苏联全部废除了食品定量配给,开始敞开供应;工人的实际工资1940年比1913年增长5倍。苏联还是世界上第一个实行7小时工作制的国家。1937年同

---

① 《马克思恩格斯选集》第1卷,北京:人民出版社1995年版,第275页。

1913年相比，农民的货币收入平均增加2.58倍，每户农民的口粮标准由1000公斤增加到2358公斤。同时，国家还修建了大批居民住宅，兴办了大量的学校、图书馆、电影院、疗养院、幼儿园。英国一名大主教1939年到苏联考察后写了《六分之一的社会主义世界》一书，不无赞誉地说："所有的人都有工作，不存在失业，物价稳步降低，工资增长了。""所有工人每年至少有两周照领工资的休假，保证所有的人都得到免费医疗，工人生病时与上班时一样照领工资，妇女在生育前后离职不上班期间照领全部工资。"种种情况都表明，苏联正在形成一个更加合理的、秩序井然的社会。

而与此形成鲜明对照的是，这一时期的资本主义世界却笼罩在经济大萧条的愁云惨雾之中，人们不仅饱受破产和失业的困苦，而且还饱受失落和无助的精神折磨。

1929年10月24日，当人们还沉浸在永久繁华的欢乐之中时，华尔街在金融投机中狂涨上去的股票价格一泻千里，导致了资本主义历史上规模最大、时间最长和破坏最严重的经济大危机。美国成千上万的工厂、商店和银行倒闭，国民生产总值急剧下降，四分之一的劳工失业。危机狂涛很快席卷整个资本主义世界。1929年至1932年，美国工业生产总值下降46%，德国下降40%，日本下降37.4%，意大利下降33%，法国下降32%，英国下降20%。失业人数也达到有史以来的最高水平。美国为24.9%，德国为26.3%，英国为21.3%。经济大危机不仅引起生产力的大倒退和大破坏，而且加剧了政治危机，使整个资本主义世界出现了大动荡。在美国，爆发了125万人的大示威，发生了底特律流血事件。在英国，生活陷入困境的曼彻斯特上万失业工人向政府递交了请愿书，他们警告政府："不要以为巨大的失业惨剧可以无休止下去而不会产生某种致命灾难。饥饿者也就是愤怒者，如果生存问题被逼为破釜沉舟的斗争，你们就将自食其果。"

值此生死存亡关头，不少西方人士便纷纷访问苏联，探讨苏联经济增长和社会发展的原因，看苏联社会主义制度究竟有什么秘诀值得学习和借鉴。在美国，甚至还展开了一场学习苏联的讨论。美国实用主义哲学家、教育家杜威高度赞赏苏联社会的计划性，认为是"计划"保证了苏联的成功。他说："苏联提供给我们的都是计划社会的模式。我们坚信社会需要计划，并且计划是走出混乱、无序和不安全的唯一出路。""只有当我们停止鼓噪那些陈词滥

第二章 从信仰不共戴天到目标殊途同归

调,不再把我们的观念局限于个人主义与社会主义、资本主义与共产主义的对立之中时,只有当我们认识到现在的问题是要混乱还是要秩序,是要运气还是要控制,是随意地还是有计划地使用科学技术,只有这时,我们才能真正开始智慧的思考。"①杜威试图在苏联式的社会主义"计划"与美国式的资本主义"放任"之间,寻求一个最佳点供美国效仿。他说,苏联式的计划在某种程度上提供了保障、有序与稳定,但却牺牲了自由;而美国式的放任在某种程度上保证了自由,但却牺牲了保障、有序与稳定。因此杜威主张,要学习苏联社会中的计划性,力求建立一个有计划的社会;但同时要避免苏联"试图对社会组织和联合形式进行计划而又不让智慧尽可能自由的表达"的做法,努力把自由与保障、有序和稳定统一起来。② 更多的人访问苏联后把30年代称为"红色的30年代",认为社会主义不再是空想家的梦,而是正在发展中的事业。美国记者林肯·斯蒂芬斯回国后发表文章称:"我看到了未来,它行得通。"

这一时期的美国报纸也对美国许多知识分子公开赞扬共产主义、主张向俄国学习发表了大量评论。《纽约时报》说:"人们又恢复了对社会主义与共产主义的兴趣。许多人怀疑,如果资本主义会这样容易地崩溃,那么,一个不以利润而以消费为目的进行生产的经济制度,和一个生产资料、运输和财政都不属于私有而属于公有的制度是否也许更有意义一些呢?人们已把注意力集中到其他国家所作的试验上面去,特别是注意到俄国。在那个国家里,失业和萧条都不存在。"

在"新政"出台时,美国总统罗斯福虽然没有明说要学习社会主义,但他的做法说明了一切。1933年3月4日,罗斯福在总统就职演说中就提出要在一些经济和社会领域加强国家计划。后来,罗斯福又大声疾呼:"政府的责任之一是照顾那些陷入逆境以致没有别人帮助就连生存必需物资也得不到的公民。这一职责是每个文明国家都公认的,是社会义务。"根据这些思想,罗斯福政府迅速采取了若干资本主义世界从未有过的措施来应对经济大危机。由于罗斯福在许多方面都学习借鉴了苏联的经验,因此还遭到一些反对罗斯福新政的保守派人士的激烈抨击,指责"新政"中的许多政策就是《共产党宣言》

---

① 《美国研究》,1999年第4期,第104页。
② 《美国研究》,1999年第4期,第106页。

中的思想，要求政府要"制止滑向社会主义"。

就在美国推行罗斯福新政的同时，英法德等国在国内矛盾的推动下，也作了与美国类似的一些挽救经济大危机的措施。就整个20世纪来看，资本主义世界对于社会主义的学习和借鉴主要体现在以下一些方面：

——学习借鉴社会主义国家对经济进行计划和宏观调控。

20世纪初叶，虽然资本主义的国家垄断迅速在社会经济中占据了统治地位，西方各国也开始加强对经济的干预力度，有时甚至力度还比较大，但毕竟带有"应急"性质，目的只是为了缓和危机与保障战争。而在30年代大危机和第二次世界大战期间学习借鉴苏联的做法后，各资本主义国家便普遍建立了宏观经济调控机制，对社会经济生活实行全面的干预和调节。其具体内容包括：制定指导性的经济发展计划；通过财政预算对国民收入分配进行调整；利用经济补贴对农业生产进行调整控制；利用调节利率、税收、汇率和货币发行量来影响经济的运行等。

尤其在美国，国家的职能迅速扩展了，不仅是资本主义制度的维护者和社会秩序的守望者，而且也是国民经济的管理者、各种经济法规的制定者和执行者。在罗斯福新政时期，联邦政府设立了许多社会经济管理机构，如国家产业复兴局、国家劳工关系局、农业经济调整署、农业信贷总署、防止水土流失计划署、公共工程管理局、联邦紧急救济署、联邦证券交易委员会、联邦海运委员会、联邦民航局、联邦房屋管理局等等。这些机构虽然有的后来被取消，但大部分都保留下来了。在罗斯福新政期间，美国还发布700多项法令，整顿和恢复社会经济秩序。

二战结束以后，苏联对国民经济发展实行"五年计划"的方法，不仅成为社会主义国家的普遍做法，也被许多资本主义国家所效仿。

"五年计划"可以说是苏联的一大发明。1927年庆祝十月革命胜利10周年之际，为尽快实现全苏工业化，经由斯大林倡导和指导，一大批经济学家参与制定了第一个五年计划开始实施。不久，苏联兴建了乌拉尔重型机械厂、莫斯科汽车制造厂、高尔基汽车制造厂、斯大林格勒拖拉机厂、乌克兰重型机械制造厂、戈尔洛夫卡机器制造厂等，使全苏机械生产总量提高了近4倍，圆满实现了第一个五年计划期间"把一个依赖进口机器设备的苏联变成一个自行生产机器设备的苏联"这一目标，使苏联工业化得以迅速起飞。后来又通过

第二章　从信仰不共戴天到目标殊途同归

第二个五年计划的实施,全苏工业化取得了巨大成就。建起了沙皇时代没有的或极其薄弱的一系列新兴部门,如飞机、汽车、拖拉机、发动机、化工、仪器制造、特种钢材、重型和轻型机器制造工业等等。老工业部门如石油、矿产、运输和国防工业等也有了很大发展。建成了第聂伯水电站、土尔克斯坦—西伯利亚铁路、莫斯科地铁和莫斯科—白海—波罗的海运河工程等大型项目。在西伯利亚、中亚细亚、北高加索、哈萨克等地区,开始建立起新的工业基地,使工业布局更为合理。在这期间,全苏工业总产值在国民经济总产值中的比重由42.1%上升到77.4%,在世界工业总产值中的比重由大约4%上升到10%,仅次于美国。至此,苏联即完成了由落后的农业国向经济独立的工业国的历史性转变。

斯大林曾说,五年计划不仅是苏联一个国家的事情,而且是全世界无产阶级的事业。而让斯大林没有想到的是,二战结束后,不仅中国、朝鲜、越南及前东欧社会主义国家无一例外地都制定实施自己的第一个五年计划,而且连印度、韩国、埃及、马来西亚、印度尼西亚、泰国等新兴资本主义国家,也纷纷效法苏联,开始制定实施五年计划。印度的"一五"始于1951年,经过连续11个五年计划的实施,已成为世界瞩目的新兴经济体。韩国从1962年开始实施第一个五年计划,到第7个五年计划(1992—1996)结束时,其人均国民收入已经达到7000美元,创造了被全球经济学界称为"汉江奇迹"的经济成就。而马来西亚、印度尼西亚和泰国靠推行五年计划滚动发展,则同菲律宾一起被誉为亚洲"四小虎"。

时至2009年11月,美国总统奥巴马访问中国前夕,美国《新闻周刊》发表的一篇题为"美国可向中国学习五件事"的文章,第一件事也就是要求美国学习中国的五年计划。这篇文章称:"许多外国人在中国时都感觉到一种活力,奥巴马总统或许也能感觉到。这种活力不止来自随处可见的一些热烈活动,也来自一种能驾驭大事的自信和眼光。""中国人有五年计划,他们时刻牢记这些目标。""我们可以向中国学习的一个重要经验就是要设立目标,制订计划,全力推动整个国家向前走。"①

这样一来,通过学习借鉴社会主义的计划与宏观调控,就使得资本主义

---

① 〔美〕奥巴马:《美国可向中国学习五件事》,载《参考消息》2009年11月15日,第1版。

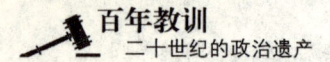

世界的经济发生了深刻变化。特别是国家经济职能的显著增强，垄断资本主义与国家政权的紧密结合，成了资本主义世界经济发展的最大标志，也成了现代资本主义与传统资本主义的本质区别。

——学习借鉴社会主义国家重视社会保障的做法。

西方资本主义国家本来早就出现了社会保障的雏形。英国16世纪的济贫措施和18世纪的济贫法与工厂法，都是建立社会福利制度的萌芽。19世纪末，德国铁血宰相俾斯麦也曾设立社会保险制度。但是，由于长期以来受社会达尔文主义这一政治传统的影响，总认为人类社会像自然界一样，所谓"贫"与"富"都是在多种因素的综合作用下自发形成的，是自然选择、适者生存的结果，绝对不应该随意更改，也绝对不可能被随意更改。因此，资本主义社会对贫困者和社会弱势群体的救济保障，主渠道一直在民间，依靠宗教等慈善团体和社区福利来承担。只是受到苏联社会主义制度的影响和迫于国内矛盾激化的压力，才由美国带头，在20世纪30年代后半期将社会保障纳入政府职责范围，彻底结束过去以民间保障为主的局面。

1935年，美国颁布了《社会保障法》。这项法令涉及失业保险、养老保险、医疗保险、最低工资、最高工时和对困难户的住房保障等，为保障公民的基本生活、建立比较完备的社会保障体制奠定了坚实基础。在罗斯福担任总统期间，美国还发布多项法令，调节劳资关系、解决数百万人的失业、实行大规模的社会救济和社会保险等。罗斯福认为，财富分配严重分化，多数人处于依附和贫穷状态，国家就不会安全和稳定。

第二次世界大战后，英国又着手建立社会保障制度，开启了"从摇篮到坟墓"的福利国家时代。以全国失业保险委员会一份《社会保险和有关福利问题》的报告书为蓝图，英国先后推出了一系列关于失业就业、公民健康、公民教育和人身保险的社会改革法案。随着1946年颁布新的《国民保险法》和《国民医疗保健法》，1948年颁布《国民救助法》，英国的福利国家保障体系即基本建成。

紧随美国、英国之后，法国、联邦德国、日本，以及瑞典、荷兰等北欧国家也纷纷建立起社会福利体系，明文规定社会福利、社会保障和公共卫生，是每个公民应享的权利。到20世纪末，欧美资本主义国家一般都建立了比较完备的社会保障体系。

第二章　从信仰不共戴天到目标殊途同归

应该认为，作为现代资本主义与传统资本主义的又一重要区别，资本主义国家建立国家社会保障体系的做法既学习借鉴了社会主义国家，又超越了社会主义国家。虽然不能认为这是资本主义的一种制度优势，但对发展着的社会主义显然是一个极大的挑战。

——学习借鉴社会主义国家办国有大项目的经验。

苏联30年代工业化的成功和在二战中全民整体保障的经验，使资本主义国家清楚地看到了与它们平行发展着的社会主义在集中力量办大事、集团发展国有大项目方面的优越性，所以，二战结束后各主要资本主义国家又都兴起了一个较大规模的国有化浪潮，建立了一大批国有企业与国、私混合企业。

在英国，通过两次国有化运动，全国的交通运输、煤矿、发电厂、石油、银行、邮政、电讯以及飞机制造等，全部实现了国有化。

在法国，也进行过两次国有化高潮。第一次是在1944年至1946年，戴高乐政府把法国的能源业、运输业、机器制造业、银行业和保险业，用赎买的方式收归国有。第二次是1981年，密特朗总统又把法国通用电气公司等工业集团和巴黎的一些金融公司以及全国存款10亿法郎以上的银行，又通过赎买手段收归国有。

在美国，邮政全部收归国有，电力和铁路系统的国有成分增加到了25%。

在日本，邮政和电信全部收归国有，铁路系统的国有成分增加到了75%。

在意大利和联邦德国，其邮政、电信、电力和铁路系统的国有化程度达到了50%。

——学习借鉴社会主义国家的集体主义精神。

本来，东西方国家在社会发展中都是强调集体至上、集体优先原则的。亚里士多德曾把集体称为"社群"，认为人类必须经历家庭、村落、城邦三个递进的社群阶段后才能实现最大潜能。马克思指出，只有在集体中，个人才能获得全面发展其才能的手段，才可能有真正的个人自由。社会主义国家自诞生起，就把集体主义作为社会主义、共产主义道德体系的基本原则。人类也正是依靠集体的力量才生生不息，走向文明。

但是，近代以来西方社会的核心价值观念，从根源上来看却都是个人主义的。在资本主义社会，个人主义的政治内涵，就是根深蒂固的私有观念和天赋人权观念；个人主义的经济内涵，就是鼓励个人对物质财富的追求和占有，并以此来确定人的社会地位和社会关系；个人主义的文化内涵，就是一切价值以个人为中心，人们为自己而思考，为自己而判断，为自己而作决定，个人本身就是目的。如果违背了个人的权利，任何事情在道德上都是错误的，都是亵渎神明的；如果放弃了个人主义，就等于放弃了资本主义社会最深刻的本质。因此，追求个人的财富和权力已成为资本主义社会的基本特性和灵魂。谁能获得巨大的财富，谁就会受到社会的尊重，谁就有了权势、地位和荣誉。

尽管在欧美资本主义国家的主流文化中，个人主义与极端个人主义具有很大的区别，但是，在全社会都以个人为中心，一切都是为了个人，每个人都具有个人的自由，每个人都可以按照自己的意愿来表现的情况下，个人主义、个人自由也就会很容易地向极端化方向发展，并不可避免地酿成社会问题。因此，资本主义世界的治国者们对学习社会主义社会的集体主义精神引起了重视。

20世纪30年代经济大危机时期，美国参照苏联的做法，成功地实施了"以工代赈"政策。通过把青年们组织起来修建铁路、公路、桥梁，架设跨州的电话线，兴建水利工程和建筑工程，开展植树造林、野生动物保护等，不但缓解了社会失业压力，低成本高效率地完成了许多社会公共工程，而且还使成百万教育不完全的青年受到了以集体主义教育为主要内涵的多重教育。

20世纪50年代，在苏联接受了共产主义思想熏陶的犹太人回以色列后，不仅按照带回来的共产主义小册子在经济上实行公有制，各尽所能，按劳分配，在政治上实行民主选举，人人平等，并且按照集体主义原则，建立了农业合作社等集体组织。为此，以色列曾被认为是资本主义学习社会主义的典型。

20世纪70年代初，尼克松访问中国后，看到一个并不富裕的社会却秩序井然，没有吸毒，没有娼妓，人人都热爱劳动，人人都热爱集体，联想到弥漫美国社会的物质主义、享乐主义和消极颓废思想，曾满怀感慨。他尖锐地指出：（美国）"自20世纪60年代以来，暴力犯罪率增长了560%，非婚生子女增长了400%，未成年人自杀率成倍增长。滥用药物的现象逐渐增多，美国的中心城市仍在承受着200多万可卡因瘾君子造成的灾难性后果。一场精神危机已经影响到了美国的各个社会阶层。"①"面对一种精神上的危机,需要从精神上做出回答。"②

20世纪90年代上半期,鉴于美国模式的光彩有所褪色,克林顿政府又开始对美国发展模式进行反思,提出国家发展更需要公民担负起责任,积极参与国家的政治和社会事务。克林顿说,假如要使美国的期望变成现实,我们每一位公民就必须承担起他的责任,在社区集体中共同工作,以使全国团结一心。

总起来看,学习借鉴社会主义的做法,通过吸收社会主义的经验来克服资本主义的一些弊端,实际上已成为资本主义制度得以巩固和发展的一个重要因素。

2009年10月2日,台湾《联合报》发表文章称:"在全球经济大衰退中,中国大陆以超过2万亿美元的外汇存底,变成了欧美心目中拯救世界经济崩溃的救星。连奥巴马也指出,中国是国际社会重要的领导者,不是具有威胁性的敌人;如果没有中国,就不可能处理好国际问题。1979年是大陆引进资本主义救了共产党,2009年则是共产党在救资本主义。真是30年河东,30年河西!"③

早在1993年,罗马教皇约翰·保罗二世在接受记者采访时也说:"当资本主义基本上都在推行个人主义的时候,共产主义已关心起社会问题了。""毫无疑问,现在的资本主义与列夫十三世时代的资本主义不同,它发生了变化,而这一切在很多方面都归功于社会主义的思想。"④

可以进一步得出结论的是,资本主义作为一种社会制度,对其进行调整也属正常,不可能企求20世纪的资本主义同几百年前的资本主义一模一样。但同时也应该看到,资本主义的这种调整是同一种制度之下的调整,制度本身的调整,而不是被另一种制度所取代。制度调整和制度更替是绝然不同的。在一种制度之下可以有不同的体制,不同的体制代表着该种制度下不同的治理方式和不同的社会运行方式。但无论如何,这种制度调整都始终是资本主

---

① 〔美〕理查德·尼克松:《超越和平》,范建民译,北京:世界知识出版社1999年版,第192页。
② 〔美〕理查德·尼克松:《超越和平》,范建民译,北京:世界知识出版社1999年版,第196页。
③ 《参考消息》,2009年10月6日,第11版。
④ 〔俄〕尼·雷日科夫:《大动荡的十年》,王攀等译,北京:中央编译出版社2006年版,第156页。

义框架内的制度调整,且调整的目的始终都是为了延续资本主义制度的存在。这可以说是资本主义国家进行制度调整的实质。

还可以进一步得出的结论是,自我疗伤、自我恢复其实就是资本主义的制度调整和制度创新,这自资本主义诞生以来就没有停止过。最大的也可能是唯一的区别仅在于,以往的调整变化不如在 20 世纪这般突出和广泛,以至于在这个世纪成了资本主义得以巩固和发展的基本途径。完全可以预期,以 2008 年 9 月美国爆发金融危机为起点,资本主义世界必将迎来新一轮仍然以自我疗伤、自我恢复为基本手法的制度大调整。资本主义本身也实在是一股具有不断革命精神的大力量。

二 "猫论""摸论""不争论"
——社会主义浴火重生

伟人之所以伟大,往往就在于他是社会的先知先觉者,能够穿透历史,超越时空,正确预见后来复杂不测的发展形势;伟人之所以睿智,往往就在于他能够运筹帷幄,抓住机遇,敢于作出别人所不能作出但又合乎逻辑的政治决断;伟人之所以拥有无数的追随者,能够动员千百万民众,往往就在于他用寥寥数语就能够勾勒出以往如烟事物和当今纷乱现象的本质,每每道出人民的心声。

无疑,邓小平就是这样的伟人。

在 20 世纪的最后二三十年,中国大地上到处都流传着邓小平的名句。"白猫黑猫,只要捉住老鼠就是好猫。""摸着石头过河。""不争论。""发展才是硬道理。"——人们耳熟能详,视为经典。

其实,"白猫黑猫,只要捉住老鼠就是好猫"这一俗语作为邓小平的名言广为流传,是在中国"文化大革命"期间;这一俗语的最初版本也不是"白猫黑猫",而是"黄猫黑猫"。

在 1962 年 7 月 7 日接见出席中国共产主义青年团三届七中全会的代表时,邓小平谈到了"黄猫黑猫"。他说:"生产关系究竟以什么形式为最好,恐怕要

第二章　从信仰不共戴天到目标殊途同归

采取这样一种态度，就是哪种形式在哪个地方能够比较容易比较快地恢复和发展农业生产，就采取哪种形式；群众愿意采取哪种形式，就应该采取哪种形式，不合法的使它合法起来。……刘伯承同志经常讲一句四川话，'黄猫黑猫，只要捉住老鼠就是好猫'。这是说的打仗。我们之所以能够打败蒋介石，就是不讲老规矩，不按老路子打，一切看情况，打赢算数。现在要恢复农业生产，也要看情况，就是在生产关系上不能完全采取一种固定不变的形式，看用哪种形式能够调动群众的积极性就采用哪种形式。"①

但是不久，中国"文化大革命"爆发了，这一俗语就成了"党内第二大走资派"邓小平的一大罪状，被指责为"唯生产力论"。不过，完全出乎"革命派"的意料，这一俗语不仅没有让人们觉得邓小平有什么错，反而使人们觉得邓小平可爱可亲。于是，这句话便不胫而走，广为流传。

邓小平对他的"猫论"很自豪。1984年，他特意请一位画家画了两只猫，挂在了客厅显著的位置。

邓小平的"猫论"来自刘伯承，"摸论"也来自刘伯承。

那是新中国成立初期，受命去组建军事院校的张爱萍行前向刘伯承请教，刘伯承说："我给你6个字，可要牢牢记住，这就是——摸着石头过河！"②

人们总是习惯地把刘、邓连在一起，看来是很有道理的。他们两人不仅从抗日战争到解放战争共事长达13年，而且在社会主义建设中彼此也心心相印。多少年后，曾任全国人大常委会委员长的万里在忆及邓小平的务实主义时，也曾深有感触地谈到在摸索中前进的正确性。他说："有中国特色的社会主义怎么搞？谁知道！还得摸着石头过河。石头是什么？就是实践，摸清历史的脉搏，历史的趋势。这是我们的传家宝，但长期的"左倾"错误使我们把它弄丢了。农村改革中把它恢复起来，发扬光大，所以搞得比较成功，这是一条十分重要的经验，以后千万不能再丢掉了。"③

对于"不争论"这条中国历史上曾称之为"为而不争"的古训，邓小平奉为至妙真理，认为这是20世纪末叶的中国治国安邦、推行改革开放大业的战略。邓小平说："不搞争论，是我的一个发明。不争论是为了争取时间干。一

---

① 《邓小平文选》第1卷，北京：人民出版社1989年版，第323页。
② 陈振家编：《邓小平的智源》，北京：中国社会科学出版社2003年版，第219页。
③ 陈振家编：《邓小平的智源》，北京：中国社会科学出版社2003年版，第215页。

争论就复杂了，把时间都争掉了，什么也干不成。不争论，大胆地试，大胆地闯，农村改革是如此，城市改革也应如此。"①显然，邓小平痛切地感到，空谈误国，争论误事，中国已有几十年的时间被无谓的争论白白浪费掉了，如果现在还来一场姓"社"还是姓"资"、社会主义和资本主义谁优谁劣的大讨论，不但不利于稳定，还会误事。

至于"发展才是硬道理"这一名句，更是深刻点出了"白猫黑猫，只要捉住老鼠就是好猫""摸着石头过河"和"不争论"这几个论点的本质目的。在邓小平看来，社会主义和资本主义谁优谁劣不是争论出来的，"白霍"出来的，而是干出来的，要用事实说话。如果社会主义的优越性不能体现在生产力发展得更快更高上，再吹再摆呼也没有用。

自邓小平退出领导岗位后，每逢在北京出游，都是由北京市副市长张百发给他当向导。他对张百发说："我现在是普通老百姓了，不要过多地惊动市长、部长。"1990年7月3日这天，邓小平又在张百发的陪同下登上了北京东部京广大厦这座208米高的大楼。他一见到这位工人出身的副市长就高兴地打招呼："队长！队长！"原来，张百发20世纪50年代曾是中国建筑界闻名遐迩的青年突击队队长。就在这天上午，站在京广大厦第40层空中花园鸟瞰北京时，邓小平提出了"发展才是硬道理"这一著名论断。

邓小平得出以上这些结论的时间、地点和具体环境虽然有所不同，看似彼此独立，其实都有着紧密的联系，共同的目的，都统一在有中国特色社会主义的伟大理论——邓小平理论中，它们的地位、作用和深远影响是难以估量的。

邓小平的这些结论是20世纪社会主义的经验总结和推进方略，既直接产生于中国社会主义的建设实践，同时也是从世界社会主义的曲折发展过程中得出来的

人类对于社会主义的追求和探索已经经历了很长时间。如从莫尔的《乌托邦》问世算起，已经过了近500年。如从三大古典社会主义思想家——圣西

---

① 《邓小平文选》第3卷，北京：人民出版社1993年版，第374页。

第二章 从信仰不共戴天到目标殊途同归

门、傅立叶、欧文——算起,已经过了近200年。如从马克思和恩格斯的《共产党宣言》算起,也经过了160年。只是由于十月革命的胜利,才把人们长期以来梦寐以求的社会主义理想变成了现实。

然而,社会主义社会自诞生之日起就不顺利,在20世纪的83年中,经历了长期的封锁包围和由低潮走向高潮、再由高潮走向低潮的曲折发展过程。

十月革命的胜利虽然把社会主义的理论变成了现实,但苏俄的社会主义革命和建设是在极端困难和极为特殊的环境下开始的。早在十月革命前,美国第27任总统塔夫脱即称:"对美国来说,共产主义胜利比法西斯胜利还要危险。"[1]十月革命爆发后,包括美国在内的整个资本主义世界一致对这场革命持反对态度。时任美国国务卿兰辛向威尔逊总统报告说,苏俄是"对各国现存社会制度的直接威胁,如果布尔什维克继续掌握政权,我们就毫无指望。"随即,美国在西方国家中第一个宣布对苏俄实行经济封锁,并于1918年6月出兵7000人到西伯利亚,直接参加了资本主义世界对苏俄的武装干涉。在苏维埃初创时期,整个西方世界曾纠集14国共派出近200万军队进行武装干涉,力图将新生政权扼杀在摇篮中。列宁痛斥这种行径:"现在英法美集团把消灭世界布尔什维主义,摧毁它的主要根据地俄罗斯苏维埃共和国当成它们的主要任务。为此,它们准备筑起一道万里长城,像防止瘟疫一样来防止布尔什维主义。"[2]而当第一次世界大战及内战的尘埃落定时,俄罗斯虽是众多古老王朝和宗教帝国中仅存于战火中的硕果,却满身血污,前途未卜,长期被资本主义世界所敌视。直到1933年——苏联进行社会主义建设16年之后,美国才正式予以承认,苏联也才在资本主义世界的心目中结束非法地位。

二战期间既是社会主义在世界舞台上的一次重大亮相,也是社会主义制度的优越性在国际社会的一次重要展示。尽管法西斯德国挑起二战后势如破竹,横扫欧洲,在占领14国之后又于1941年大举进攻苏联,妄图消灭苏联的社会主义制度;许多西方媒体也对苏联能否顶住希特勒的进攻持悲观态度,把苏联说成是"纸糊的房子",但是,实践证明社会主义的苏联是强大的,拥有雄厚的物质基础和无比的精神意志来赢得战争。战争头一年,苏联凭借30年代工业化的成功就生产出了3330万吨钢铁、3100万吨石油、3830万吨粮

---

[1] 刘金质:《美国国家战略》,辽宁:辽宁人民出版社1997年版,第743页。
[2] 《列宁全集》第35卷,北京:人民出版社1985年版,第159页。

食和16600万吨煤。1942年至1944年间，苏联平均每年生产出3万多辆坦克和装甲车、近4万架飞机、近12万门大炮、近45万架重机枪及300多万支步枪，仅1944年就生产了2.4亿发炮弹和74亿粒子弹。在战争期间，前方将士英勇杀敌，不怕牺牲；后方民众确保战争所需的物资和兵员源源不断地运向前线。结果，苏联不仅没有被摧毁，反而把胜利的旗帜插在了法西斯老巢柏林帝国大厦屋顶。

而更令世界惊讶的是，就在三个法西斯国家被毁灭、英法等资本主义强国被削弱的同时，社会主义的国家制度却在第二次世界大战后出现了一个蓬勃发展的高潮。在欧洲，自德国易北河到亚得里亚海一线以东，以及整个巴尔干半岛，除了希腊和土耳其以外，尽入社会主义版图。它们是：波兰、捷克斯洛伐克、匈牙利、南斯拉夫、罗马尼亚、保加利亚、阿尔巴尼亚和民主德国。在亚洲，先后有中国、朝鲜、蒙古、越南、柬埔寨、老挝加入社会主义行列。在西半球，古巴也成为社会主义国家。至此，社会主义阵营便有了16个国家和全世界近三分之一的人口。与此同时，社会主义社会在发展方面也处处体现出生机和活力。1957年，社会主义国家的工业生产值比1937年增长了4倍，而同期资本主义国家的工业生产只增长了1倍。苏联还先于美国发射了人造地球卫星。

但是，进入20世纪60年代后，世界社会主义运动便开始出现危机。由于社会主义阵营自建立之日起便自成格局，单独存在，俨然一个自足自存的自我天地，因而社会经济发展缓慢。再加上冷战中东西方的政经关系宣告冻结，社会主义阵营完全陷入了与外界隔绝的天地。西方评论，"这个变化正是现实中的社会主义结束的开始"。问题还在于，这一时期的世界社会主义在发展中积累了诸多矛盾和问题，社会主义国与国之间、党与党之间激烈争吵，甚至爆发局部战争，极大地伤害了社会主义的形象，削弱了社会主义的力量，孕育了社会主义的危机。

就在资本主义世界度过70年代的短暂经济停滞又呈加速发展之时，社会主义阵营的厄运便来到了。虽然中国、越南等社会主义国家率先进入全面改革时期，苏联也于1985年开始推行所谓的"改革与新思维"，但终未能阻止世界社会主义运动走向低谷。1989年至1991年，随着苏东社会主义国家改变社会制度，演变为资本主义，世界社会主义便再次陷入了极度的痛苦和挫折

第二章 从信仰不共戴天到目标殊途同归

之中。

为什么社会主义的历程一波三折、如此曲折？显然，作为一场伟大的社会试验工程，社会主义同任何科学试验一样，是不可能一次成功的。列宁曾把建设社会主义比喻为攀登一座未经勘察、人迹未到的高山，"准备忍受几千个困难，准备做几千次尝试，而且，我们在做了一千次尝试以后，准备去做一千零一次尝试"①。苏东剧变发生后，邓小平进一步感到，社会主义仍然处于幼年时期，还需要在实践中进一步摸索和奋斗。他说："我们搞社会主义才几十年，还处在初级阶段。巩固和发展社会主义制度，还需要一个很长的历史阶段，需要我们几代人、十几代人，甚至几十代人坚持不懈地努力奋斗，决不能掉以轻心。"②

终于，世界社会主义运动的实践使共产党人的认识更符合实际了，对社会主义发展的长期性曲折性认识更加清醒了。

社会主义国家是在物质匮乏的基础上建立起来的，邓小平的这些结论集中反映了 20 世纪世界社会主义的本质特点和要求——发展社会生产力

在 20 世纪，由于社会主义国家都诞生在经济文化比较落后的国家，这就给世界社会主义者们出了道历史难题。按照马克思、恩格斯的设想，应该是最发达的资本主义国家首先取得社会主义革命的胜利，可 20 世纪的实际情况却是小农经济占优势的落后国家先于发达国家建立起了社会主义制度。这一历史顺序上的颠倒，给经济比较落后的国家如何巩固社会主义革命的成果，如何建设和发展社会主义，增加了困难。难就难在：社会主义国家基础差、起点低，要在经济上赶上资本主义发达国家，需要经历很长的时间；社会主义不仅要长期面临资本主义意识形态提出的严峻挑战，同时还要长期面临资本主义经济发展所提出的严峻挑战。

有资料表明，1917 年十月革命前，苏联的工业总产值只有美国的 6.9%，

---

① 《列宁全集》第 34 卷，北京：人民出版社 1990 年版，第 379 页。
② 《邓小平文选》第 3 卷，北京：人民出版社 1993 年版，第 379—380 页。

77%的人口在从事着农业生产，手工劳动、畜力牵引和原始农具还占很大优势，有一半的农户没有犁和铁耙。全俄的劳动生产率仅相当于美国的九分之一，英国的五分之一，法国的三分之一。1949年新中国成立时，国民生产总值也不到美国的7%，重工业几乎为零，轻工业只是少数的纺织业，80%的人是文盲，在许多处于封建农奴制阶段或奴隶制阶段的地方，基本上还是刀耕火种。毛泽东曾感叹："我们除了能造桌子椅子，能造茶壶茶碗，连一辆汽车一辆拖拉机都不能造。"①在物质和技术这样匮乏与低下的条件下建设社会主义，其困难是可想而知的。

列宁是如此地富于远见，他在十月革命胜利后即指出，经济落后的国家搞社会主义，与西方发达国家"开始时困难、继续下去比较容易"相反，是"开始时容易、继续下去比较困难"。在1920年12月举行的第八次全俄苏维埃代表大会会议上，列宁还提出了"共产主义＝苏维埃政权＋全国电气化"的著名公式，并把这次会议批准的《全俄电气化计划》称作布尔什维克的第二个党纲。列宁强调说："只有当国家实现了电气化，为工业、农业和运输业打下了现代大工业的技术基础的时候，我们才能得到最后的胜利。"列宁认为，"归根到底，只有劳动生产率是使新社会制度取得胜利的最重要最主要的东西。"②

而20世纪中后期社会主义的实践不仅完全证明了列宁的预见，而且在运行过程中又出现了一些耐人寻味的问题，即：社会主义制度建立以后本应逐步缩小同资本主义国家在经济发展水平上的差距——20世纪下半叶也曾有少数社会主义国家在经济发展速度上确实领先过，但令人遗憾的是，从总体发展水平来看，社会主义国家不仅没有使差距缩小，反而还使差距进一步扩大了，被资本主义远远地抛在了后面。到1980年代初，发达资本主义国家的人均GDP普遍都达到了2万美元以上，而社会主义国家的经济成就却普遍比较差，人均GDP比资本主义国家低出若干倍，多数不足1000美元。这种巨大的反差不只在整体上存在，而且从同宗同脉的分治国家来看，也同样存在。

第二次世界大战后，德国由一个统一的国家分裂为联邦德国和民主德国，联邦德国实行资本主义制度，民主德国实行社会主义制度。民主德国在二战结束后的头十年间，经济恢复和发展较快，人民很快安居乐业。联邦德国在

---

① 《光明日报》，2009年9月30日，第8版。
② 《列宁选集》第4卷，北京：人民出版社1995年版，第16页。

第二章 从信仰不共戴天到目标殊途同归

50年代上半期发展较慢,所以很多西德人往东德跑,1954年下半年就有75000人移居东德。但从50年代下半期起,情况就有了变化,人员流动的方向就发生了逆转——东德往西德跑的人越来越多了。到1961年时,从东德移居西德的人就达到了270万人。为什么会出现这一重大变化?其中最主要的原因就是从50年代下半期起,联邦德国的经济开始起飞,使两个德国的国民收入差距彻底逆转并逐步扩大了。50年代下半期,民主德国的人均收入还相当于联邦德国的78%,而到了60年代下半期则只相当于43%,一半都不到。1990年两德统一时,东德每户居民的收入也只相当于西德居民的44%。

同样是在二战后分南北而治的两个朝鲜,虽然朝鲜战争结束后朝鲜的经济发展曾领先过韩国一个时期,但也没有摆脱先盛后衰的噩梦。1960年时,韩国的GDP与人均GDP仅是朝鲜的40%和55%,1975年时分别是朝鲜的90%和84%,1980年时韩国则追上并超过朝鲜。这年,韩国的GDP与人均GDP分别为603亿美元、1589美元,朝鲜的这两个数字分别为413亿美元、1161美元,南北还谈不上有根本性差距。但后来的情况就发生突变了。在接下来的一个十年中,韩国保持了从5%到9.5%不等的年增长速度,而朝鲜则每况愈下,连续9年负增长。结果,到1996年时韩国的人均国民收入达到了10548美元,而朝鲜只有640美元。从90年代末以来,南北两个朝鲜的经济更是不可同日而语。

在海峡两岸,大陆和台湾的经济在发展上也经历了类似的过程。新中国成立后进行土地改革,废除封建土地制度,迅速恢复了国民经济,并从1953年开始实行第一个五年计划。国民党1949年溃退台湾后,注意总结经验教训,在台湾也实行土地改革,自1953年起开始实施四年计划。从起步时的发展水平看,两岸并无大的差距。1952年这一年,大陆人均国民收入为46美元,台湾为50美元,差距微乎其微。但是二三十年后,差距就大了。到1980年时,台湾的人均国民收入为2278美元,大陆为256美元,相差近9倍。而到1995年时,台湾迅速增加到13000美元,大陆则仅为400多美元,相差了30多倍。虽然人均国民收入不能说明全部问题,台湾的经济也有脆弱的一面,但让世人不得不刮目相看的是,台湾经济除了在1970年受世界能源危机的影响略有下降外,在20世纪整个下半期都一直是稳定发展的,没有像大陆经济这样大起大落。

很显然，在社会经济发展方面，资本主义向社会主义提出的挑战是极其严重的。经济问题向来不单纯是经济问题，而是政治经济问题，社会发展问题，两种制度和两大阵营的比赛问题。人们向往社会主义，跟着共产党走，是希望过上比资本主义社会更好一些的生活，拥有比资本主义国家更高的生产力水平。民主德国的人之所以大量往联邦德国跑，就是人民渴望改善自己的生活和工作条件。这是不能靠给人们灌输某种抽象的主义就能解决问题的。在经济和社会生活日益全球化的时代，经济的活力同时也就是国家的活力、社会的活力和执政党的活力；人民的经济生活水平下降，同时也就是国家的凝聚力、社会的凝聚力和执政党的凝聚力在下降。因此，社会主义的发展任务首先是发展经济；只有在经济上充分显示出社会主义的优越性，才能使人民信服社会主义比资本主义好。这是20世纪在经济比较落后的基础上建立起来的社会主义国家必须担当的第一要务，是20世纪世界社会主义运动发展的本质特点和要求。

可以说，正是站在历史与时代的高度，深刻洞察和全面把握社会主义的发展脉络和现实困境，邓小平才得出"猫论""摸论""不争论"和"发展才是硬道理"这样的历史性结论。1987年4月，在会见到访的捷克斯洛伐克社会主义共和国总理什特劳加尔时，邓小平还同他交流说："搞社会主义，一定要使生产力发达，贫穷不是社会主义。我们坚持社会主义，要建设对资本主义具有优越性的社会主义，首先必须摆脱贫困。现在虽说我们也在搞社会主义，但事实上不够格。只有到了下世纪中叶，达到了中等发达国家的水平，才能说真的搞了社会主义，才能理直气壮地说社会主义优于资本主义。"①

邓小平的这些结论不仅通俗而科学地回答了什么是中国的社会主义以及怎样建设中国的社会主义，引导中国的社会主义走出了发展的误区，而且从危亡中挽救了世界社会主义

1989年盛夏，一场学潮正在北京发生。一直对此沉默不语、曾担任过美国驻华大使的美国总统布什，在中国政府宣布在北京部分地区实行戒严的第

---

① 《邓小平文选》第3卷，北京：人民出版社1993年版，第225页。

第二章 从信仰不共戴天到目标殊途同归

二天——美国东部时间1989年5月21日,突然打破沉默,公开站出来讲话了。布什这天专程来到马萨诸塞州波士顿市举行记者招待会,直接对天安门广场上的"民主个人主义者"喊话,说:"为了你们的信念,继续战斗吧!……坚持下去吧!"①5月24日,他又不辞劳累,专程赶到康涅狄格州新伦敦市,在美国海岸警卫队学院发表公开演讲,再次鼓励中国的学潮。在这篇演讲中,布什说:"我们是生活在这样一个时期——在这个时期,我们正在目睹一种观念的终结:共产主义实验的最后一章。甚至是在共产主义世界里的许多人都承认,共产主义是一种失败的制度。"②

布什的这番讲话,用意是何等鲜明,时机是如此微妙。他盘算着,世界社会主义的东方堡垒即将改变颜色了,他们所孜孜以求的发生在第三代第四代身上的演变就要在中国变成现实了!如果算上波兰已经发生和东欧其他国家很快就要发生的政权更迭,世界社会主义的末日就不会远了!

美国政治家向来是不缺乏想象力的,并且大抵是不会落空的。但后来的事实证明,布什这次显然是失算了。他既低估了中国社会主义的生命力,也低估了中国民众对美国等西方国家向中国输出"主义"的极端反感程度。虽然不久确实发生了西方所期待的——甚至是出乎意外、欣喜若狂的——改变颜色的雪崩事件,但却不是在中国。并且,可以毫无愧色地说,如果20世纪世界社会主义的最大挫折是苏东剧变的话,那么,20世纪世界社会主义的最大成功则是中国的成功——有中国特色的社会主义在20世纪末成为全球最亮丽的一道风景。

不过,这一天的到来的确不容易。在决定命运的时刻,是邓小平校正了中国社会主义的道路。

1949年,中国虽然选择了社会主义道路,但对如何建设社会主义,如何发挥社会主义制度的优势,如何使国家更快地强大起来,却是一个未知的课题。毛泽东曾说:"我们对于社会主义时期的革命和建设,还有一个很大的盲目性,还有一个很大的未被认识的必然王国。"③邓小平也认为:"我们建立的社会主义制度是个好制度,必须坚持。""但问题是什么是社会主义,如何建设

---

① 参见张海涛:《何处是美利坚帝国的边界》,北京:人民出版社2000年版,第185页。
② 参见张海涛:《何处是美利坚帝国的边界》,北京:人民出版社2000年版,第187页。
③ 《毛泽东文集》第8卷,北京:人民出版社1999年版,第198页。

社会主义。我们的经验教训有许多条，最重要的一条，就是要搞清楚这个问题。"①

为了找到建设社会主义的正确道路，从社会主义制度在中国确立之时起，中国就开始了探索。毛泽东的《论十大关系》《关于正确处理人民内部矛盾的问题》等著作，中共其他领导人的一系列重要论述，中国共产党的八大文献等重要文件，提出了许多关于中国社会主义建设的重要观点，涉及经济、政治、文化、国防、外交等各个方面，是中国共产党独立自主地探索适合中国国情的社会主义建设道路的重要成果。但由于在中国这样一个落后的东方大国建设社会主义，是世界社会主义发展史上从未遇到的崭新课题，人们对如何走适合中国国情的社会主义道路还缺少规律性认识，加之严峻复杂的国际环境的影响，中国在探索社会主义道路的过程中发生了严重失误和曲折，付出了沉重的代价。

1978年12月，中国共产党第十一届三中全会在北京召开。以这次会议为起点，在汲取以往经验教训的基础上，中国又开始了建设社会主义的新探索。

邓小平秉承马克思主义的基本观点，认为社会主义不是一成不变的，而应当同其他社会制度一样，把它看成是经常变化和改革的社会。从十一届三中全会果断地决策把国家发展重心放在经济建设上、实行改革开放政策，到1982年在中国共产党第12次全国代表大会开幕式上响亮地提出"建设有中国特色的社会主义"、1987年在中国共产党第13次全国代表大会召开期间主持提出"社会主义初级阶段理论"和主持制定"一个中心、两个基本点"的路线，以及1992年春天巡视武昌、深圳、珠海、上海等地时发表一系列谈话，都是中国共产党人在新时期的新探索中得出的基本结论。这些基本结论连同邓小平的"白猫黑猫，只要捉住老鼠就是好猫""摸着石头过河""不争论""发展才是硬道理"这些经典论述，构成了完整的指导有中国特色社会主义建设的理论——邓小平理论。可以说，这是邓小平对中国和中国人民的最大贡献。自1978年底实行改革开放政策后，在中国发展的紧要关头，邓小平都总是以他极大的理论勇气和政治智慧，为中国的发展拨开了迷雾，引导中国的社会主义建设一步步走出了误区。其中最主要的，有以下八个方面：

---

① 《邓小平文选》第3卷，北京：人民出版社1993年版，第116页。

第二章　从信仰不共戴天到目标殊途同归

第一，引导中国走出僵化、教条的误区，在什么是社会主义、怎样建设社会主义等重大问题上，不拘泥于马克思主义经典作家的具体论述，坚持实践是检验真理的唯一标准。

第二，引导中国走出以阶级斗争为纲、批判唯生产力论的误区，明确了社会主义首先要摆脱贫穷，找出一条比较快的发展道路；贫穷不是社会主义，发展太慢也不是社会主义；社会主义首要的、最根本的、中心的、主要的任务是发展生产力。

第三，引导中国走出闭关锁国、自我发展的误区，开创了新的历史条件下对外开放的新格局。

第四，引导中国走出禁止包产到户、盲目追求"一大二公三纯"、在经济发展中空谈"姓社姓资"的误区，提出判断改革开放得失成败的标准，应该主要看是否有利于发展社会主义社会的生产力，是否有利于增强社会主义国家的综合国力，是否有利于提高人民的生活水平，彻底改变了人们一度普遍认为的社会主义只能建立在公有制经济基础之上的思想观念，明白了社会主义的经济基础不必然是公有制。

第五，引导中国走出把社会公平、共同富裕绝对化的误区，允许一部分人先富起来，调动和激发了人民群众中蕴藏的创造活力，积聚和释放了全社会的发展能量。

第六，引导中国走出轻视科技和教育的误区，强调科学技术是第一生产力，从此开始了中国建设创新型国家的历史。

第七，引导中国走出把计划、市场作为衡量社会主义与资本主义本质区别的误区，明确了社会主义也可以搞市场经济。在此基础上，中国建立起了社会主义市场经济体制和股份制企业制度。

第八，引导中国走出了在如何实现香港、澳门回归问题上的僵局，创造性地提出了"一国两制"构想。邓小平说："我们采取一个国家、两种制度的办法解决香港问题，不是一时的感情冲动，也不是玩弄手法，完全是从实际出发的，是充分照顾到香港的历史和现实情况的。"[1]

一个民族一旦挣脱了思想的牢笼，坦途就到来了，前景也自然是光明的。

---

[1]《邓小平文选》第3卷，北京：人民出版社1993年版，第60页。

到20世纪末21世纪初，中国实现了中华民族历史上最深刻的社会经济转型，彻底结束了延续几千年的农业社会，阔步进入了工业化中后期阶段；实现了国家经济实力的最重大提升，彻底终结了长达一个多世纪的经济下降局面，重新成为驱动世界经济发展的强大引擎，为民族复兴奠定了雄厚的物质基础；实现了民生状况前所未有的巨大改善，使曾经贫穷落后的中国迅速逼近世界高中等收入国家行列，开始把中华民族几千年的"大同社会"梦想变为现实；对中国大地的自然地理面貌进行了最深刻最积极的改造，彻底打破了束缚发展的严重自然阻隔，使中国成为一个经济社会联系高度通达、极富活力与效率的有机整体。

而更为重要的，是中国的社会主义制度得到了巩固和完善。在主义和制度的修改不再是禁区、"修正主义"这一严重困扰中国社会主义的阴霾被彻底摆脱之后，有中国特色的社会主义经济体制、政治体制、文化体制、社会机制得以全面确立，就为社会主义的发展奠定了坚实的制度基础。正是有了这个基础，中国才经受住了20世纪80年代末90年代初国内严重政治风波、国际上东欧剧变以及苏联解体的严峻考验，战胜了来自政治、经济、社会领域和自然界的各种困难和挑战，展示出应对各种风险和挑战的强大力量。特别是在2008年这一年，中国首先是战胜了四川汶川特大地震等自然灾害，接着成功地举办了北京奥运会、残奥会，圆满完成了神舟七号载人航天飞行任务，在岁末之前又沉着、从容地应对1929年以来全球最大的国际金融危机的冲击，充分显示了中国社会主义的强大实力和凝聚力。

中国社会主义的极大成功，不但得到中国大陆民众的高度认同，而且受到海内外人士和世界各国越来越广泛的关注。普遍认为，中国的发展道路提供了一种新的启示，正在颠覆西方的传统理论和冷战结束以来的世界格局。

台湾亲民党主席宋楚瑜2009年10月31日在接受新华社记者采访时说："大陆已经成为世界重要的经济体，拥有三个杠杆：第一，大陆的外汇储备世界第一；第二，大陆的市场为世界不能漠视；第三，大陆的商机是全世界企业都不能够忽视的机会。……大陆现在还有三个优势：第一，独领全世界风骚的经济发展优势；第二，真正掌握目前全世界少有的后发优势；第三也是

第二章 从信仰不共戴天到目标殊途同归

最重要的，大陆的政治体制所展现出来的决断和主导能力的优势。"①

新加坡内阁资政李光耀说："中国在世界中地位更替的作用如此之大，恐怕须三四十年才能找到新的平衡。仅仅将它看成一个加入进来的大国是不行的，它是人类历史上最大的一个。"②

俄罗斯国际关系学院一名学者说："中国的改革很成功。中国官方把这一模式称作中国特色的社会主义，但实际上全世界都明白，一个新的超级大国诞生了。"③

美国一名旅游者在参观"中国第一村"华西村后发出感慨："如果这是社会主义，我们也想要。"④

可以看到，中国走社会主义道路，不仅将它一百多年的苦难和落后、几代人的迷茫和彷徨甩到了身后，也将对一个新生国家的封锁和围堵、对一种新型社会制度的质疑和敌视甩到了身后；不仅让一个五千年传统古国大踏步赶上了时代进步的潮流，也让社会主义在中华大地上展现出了蓬勃生机。

可以肯定，中国的社会主义已经不可逆转地走上了一条不断自我更新、自我嬗变的超越之路。虽不能认为中国的社会主义就一定是世界社会主义的普遍模式，但它的确是 20 世纪世界社会主义运动中成功的典范，仅存的硕果。

可以预期，有中国特色的社会主义道路一定会越走越宽广，中华民族的伟大复兴一定会加速实现，中国一定会在人类历史上绘就最恢弘最壮美的篇章。

还是在苏东剧变发生之初，世界上的社会主义国家突然锐减并且发展普遍不景气时，邓小平就看到了问题的严重性：如果中国的社会主义再失败，就不再只是中国的失败了，将意味着整个世界社会主义运动的失败。所以邓小平殷切而充满期望地对中国共产党的第三代中央领导集体说，如果中国的社会主义获得了成功，这将是中国人民为人类作出的最大贡献。⑤

历史没有让邓小平失望。在 20 世纪末 21 世纪初，中国的社会主义浴火

---

① 《参考消息》，2009 年 11 月 3 日，第 10 版。
② 《光明日报》，2009 年 9 月 30 日，第 8 版。
③ 《环球时报》，2009 年 10 月 1 日，第 6 版。
④ 《环球时报》，2009 年 10 月 1 日，第 6 版。
⑤ 中共中央文献研究室编：《邓小平年谱》，北京：中央文献出版社 2004 年版，第 1345 页。

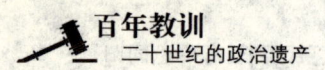

重生、大放异彩，其意义远远超出了中国的国界，成为非凡的世界性事件，从根本上挽救并发展了世界社会主义。

三 双向融合，中间发展——第三条道路应运而生

20世纪80年代末90年代初发生在东欧地区国家和苏联的那场政治剧变，于欧洲不亚于一场大地震。

一方面，苏联模式的社会主义失败了，这意味着清一色的全民所有制、无所不包的国家计划、不再以市场竞争进行资源分配的做法，已经行不通。对欧洲人来说，苏联的失败就等于社会主义希望的破灭。

另一方面，与苏联制度相反的另一种乌托邦思想——即对完全自由经济的迷信，认为社会资源的分配应该全部由毫无限制的市场与完全开放的竞争决定，唯有此方能产生最高效益，方能带来最大幸福的纯而又纯的资本主义社会形式——显然也已经破产。苏联崩溃后立刻以"自由放任"的特效药取而代之，结果惨不忍睹，造成经济、社会和政治上的全局性灾难。

再就是，由于新的科技革命和经济全球化带来了复杂的社会阶级和经济关系变动，欧洲各国内部此时也乱麻一团。一是失业率居高不下。有15国的失业率都在10%左右摆动，失业人数达到了2000万。二是社会贫富悬殊，两极分化加剧。货币、不动产、企业资产都集中在很少的一部分人手中，社会不满情绪上升，劳资关系紧张，犯罪问题也日趋严重。三是严重的经济和社会问题与全球竞争加剧、欧洲一体化进程加快相交织，使各国政府在多重压力下都面临着政策困境。四是由于外部环境的改变和内部新问题的出现，欧洲一些大国的各派政治力量所代表的利益阶层处于相对混乱状况，导致极端思潮泛滥，政治发展方向不明。五是自1980年代以来普遍奉行的新保守主义政策引起广泛不满，致使奉行这一政策的政党执政地位岌岌可危。种种趋向表明，欧洲陷入了一种对于前途的迷惘之中。

怎么办？怎样走出困局？

解决经济与社会问题的要求必然上升为政治变革的要求。这时，欧洲选

第二章 从信仰不共戴天到目标殊途同归

择了"第三条道路"。英国首相布莱尔上任伊始,就提出要革新社会民主主义,摒弃老左派的国家管制、高税收等做法,从社会民主主义和自由主义两股巨流中吸取活力,走第三条道路。布莱尔的主张一提出,德国社会民主党、荷兰工党、意大利左翼民主党立即纷纷响应。随着英德荷意法等国的工党、社会党和社会民主党先后获得执政权,以及获得执政权的这些党的领导人在1997年至1999年间三次召开第三条道路研讨会,第三条道路的思想便广为传播、第三条道路的政策便付诸实施了,并且被称为"新欧洲道路"。

欧洲这次的行动之所以如此迅速,是欧洲工党(社会党、社会民主党)纷纷上台执政后使传统政治出现"中左化"现象的结果,也是苏东剧变后欧洲政治格局调整和变化的结果。在复杂的现实问题面前,在巨大的压力下,如何在福利国家与经济发展之间找到中间道路,如何在社会公平与社会效率之间找到某种均衡,顿时成为民生所系、民意所向,也自然成为各政党政策调整的方向。

同时,这次之所以迅速采取行动,也有历史上的原因。类似第三条道路的思想和第三条道路的概念,在欧洲并不是20世纪90年代才出现,最早可以追溯到19世纪的德国社会民主党理论家伯恩施坦。伯恩施坦反对暴力革命,他曾提出,可以利用议会斗争的方式,将社会主义思想和平地"长入"资本主义社会。进入20世纪后,第三条道路的概念和实验又经历了三次演变。

第一次是在20世纪20、30年代。这一时期,不少工党(社会党、社会民主党)通过选举在欧洲一些国家执政参政,把第三条道路的主张付诸实践,在资本主义与苏联式的社会主义之间寻求第三种社会发展模式。一些学者把第三条道路称为"社会—自由主义",有的干脆提出了第三条道路的公式:资本主义的优点+社会主义的优点=第三条道路。

第二次是在冷战时期。鉴于资本主义与社会主义两大阵营尖锐对立,联邦德国和北欧国家的工党(社会党、社会民主党)逐步放弃对生产资料所有制的改革,创立"社会市场经济",在资本主义与传统社会民主主义之间寻求第三条道路,建立了一种"莱茵模式的资本主义"。与此同时,法国和南欧国家的工党(社会党、社会民主党)坚持国有化、计划化等主张,在资本主义与苏联式社会主义之间走第三条道路,尝试实行一种"激进的社会改良主义"。这些探索的一个共同点是,都主张超越左右对立,兼顾社会的发展与正义,均衡公民的权利与义务。

　　第三次就是90年代这次。以撒切尔主义为代表的新自由主义在欧洲的政治经济生活中一度占了主导地位，使欧洲各国的工党（社会党、社会民主党）陷入困境。其中又以英国工党的状况最为明显，在在野30多年后，其影响已日渐衰微。而新自由主义在它占上风的20年里既取得了显著的经济成就，同时也带来了许多后遗症。欧洲各国民众普遍要求消除新贫困和社会犯罪等现象，对新自由主义政策已经十分不满。正是在这种情况下，欧洲各国工党（社会党、社会民主党）在90年代后期再度上台执政后，第三条道路的主张才应运而生。

　　虽然从大的历史范畴来讲，欧洲90年代的第三条道路同社会主义与资本主义的尖锐对立仍有联系，同经济全球化的时代背景也有关，但更直接的还是对资本主义的结构修正与策略修正，是介乎社会民主主义与新自由主义之间的中间道路。如果把第三条道路的主张同欧洲传统的社会民主主义、新自由主义思想做些比较，则可以更清楚地看到90年代这次走第三条道路所包含的内容。

　　在政治价值理念上，社会民主主义坚持阶级政治和社会公正，支持工人运动和群众运动，新自由主义在政治上奉行保守主义哲学和威权主义政治，而第三条道路则接受社会民主主义的核心价值观——社会公正，但摒弃阶级政治。

　　在经济体制上，社会民主主义一直致力于建立一种混合经济体制，主张保持私有制与公有制的适当平衡，维护某些社会所有制的形式，新自由主义主张全盘私有化，解除国家的一切管制，第三条道路则提出建立新的混合经济，实现经济生活中的管制与非管制、社会生活中的经济与非经济的平衡。同时，社会民主主义强调国家干预，反对一切由市场决定，新自由主义要求国家最小化，市场最大化，信奉市场万能，而第三条道路则既强调国家干预不可或缺，是自由与繁荣的必要条件，又要求多一些"治理"，少一些"统治"。

　　在福利国家问题上，社会民主主义认为，一套完善的社会保障制度是维持社会公正和公民体面生活的基石，是欧洲文明的组成部分。新自由主义认为，社会福利制度是市场竞争的敌人，往往导致秩序涣散，必须把社会保障制度压缩到只起"社会安全阀"作用的最低水平。第三条道路则主张，需要对福利国家进行根本的改革，但改革的目的不是压缩社会福利制度，而是使之适应客观环境的变化，在风险与安全、个人责任与集体责任之间建立新的平衡。对于社会分配制度，社会民主主义坚持把蛋糕做大，通过社会再分配来维持社会公正，新自由主义倡导经济个人主义和道德威权主义，第三条道路则强调不能靠事后的社会再分配来谋求结果平等，而应该把再分配的重点放在提高教育和职业培训、扶植青年和弱势集团、为社会成员创造平等的机会上。

在如何对待经济全球化和金融危机等问题上，社会民主主义支持经济一体化，同时也强调维护民族国家的利益，要求克服全球化和极端自由竞争带来的弊端，保护国内就业市场。新自由主义是全球化的积极鼓吹者和推动者，主张把市场自由竞争和孤立主义的民族主义混合在一起，把一切交给市场。第三条道路则认为，应该在不牺牲社会团结和保护自由制度的前提下，在全球市场中创造可持续的经济发展。

不过，欧洲90年代重提并重走第三条道路，并不在于其理论有多么完善，存在的分歧是不是得到了解决，而主要在实际运行。第三条道路虽然在历史上名声不太好，但却在20世纪末使欧洲获得了实实在在的利益。

——建立了新的福利国家模式。坚持变消极的"坐享救济"的社会保障政策为讲求竞争、责任和风险意识的积极社会保障政策，变以保障基本生活为主的福利制度为以提高就业能力为主的福利制度，基本实现了建立"以工作为取向的福利国家"的目标，既提高了失业者的就业机会，为企业或雇主增加了劳动力供给，还使社会福利发挥了能动性作用，避免了社会资源的浪费。

——淡化了传统的左右之争。由于第三条道路在经济上不扩大国有化和计划经济，又对放任自流模式进行有序管理，既重视社会生产效率，又重视社会公平；在政治上积极进行政府机构改革，重视建立"廉价高效"的政府，实行一定程度的权力下放；在文化教育方面把高质量的学校教育和终身教育作为解决失业及其他社会问题的基础，着力提高国民的智力水平和精神素养，这就使欧洲传统的左翼、右翼政见都得到了体现，增进了党派融洽和政治开明。

——缓解了社会矛盾。从根本上说，第三条道路是以解决欧洲内在的社会尖锐矛盾为己任的。通过比较务实的政策措施,这一政治目标基本得到实现。市场经济极端发展的倾向得到阻止,社会贫富悬殊的现象得到缓解,社会失业率明显降低,使整个欧洲都进入到了一个讲究生活质量的阶段。

——增强了国际竞争力。顺应经济全球化的趋势和知识经济的出现,欧洲各国加快一体化进程,加强经济互动,使得生产、产品、技术、资金和人才可以跨国界自由流动,大大降低了本国生产成本,增强了国际竞争力,也促进了国际合作和全球经济的协调发展。

在欧洲国家中,英国是这次最先提出走第三条道路的,力度也比较大,因而实践效果也比较好。突出表现在:(1)为国家发展注入了新的政治活力。工党重新执政后,首先对意识形态色彩强烈的政党制度进行了大胆改革,使工党由阶级的党向大众的党转变,唤起了更广泛的公众的响应和支持。其次是对政府治理进行改革,使政府朝着更加透明、法治、高效、负责的方向转变,成为公众可信赖的公共机构。再就是推行宪政改革。这是布莱尔政府选择第三条道路的中心议题之一,也是工党重新执政以来在政治上的最大功绩。1999年1月20日,英国政府发表上院改革白皮书,揭开了酝酿已久的上院改革序幕。这年10月26日,上院经过激烈讨论,终于在三读程序中以221票赞成、81票反对的压倒多数通过了改革议案。这项改革案决定,英国上院除了保留92名世袭议员外,其余600多名世袭议员在2002年议会选举前失去在上院的参政权和投票权。这就意味着,1343年以来就一直存在着的英国上院议员世袭制被颠覆了。显然,这对改善英国的政治架构、激活英国的政治社会将起长效作用。甚至有评论认为,一个新的国家就此诞生了。(2)保证了经济持续稳定增长。至2002年,英国经济创造了连续10年增长的新纪录,通货膨胀率降为近40年来的最低点,失业率降为20多年来的最低点,就业人数上升为30年来最多的,赢得了民众的普遍赞誉。(3)革新了社会保障政策。于1998年4月公布了福利改革绿皮书——《我们国家的新动力:新的社会契约》。通过这次改革,使英国1946年就建立起的国家福利制度更为灵活和简便,成功实现了"让能工作的人有工作,让不能工作的人有保障"这个目标。

21世纪初,曾经担任过前欧盟委员会主席罗曼诺·普罗迪顾问的美国社会批评家和畅销书作家杰里米·里夫金在他的一部新著中,对美国和欧洲的社会模式及其发展理念进行了对比分析。他认为:美国强调经济增长、个人财富的积累和独立自主，欧洲则更加关注可持续发展、生活质量和相互依赖。美国人效忠于工作伦理，强调"活着为了工作"，欧洲人更加注重于闲适，主张"工作为了生活"。美国是融合性的，成功可归因于切断了同旧有文化之间的纽带，在美国大熔炉里成为自由的行动者。欧洲却基于保存原有文化身份，在多元文化的世界上生存。在必要情况下，美国人更乐意在世界范围内采用军事力量，来保护关键的自身利益。欧洲人却不太愿意使用武力，而更倾向于用外交、经济支持及援助来避免冲突。美国是深深个人化的，极少关注人类的其余，欧洲的本性却更加包容和强调整体化，因此也更加关心全球的福祉。在里夫金看来，欧洲既能够将个人从西方意识形态的旧轭下解放出来，同时又能够将人类与一个新的共享的故事相连接，因而，欧洲的道路是一条带领人们超越现代性和后现代性，进入全球时代的道路。①

可能里夫金对欧洲未来发展的预期和引领世界的能力显得过于乐观，但有一点却又是肯定无疑的，这就是欧洲走第三条道路，勇于对资本主义与社会主义、新自由主义与社会民主主义的思想进行融合，从以往相互对立的两极中寻求中间道路，平衡发展，是取得了显著成效的。它不仅对资本主义进行了一种积极的扬弃，有利于巩固和维护资本主义的发展，同时也有利于民众福祉和社会进步。对此，必须给予实事求是的评价。

人们常以为，资本主义同社会主义是两个完全对立、完全具有不同价值的制度，然而，静下心来一思索，无论西方的政治精英对东方的发展如何心存疑虑，也无论他们如何怀疑资本主义经验与社会主义道路的相关性，就如同对待市场经济的态度一样，东方与西方其实都在分享和追求着社会公平、生活富足、国泰民安这些人类社会的基本价值。从历史的角度而言，从未来的发展而言，实在是应该放弃冷战思维，结束所谓资本主义与社会主义势不两立、彼此不能共存于世界的两个极端之类的争执和辩论。

20世纪末，有欧洲学者指出：16世纪、17世纪时，天主教和宗教改革者曾为谁是真基督教而争论得不亦乐乎，直至把对方推上火刑柱，肆意捕杀异己。而到了18世纪时，却又发现过去的这些争论全属无谓的争论。

2009年10月，曾出任过国民党中央秘书长、台湾省省长的宋楚瑜以他亲

---

① 〔美〕杰里米·里夫金：《欧洲梦》，杨治宜译，重庆：重庆出版社2006年版，第10—14页。

身的经历，同样讲过一段引人深思的话。他说，两岸"为什么会产生两条不同的路线——共产主义和三民主义？经过60年的不断冲突和曲曲折折，最后两岸都走回同样一条路，那就是具有中国特色的社会主义。孙中山先生曾在他的演讲稿里讲过，三民主义就是社会主义，三民主义就是共产主义。其实，两党所共同追求的理想，在很多层面上是一致的。以我在台湾追随蒋经国先生推动的在台湾所实行的政策，就是要照顾农工，以民为本，在经济上走向均富，在政治上走向廉能政治，在社会上追求公平正义，在世界上追求大同的理想。这不就是具有中国特色的社会主义吗？……这说明，两岸经过曲曲折折、血雨腥风的60年，最后都在追求国家的富强、人民的安康、社会的和谐、政治的民主。这其实是我们共同的理想。"[1]

从欧洲走第三条道路的有益实践中，人们是不难得出这样的结论的：社会制度之所以是可以中庸多彩的，这是因为，实践是检验真理的标准，人民是真理的支柱。任何一个优良的社会，都必须以满足人的全面发展和人的自由的全面实现为根本目的。在这个终极目的下，主义、制度和道路不仅是可以修正的，而且是必须修正的；不仅要与时俱进，进行制度内的自我调适，而且还应该向昔日的敌人学习，向昔日敌人的制度进行修正。在真理面前，在人民利益面前，任何固守不变的理由都是苍白的，不成立的。

欧洲走第三条道路的成功实践还进一步说明，当今世界的社会发展已经进入到了一个没有固定模式的阶段，没有一个一劳永逸适用于所有社会制度和国家的制度模式。任何一个将其社会发展模式绝对化固定化的国家，都会陷入思想上的僵化和教条，实践上的社会停滞或倒退。任何一个要求发展和进步的国家，都必须根据一定的历史阶段和现实条件，不断地进行制度创新。这正如胡锦涛在纪念中国共产党第十一届三中全会召开30周年大会上的讲话中所指出："世界上没有放之四海而皆准的发展道路和发展模式，也没有一成不变的发展道路和发展模式。我们既不能把书本上的个别论断当作束缚自己思想和手脚的教条，也不能把实践中已见成效的东西看成完美无缺的模式。"[2]

---

[1]《参考消息》，2009年11月3日，第10版。
[2]《人民日报》，2008年12月19日，第1版。

第三章
Chapter Three

从为了战争进行战争准备到为了遏制战争进行战争准备
——和平是人类最昂贵的奢侈品,永远拒绝自满

> 和平有如一种娇嫩的植物,应不断进行照料和培育才能生存。如果我们对它有所疏怠,它就会凋萎以至死亡。
>
> ——〔美〕理查德·尼克松

第三章 从为了战争进行战争准备到为了遏制战争进行战争准备

人类的20世纪是在战乱和不安中度过的。从1900年八国联军野蛮侵略中国、英国人同布尔人为争夺殖民地在南非鏖战正酣开始,期间经过了两次世界大战和上百次的局部战争,及至新世纪到来之前,又发生了以美国为首的北约轰炸南联盟和印巴两国在克什米尔地区爆发战端,这个世纪才在隆隆的炮声中结束。而较之这些战场上的荷枪实弹来,长久存留在人们头脑中的还是那些始终挥之不去的冷战、热战和核大战的恐怖阴影。发生在南亚的核试验对抗,美欧建立国家导弹防御系统和战区导弹防御系统的处心积虑,以及中东、非洲一些地区的动荡不定,都让祈望和平的人们心绪难平。

分析20世纪的战争,人们可以看到的是,虽然这个世纪是以战争的频繁、战争的规模、战争的残酷矗立在人类历史上的,但由于这些战争主要发生在20世纪上半叶,却又使这个世纪在人类的战争史册上留下了一道分水岭般的时域界限及其战争概念。如果说20世纪的前半期主要是战争的话,那么,20世纪的后半期则是遏制战争的时期;如果20世纪的前半期是为了进行战争而进行战争准备的话,那么,20世纪的后半期则是为了遏制战争而进行战争准备。尽管在这个世纪的前半期人类几乎毁于两场世界大战,但在这个世纪的后半期,人们则还是看到了世界性大战被控制甚至被消灭的希望。

从为了征服准备战争,到为了和平准备战争,这不能不说是人类历史上的一个巨大进步。也许,正是由于这一历史性进步,才驱使着人们朝着建立可持续性和平而不断努力。

一 穿军装的军队已不是唯一的军队,但战争依然是政治的继续

人类的战争行为无不与政治有关。从20世纪所发生的战争来看,也无一

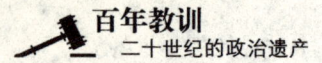

不是政治的结果。

在这个世纪的早些时候，一些国家总是会借助武力来扩大或维护在与自己相关的土地、人口和其他社会资源中的权力及其控制力、影响力，以此来增强自身的安全或扩充自己的利益。就其战争的类型来看，包括封建王朝战争、民族战争、革命战争、宗教战争、意识形态战争、帝国主义战争和反殖民主义战争，等等。

第二次世界大战后，尤其是进入核时代以后，人们无法想象出有比战争更愚蠢、更残忍、更奢侈或更不公平的行为了，于是在使用暴力时也有所区别，有所克制。

但是，一个世纪以来，战争总是成为国际国内政治中不可避免的因素。这并不是因为人们生而好战，而是因为战争派得上用场。人们总是可以利用它来或解决争端，或维护正义，或弥补错误，而这些显然又是人类社会所必备的功能。此外，20世纪凸显的下列因素——资本主义国家不平衡发展使既有利益格局不断受到冲击，强权政治长期主导国际事务，科学技术在军事和武器生产上广泛应用，种族矛盾和民族冲突加剧，市场和能源争夺加剧，等等，又为战争提供了肥沃的土壤。所以，尽管几乎所有的人都反对战争，但战争还是不断发生。

在20世纪的后半期，世界虽相对和平，大战的危险逐步降低并最终得以避免，但这并不意味着战争的性质发生了改变。相反，实际的情况却是：战争的政治性不是弱化了，而是强化了；容易引发战争的政治冲突不是减少了，而是增多了。这主要是因为，不仅一些传统的战争动因依然存在，同时又新增了不少战争因子。

就传统的战争动因来看，以下几个方面的问题仍然比较突出，一直存在着演化为战争的可能。

一是殖民主义遗留的问题。

2009年3月，几记清脆的枪声又打破北爱尔兰11年的平静，夺走了3名士兵和警察的性命，也将一段不堪回首的恐怖岁月又带回到北爱人的现实生活中。

北爱尔兰原本是爱尔兰的领土。12世纪中叶，英国开始入侵爱尔兰。1801年，爱尔兰被强行并入英国版图。作为英国的第一块殖民地，爱尔兰曾

第三章 从为了战争进行战争准备到为了遏制战争进行战争准备

在政治、经济、文化、宗教等方面深受压迫。1919年，爱尔兰人宣布成立爱尔兰共和国，并组成2000人的共和军开展反英斗争。因此时卷入第一次世界大战，英国无力再打一场战争，遂于1921年将爱尔兰南部26郡划为"自由邦"，只保留了北部6郡。但是，在1949年正式承认爱尔兰独立时，英国仍然拒绝归还北部6郡，这就产生了"北爱问题"。爱尔兰共和国成立以来一直要求和平统一南北爱尔兰，但英国政府根本不予理睬。于是，爱尔兰共和军便把武力争取南、北爱统一作为唯一目标，也致使北爱这块土地从此纷争不断。尽管英国自由富庶，强大无比，也曾派兵镇压过北爱的反抗力量，但却从未使北爱人臣服。

英国官方发布的数据显示，截至2007年，爱尔兰共和军共发动了上百起针对英国政府的恐怖袭击，导致包括二战名将蒙巴顿在内的1200多名国家公职人员和600多名平民在北爱丧生。前首相撒切尔夫人视察北爱时也险遭不测，并因听任被捕的10名嫌犯在狱中集体绝食，活活饿死，又根植了仇恨的种子。2009年3月的这次袭击，显然只是这种无休止纷争中的一次。所以国际社会评论："虽然北爱尔兰是昔日大英帝国征服的第一块殖民地，但它同时也令现代英国蒙羞。创建和平用了几十年，而重燃事端只需小火种。"

然而，在今天的世界上，虽然殖民主义这具政治僵尸早已臭名昭著，但类似北爱尔兰这种因为殖民问题而可能引发冲突的地区却不是唯一。在克什米尔地区、中印边界地区、非洲和南美洲部分地区，都无不留下了殖民政治的后患。

二是冷战期间两大军事集团对抗遗留的问题。

如果不论冷战中人们所形成的思维惯性可能给世界带来的危害，那于冷战初期——1949年即成立的北大西洋公约组织，可能就是冷战结束后仍在不断给世界制造麻烦的最大遗留物了。

北约虽是东西方两大阵营冷战对抗的产物，原本应该随着冷战的结束而终止自己的使命。但是，华约解散了，苏联解体了，昔日的敌人消失了，而北约却非但没有解散，反而还开始了自己新的存在。尤其让世人不解的是，北约职责使命调整的第一步竟然是东扩——向前苏联的势力范围延伸。从1999年开始，先后有10个以往属社会主义阵营的东欧国家和巴尔干国家加入北约，使北约成员国的数量从冷战结束前的16个增加到26个。更有甚者，在1966年戴高乐总统宣布法国退出北约将近半个世纪之后，萨科齐总统又宣布法国重回北约。

为什么冷战结束、华约解散后北约没有同步解散？为什么北约对于前社会主义阵营的地盘如此津津乐道步步进逼？为什么法国在冷战最激烈的时刻退出了北约而在冷战结束17年之后却又重返北约？

原来，北约在地域上早已突破传统欧洲和北美的概念，在职能使命上早已超出安全和防御的范围。尽管北约组织多次声称，"北约无意变成世界警察"，但北约这些年来致力于使其军事人员能够迅速赶往全球任何地点进行军事干预或援救行动的努力，早已使北约的性质发生了根本变化。

冷战结束后，北约拥有占世界国防开支75%的军事组织，是世界上唯一的、跨国的军事力量。自2001年"9·11"恐怖袭击事件发生以来，北约已将自己所扮演的角色扩大到反恐、维和、赈灾以及保护能源安全等，已把自己的活动范围从北大西洋逐渐扩大到亚洲和非洲，并在全球范围内寻求"伙伴关系"。不少主要成员国甚至提出"全球北约"的概念，以便使其能在更大的地域和更广泛的领域展开活动，即不仅要为主权、领土而战，而且要为人权、价值观而战。

1949年，北约首任秘书长伊斯梅爵士曾经说过这样一句经典的话：北约的目的是"让美国人进来，让俄国人出去，让德国人趴下"。现在看来，这句话对今天的北约来说已经完全不适用了。冷战结束之后，北约更属意的是维护其西方的价值观，已经从冷战时期的一个军事组织逐渐转化为一个政治—军事组织，并且，其政治性还在不断强化。

有诸多理由认为，北约的存在就是冲突的种子。在冷战结束以来的三次成规模战争中，北约是科索沃和阿富汗这两场战争的发起者。2009年4月初，在纪念北约成立60周年峰会上，西方多国领导人讨论了北约在21世纪的前景和在当今世界所扮演的角色，虽然有人认为存在的理由受到质疑，有人担心北约成为美国的战略工具，但却丝毫没有减缓北约的扩张势头。

就在北约多国领导人聚集一堂庆祝北约60岁生日时，西班牙《起义报》于2009年4月3日发表了一篇题为"解散北约有十大理由"的文章。这篇文章称：

(1) 北约是最具攻击性和最好斗的世界军事组织，加大了爆发新战争

第三章　从为了战争进行战争准备到为了遏制战争进行战争准备

的危险。

(2) 北约是一个不民主的组织。北约内部的决策过程是不受任何民主因素控制的，是脱离于各国议会和欧洲民主机构之外的，同时又接受美国的军事指挥。

(3) 北约是对民主的威胁。

(4) 北约的战略目标是反恐战争，而北约非但没有减少敌人，反而找到了新的敌人——"国际恐怖主义"。

(5) 北约推动了新一轮军备竞赛，并且是全球军事化的代表，致使全球军备竞赛一再升级。

(6) 北约是军费开支大幅度增加和世界军工企业与武器交易日盛的罪魁祸首。全世界70%以上的武器都是从北约成员国进口的。

(7) 北约推动了核扩散，增加了核战争的危险。美国在欧洲大陆的北约军事基地上部署了核武器，使欧洲暴露于核战争的威胁之下。

(8) 北约将失控的移民看作威胁，而由一个军事组织来处理移民问题才是最令人担忧的。

(9) 北约使美国对欧洲政策的控制长期存在。这种状况使欧洲不可能承担起推动联合国宪章的职责，而联合国宪章才是避免爆发新战争的最重要力量。

(10) 北约的主要职能是捍卫世界上最富有的国家的特权和利益。这将加剧世界的不平衡。①

这篇文章强调，这十个方面都使北约成为世界和平的障碍和威胁，而不是对世界和平的维护和拱卫。

三是国际恐怖主义问题。

2001年9月11日，当三架飞机撞上世贸中心大楼和五角大楼时，美国人被惊得目瞪口呆。毕竟建国两个多世纪以来，美国本土还从未受到过这样的袭击。更不消说，用于袭击的工具，是美国航空公司的喷气式客机；被袭击的目标，是美国繁荣的象征——纽约第一高楼。20分钟以后；袭击所造成的

---

① 《解散北约有十大理由》，载《参考消息》2009年4月5日，第3版。

伤亡是如此之大——死亡3000多人,与60年前发生在珍珠港的那场惨剧竟毫无二致。

不过,像这样为了达到特定目的——特别是政治目的的国际恐怖行为,并不是在新世纪初才出现,而是在20世纪就已形成国际气候,危及国家、地区乃至世界的和平与安全。

1934年10月造访法国的南斯拉夫国王亚历山大一世在马赛与法国外交部长巴都同时遭到暗杀,可谓国际恐怖主义活动在20世纪的第一次登场。这次事件促使当时的国际联盟将恐怖主义作为正式议题付诸讨论,并于1937签署了《防止和惩治恐怖主义公约》。

20世纪60年代至70年代,恐怖主义组织逐渐发展成一个国际网络,其恐怖活动达到了泛滥的程度。据美国兰德公司恐怖活动数据库提供的数字,1960年后的20年间,全世界共发生恐怖事件6714起。

从80年代初起,国际恐怖事件有增无减,每年以10%以上的速率上升,死亡的人数也逐渐增多。仅80年代,全球就发生了4000多起恐怖事件。1984年这年,恐怖分子袭击了欧洲、北美、南美的60个国家。1990年,被袭击的国家增加到了98个。一份联合国发表的全球恐怖活动状况报告显示,1995年,全球共发生440起国际恐怖活动,死亡265人;1996年发生296起,死亡人数311人;1997年恐怖活动增加到560起,死亡420人。这份报告强调:国际恐怖活动已呈全球发展趋势,世界不再侥幸存有安全的乐土。

1998年8月发生的东非使馆爆炸案,直接播下了2001年"9·11"事件的火种。8月7日这天上午10点45分至10点50分,美国驻坦桑尼亚和肯尼亚的大使馆发生连环爆炸,导致257人丧命,5000多人受伤,其中包括12名美国人。爆炸发生3小时后,时任美国总统克林顿宣称:"我们将动用一切手段,不管代价多高,时间多长,一定要将肇事者绳之以法。"作为反击,美国驻泊在阿拉伯海的战舰于8月20日晚向喀布尔以南150公里处的6个目标用巡航导弹进行了突袭。这6个目标被认作是涉嫌使馆爆炸案的美国头号恐怖敌人本·拉登的训练基地。与此同时,驻泊在红海的美国战舰也向苏丹首都喀土穆的一个制药厂发射了巡航导弹,因为美国情报机关怀疑它生产了用于制造神经毒气的基本物质。这两次突袭一共发射巡航导弹75枚。逃过了这次袭击的本·拉登当即说:"战斗刚刚开始,我们将用行动而不是口号来回答美

第三章 从为了战争进行战争准备到为了遏制战争进行战争准备

国人的导弹。"

从这次东非使馆爆炸案开始,国际恐怖主义与反恐怖主义之间的较量出现了两个明显迹象。一个是,用战争行动来打击恐怖主义,但一些传统战争元素却被颠覆。正如美国《基督教科学箴言报》1998 年 8 月 24 日发表的一篇题为"新战争带来新规则"的文章所指出的:"这次巡航导弹的袭击,是美国第一次采取进攻性军事行动制止恐怖分子的袭击,它表明美国加入到一场敌人无法预测,战场不能确立,最后的胜利也无法预见的战斗中。"另一个是,恐怖主义者、反恐怖主义力量双方都进一步认识到了,"神秘"本身就是一件武器,恐怖袭击的意义不在物质而在精神——在意想不到的地方、意想不到的时间、以意想不到的方式发动恐怖袭击,往往会引起更大的恐惧;而"恐惧"正是恐怖袭击的目的,它往往能够摧毁人们的信心、意志和凝聚力,对社会公众心理构成毁灭性打击。

正是由于恐怖主义的这一恐怖原则,导致了其行为的突发性、隐蔽性和极大的社会破坏性,使得许多国家——无论其经济、军事力量多么强大,都不得不重视这些由极少数人所发动的进攻,不得不以超过对方百倍以至千倍万倍的力量与之进行斗争或战争。还由于,当今世界促成和助长国际恐怖主义泛滥的因素众多,国际恐怖主义活动的形式也多种多样,它们不再限于暗杀、爆炸、绑架或劫持人质、劫持飞机、袭击占领外国使馆等等暴力行为,而且还有可能深入电脑终端,导致政府决策失灵或者城市供水、供电等公共服务系统失灵,甚至掌握和使用威力惊人的核子、化学和生物武器,从而引发更大的灾难。种种趋向都表明,国际恐怖主义势力已经成为影响世界和平与安宁的重大因素。

除了以上这些可能引发激烈冲突和战争威胁的历史因素将继续存在,一些牵涉领土、资源、军备和贫富不均问题的传统内容将继续占据世界政治议题的主体地位以外,就新增的战争因子来看,由于当今民族国家的利益越来越多元化,当今世界的问题已越来越政治化,许多以往国家间的事务和国际交往也越来越紧密地同政治联系在了一起,这就会导致泛政治化、问题尖锐化,从而同样有可能引发冲突和事端。从 20 世纪后期来看,以下几个方面是尤其值得警惕的。

一是经济和贸易政治化。

在国际经贸领域，一方面存在着经贸胜过政治的现象，另一方面又存在着经贸政治化的倾向。

查韦斯领导的委内瑞拉一向是美国的宿敌，一心要挫败美国的锐气，但委内瑞拉同美国的经贸关系却打得火热。2007年这一年，委、美双边的贸易额又创新高，委内瑞拉对美国的出口达到360亿美元，进口接近100亿美元。查韦斯虽然嘲笑"美国佬"，但对美国的汽车和服装却来者不拒，称是帮助他建设"21世纪的社会主义"。这是典型的经贸胜过政治的现象。

而在另一方面，随着二战以来国际贸易的总量和规模不断扩大，又有力地推动了经贸政治化倾向。据有关统计，1950年世界商品贸易额仅为610亿美元，到1970年和1990年则分别为3120亿美元和31870亿美元。尤其是20世纪90年代以来，这一增长趋势更加明显。1998年，全球商品贸易额达到54148亿美元，服务贸易额达到13263亿美元，创下了国际贸易总额为67411亿美元的新纪录。1997年至2000年的4年间，国际贸易年平均增长率为6%，而同期的世界GDP平均增长率仅为3.3%。这一发展趋势，就助长了经贸政治化的滋长。

进入20世纪90年代后，含有政治因素的贸易纠纷迅速增多。仅美国推行贸易保护主义就在世界上制造了不少摩擦。

比如，中美经贸关系从来就是政治关系，在很多情况下，中国往往成为美国国内政治问题的替罪羊。美国频频攻击中国不遵守全球贸易规则，无端指责中国的产品质量有问题，要求中国要为美国的部分贸易赤字负责，还持续不断地要求中国提高人民币的汇率。但是，美国卡托研究所国际贸易研究中心副主任格里斯沃尔德则认为，美中贸易关系紧张的责任在美国而不在中国，是美国实行了贸易保护主义，扭曲了全球资本流动。格里斯沃尔德说："在美国贸易政治中有一个很不幸的模式，那就是，总要寻找外国的替罪羔羊，特别是在对付国内经济问题时。1980年代，美国出现严重的预算和贸易赤字问题并担忧美国失去国际竞争力时，很多国会议员把怒火撒向日本。90年代初美国经济衰退，墨西哥成了打击目标。而今天，美国担心的国家是中国和印度。"[①]

二是科学技术政治化。

---

① 人民日报社：《台港澳报刊参阅》2005年第25期，第10页。

第三章 从为了战争进行战争准备到为了遏制战争进行战争准备

2005年9月,美国宇航局正式宣布2018年前再次实现载人登月计划,并建立永久性基地。可以说,月球从来没有像今天这样亮过,也从来没有如此诱人。就在美国作出这一决定前后,欧洲、俄罗斯、日本、印度、中国也纷纷推出了自己的计划并付诸实施。

事实上,美国通过大规模发展科学技术来进行政治和综合国力的竞争从来就没有停止过。1960年代,美国登月就是在苏联的强烈刺激下问世的。而在登上月球40年之后,当太空又变成世界各大国竞争的场所时,美国又燃起探月热情,不是阿波罗计划的简单重复,也不是冷战时期的军备竞赛,而是既体现着巨大的科技进步,更成熟的太空战略,同时也有着更严肃的政治考量。在酝酿新的太空计划时,美国联邦议员弗兰克·沃尔夫——国会众议院太空项目拨款委员会主席,就一再督促联邦政府以更快的速度、花更多的资金,启动美国的新月球计划,以保持美国的太空优势。沃尔夫称:"如果中国人先于我们到达月球,我们的太空计划就失败了。"①而有一位物理学教授竟说:"我不认为重返月球有任何特别的科学理由。如果我们希望早于中国人达到月球,那么这种开支没有任何科学理由。这是一项政治开支。"②

2010年4月,奥巴马政府又推出了更为雄伟的把人类送上火星的计划,以确保美国的太空领先优势。

可以说,在美国人眼里,太空之争从来就不是一场科学技术的竞赛,而是一场谁优谁劣、谁胜谁负的政治决赛。

三是环境、生态政治化。

由于环境和生态问题关系到人们的生活质量和人类的生存发展,从20世纪70年代起就成为世界政治议题。进入90年代后,世界各国更是围绕废气排放、全球变暖、水资源短缺、环境恶化等问题,进行了多方斡旋和角力。

在历史上,美国政府虽然至今仍未在《京都议定书》上签字,但环境与生态保护问题却是首先在美国被提出来的,并成为美国的一张政治牌。

1962年,美国生物学家卡尔逊出版《寂静的春天》一书,指出了杀虫剂对生态系统和人类健康的危害,呼吁人类要保护环境。这本书被认为吹响了"世界上环境保护的第一声号角"。

---

① 高新:《美国议员寻求新的太空竞赛》,载《环球》,2006年第10期,第22页。
② 高新:《美国议员寻求新的太空竞赛》,载《环球》,2006年第10期,第23页。

1970年4月22日，美国2000多万人参加保护环境的示威游行，高喊"全世界拯救地球"的口号，把环境保护运动推向了一个高潮。为此，联合国把每年的4月22日确定为"地球日"。两年后，联合国召开第一次"世界人类环境会议"，发表《人类环境宣言》，宣布保护和改善人类环境已经成为人类一个紧迫的目标。

1991年，美国把环境问题纳入国家安全战略，于1993年在国防部设立了环境安全办公室，并从1995年起，由这个办公室每年向总统和国会提交关于环境安全方面的年度报告。这一做法也带动了世界各国争相效仿，纷纷把维护环境安全列入国家职能范围，并把它纳入贸易、外交和军事政策中。可见，环境与生态问题同政治的联系是何等紧密。

四是体育政治化。

抛开冷战期间两大阵营对对方举办奥运会的频繁抵制和诋毁不说，从中国20世纪90年代以来的两次申奥活动便可清楚地看到这一点。

1993年，争取在北京举办2000年夏季奥运会是中国政府的重要目标，它为得到这一殊荣投入了巨大的资金和精力。中国民众要求举办奥运会的呼声也很高，台湾地区和香港地区都参与助威。但美国国会、欧洲议会和国际人权组织却强烈反对。尽管国际奥林匹克委员会的投票是秘密进行的，但各国的态度却很明显的是以政治画线的。在第一轮投票中，北京赢得了非洲国家的广泛支持，所得票数居首位，悉尼次之。在随后几轮的投票中，当伊斯坦布尔被排除之后，绝大多数儒教和伊斯兰教国家又将其选票投给了北京。但在柏林和曼彻斯特两个城市退出之后，这两个城市原先得到的绝大部分选票则转投给了悉尼，从而使悉尼在第四轮获胜。对这一结局，整个国际社会都明白，问题出在以美国为首的西方国家的政治偏见上。国人的第一次奥运梦就这样破灭了。对此，新加坡前总理李光耀评论说："美国和英国成功地降低了中国的威望。……它们反对中国的表面原因是人权，真正的原因却是政治，为的是显示西方的政治影响。"[1]

时隔八年之后，中国终于赢得了2008年夏季奥运会的主办权。但是，从赢得主办权之日起，出于政治原因的噪音就不绝于耳。

---

[1] 〔美〕塞缪尔·亨廷顿：《文明的冲突与世界秩序的重建》，周琪等译，北京：新华出版社2002年版，第216页。

第三章 从为了战争进行战争准备到为了遏制战争进行战争准备

2008年2月,尽管美英两国的奥委会官员都认为并呼吁不应把奥运会当作政治论坛,但一些西方国家仍借北京奥运会向中国施压。继一些诺贝尔奖得主和政治人物发出联名信后,美国120名国会议员又于2月12日联合发表致中国领导人的公开信,指责中国在苏丹达尔富尔问题上没有尽到责任,要求中国利用自己的影响力来结束达尔富尔地区的暴力冲突。美国一名众议员甚至威胁,将呼吁美国人不看北京奥运会开幕式的现场直播。他说:"我不会要求运动员不参加奥运会,我也不会要求人们不看他们喜欢的奥运会竞赛项目的电视转播。但在必要的情况下,我们可能呼吁美国人在北京奥运会的开幕式期间不要打开电视机。"①

美国好莱坞电影制片人斯皮尔伯格可能受到了西方舆论的长期压力,也以达尔富尔问题为由宣布辞去北京奥运会开幕式和闭幕式的艺术顾问。斯皮尔伯格称:"苏丹政府对于达尔富尔地区正在发生的罪行应承担大部分责任,但国际社会尤其是中国政府应该采取更多行动以结束那里持续发生的人类苦难。中国与苏丹政府的经济、军事和外交关系,使中国既有机会也有义务对其施加压力,促使那里发生变化。我决定正式辞去北京奥运会开幕式和闭幕式的海外艺术顾问一职。"②迅即,美联社、路透社、法新社、《纽约时报》等世界各大媒体都刊登这一新闻,借机责难中国。

此后,西方一些世界级大城市,还以种种既不合乎事实又与体育毫无牵连的政治理由刁难和阻止北京奥运圣火的传递。

2009年10月,第31届奥运会的主办国之争又在西班牙首都马德里拉开了序幕。令世人大跌眼镜的是,美国总统奥巴马、巴西总统卢拉、日本首相鸠山由纪夫竟然都撇开繁忙的国务,齐聚马德里为自己的竞选城市助威。当里约热内卢在激烈的竞争中最终胜出时,巴西总统卢拉动情地说:"就是现在死也值了!"显然,这场竞争早已超出体育的范畴,人们已经把它同国家的发展和民族的抱负紧紧地联系起来了。

由于传统的政治问题依然存在,又新增加了以前不属政治范围的政治问题,这就增大了国与国、民族与民族之间发生矛盾和冲突的概率。如若这种矛盾和冲突发展到一定程度,则还是会诉诸战争,兵戎相见。冷战结束之后

---

① 《环球时报》,2008年2月14日,第16版。
② 《环球时报》,2008年2月14日,第16版。

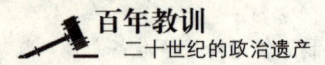

立即爆发海湾战争、科索沃战争等诸多战事，就是最有力的例证。所以，虽然国家利益已经多元化，解决国家之间矛盾冲突的途径也已多样化，但仍然不能把战争排除在解决争端的选择之外。所有历史事实都表明，发动战争从来都是有意识的、郑重的、审慎的选择，不会有不经政治决策而爆发的战争。时至今日，人们还是不能单纯依赖心理、生理或其他行为因素来理解战争的原因，而必须回到政治层面。

二 原子能是最令人望而生畏的科学发现，核平衡下的和平毕竟是恐怖的脆弱的

几个世纪以来，战争形态一直在发生着大的变化。基本上是科学技术、民族主义和军事战略这三个因素导致了变化的发生。

新的科学技术不断产生并应用于军事装备领域，使得单一武器的杀伤力大幅度提高，投放军队的距离大幅度增加，带来了战争中绝对死亡的人数和国家在战争中死亡人数占居民总数的比例节节攀升，因此，由战争而产生的社会心理震荡也越来越大。

民族主义改变的是战争的规模和性质。在民族国家未出现之前，战争通常是在拥有有限武装的军事和政治贵族之间展开。而18世纪末这一切有了改变，战争开始在国家之间进行，战争的烈度和参加人数也有了很大增长。在民族主义的感召下，战争成了大众的运动，攻击敌国有了正当的理由，战争的范围便迅速扩大了，国家卷入战争的程度也越来越高了。

军事战略导致战争的变化与前述两个因素有所不同，主要的不同在于其滞后性和从属性。追求击败力虽是战争的传统战略，但它却依赖于技术的发展；而追求战争的规模、动员更多的人员参战，则又取决于战争的性质。不过，完全排除军事战略的能动性也是错误的。随着武器技术装备威力的增大和战争性质的变化，军事战略还是会自主改变。由此导致的直接结果之一，便是战争的类型越来越多了。

比较上述引起战争变化的三个基本因素，就增加战争的破坏力程度而言，

第三章 从为了战争进行战争准备到为了遏制战争进行战争准备

科学技术的作用显然是首屈一指的。只是由于科学技术的空前发展并运用到军事领域,再加上民族主义使战争成为一项爱国事业,才使得战争的范围空前扩大,指导战争的战略也随之改变。正如恩格斯所指出:"军队的全部组织和作战方式以及与之有关的胜负,取决于物质的即经济的条件,取决于人和武器这两种材料,也就是取决于居民的质与量和取决于技术。"①"一旦技术上的进步可以用于军事目的并且已经用于军事目的,它们便立刻几乎强制地,而且往往是违反指挥官的意志而引起作战方式上的改变甚至变革。"②

1916年,爱因斯坦继1905年创立狭义相对论之后又发表了《广义相对论的基础》这一杰出论著。爱因斯坦相对论的提出标志着物理学的重大突破,物理新纪元的开始,它为人类利用核能展现了广阔前景。1934年至1939年间,居里夫妇和哈恩、施特拉斯曼分别实验用中子轰击铀,结果把铀原子核分裂为两块,实现了核裂变,由此发现了可以释放出巨大能量的原子能。这是20世纪最激动人心的成就。没过几年,原子能的实际应用就最先在1945年8月以杀人武器——原子弹的形式而出现了。可以说,在20世纪的所有科学技术成就中,对原子能的开发利用是最令人望而生畏的。原子弹、氢弹等核武器的问世,彻底颠覆了以往的战争观念、战争指导和战争准备。在所有威胁人类安全的危险中,核战争也首当其冲。

正是看到了原子武器的这种无比威力,所以在长达40多年的冷战期间,美苏两个超级大国都陷入了一种追求核优势的恶性循环中。当一方研制出一种新的武器系统后,另一方则迅速研制出一种类似的武器系统加以回击或超越。两国你追我赶,谁也不甘示弱。就这样,一场以建立核优势为目的、以核武器系统为重点的军备竞赛就发生了,其激烈程度从下表可见一斑。

原子弹:美国1945年,苏联1949年。

洲际轰炸机:美国1948年,苏联1955年。

热核炸弹:美国1952年,苏联1953年。

洲际弹道导弹:苏联1957年,美国1958年。

人造卫星:苏联1957年,美国1958年。

---

① 《马克思恩格斯选集》第3卷,北京:人民出版社1962年版,第210页。
② 《马克思恩格斯选集》第3卷,北京:人民出版社1962年版,第211页。

照相侦察卫星：美国 1959 年，苏联 1962 年。

潜射弹道导弹：美国 1960 年，苏联 1968 年。

多弹头导弹：美国 1966 年，苏联 1968 年。

反弹道导弹：苏联 1968 年，美国 1972 年。

多弹头分导式导弹：美国 1970 年，苏联 1975 年。

远程巡航导弹：美国 1982 年，苏联 1984 年。

新型战略轰炸机：美国 1985 年，苏联 1987 年。

到 1991 年 12 月苏联解体前，两国核军备发展的结果是：美国能用核力量摧毁苏联 1250 次，苏联能用核力量摧毁美国 145 次。与核战争一样同样摧毁国家的，还有天文数字般的人力物力消耗。在美国，大约国民生产总值的 10%、全部劳动力的 9%、联邦预算的 50%、科学家和工程师队伍的 60%，都被直接或间接地用在国防方面。美苏两国的军费合在一起，相当于世界上人均年收入在 100 美元或 100 美元以下的所有不发达国家的年度收入总和。

更严重的还在于，美苏两国这种狂热的、自动升级的核军备竞赛还远不是人类面临核威胁的全部。就在美苏激烈争夺核优势的同时，其他一些国家甚至一些穷国小国为了自卫或其他目的，也竞相发展核武器，到冷战结束后都未停止。

如此一来，在过去几十年间只有少数国家才掌握的核技术，通过一些国际秘密网络，便在全世界传播开了。再加上 21 世纪初美国布什政府威胁推翻敌对政权的灾难性政策，并以先发制人的行动攻打伊拉克，这又促使不少国家加快了谋求拥有核武器或推进核计划的速度。

第二次世界大战结束时，世界上本来只有 3 枚原子弹，而到 20 世纪末却有了上万枚核弹头，并且其中绝大多数的威力都超过了炸毁广岛、长崎这两座城市的原子弹；在苏联解体之前，世界上本来只有 8 个核国家——美国、苏联、英国、法国、中国、以色列、印度和巴基斯坦——而现在却有 30 多个国家具有研制核武器的能力，其中不少国家都有过研制核武器的念头，并且有的国家正在极力拥有。所以，国际原子能机构 2009 年 5 月预言说：不久之后世界将出现 9 个核国家，还很可能有 10 个或 20 个潜在核国家。

核武器的大量出现和扩散是危险的，它使人类面临着是生存还是毁灭的严峻考验，对世界和平构成长久威胁。还在原子弹出世之初，爱因斯坦就说："原子释放出来的能量已改变了除我们的思想方式以外的一切，我们正走向空前的灾难。"苏联核物理学家萨哈罗夫也告诫人们："降低将要毁灭人类的核战争的威胁，在所有需要考虑的问题中，是压倒一切的问题。"

所幸的是，由于核战争中不会有战胜者，人们在确保摧毁对方的同时也会确保摧毁自己，因此，除二战末期美国在日本战场上投掷了两枚原子弹以外，世界上再没有出现过把核武器用于实战。人们终于认识到了，人类如果要避免自我毁灭，就必须树立一种责任感，增加彼此信任，共同寻求建立一种确保人类文明和人的生命免遭灭顶之灾的有效机制。

2009年7月6日，美国同俄罗斯又重启中断了十多年之久的核裁军谈判。作为会谈的开场白，美国总统奥巴马说："美国和俄罗斯的共同点多于不同点。"俄罗斯总统梅德韦杰夫即刻回应："两国会合上历史的一页，翻开未来的一页。"作为这次谈判的成果，双方签署了一项新协议，以取代两国1991年签署的将于2009年12月5日到期的《削减和限制进攻性战略武器条约》。并且，双方同意将各自的核弹头数量削减至1500—1675枚。梅德韦杰夫和奥巴马这两个于2008年、2009年相继登上世界最大核大国最高职位的领导人，又开始了消除世界核威胁的努力。

应该说，他们的这次努力，是人们20世纪努力的继续。自上个世纪60年代以来，国际社会就从下述方面开始了这样的努力。

——通过国际条约限制核武器发展。1968年6月12日联合国第22届大会通过的《不扩散核武器条约》对此起了重要作用。这项条约规定：有核武器的缔约国不向任何接受国转让核武器和核爆炸装置及其控制权；无核武器的缔约国不从任何让与国接受核武器和核爆炸装置以及对其控制权的转让，不制造或不以其他方式获得核武器和核爆炸装置；促进和平利用核子能，有核缔约国有向无核缔约国提供和平利用核能支援的义务；有核缔约国向无核缔约国提供安全保证，不进行核攻击；建立无核武器区域。先后有180个国家签署了这项条约，同意不发展或者不转让核武器。进入20世纪90年代后，国际社会又付出了更大努力来控制核军备，包括采取一系列核不扩散措施、全面禁止核试验，以及对生物和化学武器的控制等。

——通过超级大国合作限制核武器发展。虽然在核时代的早期，美苏两个超级大国对核武器的态度是高度竞争性的，但进入60年代后，两国就开始了缓慢的、有条件的、主要针对其他国家的合作限制态度。1963年，两国同英国签订了部分禁止核试验条约。1968年，促成了联合国《不扩散核武器条约》的签订。1977年，两国以及另外13个可提供核技术的国家组成核供应国集团，对出口核技术种类作了限制。1969年11月至1972年5月，两国进行了第一阶段限制战略武器谈判。1972年11月至1979年6月，两国又进行了长达7年的第二阶段限制战略武器谈判。而两国真正开始核裁军是1987年。这年12月8日，时任美国总统里根和苏联领导人戈尔巴乔夫在华盛顿签署了消除中远程导弹的条约。依据该条约，将要消除的导弹——苏联销毁1752枚，美国销毁859枚，双方共销毁2611枚——虽然只占美苏核武库的极少数，但这却是二战后40多年来两个超级大国破天荒地坐在一起认真讨论裁减各自的核武器。也正是从这时起，两国的核军备竞赛才真正得以遏制。

——通过国际同盟体系限制核武器发展。在长期的冷战中，两个超级大国都分别建立了自己的盟国，同时也分别都向自己的盟友提供安全保障。这在很大程度上就抑制了核武的发展。毫无疑问，日本和德国都有研制核武器的能力，但由于它们得到美国的安全保障，美国许诺要防止任何国家对其进行核讹诈，这就使两国一直都没有发展核武器。国际同盟体系的形成还打消了较小国家和地区发展核武器的念头。比如，20世纪70年代越南战争之后，韩国和中国台湾曾认为美国可能从亚洲撤退，因此都准备研制核武器，但在美国表示了反对态度和许诺继续提供安全保障之后，韩国和中国台湾便都放弃了研制计划。与此相类似，苏联也抑制了其东欧盟友和第三世界盟国发展核武器。

——通过和平示威宣示反核诉求。1980年代初，反核示威达到了高潮。在波恩、伦敦、巴黎、罗马、布鲁塞尔、奥斯陆、斯德哥尔摩、马德里、雅典等地，1980年相继举行了有数万人至10万人参加的反核和平示威，总计人数超过200万。1981年10月，联邦德国发起了战后规模最大的一次示威游行，有近780个全国性或地区性组织约30万人参加。1983年的反核和平示威席卷全欧，仅在10月22日"全欧反核行动日"这一天，参加人数就达到200万。在此前后，有13个国家的400多万人走上街头。在联邦德国，从斯图加特的美军司令部一直延伸到部署美国导弹的新乌尔姆基地，由20万人手拉手

第三章 从为了战争进行战争准备到为了遏制战争进行战争准备

组成了一道长达 108 公里的"人链"。在这一年,世界上还有 43 个国家的 12000 名物理学家联名致函各国政府,呼吁停止核军备竞赛。虽然这些以示威、游行、集会、请愿等方式进行的反核行动并没有引起暴力冲突,但却对各国震动很大,促使两个超级大国和有核国家不得不认真谈判,减少核对峙和核武器开发。

——有核国家通过严格的制度和严密的程序控制核武器的使用。在苏联和俄罗斯,其核武器的使用用法律形式固定了严格程序,任何个人或少数人都很难操纵整个发射过程。只有当最高决策层确定使用核武器后,与最高领导人相随的军官才会将随身携带的"核按钮"手提箱交出来。那种以为"核按钮"就是类似于门铃一样的按钮,只要轻轻一按就会将核导弹发射出去的想法是完全错误的。因为"核按钮"只是一种能发出核攻击命令的特殊通讯设备。这一设备设有自动保护装置,如果开启时输入错误密码,"核按钮"就会自动失效。并且,发出核攻击命令的每一道程序都有两组密码,只有当两组密码准确无误后才能逐级下达。而密码命令最后到达发射现场——导弹基地、核潜艇及战略轰炸机后,现场指挥员还会将发射密码指令与两名现场密码保管员所保管的密码——两人各持密码的一半——进行组合核对,证实吻合无误后才能启动发射装置。在美国,"核按钮"装置只限于同总统形影不离的军事助理保管。只有在总统与参谋长联席会议主席作出核攻击的决定后,核导弹使用程序才会启动,首先发出行动指令密码,然后开始逐级传达命令。到了发射现场,发射核弹的开关还必须由两名控制员同时使用各自保管的钥匙才能操作。而两名控制员在具体操作之前也必须从几个不同的通讯系统,包括电脑、电话、高频无线电和低频无线电,都得到相同的命令才能将钥匙取出,遂行发射。在其他有核国家,即使是政治不太稳定的国家,对核武器的控制同样也遵循着严格的集体决策机制和严密的启动发射程序。

正是因为有了以上这样的自觉、共识和努力,核武器在二战结束后便再没有使用,核扩散的情况也才没有朝更严重的方向发展。毕竟,动用核武器是自卫、自助的终极形式。

但是,丝毫不能放松警惕的是,20 世纪的下半叶虽然没有再发生主动攻击性的核灾难,但并不等于核威胁不存在了。相反的倒是,全人类面临的核威胁还呈多样化趋势。这主要是因为,核生化扩散、核生化恐怖、次生核生化灾害、核生化工业事故等非传统威胁同传统威胁一样，都具有大规模伤害人的生命和破坏环境的效能。并且，随着核生化科技的发展及其对政治和军备影响力的增强，其威胁性还在逐渐增加。其表现形式主要为：

——核生化袭击。不仅在战争中使用核生化武器的可能性依然存在，而且还可能出现这样两个变化：一是生化武器由战术使用、战役使用向战略使用转变，将生化武器作为对敌战略后方进行警告、威慑、骚扰的工具；核武器则由战略使用向战术使用转变，将核武器用于解决一些常规武器难以解决的战术目的，如攻击地下坚固堡垒等。二是运载工具和方式的变化。以前的化学袭击有钢瓶吹放、化学炮弹袭击、化学航弹轰炸、飞机布洒、布设化学地雷等，生物袭击有特工布洒、飞机布洒、航弹轰炸等，核袭击主要为航弹轰炸；而随着远距离精确制导武器技术的发展，未来的核生化武器战场使用将主要采取导弹发射的方式。

——核生化威慑。核生化武器的威慑是震撼性的。1998年5月南亚发生的核试验对抗危机——先是印度在3天之内进行了5次核试验，接着是巴基斯坦经过再三权衡后竟在3天之内进行了6次核试验，使这一地区的人们无不处于深深的忧虑与恐惧之中。

——核生化扩散。根据美国中央情报局1996年提供的《武器扩散威胁》报告，1990年代与1980年代相比，被怀疑拥有生物战计划的国家和地区增加了一倍，全球至少有15个国家和地区可能拥有生物战计划。据美国国防部1997年发表的《大规模毁伤性武器扩散的威胁与对策》这份报告称，全球已有25个以上的国家研究过或正在发展化学武器。

——次生核生化灾害。20世纪90年代发生的几场战争虽然是常规武器，但由于战争中对核生化设施进行了打击，因而引发不少核生化危害。1991年海湾战争时，美军不仅在空袭作战中摧毁了10余处伊拉克的核生化设施，还轰炸了伊拉克的油井、储油设施和炼油厂，从而造成大范围的原油污染和生态环境破坏。1998年科索沃战争期间，美军对贝尔格莱德等城市的30个化工设施进行频繁轰炸，大量的氯、氨、氢氧化物释放到空气中，几乎令人窒息。有评论称："北约打了一场没有使用化学武器的化学战。"

——核生化工业事故。核生化工业事故已成为重大的非传统安全问题。1984年12月，印度中央邦首府博帕尔市郊一家农药厂装有45吨液态剧毒的

第三章　从为了战争进行战争准备到为了遏制战争进行战争准备

异氰酸甲脂储气罐阀门失灵，致使这些剧毒物质以气态迅速扩散，覆盖面积达49平方公里，一小时后毒云即笼罩全市上空，造成32万人中毒，4000人当场死亡。1986年4月，苏联切尔诺贝利核电站发生爆炸，爆炸后及爆炸发生后的14年间，死亡人数超过1.5万人，终身残疾人数超过5万人，至少有350万人因受到核辐射影响而生病。这些核化工业事故只是全球频发的核化事故的典型。随着核生化工业的发展，核生化工业事故还将呈现多发趋势，其远期效应和心理影响是难以估算的。

——核生化恐怖。这是国际社会在新的历史条件下面临的最现实威胁。随着国际恐怖主义活动的猖獗泛滥，核生化恐怖因其杀伤力大、行动隐蔽、影响范围广等特点而可能成为恐怖分子的重要选择。恐怖组织或个人可通过直接使用核生化武器，散布放射性物质、生物制剂和化学有毒有害物质，破坏核生化相关设施等来达到自己的目的。据统计，1945年至2005年，全球约发生121起生物恐怖事件；1946年至2005年，全球约发生146起化学恐怖事件；1987年至2005年，全球约发生24起核及核辐射恐怖事件。而每年发生的核生化恐怖袭击事件，进入20世纪90年代后则呈明显上升趋势，2000年达到78件。

由以上可见，虽然动用核武器是人们不得已的终极选择，但它确实又是高悬在人类头上的达摩克利斯剑。只要它还继续存在，就可能给人类带来灭顶之灾。尽管大国之间把核战争作为解决矛盾的手段已经过时，美俄两国政府的对外战略都有所调整，共同致力于削减核武器，建立无核世界，但在目前无疑还只是个幻象。更何况，众多的核国家一方面持有核武器，一方面又在极力发展反核系统，而无论是核武器还是反核系统，都是战争的助推器，都是与人类和平的愿望背道而驰的。任何一种武器系统的升级，都意味着潜在战争的升级。武器系统越高级，人类承载的危险也就越大。

三　维和——人类在20世纪未能接受这一挑战，但在未来的世纪不能再有此失误

众所周知，除了来自自然界的诸如地震、海啸、火山、台风等这些重大

的地理气象灾难以外，人类自己酿成的灾难就数战争了。而在战争给人类带来的灾难中，如前所述，就其战争的频率、战争的烈度、战争的损失来看，则又莫过于20世纪。据美国国防部的统计，1900年至1995年，全世界国家间发生的战争有83次，国家内部发生的战争有135次。正是因为20世纪的战争是这样的频仍和惨烈，所以才被称为"最血腥的世纪"。

在这个世纪里，人的生命的损失在战争中达到了空前的程度。四年又三个月的第一次世界大战，全球33个国家、四分之三的人卷入战争。在直接参战的6000多万名军队人员中，有六分之一的人非命于战场，三分之一的人受伤，"让整整一代欧洲青年躺在了地下"。第二次世界大战是迄今为止人类历史上规模最大的一场战争。战火遍及世界五大洲，交战双方曾在全球四大洋展开激烈角逐。参战国多达61个，参战人口近20亿，投入战争的军队人员达到1.1亿。在这场对于无辜生命的摧残最为无情的战争中，全世界共有5120万人死亡，其中平民3430万人，军人1690万人。在战争发起国德国，每十人中就有一人为这场战争付出了生命的代价。有资料表明，在过去1000年死于战争的1.47亿人口中，20世纪的战争所造成的死亡人数竟然占到了这个数字的75%。尤其是，20世纪的战争不仅造成了更多士兵的死亡，而且还造成了更多平民的死亡。一战期间，士兵与平民的死亡率之比是6∶1；而二战期间，士兵与平民的死亡率之比则上升为1∶2。

在这个世纪里，战争的残酷手段达到了空前的程度。1915年4月22日，德军在伊普雷斯城与英法联军对阵时，首次突破《海牙战争法》的规定，使用芥子气顺风放毒，仅5分钟时间就使1.5万人中毒，其中5000人死亡。二战时，希特勒党卫军更是把这种手段发展到骇然惊人的地步。依照"没有生存价值的生命就全部淘汰"的法西斯逻辑，纳粹德军专门组建了一批死亡营，其屠杀无辜生命的手段一再创新，几百万犹太人和妇女、儿童被有组织地工厂化地用毒气"无痛苦致死"。党卫军设在波兰的恐怖死亡之营——奥斯维辛集中营，每天发生的一切都令人毛骨悚然。这个集中营的4个大毒气间，采用氢氰酸乙，15分钟就能把关在毒气间的约6000人全部杀死。纳粹头目认为，这与采用柴油废气方法相比，杀人速度更快，效率更高。在中国的土地上，日军使用一切残忍手段，肆意杀戮中国平民，甚至还公然展开杀人比赛。1937年冬，南京大屠杀持续了两个多月，千年古都的大街小巷、车站码头血肉尸

第三章 从为了战争进行战争准备到为了遏制战争进行战争准备

横。刽子手屠杀生灵的手段残忍至极，砍头、剖腹、挖心、肢解、水溺、火烧、活埋无所不用。有英国报刊指责，日军的杀戮是"现代史上破天荒的残暴记录"，"是现代文明史上最黑暗的一页"。

　　在这个世纪里，战争所耗去的费用达到了空前的程度。第一次世界大战的各交战国，共支出战费2080亿美元。这一数字是全世界1793年至1907年所有战争费用的10倍，等于一战前英、德、法三国国民财富的总和。第二次世界大战的直接军费开支达到1万亿美元以上，直接经济损失达到4万亿美元以上。冷战时期，全球几乎所有国家都将很大一部分预算用于防务，导致世界军费开支扶摇直上。虽然冷战结束时曾下降到7300亿美元，但在世纪末又增加到8030亿美元。1990年代初的海湾战争，多国部队花了600亿美元才把伊拉克人赶出科威特，而伊、科双方因这场战争而导致的损失则高达6200亿美元。战争的代价显然是高昂的。2001年"9·11"恐怖袭击发生后，美国大幅度追加军事预算，从当年的3050亿美元增加到2003年伊拉克战争前的3960亿美元，增幅高达30%。这一举动带动了世界军费陡然上升。而伊拉克战争开始后，世界军费开支又再创新高。据瑞典斯德哥尔摩国际和平研究所2009年6月8日所发布的数据，全球2008年的军费开支创下历史最高纪录，达到了1.46万亿美元。这一数据与1999年相比，增幅达到了45%。

　　在这个世纪里，因为战争，民族分裂、骨肉分离所造成的人间悲剧也达到了空前的程度。在朝鲜半岛，北纬38度线成了国界线，从1946年以来，两个民族至今不能团聚，分裂已达63年之久。在中南半岛，西方列强操纵"越南人打越南人"，同室操戈达20多年。在欧洲腹地，二战后出现了两个德意志国家，直到40多年后才又重新统一。在喜马拉雅山麓，"清真之国"巴基斯坦被永远地肢解。在耶路撒冷两旁，巴勒斯坦人和以色列人半个多世纪以来都处在恐怖和不安中。在台湾海峡两岸，世界上最古老的国家最悠久的文化被一汪浅浅的海水所分隔……所有这一切，无不是20世纪所发生的战争所带来的罪孽。

　　然而，20世纪之所以发生如此惨重的战争灾难，又并非这个世纪的人们喜好战争或为和平努力不够。人类有史以来的历史记录证明，人们在20世纪对和平的努力就如同这个世纪所发生的战争一样，也是高高矗立在人类历史上的。为了和平，人类在这个世纪建立了若干地区性的洲际的国家联盟，后来又创立了最广泛最权威的国际组织——联合国,努力构成基于集体安全原则的国际体系。为了和平,人类在这个世纪探求了各种防范、制约战争的方法与途径,努力消除国家、民族之间的误解、隔阂和积怨,建构基于在国际事务中不单方面改变现存秩序和共同规则的种种机制。为了和平,人类在这个世纪建立国际军事法庭,首次对战争罪犯进行国际审判,以伸张正义、威慑战争狂人。更有,世界上多少政治家、有识之士不惜以生命为代价,为制止战争、企求和平而奔走而抗争。只不过,由于西方列强在这个世纪的不平衡发展,狭隘国家利益和极端民族主义、种族主义在这个世纪的恶性膨胀,法西斯主义在这个世纪的泛滥结盟,霸权主义、强权政治和意识形态在这个世纪的鬼魅作祟,以及人们在这个世纪对于最重大危机的认知失缺、判断失误、应对失当等等原因,才使得战争一再祸害人类。

往者已矣,来者可追。人类追求和平的努力永远不该停止,但却再也不能重复过去的错误。总结20世纪战争与和平的此消彼长,要防止历史悲剧重演,以下教训是极为深刻的。

整体格局总是大于个体之和,人们只有联合起来才能共同赢得挑战

20世纪的实践证明,人们既不必根据"我的敌人的敌人就是我的朋友"这个古老的格言行事,也不必远交近攻,拘泥于传统的地缘政治理论。人类和平所面临的重大挑战绝不仅仅是针对哪一个国家和民族的,而是对世界各国的共同威胁,对整个人类的严峻考验。在这种重大挑战面前,不能仅靠一两个国家,而是需要各国同舟共济,携手合作,才能实现共同安全。

1914年一战爆发前,虽然各主要国家曾采取措施促进局势缓和,英国重臣还去柏林访问,并派了4艘巨型战舰访问德国基尔港。但是,由于英国和俄国以及英国和法国之间在殖民地问题上长期存有矛盾,三国协约名存实亡,在德国向英国示好时,英国甚至还暗示德国,如果德国限制其海军的发展,英国愿在任何一场欧洲战争中保持中立。这无疑给了德国可乘之机。实际上,1914年6月28日,英国和德国的水兵是在基尔码头一起行走的时候同时听到塞尔维亚恐怖主义者在萨拉热窝刺杀奥地利大公的消息的。于是,一战爆

发了。

然而，更大的悲剧还在于，第一次世界大战结束仅仅20年，人们又再一次看到，在战争恶魔的挑战面前，盟约又失效了。

本来，欧洲七个主要国家的代表1925年10月在瑞士旅游胜地洛迦诺举行了一次重要的国际会议，签订了被称为《洛迦诺公约》的一系列旨在解决安全保证问题的文件。《洛迦诺公约》中最重要的一份文件是《德法比英意相互保证条约》。该条约规定：德法两国和德比两国边界维持现状；德法两国和德比两国互不侵犯，和平解决一切争端；德国和法、比任何一方对另一方发动侵略或在非军事区集结军队时，英、意两国应立即援助被侵犯的一方。

《洛迦诺公约》签订后，欧洲曾无比兴奋。法国外长白里安说："和平终于到来了！"德国外长斯特莱斯曼称，"公约将成为欧洲国家关系史上的里程碑。"时任英国外交大臣张伯伦更是把公约誉之为"战争与和平年代的分水岭""欧洲历史的转折点"。他们三人还由此获得了诺贝尔和平奖。

客观地看，公约在初始阶段的确曾起到缓和德法两国矛盾、稳定欧洲局势的作用。但是，它却不是和平与战争的分水岭。就在西欧还到处为《洛迦诺公约》唱赞歌时，不祥的征兆即开始显露——希特勒法西斯主义势力借助公约为德国重新跻身政治大国铺平的道路开始蔓延滋长。而等到1936年德国进入莱茵非军事区，公开宣布不再受以往公约的约束，及至1939年第二次世界大战爆发前夕，被吹嘘为"分水岭"和"里程碑"的《洛迦诺公约》就如同敝屣了。为什么会出现这一结果？事实表明，国与国之间在危机面前心存芥蒂、事前未能形成统一的反战联盟，是一个极为重要的原因。

和平是人类大家庭中每个成员都过上安全和体面生活的前提。维护和平是人类最崇高的使命。没有一个国家能够从长期战争中获利。世界各国只有增进共识，加强战略合作，增强防范和应对潜在战争风险的能力，才能促进国际秩序稳定和可持续的和平。

人们念念不忘绥靖政策的罪恶，但绥靖政策本身并不是错误；错误的只是，不该采用绥靖政策的时候而采取了绥靖政策

人们通常以为，20世纪30年代最大的一个教训就是，绥靖政策是邪恶的政策。然而，从历史上看，绥靖政策作为一种传统的外交手段，它本身并不坏。当一个国家判断，与其遏制对手还不如让对手得到一点好处而更划算的时候，绥靖政策有什么不好呢？在古代欧洲伯罗奔尼撒战争前夕，科林斯人对雅典人说，雅典应该允许科林斯吞并科西拉。但雅典拒绝对科林斯采取绥靖政策而是选择同它打仗。从后来产生的结果看，雅典在科西拉问题上对科林斯采取绥靖政策或许要比挑战科林斯更好些。1815年，绥靖政策在欧洲同样被运用得十分成功。当时的战胜国对虽然战败却依然强大的法国采用绥靖政策，将其纳入"欧洲一致"的体系中，避免了冤冤相报和持续战乱。19世纪90年代，英国对正在崛起中的美国也采取了绥靖政策。在20世纪的头十多年，有分析家认为，绥靖政策可能是西方盟国对德国政策的最适宜选择。美国政治学家戴维·卡莱欧即指出，我们从一战中"吸取的有益教训并不只是要对侵略者保持警惕，而是认识到拒绝对崛起的国家采取合理的绥靖政策会导致灾难性的后果"①。但耐人寻味的是，西方国家在1910年代应该对德国采取绥靖政策的时候，实际上却采取了对抗政策；而在1930年代应该对德国采取对抗政策的时候，实际上却又采取了绥靖政策。这就无可挽回地导致了两次世界大战的发生。

实际上，第一次世界大战前，欧洲大陆已有40多年没有发生大国介入的战争了。并且，1905年至1906年在摩洛哥、1908年在波斯尼亚、1911年再次在摩洛哥发生的危机，都迅速得到了控制。于是，许多欧洲领导人一方面不愿意看到发生冲突和冲突升级，另一方面又对和平产生了自满情绪，认为持久的战争是不可能的，甚至认为速战速决的战争是值得欢迎的。而从战争发起国德国方面来看，由于其政策在一段时间内的错误和含糊不清，出现了四面树敌的状况——因挑起海军军备竞赛而激怒了英国人，在土耳其和巴尔干问题上得罪了俄国人，而在摩洛哥保护地的争端中又刺激了法国人。在这种不利情况下，德皇威廉二世便试图以压力迫使英国与德国和好，满以为给英国以足够的恫吓，就会使英国觉得自己必须与德国保持良好的关系。但事与愿违，英国在德国的胁迫下先是同法国联手，然后又同俄国合作，迅速形成了对德国的强大反压力。所以到1914年时，德国便认为，必须冲出这个包

---

① 〔美〕约瑟夫·奈：《理解国际冲突：理论与历史》，张小明译，上海：上海人民出版社2005年版，第129页。

第三章　从为了战争进行战争准备到为了遏制战争进行战争准备

围圈才能确保自己的地位，于是冒险挑起了战争。因此西方分析家认为，和平自满情绪的滋长，欧洲国际体系对崛起中的德国未能采取灵活的绥靖政策，以及德国的政策选择等等因素，都成为引发第一次世界大战的重要因素。

而第二次世界大战的发生，并不是国家间的冲突不断升级的结果，而是由于希特勒策划的侵略行为没有被威慑住。可以说，防止第一次世界大战和第二次世界大战的合理政策是截然相反的，即：安抚德国有可能防止第一次世界大战，而遏制德国则有可能避免第二次世界大战。然而，欧洲在二战前所采取的实际政策却正好颠倒过来了。

1939年3月，德国入侵捷克斯洛伐克前，希特勒所能动员的全部兵力尚不及捷、法两国兵力的一半。苏联政府也一再表示，如果捷决心抵抗，苏联将毫不犹豫地履行援助捷的义务。但是，英法两国根本不想为了捷克斯洛伐克而同德国打仗。它们仇视苏联，企图以出卖捷为代价，换取希特勒东进侵苏。于是，英法一方面对捷克斯洛伐克施加压力，要它给予苏台德地区的德意志人以广泛自治的权力；一方面又在伦敦和柏林之间进行秘密谈判，背着捷克斯洛伐克拟定了"卖捷"方案。经过英国首相张伯伦多次斡旋后，一份对得寸进尺的德国曲意逢迎、一味退让、不惜牺牲捷克斯洛伐克的利益以安抚和满足希特勒贪欲的协议终于在1938年9月出炉了。9月29日这天，英国、法国、德国、意大利4国的首脑——张伯伦、达拉第、希特勒和墨索里尼，在慕尼黑开始会谈，于30日凌晨签订了《关于捷克斯洛伐克割让苏台德领土给德国的协定》，要求捷从10月1日开始后的第10天，把苏台德地区及其附属的一切现有设备无偿交给德国；苏台德附近地区由国际联盟主持公民投票，决定其归属，划定最后国界；捷的其余领土由英法德意保证不再受侵犯。在德国的军事威胁和英法两国的巨大压力下，捷克斯洛伐克被迫接受了这个协定。慕尼黑会谈是现代国际关系史上最臭名昭著的丑行。正是因为英、法绥靖政策的纵容，纳粹德国才于1939年3月出兵侵占捷，同年9月进攻波兰，挑起了第二次世界大战，进而使人类继第一次世界大战之后又遭受了一场空前的浩劫。

当然，二战前犯绥靖政策错误的不止是英、法，实际上还有美国。美国在第一次世界大战结束后成为世界上最大的经济体，但它拒绝承担这种地位所带来的责任。由于20世纪30年代的大萧条，美国人更为关注国内的经济复苏问题，其绥靖倾向进一步增强。时任总统罗斯福在第一个任期内同普通美国人一样，也不怎么关心欧洲的事务。直至1936年大选连任后他才开始认识到，如果希特勒变得过于强大，德国有可能主宰欧洲并最终威胁美国。1937年，罗斯福开始谈论欧洲所发生的事件，但美国民众并不想介入。1940年，罗斯福向英国提供驱逐舰，换取了英国同意美国使用其在西半球的军事基地。1941年，罗斯福说服国会通过租借法案，允许美国向英国提供战争物资，防止英国被希特勒击垮。然而，由于受国内舆论的限制，罗斯福反对希特勒的行为不能走得太远。只是在日本袭击珍珠港和希特勒向美国宣战后，美国以孤立自傲为特征的绥靖政策才得以结束。

与此同时，绥靖政策在东方战场上也助长了日本的侵略行为。考察二战的源头，第一个重大侵略行动其实是日本所为——1931年9月18日，日本发动"九一八"事变，侵占了中国的东北三省。然而，日本的野心并不是中国的东北三省就能满足，而是中国全境乃至整个东南亚。于是，日本于1937年又发动了全面侵华战争。这时，中国向国际联盟和美国发出了求助信。但结果却令人意外，中国不仅没有得到国际联盟和美国的实际援助，反而还被要求："承认日本在中国满洲的特殊利益。"自然，在野蛮的侵略行径没有得到及时制止之后，随后发生一连串的侵略行为也就并非偶然了。

任何国家都需要把安全放在第一位，都需要通过军事手段来维护自身的安全；但是，过于依赖和迷信军事安全，则又是不可取的

"只有军备上的优势才是安全的保障"，这曾是美苏两个超级大国在20世纪长达40多年的冷战中所奉行的安全观，并由此导致了一场旷日持久的超级军备竞赛。然而，事实却又证明，这种以霸权主义和强权政治为目的的长期军备扩张和恶性军备竞赛，无论对苏联还是对美国，其作用和结果都是消极的，极具破坏性的。

虽然苏联在经济对比上始终弱于美国，但在军事上盲目地一味地坚持所谓"同等安全"。结果，庞大的军备开支窒息了经济活力，制约了社会发展，尽管军事力量与美国平起平坐，但最终却与安全无缘，导致了联盟解体。

美国虽然凭借略胜一筹的综合国力成了冷战的胜利者，但在冷战结束时，

第三章　从为了战争进行战争准备到为了遏制战争进行战争准备

其在世界上的地位已经大大下降了。连"冷战英雄"和以海湾战争胜利者自居的老布什在总统连任竞选中竟也意外落败。而进入新世纪后，用几十万亿美元堆积起的强大国防体系和情报网，在恐怖袭击面前束手无策，则更是对所谓军事安全观的绝大讽刺。

20世纪的许多事实都一再说明，虽然当今世界仍然需要有足够的军力才能保障国家的安全，但是，如何理解国家的安全，怎样才能确保国家的安全；如何建立自己的军事力量，怎样使用军事力量，却是需要人们加以认识和把握的。即便是真正的纯粹地为了安全，也要恰当地处理好军事手段与政治、外交、经济手段的关系。而片面迷信军事安全而走上军备竞赛的道路，或以安全之需而推行强权政治与霸权主义，都是达不到目的的。

特别是，在新的世界秩序尚未确定的情况下，在现代化武器的威力与日俱增的情况下，任何大国过分地和盲目地扩充自己的军备与势力范围，都是极其危险的。在世界各国竞相发展、越来越讲求生存和生活质量的时代，人类是绝不可愚蠢到如此的地步以至于再去进行一场代价不堪设想的大国之间的战争的，这是一定会招致全人类的反对的。

民族国家既要根据本国本民族的利益行事，同时也要根据全人类的共同利益行事

第一次世界大战爆发后，英国哲学家伯特兰·罗素曾出版一部名为《社会改造原理》的社会学专著，他在这部著作中指出："指导德国政策的人，在开头的时候，其爱国心所达到的程度，在法国和英国是几乎没有人能了解的。在他们看来，毫无疑问，只有德国的利益是他们所应当注意的。在追求这些利益的时候，对于别国将会受到怎样的损害，对于人民和城市将遭到怎样的破坏，对于文明将会带来怎样不可补偿的损失，他们都不加考虑。只要他们能做到自己认为对于德国有利的事情，其他一切都不关心。"①

1972年2月，美国第37任总统尼克松首访中国，在周恩来欢迎他的宴会上，尼克松曾讲道："你们深信你们的制度，我们同样深信我们的制度。我们

---

① 〔英〕伯特兰·罗素：《社会改造原理》，张师竹译，上海：上海人民出版社2001年版，第49页。

在这里聚会,并不是由于我们有共同的信仰,而是由于我们有共同的利益和共同的希望。我们每一方都有这样的利益,就是维护我们的独立和我们人民的安全;我们每一方都有这样的希望,就是建立一种新的世界秩序。具有不同制度和不同价值标准的国家和人民可以在其中和平相处,互有分歧但互相尊重,让历史而不是让战场对他们的不同思想做出判断。"①

1987年12月,美国第40任总统里根曾对到访的苏共中央总书记戈尔巴乔夫说:"我们互不信任是因为我们手握刀枪,我们手握刀枪是因为我们互不信任。"②

在20世纪行将结束的时候,英国一位历史学家也曾谈了他对20世纪所发生战争的看法,他说:以往总认为,资本主义向来是战争的根源。进入20世纪后,虽然仍然没能摘掉这个帽子,但它同20世纪下半期的现实情况并不相吻合。像苏联、中国和越南这样的共产党国家都卷入了相互间的军事冲突。而与此同时,欧洲、北美和日本这些主要的资本主义国家却一直保持着和平的关系。还有更多的统计分析表明,一国介入战争与该国是否为资本主义或社会主义国家并无多大关系,不管社会制度和政府类型如何,国家根据国家的利益行事——这种说法一般来说是对的。因此,社会性质,不管是民主的,专制的,资本主义的,还是社会主义的,都不足以决定国家是否介入战争。③

应该说,以上这些言论都是对过往战争——热战、冷战以及冷战思维仍继续存在的一种积极认知和反思。虽然今天的战争仍然是政治的继续,政治仍然是经济的集中体现,无论战争以何种借口引发,其根源都可以追溯到国家利益上,但并不意味着为了国家利益抑或国与国之间有了利益冲突,就一定要兵戎相见,付诸战争。须知,从对抗走向对话,从战争走向和平,在考虑本国安全的同时也考虑他国的安全和全人类的安全,尽可能地使本国的利益与他国的利益和全人类的利益一致起来,才是人间正道,也才能从根本上巩固和发展本国的利益。

综观20世纪的冲突和战争,贯穿在国家利益要素中的一个重要方面就是意识形态化,许多祸端往往都肇始于意识形态之争。美苏冷战争霸的一个突

---

① 王杭选编:《历史上最伟大的演说辞》,天津:天津社会科学院出版社2006年版,第336页。
② 张杨:《美国的外层空间政策与冷战》,载《美国研究》,2005年第3期,第131页。
③ [英]霍布斯鲍姆:《极端的年代》,郑明萱译,南京:江苏人民出版社1998年版,第18页。

第三章 从为了战争进行战争准备到为了遏制战争进行战争准备

出特点就是意识形态色彩浓厚,两方都不承认世界是多样性的统一,都有一种把自己的意识形态和社会模式推广于全世界的强烈欲望和强大动力。而这种强烈的欲望和强大的动力又与物质利益方面的渴求相得益彰,便越发强化了两国的扩张主义和霸权主义,险些导致世界性灾难。冷战史、20 世纪的历史告诉人们:世界是多元的、多样性的,正是因为有不同的意识形态、价值取向和社会发展模式存在,世界才如此缤纷,人类才如此有生命力;国家间理应互相尊重,国与国交往的最高原则应是国家利益和人类的共同利益,而决不该是意识形态;虽然人类意识形态的歧见可能永远都不会消失,但决定意识形态谬误、优劣或胜负的应是时间和社会实践,应是和平竞赛和自由选择,而决不应该是囊括政治、经济、文化、外交、军事等在内的全面较量和紧张对峙。

正是基于这样的意义,所以邓小平在会见美国前总统尼克松时说:"考虑国与国之间的关系主要应该从国家自身的战略利益出发,着眼于自身长远的战略利益,同时也尊重对方的利益,而不去计较历史的恩怨,不去计较社会制度和意识形态的差别,并且国家不分大小强弱都相互尊重,平等相待。"① 这段话虽然是在特定的历史条件下讲的,但却具有不可低估的现实意义和普遍意义。在邓小平看来,国家的利益与国际主义观念、人类的共同利益是不相矛盾的,是可以一致的。

和平是人类的普世价值。人类已经进入一个更为讲究理性的时代。尽管世界仍然充满矛盾,人类至今尚不能消除战争的根源,但却可以倡导人道主义与和平精神,理性地认识和控制战争,并以此作为迈向持久和平的起点。一个没有矛盾的世界,一个尽善尽美的和平,也许永远都不会有,但人人都心存和平的愿望,人人都为实现和平而努力,是永远都不应该改变的。相信经过 20 世纪的苦难与荣耀之后,人类再不会放弃对美好愿望的追求,人类定能找到通向永久和平的康庄大道,把一个美丽、和谐、安宁的地球,传给子孙后代。

---

① 《邓小平文选》第 3 卷,北京:人民出版社 1993 年版,第 330 页。

第四章
Chapter Four

从蜂窝、部落到地球村
——现代化一体化是人类的宿命

今天，真正的边界不在国与国之间，而在于强者与弱者、自由者与被压制者、特权者与受屈辱者之间。今天，没有一堵墙能把世界上一个地区的人道主义或人权危机，与另一地区的国家安全危机分隔开。科学家告诉我们，自然界其实很小，而且是相互依存的。亚马孙雨林中的一只蝴蝶扇动一下翅膀，就可以引起地球另一端的剧烈风暴。这就是我们所说的蝴蝶效应。今天，我们比以往更加清楚地认识到，人类世界的活动也存在蝴蝶效应，福事如此，祸事亦是如此。

——［加纳］科菲·安南

第四章 从蜂窝、部落到地球村

从时域上看,人类现代化一体化的历史可以上溯到15世纪末哥伦布发现新大陆。自那时起,人们的生活逐渐消除彼此隔绝和散居的状态,开始了大航海时代,决定性地加速了世界历史的进程。先是工业文明代替农耕文明成为世界经济发展的主流,接着是划时代的工业革命的爆发,使轮船、火车、飞机等交通工具和电报、无线电等通信工具得以出现和使用,一步步为推行自由贸易、海洋经济和建立全球市场创造了条件。

从地域上看,现代化一体化起源于西方,全球的发展是极不平衡的。这种不平衡不仅表现在发展的时段、进度和速率上,而且表现在发展的道路或模式上。几百年来,西方国家一直走在世界现代化一体化发展的前列,占据着发展的制高点,引领着发展的方向。而其他落在后面的国家和地区,则面临着现代化一体化的巨大压力和追赶任务。

从内容上看,现代化一体化不只是一个经济的变迁过程,而是一个既包括经济也包括政治、文化等诸因素在内的社会各方面携手并进的过程。并且,这个过程正在极大地改变着社会的主体、结构、方式、过程和意义,深刻影响着人类的生活。世界各地不仅时空距离越来越小,而且内在联系上也越来越成为一个有机的整体。正如联合国前秘书长安南所言:全球化的世界就像一艘小船,如果有人生病了,所有的人都会面临感染;如果有人愤怒了,其余的人很容易受到伤害。①

从实现方式看,现代化一体化有被动实现的,但更多的则是主动选择的。几个世纪以来的现代化一体化浪潮裹挟着强大的物质力量,已使世界上所有的民族国家都汇聚到了现代化一体化的滚滚洪流之中。谁如果不主动顺应这股洪流,谁就会被这股洪流所淹没。谁如果拒绝开放和交流,谁就无异于落后和失败。"自从帝国主义这个怪物出世以后,世界上的事情就联成一气了,

---

① 任东来:《从负责任的公民到负责任的全球公民》,载《美国研究》,2003年第3期,第127页。

要想割开也不可能了。"①毛泽东的这一名句,再深刻不过地说明了现代化一体化所具有的泛文化性。

20世纪无疑是人类现代化一体化蓬勃挺进的世纪。不止在范围、速度和物质成就上,更在于它所带来的人类思想观念与思维方式的更新和进步,社会与国家形态结构的改变和转型。虽然在这个世纪里,现代化一体化仍然是一个多速、多层、多样的运动,仍然是一个曲折、迂回、复杂的过程,但现代化一体化势不可挡的巨大威力,势如破竹的虎虎锐气,势所必然的客观属性,却一再被成功或失败的社会实践所证明。

一 厨房辩论的思考——一切社会变迁和政治变革的终极原因,都应当在有关时代的经济学中去寻找

如果论20世纪层级最高、主题最重大,且最富代表性、攻击性和耐人寻味的政治大辩论,当属赫鲁晓夫同尼克松的厨房辩论。所以层级最高,是两个辩论者一人为苏共中央第一书记兼苏联部长会议主席,一人为美国副总统。所以主题最重大,是两人争执的中心和真正目的不是厨房的设施和用具问题,也不单纯是苏美两国民众的生活谁最好的问题,而是社会主义同资本主义这两种制度谁优谁劣的重大问题。所以最富代表性,是一人代表着整个社会主义阵营,一人则代表着整个资本主义世界。所以最富攻击性,是双方都竭尽智慧和外交辞令,进行了所能够进行的最激烈交锋。所以耐人寻味,是因为辩论的主题如此重大却只是在参观厨房及其厨房设施时进行,双方的交锋如此激烈却又未失大国风范和谦谦君子之风。

这场被国际舆论称为"世纪之争"的政治大辩论,发生在1959年夏天。

1959年7月下旬,美国在莫斯科举办反映其社会建设成就、科学技术成就和民众高水平生活的国家级展览会,期望通过这次展览会引发苏联人思考:

---

① 《毛泽东选集》(合订本),北京:人民出版社1964年版,第147页。

第四章 从蜂窝、部落到地球村

为什么资本主义社会能有这样的成就,而社会主义制度却没有。为凸显这一主题和目的,整个展馆都布置了美国人心目中国民所能拥有的一切,展馆内到处都是现代化、自动化的民众生活和休闲娱乐设备,用以彰显资本主义制度下商品发展和市场经济的成果。就在尼克松7月22日启程去莫斯科前,美国国会还刚刚通过了一项自1950年以来国会每年都通过的所谓"被奴役国家"的决议。决议中包含有美国总统艾森豪威尔在一项声明中所谈及的"研究受苏联支配的各国所处的困境,继续支持这些被奴役国家人民的正义愿望"这样一段富有挑衅性、令苏联领导人大为光火的话。显然,这直接为"厨房辩论"播下了种子。

7月24日这天下午,已经知晓美国的意图并决意就社会主义制度同资本主义制度的优劣、社会主义国家的人民是否被奴役这一问题同尼克松进行论战的赫鲁晓夫,来到了美国展览馆,陪同尼克松主持展览会开幕式。

赫鲁晓夫和尼克松见到的第一件展品是一座电视台的模型。一位年轻的技术人员问他们要不要试一试一种新型彩色电视录制装备,以便把他们互致问候的场面录下来,在整个展览会期间向所有的参观者播放。

还没等尼克松反应过来,赫鲁晓夫便登上讲台,对着摄影机,问尼克松道:"美国建国多少年了?300年?"

尼克松不知赫鲁晓夫为什么问这个问题,实实在在地回答:"180多年。"

"哈哈,这么说,美国存在有180多年了,这就是它达到的水平。"赫鲁晓夫一边说一边用手向整个展览大厅指了一圈,"我们只不过建国42年,只要再过7年,我们就将达到与美国同等的水平。"参观者为他的话所鼓舞,纷纷鼓掌。于是,赫鲁晓夫更兴奋地向尼克松说:"当我们赶上你们,从你们身旁走过的时候,我们会向你们挥手的。"说着,他还向尼克松做了挥手状。

尼克松没有料到赫鲁晓夫会如此精明地利用美国的先进电视技术装备为自己的宣传服务,而且语言生动,表现丰富,不免暗自叹服。

赫鲁晓夫赢了第一回合很得意。他指着站在人群前面的一个健壮结实的苏联工人问尼克松:"难道这个人像奴隶劳工?难道有这样精神状态的人,我们会失败吗?"

这时,尼克松毫不示弱,指着一个美国工人说:"有像他这样的人,我们是强大的。但这些人——苏联人与美国人,可以一起为和平很好地工作,正像他们为建造这座展览馆而一起工作一样。如果你打算赶上我们的这场竞赛，要为我们两国人民和其他各国人民造福的话，那我们就必须自由交流思想。你不用害怕思想交流嘛，毕竟你也不是样样都懂嘛。"

赫鲁晓夫听出尼克松话中有话，便怒吼道："如果我不是样样都懂，那你对共产主义，除了害怕它之外，也一窍不通！"

两人更激烈的争论是在一套厨房模型前。65岁的赫鲁晓夫情绪激动，46岁的尼克松神情专注，辩论充满浓浓的火药味。

在一户有宽宽的走廊和6间房的美国样板住宅中，当两人停步在光洁明亮和设备新颖的厨房时，尼克松向赫鲁晓夫介绍说，这是一所典型的美国住宅，价格为14000美元，可在25年至30年之间分期付款，目前，几乎任何美国工人都能住得起这样的或类似的房屋。

赫鲁晓夫昂起头，对此表示蔑视，说："你以为俄国人会被这个展览惊得目瞪口呆？可事实是，我们随处都可以找到一套公寓房付14000美元的钢铁工人和农民，所有新建的俄国住宅都将有这种设备。在美国要得到这所房屋要有钱才行，而在我们这里，你只要是苏联的公民就行了。如果美国公民没有钱，那就只有在人行道上睡觉。而你们却说我们是共产主义的奴隶！"

尼克松回敬说："我们并不认为这个展览会使俄国人民惊讶，但是它会使他们感兴趣，就像你们的展览会使我们感兴趣一样。对我们来说，多样化，选择权，有上千个不同的营造商，这些都是事实和生活情趣。我们不愿由政府官员在最上面作决定说，我们只要一种式样的房屋。这就是差别。"

"就政治差别而言，我们永远不会一致。如果我同意你说的，我就会受到米高扬的引诱。他喜欢辣味汤，而我不喜欢。但是，这并不表明我们意见分歧。"赫鲁晓夫说。

"谈谈我们的洗衣机各有什么优点，岂不比谈论我们的火箭各有什么威力更好？你想要的不也就是这种竞赛吗？"尼克松不想继续这样争吵下去，试图转移话题。

赫鲁晓夫这时却把他的大拇指顶在尼克松的前胸上，说道："对，我们所要的就是这种竞赛。但是，你们的将军说美国强大得很，能把我们摧毁掉。而实际是，我们也是强大的，我们能打败你们！"

尼克松认为赫鲁晓夫这是在恫吓，便回击道："我觉得，你们是强大的，我们也是强大的，但谁都不应使用武力逼人太甚，让别人感到像是收到了最后通牒似的。"尼克松这时也用手指戳着赫鲁晓夫的胸膛来加重自己的语气："在今天这个时候讨论谁更强大是没有意义的，如果爆发战争，两国谁也当不了赢家！"尼克松有意停顿了一下，似乎是想看赫鲁晓夫的反应。赫鲁晓夫则笑了一下，让尼克松继续说下去。"我希望能理解我讲话的全部含义，若是把我们两个强国中的任何一个置于这样一种境地，不听从摆布就得一战，除此别无选择，那就是在玩世界上最具破坏性的把戏。"

"这话听起来像是威胁。"赫鲁晓夫又嚷了起来，"我们也是巨人，你想威胁我们，我们将以威胁回答威胁！"

尼克松见赫鲁晓夫有些情绪失控，便很冷静地回答："我们在这方面决不会进行威胁。"

在放着加利福尼亚名酒的桌子旁停留时，他们的这次较量进入尾声。

赫鲁晓夫提议为和平干杯，为废除在国外的一切军事基地干杯。

尼克松没有举杯，说："咱们只为和平干杯。"

为打破僵局，缓解气氛，一旁的俄国官员马上说："祝赫鲁晓夫同志长命百岁。"

尼克松随即说："我要为这个干杯。尽管我们不同意你的政策，但是我们愿意你健康。祝你长命百岁！"

赫鲁晓夫一边同尼克松碰杯，一边说："到99岁的时候，我们再来进一步讨论这些问题。现在着什么急?!"

对于苏联领导人赫鲁晓夫，尼克松过去从未与他见过面。1956年匈牙利事件后，尼克松曾称他为"布达佩斯的刽子手"。在许多西方观察家眼里，赫鲁晓夫讲话混乱，穿着不雅，喜好酗酒，态度生硬，连给斯大林擦靴子都不配。但尼克松则认为，这些观察太肤浅了。赫鲁晓夫既然能在斯大林的血腥清洗中幸存下来并登上政治高位，必有过人的才智和钢铁般的意志。何况，苏联是世界上唯一能与美国相抗衡的对手，决不能掉以轻心。所以对这次访问，尼克松作了前所未有的认真准备。他专门听取国务院、中央情报局报告了苏联领导人的情况，甚至在前往莫斯科的前两天，他还去医院拜望已是癌症晚期的前国务卿杜勒斯，就出访苏联征询他的意见。临行前，尼克松心里也直犯嘀咕，因为他预感到，对于几天前国会通过的有关"被奴役国家"的决议和艾森豪威尔总统有关继续支持"被奴役国家"的声明，必然会被赫鲁晓夫理解为蓄意的敌对行动。

当7月23日专机着陆时，尼克松立刻就感受到了莫斯科的冷遇。机场上没有欢迎的人群，没有军乐，更不用说奏美国国歌了。苏方一位副总理在机场表情严肃地宣读了冗长的欢迎词，一切都是冷淡而节制的，但却合乎礼仪，无可挑剔。

23日晚，尼克松与美国驻苏联大使汤普森在使馆的保密室里长谈。保密室是一间由美国特工人员日夜警卫并排除一切窃听装置的屋子，在每个国家的美国使馆都有。汤普森告诉尼克松，在他抵达莫斯科的一个半小时前，赫鲁晓夫才从波兰访问回来，曾在波兰发表了一篇严厉谴责美国有关"被奴役国家"决议的讲话。机场的冷淡也许只是苏联表示不满的第一个迹象。

自与汤普森长谈后，尼克松即明白，这次访苏期间与赫鲁晓夫的交锋已经不可避免。实际上，在展览会现场厨房辩论之前和之后，还各有一场同样内容、同样尖锐而激烈的交锋。

在厨房辩论之前的一场交锋，是尼克松到达莫斯科后的第二天上午发生的。24日上午10时，尼克松来到了克里姆林宫赫鲁晓夫的办公室。进门时，赫鲁晓夫正在房间的一个角落里仔细端详苏联几个月前发射到月球的卫星模型。直到尼克松来到办公室后，他才把模型放回原处，向尼克松走来表示欢迎。有记者在现场时，赫鲁晓夫曾同尼克松聊天，还对尼克松八个月前在英国伦敦市政厅所作的演讲倍加赞赏。然而，当赫鲁晓夫示意记者离开并用手势请尼克松到一张会议桌前与他对面入座后，气氛就顿时改变了。赫鲁晓夫尖着嗓子，不断用拳头敲打桌子，以激烈的言词滔滔不绝地谈论着关于"被奴役国家"的决议。他声称，这是一次严重的挑衅，是一个愚蠢的吓唬人的决议。他要求知道，美国下一步是否就要发动战争。他说："以前苏联政府认为，美国国会决不会通过一项发动战争的决议，但现在看来，麦卡锡参议员虽然已不在，其阴魂却不散。正因为如此，所以苏联必须时刻作好准备。"

这时，尼克松向他解释说，决议只是表达了美国的看法，而不是一项战斗号令。尼克松还想接着谈其他的问题，但赫鲁晓夫不愿听。尼克松只好说，我们白宫有个约定，在讨论时间拉得很长而又没有进展时，就中断讨论。

译员翻出这句话后，赫鲁晓夫仍然不甘心，说："我同意副总统说的话，

第四章 从蜂窝、部落到地球村

我们不该反反复复地谈一个问题。但是我还是不明白，贵国国会为什么要在这样一个重要的国事访问前夕通过这么一项决议。"说到这里时，赫鲁晓夫复又怒容满面，大声叫嚷了一番。尼克松已意识到他可能说了一些粗话。赫鲁晓夫的译员脸也红了，有些尴尬地望了望一直陪同尼克松的精通俄语的美国大使汤普森，还是将这些话翻译出来了："这项决议很臭，臭得像马刚拉的屎，没有什么东西比这玩意儿更臭的了！"

当译员翻译这句话时，赫鲁晓夫两眼盯着尼克松。尼克松决心以牙还牙，他想起给他准备的苏联领导人背景材料中曾提到赫鲁晓夫年轻时当过猪倌，又想起他小的时候，马粪常常被用作肥料，但有一次尼克松的邻居用了一担猪粪，那可真是臭气熏天。于是，尼克松逼视着赫鲁晓夫的眼睛，以毫不示弱的口气回答说："恐怕主席先生说错了，还有一样东西比马粪更臭，那就是猪粪！"

待到这句话译完时，赫鲁晓夫太阳穴的青筋几乎立刻就要暴出来，眼看着就要大发雷霆，可是他突然面容一转，带着微笑对尼克松说："说得很对。你刚才说我们现在应当谈些别的，也许你说对了。但是我要预告你，你在这里访问期间，还会听到我们谈论这项决议的。"

厨房辩论之后的一场交锋，是在尼克松到达莫斯科后的第四天发生的。

在处理个人关系问题上，赫鲁晓夫无疑是十分豁达的，并不乏热情奔放。激烈的厨房争论一结束，赫鲁晓夫又恢复了一个友好快活的主人的本分，他不仅在克里姆林宫设宴招待尼克松夫妇及其代表团成员，还邀请尼克松一行去他的郊外别墅。

赫鲁晓夫的郊外别墅十月革命前是沙皇的避暑行宫，几乎同美国总统的白宫一样大。十月革命后，这栋别墅曾归斯大林用，后来又到了赫鲁晓夫手里。别墅的周围是十分美丽的草坪和花园，还连着一片森林，森林中一条大理石铺就的台阶直通莫斯科河畔。

赫鲁晓夫早已派人在别墅区恭候尼克松的到来。近中午时分，赫鲁晓夫偕夫人也驱车而来。他穿着一件色彩鲜艳的绣花衬衫，浑身充满活力，热情地邀请尼克松夫妇在屋前拍照。然后，他则又对尼克松说："现在我们到莫斯科河上兜上一圈，你就可以看看奴隶们是怎样生活的。"

尼克松见赫鲁晓夫眼中似乎又出现不快，便随口答道："哦，是的，那些

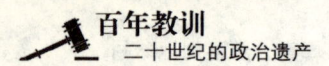

被奴役的。"

他们到达河边时，已有一艘豪华的游艇在等候着。当他们沿着蜿蜒的莫斯科河逆流而上时，赫鲁晓夫成了热情的导游，耐心地给尼克松讲两岸的变迁。天气很热，游艇不时被一批又一批的游泳者围住。他们向赫鲁晓夫欢呼，也争着与尼克松握手，显得自信而又热情。赫鲁晓夫瞟了尼克松一眼，问这些游泳者："你们感到像是被奴役的人民吗？"

"不，我们是国家的主人！"游泳者异口同声地回答。

最初，尼克松觉得很有趣，但不久就发现这些都是预先布置好的，便笑着问赫鲁晓夫说："你从不放过进行宣传的任何机会吗？"

"不，不，我没有宣传，我说的是实话。"赫鲁晓夫很平静地说。

在河上兜了一个多小时的风，到了该吃午饭的时候了。

午餐是在树林里进行的。一条长桌上摆满了各式各样的俄罗斯美味。也许是因为饭后要进行会谈，一向嗜酒的赫鲁晓夫对香气袭人的伏特加和葡萄酒仅仅尝了几口。仅凭这一点，尼克松就明白了赫鲁晓夫的暴躁脾气是受他的支配而不是支配他，嗜酒也只是为了掩饰而不会让酒妨碍正事。

午餐开始时的谈话轻松而愉快，赫鲁晓夫显示了他的幽默感。在上第一道菜时，苏联副总理米高扬与坐在赫鲁晓夫身边的尼克松夫人帕特隔着桌子用英语交谈起来。赫鲁晓夫笑着打断了米高扬的话："哈哈，你想扮演罗密欧么？可惜你年龄太大了，这个角色对你不合适。听着，尼克松夫人现在属于我了，你就老老实实地待在你的位子上吧。"说着，他还用手指在帕特与米高扬之间的桌布上画了一条线："这是一道铁幕，不许你跨过来。"

上的第一道菜中有一种用西伯利亚运来的冻白鱼制作的名菜：切得很薄，蘸了盐、胡椒和大蒜等调味品。赫鲁晓夫要的是大份，笑着劝尼克松也要了一大份。"这是斯大林喜欢吃的菜，"赫鲁晓夫一边大口地吃一边说，"他说吃这种鱼能使他脊梁骨更硬。"

当服务员收走盘子准备上第二道菜时，尼克松以为和赫鲁晓夫可以先行告退进行严肃的会谈了，但赫鲁晓夫却没有要走的意思，而是突然转变了话题。赫鲁晓夫先是吹嘘苏联导弹的威力和精确度，举出有关这些导弹的投掷量和射程的统计数字，接着又压低声音，仿佛要告诉尼克松什么军事秘密似地说："导弹这玩意儿，意外事故随时都可能发生。比如说，大约一两个月

第四章 从蜂窝、部落到地球村

前,我们有一枚洲际弹道导弹机件失灵,偏离了轨道,朝阿拉斯加飞去,当时我十分担忧。尽管这枚导弹没有核弹头,如果坠落到阿拉斯加,一定会引起一场大惊小怪。好在最后落在了海洋上。"

赫鲁晓夫随意而谈,好像是在拉家常。但尼克松知道他又是在恐吓,却不便反击,便问道:"既然苏联在导弹生产方面如此先进,那为什么还要继续制造轰炸机呢?"

赫鲁晓夫答道:"我们差不多已经停止了轰炸机的生产,因为导弹的精确度高得多,而且不会受到人的失误或情绪影响。人往往会因为感情的突然变化而不能把炸弹投到预定的目标,对于导弹则不必担心会有这种情况。"

接着,赫鲁晓夫又说世界各国的海军太可怜了,除了潜艇以外,他们的军舰简直就是导弹的"呆靶",将来一旦发生战争,就只能为鲨鱼提供饲料。赫鲁晓夫的谈兴又上来了,似乎是信口开河,并不注意分寸。

这时,尼克松认为应该对赫鲁晓夫进行反击了,不然,他会把自己的礼貌看作是软弱。"主席先生,你夸耀你们的军事实力,这就使国际紧张局势无法得到缓和,也无法谈判持久的协议。"

赫鲁晓夫笑着点头说:"好,我们少谈这些。但我只是说明这么一个事实,我们在火箭技术方面占有优势,导弹是无法防御的。你知道,英国正流行着一个悲观主义者与一个乐观主义者的笑话。悲观主义者说,只要6颗原子弹就能把英国消灭,乐观主义者说,得要9颗或10颗。"说完,赫鲁晓夫大笑起来。

尼克松进一步紧逼,说:"全世界之所以那么害怕战争,大部分原因是苏联领导人的好战讲话。我希望你不要以为你们在莫斯科召开51国共产党会议,我们连对这些代表来干什么以及得到了什么指示都会一点不知道。最近你就在波兰的一次讲话中公开宣布支持全世界的共产主义革命。"

"我们不赞成对个人搞恐怖行动。"赫鲁晓夫直言不讳地答道:"不过,我们支持其他国家发生的共产主义革命,那就是另一回事了。如果资产阶级不和平地交出政权,那么,也许就真的必须使用暴力了。"

"换句话说,你认为资本主义国家的工人是被奴役的,应当去解放他们吗?"尼克松问。

"被奴役?这个词太含糊,一点不科学,倘若苏联支持一场真正意义的国

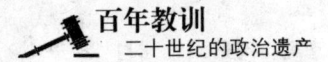

内革命,那不算干涉内政。"赫鲁晓夫有些生气地说。

尼克松想起了自己在委内瑞拉的狼狈境况,也有些生气地问:"苏联的报纸和电台为什么公开赞扬委内瑞拉对我及我的夫人搞恐怖活动呢?难道对想把我在那里杀掉的暴力苏联也应该同情?"

赫鲁晓夫怔了片刻,然后探过身子,用不无感性的声音说:"我们有这样一句谚语:你是我的客人,但真理是我的母亲。所以,我愿意回答你这个十分严肃的问题。你是那边义愤填膺的人民的目标,他们的行动并非针对你个人,而是针对美国的政策——你们美国失败了的政策。"

"我同意你有权利发表你自己的看法和同情这些暴力行为。"尼克松接着说:"但我要指出,拥有强大军事力量的苏联同这种革命舆论和同情搞在一起,那很可能有失去控制的严重危险。这就是为什么像艾森豪威尔总统和你这样坚强的人应该会晤的道理。但这种会谈必须在公正的基础上进行。主席先生是我见过的代表你们观点的最有力的发言人之一,但你的发言只有一个命题:美国总是错的,苏联则从来没有不对过。而和平不能通过这种方式获得。"

赫鲁晓夫知道美国的副总统并无什么实权,也明白尼克松是一个顽固的反苏反共分子,却没料到他敢如此顶撞自己,不禁又要发怒。但赫鲁晓夫明白在这个话题下再争论下去没有什么意义,便转而大谈柏林和德国问题。这一谈又是一个多小时,尼克松根本插不上嘴。大概是气消了,赫鲁晓夫终于平静下来。尼克松便见机试探赫鲁晓夫的立场中有没有谈判的余地,问他说:"假如坐在你对面的我是美国总统而不是副总统,难道你的立场也那么僵硬,对总统的意见连听都不愿听吗?"

显然,赫鲁晓夫已没有兴趣进一步探讨这个问题,只是简单地表示说,不论是否举行首脑会议,他是决不会同意西柏林占领政权永久化的。他还语气不善地暗示,如不按照他的条件去做,苏美之间将发生对抗。

尼克松也一点不相让,说:"主席先生,你不能指望艾森豪威尔总统参加首脑会议只是去在苏联的建议方案上签个字。"

赫鲁晓夫点点头说:"不错,我也不能只是为去对美国的建议表示同意而参加首脑会议,那样,我还不如去打野鸭子。"

说到这里,赫鲁晓夫站起身来,表示午宴已经结束。尼克松看看表,才

第四章 从蜂窝、部落到地球村

发觉这顿午餐竟然耗去了5个小时。

通过这次访苏期间的几次交锋,尼克松得出了对赫鲁晓夫的评价。这记述在25年之后出版的尼克松著作中,尼克松这样形容当时的对手:

> 尼基塔·赫鲁晓夫富有惊人的幽默感、敏捷的才智、不达目的誓不罢休的顽强精神以及残暴的权欲。在这些方面,我所见到过的领导人中,没有一个能同他相比。他个人的成败对改变二次大战以后的历史进程起了更为显著和更具有决定意义的作用。
>
> 是他建筑了柏林墙——这是有史以来第一座为了禁锢人民,而不是为了抵御敌人建造的墙;
>
> 是他如此残暴地镇压了匈牙利反抗共产党统治的人民暴动,因而我在1956年指责他为"布达佩斯的屠夫";
>
> 是他在古巴部署了核导弹,甚至在他决定后退、撤出核导弹时,还迫使美国保证从希腊和土耳其撤出美国导弹,并不再支持那些可能威胁到卡斯特罗在古巴的安乐窝的人;
>
> 是他在黑非洲以及其他发展中国家发动了巨大攻势,企图通过他的走卒帕特里斯·卢蒙巴接管刚果;
>
> 是他使苏联大规模扩充战略核武器,使苏联从古巴导弹危机时期同美国一比十五的不利地位转变为今天这样相当显著的有利地位;
>
> 是他同肯尼迪总统签署了部分禁止核试验条约,消除了笼罩在苏联上空的斯大林主义的神秘气氛,并采取重要步骤,奉行和平共处的政策,使苏联朝着作为一个欧洲国家的方向前进;
>
> 是他揭露了斯大林,从而永远破坏了共产主义运动的团结;
>
> 特别是,他应当对苏联和共产党中国的分裂承担主要责任。这次分裂是共产主义遭受的最大挫折,也是第二次世界大战以后发生的最重要的地缘政治事件。在外交政策方面他尽管取得了一些成就,采取了一些主动行动,但人们不会忘掉他最惨重的失败——失去了中国。
>
> 在我见到过的所有领导人中,我与赫鲁晓夫的意见分歧最大。然而,我对他能如此有效但十分粗暴地行使权力常常情不自禁地感到佩服。许多人会同意说他是魔鬼的化身,但是没有人能否认他是一个危险的能干

的魔鬼。①

尼克松出生于1913年，1994年去世，他经历了20世纪世界最动荡的时期，两次世界大战和一次冷战；也经历了美国最风光的时期。美国于1913年人均GDP超过英国，成为世界第一强国，整个20世纪都被认为是"美国人的世纪"。1946年尼克松33岁时就当选为美国国会议员，是当时国会中最年轻的议员。1953年，他在风华正茂的40岁时就担任了美国的副总统，并且连任两届。1968年11月，他当选美国总统，1974年8月因"水门事件"下台。虽然他辞去总统职务是被迫的，但他在离开白宫的最后一幕却表现出了勇气、尊严和很强的自制能力。尼克松在担任美国总统期间，妥善处理了美国在国际上正面临的三大难题：一是越战，二是对苏关系，三是对华关系。

尤其值得注意的是，尼克松应对苏联不是就事论事，而总是把美苏关系置于全球格局中来考虑，既有针锋相对的斗争，也有谈判妥协；既有正面应对，也有大迂回。

毫无疑问，尼克松访问苏联期间与赫鲁晓夫的辩论不是他们两人之间的战争，而是两种主义、两个国度的较量。而这场争论的最后结局也是众所周知的。尽管在辩论中赫鲁晓夫声称，"再过7年，我们就达到美国同样的水平"，并还以夸张的手势奚落尼克松，但苏联的经济、苏联人民的生活却始终未能达到美国的水平。

就在1961年10月苏共二十二大召开时，苏共中央主办的《共产党人》杂志收到雪片般的群众来信，纷纷抱怨生活困难和不公。一封来信中写道："当社会主义并没有给人类个性的发挥提供现实的保证的时候，如何要求苏联人具备某种社会主义思想呢？……我们说的不是你们的国家统计情况，而是我们苏联大多数人的现实生活情况。无线电广播经常空谈：我们正在走近共产主义。是的，在你们那里当然是共产主义啦，可在我们这里却是饥饿主义和价格昂贵主义。"

与此同时，生活供应不足引起了人民群众的强烈不满情绪，在各地出现了大规模的抗议行动，针对赫鲁晓夫本人的攻击也已经不是什么秘密。凡赫

---

① 〔美〕理查德·尼克松：《领袖们》，施燕华等译，海口：海南出版社2008年版，第163页。

第四章 从蜂窝、部落到地球村

鲁晓夫所到之处,都会遇到发泄愤怒情绪的人们。在新西伯利亚,他不得不躲避狂暴的人群;在高尔基市,他被迫在深夜离开;在第比利斯,他的汽车玻璃被打碎了;在基辅、塔什干、鄂木斯克、顿涅茨克、克拉马托尔斯克等城市都发生了工人的抗议行动。1962年6月间在新切尔卡斯克发生的流血事件尤其引人注目。由于政府宣布把肉价提高30%、食油价格提高25%,引起了人民群众的极大不满和公开行动。人们呼喊着如下口号:"打倒赫鲁晓夫!""赫鲁晓夫滚蛋!"更大的错误还在于,政府领导人对人民群众的这些抗议行动竟调动军队进行镇压。军队与游行示威人员冲突的结果是:24人死亡,70人受伤,105人受到审判,其中7人被枪毙。

赫鲁晓夫的统治再也不能继续下去了。1964年10月12日,赫鲁晓夫在黑海之滨度假时,赫鲁晓夫缺席的苏共中央主席团召开会议,决定解除他的职务。10月14日,苏共中央发布公告:"苏共中央全会满足了尼·谢·赫鲁晓夫同志鉴于年迈和健康状况恶化解除他苏共中央第一书记、苏共中央主席团委员和苏联部长会议主席的职务的请求。"就这样,赫鲁晓夫成了苏共历史上唯一因年迈和健康原因而退出历史舞台的领导人。

然而,赫鲁晓夫下台了,苏联的经济生产和民众的生活水平却并没有随着赫鲁晓夫的下台而提高。在其继任者勃涅日列夫主政的18年中,虽然最初曾出现短暂的复苏,但不久就进入全面的停滞状态。而在勃涅日列夫之后,不仅经济状况和民众生活每况愈下,而且社会危机一再显现。到了戈尔巴乔夫时期,苏共就再无回天之力了,整个经济社会就彻底崩溃了。

为什么苏联经济总量只占美国经济总量10%—20%的时候,国家建设能够冲破国际封锁和国内困难突飞猛进;只占美国经济30%—40%的时候,能够独撑世界反法西斯战争半壁疆场并最终取得胜利;而经济总量占到美国80%左右的时候,还反而会崩溃呢?追根溯源,最直接最重要的原因不在别的方面,仍在经济上。正如恩格斯精辟指出的:"一切社会变迁和政治变革的终极原因,不应当在人们的头脑中,在人们对永恒的真理和正义的日益增进的认识中去寻找,而应当在生产方式和交换方式的变更中去寻找。"①

20世纪下半期的世界,和平与发展早已取代战争与革命,国与国之间的

---

① 《马克思恩格斯选集》第3卷,北京:人民出版社1972年版,第307页。

竞争早已聚集为经济,而苏联领导集团却未能跟上这股潮流,仍然热衷于政治,这就不可避免地导致了已有经济优势的丧失,直至经济停滞并最终崩溃。

从苏联的例子中,人们可以得出的第一个结论是:政治在社会发展中所担当的角色是极为重要的,但却不能总是跑在经济的前面。

十月革命胜利后,列宁曾深刻指出:"当无产阶级夺取政权的任务解决以后,随着剥夺剥夺者及镇压他们反抗的任务大体上和基本上解决,必然要把创造高于资本主义社会的社会经济制度的根本任务,提到首要地位;这个根本任务就是提高劳动生产率。"虽然新生的俄罗斯是十分贫穷的——时至1921年,列宁还这样痛心疾首地写道:"看一下俄罗斯联邦的地图吧。在沃洛格达以北、顿河畔罗斯托夫及萨拉托夫东南、奥伦堡和鄂木斯克以南、托木斯克以北有一片片一望无际的空旷地带,可以容纳几十个文明大国。然而主宰这一片片空旷地带的却是宗法制度、半野蛮状态。那么在俄国所有其余的穷乡僻壤又是怎样的呢?乡村和铁路,即同那连接文明……连接大城市的物质脉络往往相隔几十俄里,而只有羊肠小道可通,确切些说,是无路可通。到处都是这样。"①但是,由于列宁主导,布尔什维克党在当时极端困难的情况下,成功地实施以粮食为重点的新经济政策,很快就恢复了社会元气。

在斯大林时期,虽然经济发展上存在一些偏差,但政府工作的指导思想和工作重心是非常突出非常明确的,就是一门心思建设现代化的工业国。即使在卫国战争时期举国迎敌的情况下,对经济的发展也始终给予高度关注。俄罗斯学者认为,正是20世纪20—30年代国家工业化的结果,才得以保证卫国战争爆发后苏联经济迅速地转入战时轨道。而从战争第二年开始,国家经济则发挥出最大效率,所生产出的大量军火、军事装备以及其他物质,源源不断地输送到前线,从而保障了战争胜利,并为建成与美国乃至整个西方抗衡的世界强国奠定了基础。

但是,苏联在后期却忘记了这些传统,形成了政治重于经济、经济战略服从服务于政治战略这种本末倒置的局面。苏联部长会议主席雷日科夫批评说:"经济已被公然地肆无忌惮地政治化了。尽管这种情况在不同程度上一直存在于我国各个不同的阶段。……但是,恐怕像戈尔巴乔夫时代这样,只执

---

① 《列宁全集》第41卷,北京:人民出版社1984年版,第216页。

行总书记提出的建议和要求,完全不顾社会经济后果,片面追求轰动效应,朝三暮四,一味朝着政治方向倾斜,还是从未有过的。"①苏共中央另一位政治局委员利加乔夫尖锐地指出:"经济一次次地成了政治的牺牲品,而且是浮光掠影式的政治,而主要的目的——人民的福祉,销匿在了个人政治奢望的围栏下。"②

19世纪末,恩格斯即指出:"国家权力对于经济发展的反作用可以有三种:它可以沿着同一方向起作用,在这种情况下就会发展得比较快;它可以沿着相反方向起作用,在这种情况下,像现在每个大民族的情况那样,经过一定的时期就都要崩溃;或者是它可以阻止经济发展沿着既定的方向走,而给它规定另外的方向,这种情况归根到底还是归结为前两种情况中的一种。但是很明显,在第二和第三种情况下,政治权力会给经济发展带来巨大的损害……在一定条件下某一地方和某一民族的全部经济发展可能被毁灭。"③

应该说,苏联后期即为恩格斯所论述的第二种和第三种情况的典型例子。因为这时的国家政治已经同经济基础严重不吻合,已经与生产力和生产关系的发展要求处于严重对抗,这就必然会起毁灭作用,进而导致制度更替与社会变迁。可见,经济作为一切社会现象的根源,是必须从国家主权、政权的高度来加以认识、把握和发展的。

从苏联的例子中,人们可以得出的又一个结论是:在现代经济生活中,与世隔绝、逆潮流而行、封闭发展是没有出路的。纵观苏联70多年的经济发展过程,可以说,造就其经济奇迹的最大功臣是计划经济,而最后导致其经济崩溃的罪魁祸首也是计划经济。

苏联的经济制度是在20世纪30年代的工业化过程中逐渐建立起来的。其主要特点包括:(1)党领导经济工作。自1930年起,苏共中央就设有领导经济工作的重工业部、轻工业部、交通运输部、农业部和财政—计划—贸易部等。这些机构与政府系统的同类机构并不是简单的重叠,而是凌驾于这些政府同类机构之上,实际上是以党代政,包办了对具体经济工作的领导。(2)计划管理高度集中。国家是生产资料、社会资源和物资储备的唯一所有者,

---

① 〔俄〕尼·雷日科夫:《大动荡的十年》,王攀译,北京:中央编译出版社2006年版,第96页。
② 〔俄〕叶·利加乔夫:《警示》,钱乃成等译,北京:当代世界出版社2001年版,第64页。
③ 《马克思恩格斯选集》第4卷,北京:人民出版社1995年版,第701页。

只有代表国家的最高领导者才能对其进行集中计划管理。工厂和企业活动的所有基本要素，从人员构成、劳动工资定额，到原料供给和客户订单，都由上级决定。集中计划的内容不仅包括未来的发展纲要，而且针对当前的具体管理措施。计划时限不只是五年计划，而且包括每个企业的年度任务指标。(3)所有的工厂和企业都在其所属部委的领导下运转。至1930年代末，苏联的工业已分属21个部门管理，实际上形成了部门分割和垄断。(4)排除市场动力机制。虽然也实行计件加奖金的劳动工资制度，但主要的动力还是来自党和国家为保证任务完成而下达的指令性计划、革命思想和道德动机的鼓舞和纪律与惩罚条例所起的作用。

　　苏联这一体制虽然后来曾有过多次微调，但都万变不离其宗，一直延续到20世纪80年代。虽然这个体制在保证苏联建成工业化国家、巩固苏联国防，尤其是保障卫国战争胜利方面，都起到了巨大作用，但是，这种封闭僵硬的体制，也把工厂企业捆得死死的，未能给其提供发挥主观能动性的空间；造成条块分割，带来社会资源的极大浪费；滋长官僚主义和腐败现象，对其他社会积弊泛滥起到推波助澜的作用；违反物质利益原则，严重制约了苏联社会积极性主动性创造性的发挥，使苏联在经济发展中付出了高昂的代价。

　　苏联几十年一贯制地推行纯而又纯的计划经济体制，完全与西方经济发展相隔绝，这既有严峻的国际形势这个客观因素，也有领导集团经济思想和实际工作的过错。如对商品、市场与价值规律抱有成见，甚至把它们看作是同社会主义对立的异端邪说，不重视经济核算和生产中劳动者的地位，在价格形成和集中管理中有主观随意性，等等。于是，随着时间的推移和条件的变化，曾经发挥巨大作用的高度集中的计划经济体制便同经济发展的需要越来越矛盾，优越性越来越小，阻碍作用越来越大，以致最终成为经济发展的阻塞机制。再加上，意识形态的桎梏削弱了苏联的经济力，而经济的衰落又引起了意识形态上的沮丧。如此这般恶性循环，就使得苏联的经济虽然早在20世纪30年代就基本实现了现代化，但却未能延续现代化；虽然早在20世纪30年代就站在了世界前列，但却始终未能与世界经济的发展接轨。这样，大厦就必然倾斜了。

　　从苏联的例子中，人们还可以得出的一个结论是：在经济和信息已经日益全球化的条件下，社会的发展是不是属于良性，人民群众的生活到底好不

第四章 从蜂窝、部落到地球村

好,这种比较应该是开放性的,既要纵向同比,也要横向环比,再也不可能指望民众会盲目地信从所谓英明领袖或超凡人物的号召与信誓了。

1991年12月苏联解体后,美国前国家安全事务助理布热津斯基不仅从政治层面、战略高度分析研究这一历史性事件,而且还从民众日常生活方面进行了深入剖析。他在《大失控与大混乱》这本书中写道:

> 共产主义在其制度形式上把最高政治领导人捧到了活着的上帝的地位。这种崇拜在列宁、斯大林的很多实例中达到了荒谬的无以复加的程度,使科学唯物主义者的实践者竟然对保存的和公开展示的原创始人的遗体顶礼膜拜。……共产党的看法在很多方面包含着对人的个性的更大的误解和重新塑造个性的野心勃勃的目标。
>
> 苏联共产主义终于失败了,因为它实际上没有在物质方面实现,而它的政治实践则损害了——其实是败坏了——它在道德上的主张。它无法提出一种切实可行的社会经济的替代办法,来取代自由市场制度,因为后者与此同时已针对和适应某些社会主义关切的问题作为它本身的社会政策。事实上,作为一个实际问题,资本主义击败苏联共产主义可以说靠的是,前者在物质水准上比后者略胜一筹从而否定了后者在道德上的唯我独尊。这就驳斥了共产主义是人类发展最高阶段的大言不惭的断言。
>
> 最终,实际上对破坏共产主义乌托邦的生命力至关重要的,正是这些日积月累的和往往是细小的日常生活里的挫折。例如,经常接触到的是蛮横的政府工作人员,没完没了地排长队买劣质而又稀少的消费品,官方口号和官方伪善面目之间的越来越令人气恼的自相矛盾,在官僚化等级制统治整个社会中所固有的对人的任意屈辱和非人待遇,以及平民百姓连最基本用品(比如手纸)都有令人啼笑皆非的短缺和极权主义领导人的极少掩饰的大模大样的生活气派之间的强烈对比。所有这些都逐步使信念、屈从、冷漠和恐惧转变成否定、反感和动荡不安的激进主义。……终于导致发生突如其来的和令人惊异的和平方式的向心聚爆。①

---

① 参见〔美〕兹比格涅夫·布热津斯基:《大失控与大混乱》,潘嘉玢、刘瑞祥译,北京:中国社会科学出版社1994年版,第50、52—53、67、69—70页。

显然，布热津斯基作此论述的立场以及这些论述中的一些观点是很难令人赞同的，但是，他所指出的苏联领导集团在20世纪中期的不切实际的政治和经济狂热、社会政治生活的高压窒息，以及苏联解体时的物质匮乏、社会动荡和由此带来的社会公众心理伤害，则是中肯的、可信的。

实际上，在20世纪70年代初，赫鲁晓夫也察觉到了问题的严重性。他曾说："我在1914年结婚时才20岁，因为我做的是技术性工作，我立刻得到一套房子。这套房子有会客室、厨房、卧室和餐厅。革命后好多年，回想起我作为资本主义制度下的工人，有比现在生活在苏维埃政权下的工人同胞更好的居住条件，使我感到痛心。"①

而到了后来，由于长期的生产比例失调，轻工业品和日用消费品短缺，老百姓拿钱已经买不到自己想要的东西。由于长期实行低工资政策，职工的工资和生活福利已同西方国家相差悬殊。1989年，苏联职工工资在国民生产总值中所占的比重只有30%，而美国则占62%。在住宅建设方面，苏联最好的年份住房建设投资占国民经济总投资的10%—15%，而美国住宅建设投资一般都占到国民经济总投资的1/4。再加上，社会两极分化严重——1922年时，最高收入者与最低收入者的差距为8倍，1950年代中期为44倍至56倍，而到了勃列日涅夫后期则扩大到百倍以上。这就使苏联的社会矛盾不可避免地尖锐起来了。利加乔夫说："我再次感受到了社会处于一种何等紧张的状态。人民痛苦地寻找着问题的答案——国家是怎样陷入这种大踏步的后退和衰退状态的，应该如何走出这种困境。"②

社会从来就是国家政治的晴雨表。苏联的实践证明，人民的生活长期处于低水平，人们的情绪长期得不到重视和考虑，在封闭禁锢的社会环境下尚可以政治高压维持表面的稳定和秩序，而一旦社会意识形态失控、人们的政治幻景破灭的时候，危机往往会一触即发，就更不要去奢望什么认同感、满意度及对政府对未来的忠诚与信心了。

---

① 〔俄〕尼·赫鲁晓夫：《最后的遗言：赫鲁晓夫回忆录续集》，上海国际问题研究所、上海市政协编译组译，北京：东方出版社1988年版，第149页。
② 谭索：《戈尔巴乔夫的改革与苏联的毁灭》，北京：社会科学文献出版社2006年版，第324页。

二 柏林墙的诉说——社会体系可能因其本身的缺陷而消失,而并不一定由自觉动员的社会运动所击垮

"戈尔巴乔夫先生,推倒这堵墙!"①这是 1987 年秋天,时任美国总统里根在柏林勃兰登堡门附近对约 2 万人发表演说时对苏联领导人戈尔巴乔夫的隔空喊话,呼吁他同民主德国领导人开放柏林墙。当时,里根的所有随员都认为这一想法太不切合实际。里根的安全顾问弗兰克·卡卢奇甚至说:"这是一句很棒的演说词,但永远不会实现。"然而,两年后——1989 年 11 月 9 日,柏林墙倒塌了,里根的这一演说词也成了一句美国流行语。

柏林墙的倒塌不是一个简单的孤立的可以轻易忘却的事件。20 年后——2009 年 11 月 9 日,德国在柏林勃兰登堡门前举行纪念仪式,美、英、法、俄等国的政要和社会名流一应出席。

法国总统萨科奇说,柏林墙的倒塌"预示着冷战的结束和欧洲伟大自由时代的开始,20 年来,我们一直在为之庆祝"。

苏格兰斯特克莱德大学欧洲政策研究中心主任巴特勒说,柏林墙被推倒是一个宽泛的历史概念。首先,它意味着第二次世界大战真正的结束。因为对于欧洲人尤其是德国人来说,1945 年并不意味着战争的结束,直到柏林墙被推倒,德国的民族利益才真正得到统一。其次,德国的统一对欧洲来说是一个历史的新篇章,它进一步促动了全球化的进程。

法国《费加罗报》指出,柏林墙的倒塌使原先所代表的意识形态和政治、军事上的两极分界都消失了,事实上结束了冷战的历史,开始了一个多元世界的新局面。

20 年前柏林墙倒塌时还是民主德国科学院一名普通科研人员的德国总理默克尔在纪念仪式的讲话中更是称,柏林墙的倒塌是"德国历史上最幸福的时

---

① 《参考消息》,2009 年 11 月 2 日,第 3 版。

刻"。

为什么存在了28年之后，用钢筋水泥堆积起来的柏林墙会在一夜之间倒塌呢？为什么倒塌20年之后，西方对这一事件还如此津津乐道呢？应该说，建设柏林墙的初衷不无道理，也远不像倒塌20年之后用推倒象征柏林墙的多米诺骨牌来加以纪念这般喜剧和轻松。

第二次世界大战结束后，德国被苏联、美国、英国和法国分区占领。1949年，包括东柏林在内的苏联占领区成立了德意志民主共和国，美英法占领区则成立了德意志联邦共和国。最初，柏林市民是可以在各区之间自由活动的，但随着冷战紧张气氛的提升，东、西柏林的边界于1952年开始关闭。

不过，边界的关闭未能阻止人员外流，西德往东德流动的人口还一度居多。如前面曾提及的，1954年下半年，西德即有7.5万人移居东德。但是，从1955年起东德往西德跑的人就开始多了起来。到了1960年前后，东德西流的人数明显上升。1959年约为14万人，1960年约为19万人，而进入1961年后，每月都达到数万人。在8月份的头两个星期就有4.7万人跑到了西德。就在柏林墙修建的当天，从紧挨封锁线的住宅后院越墙逃跑和从河上偷渡过去的就有数千人之众。据联邦德国公布的数字，10多年来，从民主德国跑到联邦德国的总人数达到270万人，其中半数以上是从东、西柏林之间的边界上过去的。这个数字占到民主德国总人口的六分之一，而且都是社会主要劳动力。这对民主德国的经济造成了巨大危害，也对整个社会产生了极为不良的影响。面对这种情况，民主德国的领导人再也坐不住了。1961年5月中央政治局召开紧急会议，最后做出决定，在东、西柏林之间建立一座墙来阻止西流浪潮。

柏林墙的修建竟是这样迅速。在经过三个月的秘密准备之后，1961年8月13日凌晨，与西柏林接壤的东柏林街道上所有的路灯突然被熄灭，无数辆军车的大灯照亮了东、西柏林的边界线，2万多名东德士兵只用了六个小时，就在43公里长的边界上筑成了一道钢铁长墙。由于保密措施得力，睡梦中的西柏林人根本不知道这边发生了什么事。只是天亮后，他们才发现昨天还畅通无阻的道路今天已被封死，并有全副武装的东德军人以高度的戒备注视着西柏林的动静。此后又过了三个年头，柏林墙建成完工，总长度达到155公里。

第四章 从蜂窝、部落到地球村

竣工后的这堵墙竟是如此的坚固，防范也这样的严密。所有墙体通高达到3.6米，都用一块块钢筋水泥预制板拼接，墙体顶端都嵌有一个挨一个的圆水泥管，目的是防止人攀爬。事实上，柏林墙已不是一道简单的墙，而是一个完整的防御体系。除了墙体本身高、滑，安有警报器，不易攀爬以外，由墙体往外还设有8道防线。第一道防线是钢制路障；第二道防线是2米高的铁丝网；第三道防线是音响警报缆；第四道防线是通电铁丝网；第五道防线是埋有地雷的6—15米宽的无草皮空旷地带；第六道防线是3—5米深的反车辆壕沟；第七道防线是又一道2米高的带警报器的通电铁丝网；第八道防线是在重点地区修建了第二道水泥墙，既阻止人流，又能够抵挡装甲车辆的撞击。而在这8道防线间，还建有22座碉堡、302座瞭望台，由14000名武装军人和600只警犬日夜看守。

应当承认，柏林墙建起后的确发挥了隔离功能，使西流的人数大为减少。从1961年修这道墙到1983年的22年间，成功逃到联邦德国的东德人只有19.2万人。这也就是说，在22年里西流者的总和，差不多只有柏林墙建立之前一年的数量。同时，在柏林墙建立之后的最初几年里，也是东德政治经济生活最为平静的时期。东德依靠其原有的工业基础，在相当程度上发展了社会经济，提高了人民生活水平。这一努力也使民主德国始终处于东欧社会主义国家经济发展水平的首位。

然而，如此坚固、防范如此严密的这堵墙毕竟又倒塌了，并且倒塌得是这样的迅速，这样的彻底，且还让人如此的陶醉和鼓舞。原来，就如同这堵墙的修建是一个背景悠长的故事一样，这堵墙的倒塌同样有着诸多的缘由和某种历史的必然性。

从外部看，有三个因素促成了这一历史性事件的发生。

首先是，几乎从一开始，柏林墙在西方就被认为是罪恶的象征，必欲摧毁而后快。联邦德国第四任总理勃兰特即指出："所谓的墙，是一个痛苦的现实。当它扩建完毕后，它形成一个由水泥板、金属栅栏、铁丝网、瞭望塔、碉堡、施放警犬的设备、壕沟、接触网和信号网等组成的边界系统。它绕过一个又一个街角，在一排排房屋前面蜿蜒曲折地一公里一公里穿过柏林，什么东西也挡不住它。大概很少有人会用比这更加令人厌恶的精细巧妙的手段把自己跟邻居隔离开来，很少有一个国家、一个教区会这样把自己同另一个国家、同对立的教区隔开,也很少会有一个社会制度会把自己的统治区用这种办法跟其所谓敌人隔离。"①

正是出于这个原因,所以柏林墙倒塌时,曾一直为此孜孜以求的美国总统老布什、英国首相撒切尔、法国总统密特朗和联邦德国总理科尔一方面感到意外和震惊,感到局势发展太快了,一方面又大喜过望,掩饰不住地高兴。若干年后,老布什甚至在得克萨斯州的总统图书馆里收藏了一块柏林墙残骸,以显示馆主人在这场剧变中所获得的荣耀。

其次是,1989年对整个欧洲乃至世界来说的确是一个历史性的转折年,许多令人震撼的事件一个接着一个地在东欧社会主义国家发生。

如前所述,先是波兰团结工会上台。在1989年4月举行的第一次西方式自由选举中,虽然波兰统一工人党领导人雅鲁泽尔斯基继续当了总统,而政府却由团结工会主席瓦文萨的顾问马佐维耶茨基牵头组织。同年9月12日,以马佐维耶茨基为总理的波兰新政府宣誓就职。这是二战后波兰和整个东欧地区出现的第一个非共产党人领导的政府。

接着是匈牙利实行多党制。1956年后上台的卡达尔是社会主义国家中继南斯拉夫领导人铁托之后最早改革斯大林模式的又一人。从1957年开始,卡达尔就陆续推出一些改革,以缓和社会紧张局面。1968年匈牙利开始了全面的经济改革,取得了引人注目的成就,被称为"消费者的天堂"。但自70年代下半期后,由于西方经济危机的影响,匈牙利的经济发生困难。在这个关键时期,卡达尔等人犯了一系列战略和政策上的错误,昔日的"天堂"在整个80年代黯然失色。在这种情况下,匈牙利社会主义工人党内主张激进变革的力量大大增强了。1988年5月,匈党召开全国代表会议,以卡达尔为首的党内元老全部退出政治局,原布达佩斯市委第一书记格罗斯任总书记,主张激进变革的波日高伊等人进入政治局。1989年2月匈党中央全会作出实行多党制的决议。1989年10月,匈"社会主义工人党"更名为"匈牙利社会党","匈牙利人民共和国"更名为"匈牙利共和国"。

接下来是布拉格的天翻地覆。自1989年年初起,捷克斯洛伐克民众就要求重新评价1968年布拉格事件,并先后两次发生了大规模群众性游行事件。

---

① 泽明等编:《外国首脑文集》(上册),北京:中华工商联合出版社1997年版,第256页。

第四章　从蜂窝、部落到地球村

不幸的是，当局的强制打压导致了相反的效果，示威活动迅即在全国蔓延开来。11月，捷共被迫举行两次非常中央全会，其领导人雅克什辞职。11月28日，捷共当局与反对派会谈，双方达成协议：实行议会民主，取消宪法保障的捷共的领导作用，举行自由选举。12月3日，已经排除捷共势力的新政府为布拉格事件平反。12月29日，反对派领导人哈韦尔当选为捷总统。随即，捷国名由"捷克斯洛伐克社会主义共和国"更改为"捷克斯洛伐克共和国"。

最后是保加利亚剧变。保加利亚激烈的政治和社会动荡是以日夫科夫的下台开始的。日夫科夫是东欧各社会主义国家中任职最长的领导人。在数十年东欧的风风雨雨中他"岿然不动"，这是和他善于随机应变的本领分不开的。他对苏联的变化十分敏感，不断变更自己的政策以适应苏联新领导人的胃口。随着一系列国内外矛盾的加剧，保共党内对日益专权的日夫科夫越来越不满。在东欧裂变的冲击下，1989年11月10日，保共召开了中央全会，日夫科夫正式下台。随后，非官方的和政治反对派组织迅速增加到30多个，大小规模的游行不断，实行多党议会民主和自由选举。1989年12月，保共与反对派举行圆桌会议，双方同意讨论建立新的政治制度、改革司法制度和重新制定新宪法。1990年4月，保共党内通过投票决定将保共改名为保加利亚社会党。1990年6月，保加利亚经过两轮自由选举，选出由400名代表组成的国民议会，其中，保加利亚社会党获211个议席，主要反对党民主力量联盟获144个议席。这样，保加利亚也终于完成了向多党制议会民主过渡的历史性转变。

东欧社会主义国家接二连三发生的这些事件，于德意志民主共和国（简称"民主德国"）——无论是其领导人还是普通民众来说，都迫使他们不得不作出新的价值判断和政治选择。

第三是，这一时期的苏联正把戈尔巴乔夫的改革与新思维推向新高度，苏共领导集团关注的是苏联自身的变化，而对东欧社会主义各国则不断吹风：你们要自己决定自己的事情。就在民主德国的左邻右舍相继发生剧变、其执政党的地位处于风雨飘摇之中时，戈尔巴乔夫告诉西方记者："看来，德国的统一已不可避免。"此话一出，西方立刻明白了苏联已放弃保护东德的立场。可以说，苏联的态度既对柏林墙的修建起了直接作用，也对柏林墙的倒塌起了直接作用。

从民主德国内部来看，虽然政府把柏林墙命名为"反法西斯壁垒"，下令

"凡强行翻越柏林墙的人都格杀勿论",但是,还是有多种力量一直在持续不断地撞击着柏林墙,直至柏林墙最终倒塌。

一是向往幸福美好生活的力量。

1958年8月,当得知大量民主德国的知识分子出逃联邦德国时,苏共中央第一书记赫鲁晓夫曾对民主德国党的第一书记乌布利希说了这样一句颇有意味的话:"看来我们不能以开放的边界同资本主义进行竞争。"①

应该看到,这句话不仅是柏林墙修建前社会主义阵营同西方资本主义世界实力悬殊的真实写照,也是柏林墙倒塌时社会主义国家同西方资本主义国家实力悬殊的真实写照。只不过,民主德国处在同资本主义竞争的最前沿,所感受到的压力和危机更为深重。

有统计数据表明,东部德国人流往西部的原因虽然多种多样——有的是战乱结束后回流,有的是为了家人团聚,有的是向往资本主义的自由,但自柏林墙建立起来后,东德人逃往西部的主要动机,还是出于经济和物质生活方面的考虑。特别是一些年轻人和受过良好教育的人,他们渴望到联邦德国过上好生活。

很多原民主德国党的领导干部反思说,柏林墙的封闭作用虽然缓和了由大量人员出逃引起的政治危机,但也隔绝了某种时代前进的信息,使党和政府未能充分利用有利时机成功发展自己。结果,一堵墙封闭了社会主义本应具有的开放性、灵活性和先进性,致使同资本主义的差距越拉越大,人民的生活越过越差。还有人说,社会主义如果不在改善人民生活和发展民主自由方面超越资本主义,而靠墙来堵不是一个根本的办法。人民总是期望改善自己的生存条件和工作条件,不能过多地讲为某种抽象的主义而生活。修建柏林墙,从表面上看是把人民同西柏林隔开了,但实质上是把社会主义封闭起来了。有人甚至极为愤懑:为什么修建柏林墙的是东部而不是西部?为什么人们总是往西部跑而不是往东部跑?这难道不是社会主义的悲哀吗?!

二是人道主义的力量。

1989年11月9日晚,刚刚接替昂纳克担任党中央总书记不久的克伦茨在主持中央政治局会议作出开放柏林墙的决定后,曾发表电视讲话,说"社会主

---

① 李向前:《柏林墙与一个社会主义国家的命运》,载《新华文摘》,2009年第10期,第64页。

第四章 从蜂窝、部落到地球村

义是唯一人道主义的替代物",表示要"坚定地遵循人道主义的历史规律"。事后,因这一言论过于极端,开放柏林墙后的应对措施也不力,克伦茨被革除了总书记职务,开除了党籍。但是,他注重人道主义的这一表态和主持决定开放柏林墙的这一壮举,则深得人心。

有评论指出,克伦茨之所以受到欢迎,是人们深刻地了解并认识到这样一些基本事实。自柏林墙建立后,人民曾不惜生命,通过跳楼、翻墙、挖地道、游泳等各种方式逃往西部。1961年深秋,18岁的彼得·费希特尔已经爬到了柏林墙的顶部,只要再加把劲,就可以达成目标了。然而就在这时,枪声响了,彼得身中数弹后倒在墙下,血流如注,东西两边的人都看到了,但却没有人施予援手。彼得遂成了柏林墙建立后第一个因试图越墙而被射杀的人。后来又因翻墙有239人死亡,260人受伤,3221人被逮捕入狱。这堵墙到底是在保护人民的利益还是在损害人民的利益?党和政府的枪口再也不能对准人民了。所以克伦茨执政期间曾宣布赦免所有外逃的人,决心革新党和政府的形象,以保证人民充分享有自己的权利。

而在开放柏林墙、放松同联邦德国的边界管制后,一种从未有过的现象出现了。1989年11月9日这天,午夜刚过,东部德国人就从柏林墙的豁口处潮水般地涌向西柏林。没几天,西德的人就达到了数百万。而等到两德签署的国家条约生效后,东、西柏林和整个边界的关卡全部取消,人员和车辆自由通行,就像在一个国家一个城市一样,人民感到了从未有过的喜悦。欧洲评论,一种内在的、基于人道和理性的力量,实在是强大的、无法抗拒的,这是坚如磐石的柏林墙之所以被推翻的力量源泉。

三是民族独立和统一的力量。

德意志建立民族国家的历史虽比欧洲其他列强要晚一二百年,却是最先最痛彻认识到只有独立和统一才能使国家强大的民族。为了独立和统一,德意志历尽了坎坷。1815年结束邦国林立的历史,建立了德意志同盟,但等到1848年欧洲"三十年战争"结束时,德意志又被碾得粉碎。1871年德意志帝国的成立可谓德国历史上第一次建成真正意义的独立统一国家,然而,20世纪30—40年代自酿苦酒,又使民族再度分裂。第二次世界大战给德意志造成的最大伤害,莫过于独立统一的国家隔墙而治,并被苏美英法四国分区占领。柏林墙的建造不仅标志着柏林作为一座完整城市的消失,而且也是两种意识形态、两种政治和社会制度的隔绝。同时，因为政治上军事上受制于人，这也还意味着柏林墙两边双双失去了完整的主权。实在难以想象，人类早在技术上完成了广泛的交互性，而两个德国却在思想、制度和心理上还要继续对立，互相认作敌人。显然，人民已经不愿意这种状态再继续下去了。所以，尽管高墙阻隔，高压震慑，但民族重新统一的理想并没有熄灭，无论是联邦德国人还是民主德国人从来都不曾放弃。双方唯一的恐惧，是民族的分裂永久化。

1987年9月，民主德国领导人昂纳克率先破冰，对联邦德国进行了历史性访问。昂纳克与联邦德国总理科尔进行会谈强烈表示，由于共同的历史和命运，两边的德意志人都必须为民族的和平作出特别的努力，在德国的土地上永远不应再发生战争和对立。

1989年初，随着民族统一问题的提出，民主德国和联邦德国便紧张地开始了双边谈判和多国斡旋。民主德国军队还开始从勃兰登堡门大规模地拆除柏林墙的附属设施。民主德国的建筑公司也受命宣布，将向西方国家出售柏林墙。及至11月9日，承载了太多重负的柏林墙终于倒塌了。

20年后，云集在柏林勃兰登堡门前参加纪念仪式的各国政要、各界名流们既谈及柏林墙倒塌的意义，也谈到柏林墙倒塌的原因。有的认为这是"西方的胜利"；有的表示，"如果今天重新选择，还会选择社会主义"；而有另外的人则称，"双方的争论都应该大打折扣，无论胜利或失败，都是个绝对错误的字眼"。其实，从人类社会发展的历史规律来看，与其说是"西方的胜利"或"苏联意识形态的失败"，倒不如说是理性的胜利，人性的胜利，人类现代化的胜利。

殊不知，德国统一之后，不仅在政治上彻底摆脱战败国地位，获得了全部主权；在经济上仅次于美国和日本，居世界第三位；在外交上重回国际舞台，对欧洲和世界事务都发挥着举足轻重的影响；而且，在短时间内就发展成了一个自由、民主、和谐和高度发达的现代化社会。

殊不知，人类交流方式的增加和交往速度的加快早已改变了世界。在现代化的交通工具飞速地改变着人们的空间感、电脑网络可让天涯变成咫尺的情况下，国家的存在和国家之间的边界已不足以阻隔人们的交流与沟通。况且，现代生产力的发展也已达到这样的程度：只有把地球作为一个统一的生产空间来进行生产，才能最有效地释放它的巨大能量。这些历史的绝对命令，应是一切诸如柏林墙的铁幕之所以倒塌的真正原因。

殊不知，柏林墙的倒塌远不只是一个德国事件——虽然它首先是德国历史发展进程中的一个标志性事件；但是，柏林墙反映的不仅仅是柏林和德国的历史，更是整个欧洲的历史，因为整个欧洲二战后就分裂了，这座墙就是这种分裂的象征，而它的倒掉也就意味着欧洲融合的再度开始。所以，柏林墙倒塌的第二天，"柏林墙倒下去，新欧洲站起来"的夺目大标题就占据了欧洲多家报纸的头条位置。

在一定的情况下，社会体系有可能因其本身的缺陷而消逝，而并不一定要由自觉动员的社会运动来击垮。也许，这就是柏林墙的倒塌所能告诉人们的最重要结论。

三　宗教世俗化的奇迹——最古老的文明站在了时代潮头

2009年四五月间，印度举行第15届议会（人民院）选举。印度人民党领导的全国民主联盟获得159席（其中印度人民党独得116席），占总共543席中的29.3%。国民大会党领导的团结进步联盟获得262席（其中国民大会党独得206席），占总共543席中的48.2%，获得了继续组阁并领导联合政府的权力。这是1977年以来在印度大选中一个政党所取得的最大胜利。随着选举结束，曼莫汉·辛格也成为印度独立以来继开国总理尼赫鲁之后第二个任满5年之后连任的总理。

不过，对于印度的这次大选，国际社会事前普遍关心的不是谁胜谁负，谁出任新总理，甚至也不是大选会不会导致社会发生动荡和骚乱，而是在印度这样一个具有10多亿人口的国家进行全国普选，到底会乱到何种程度，到底会发生怎样的不可预测的事件。因为此时的世界，在东南亚，在高加索，在拉美，正因为大选而闹得天翻地覆，频频付诸暴力。

然而，令国际社会惊讶甚至令很多人失望的是，印度并没有因为这次大选而发生混乱，更不用说发生流血冲突和社会分裂了，一切都如以往一样，比较平静而理性地进行了政府更替。

人们不禁纳闷：像这样数亿人的大规模的全国普选，不是在政治经济高度现代化的美国才有可能吗？为什么有着数千年封建史、专制史的宗教王国印度也可以进行并且毫不逊色呢？

英国《泰晤士报》发表的文章称："印度的大国实力体现在何处？答案是，印度不断发展的经济、稳定的民主制度以及无与伦比的国际友好关系——几乎每个国家，除了中国、巴基斯坦和伊斯兰圣战组织，都喜爱印度这个概念。英国人认为，印度最终将超过地区内的对手，因为印度的民主体制营造了稳定的政治氛围，印度人民的创业本能和技术才能将持续地把握住面前出现的机遇。"[1]

美国国务卿希拉里 2009 年 7 月在访问孟买和新德里期间给出了关于印度成功的另一种生动解释。她说：亚洲其他国家的人民在看印度电影时会认为所有印度人长得都很好看，过着丰富多彩的美满生活。我认为印度不仅是一个地区大国，而且是一个全球大国。美国在印度身上发现了许多与自己相似的地方。美国或许是世界上最好的民主国家，但印度是世界上最大的民主国家。并且，宝莱坞电影行业的非凡感染力把印度自由、世俗的价值观传递到了缅甸和孟加拉国等地，秘密地进入巴基斯坦家庭，穿越阿富汗，从西亚进入北非。在这些地方，印度影星的名字家喻户晓。随着讲述白手起家的商人和贫民窟的百万富翁这些故事的电影在许多保守国家普遍受到欢迎，印度将成为世界软实力超级大国。[2]

真正权威的答案自然还在印度。在这次大选中获胜的国大党主席索尼娅·甘地说，她的婆婆英迪拉·甘地早在 20 世纪 60 年代就已着手使印度的政治在处于自由竞争时仍能保持稳定和适应。获得连任的总理辛格在这次大选结束后也说，是"平等的包容性的经济增长"和"世俗的多元化的印度社会"保证了这次大选成功。[3]

原来，有着 10 多亿庞大人口的印度，在政治上已经实行一人一票的自由

---

[1] 《参考消息》，2009 年 7 月 23 日，第 3 版。
[2] 《参考消息》，2009 年 7 月 23 日，第 3 版。
[3] 《国际问题研究》，2009 年第 5 期，第 42 页。

选举。代议制、多党竞争、军不干政，一切都是西方式民主的翻版。在经济上，印度已经完全市场化，高与低，贫或富，优或劣，一切都在市场竞争中对决。在社会生活方面，电影、选美、夜总会、互联网，一切都应有尽有，俨然是一个再世俗再现代不过的社会。如果对其社会面貌和社会生活作进一步细分，则还可以发现，印度通过这些年在与外部世界的相互撞击、相互竞争和相互借鉴中不断发展，已经把现代社会发展的一切基本属性和因子深深地植根在了人的、民族的精神之中。这主要体现在下述方面。

第一，政教分离，政治自由。

由于种族和民族众多，自然环境和历史背景独特，印度是许多宗教的摇篮，以多宗教、全民信教著称于世。佛教、耆那教、锡克教和信众最多的婆罗门教（后称为印度教）均起源于印度。此外，世界上的一些主要宗教，如伊斯兰教、基督教、犹太教等在印度也都有自己的信徒。据2001年的印度人口普查记载，印度教的信徒已经超过8亿，信仰伊斯兰教的人数接近1.2亿，信仰基督教的人数为2400万，信仰锡克教的人数约2000万，信仰佛教的人数接近800万，信仰耆那教的人数约400万，信仰其他宗教的人数400万。可以说，印度数千年的历史既是一部封建史、专制史，也是一部宗教史，基本上与现代化无缘。即使到了印度独立时的1947年，印度的王公土邦仍然有562个，其盘踞的土地占印度总面积的42%，控制的人口达到8100万。这些王公土邦宗教色彩浓厚，政治独立，可以加入任何一个自治领。

但是，自印度获得独立并于1949年11月颁布新宪法之后，这个国家的面貌就全然改变了。新宪法规定，印度国体为议会民主制，分为联邦院和人民院的国会是印度的最高立法机构，总统是国家的最高元首，政府各部部长由总理提名后由总统任命，以总理为首的部长会议掌握国家的行政权力，重大决策经国会批准后执行。

与此同时，新宪法宣布了公民的平等权利，规定任何人不因种族、种姓、性别和信仰的不同而受歧视，废除贱民制度；公民有言论、集会、结社、居住、迁徙等自由权利和受教育以及财产不受侵犯的权利。

与之相随的，是社会等级结构的根本改变。由宗教派生出来的种姓制度在印度已经沿袭了几千年，是世界上等级结构最为森严的制度。尽管早期的工业化和城市化曾使种姓制度在社会生活中的一些传统职能有所减弱，但在国家政治生活中的号召力和凝聚力却依然很强，因此种姓往往容易成为政治组织的社会基础和政治斗争的工具。然而，随着新宪法的出炉，这一长期束缚印度最广大群体的封建桎梏即被彻底砸碎了。从中获益最直接最多的，是在印度社会等级结构中处于表列种姓和表列部族最底层的劳苦民众。这也是印度两支人数最庞大的参政队伍，具有不可忽视的政治力量。据20世纪80年代的人口普查，印度表列低种姓的人数为1.38亿，表列低部族的人数为6780万，两者占了全国总人口数的25%。他们政治上的解放和政治意识的觉醒，大大促进了印度政治、经济和社会生活方面平等权利和地位的增进。

印度世俗化政治的又一大特点是思想解放，政党活跃。自独立之日起，以尼赫鲁为首的国大党政府即把多元主义、世俗主义和民主政治作为印度建国的基本原则。后来虽经多次政党轮流执政，但这一被社会广为接受的原则始终未变，印度现已成为世界上政党数目最多的国家。至1999年8月，全印度政党组织已达到712个，其中全国性政党7个，邦一级政党49个，其他政党656个。政党人数最多的为国民大会党，达到3000万人。国际社会普遍认为，印度政党林立的现象与印度的社会、文化、民族、语言、宗教、种姓的多样性有着密切的关系；印度之所以能成为世界上少数几个政治稳定的西方民主制大国，也得益于政治多元，因为正是这种相对宽松和自由的政治氛围使各个政党组织形成了自己相对稳定的政治势力，并且有全国性的强大政党起主导作用，才保证了印度的政治与社会稳定。

印度世俗化政治的主要标志是实行普及选举制，而普及选举制的最引人注目之处又是选民规模庞大。印度宪法规定的选民资格是：除无居住地、精神不健全、犯罪或其他不法行为被剥夺选举权者之外，凡年满18岁的印度公民都有权参加选举。同时还规定：任何人不得因宗教、民族、种姓或性别等原因而被剥夺选举权；选民登记采取义务登记制形式——即选民不必亲自去登记，而由登记人将符合资格的选民负责列入选民册，且选民册长期有效。由此一来，印度的选民队伍便十分庞大，而且每届大选差不多都要增加大约20%的新选民。1989年第九届人民院选举时选民人数接近5亿。1999年第十三届人民院选举时达到6亿。而2009年第十五届人民院选举时则又突破7亿大关，吸引了全世界的目光。西方感叹，自1952年以来印度的每次大选"都是选举学的一次惊人实验"。印度民众对2009年这次大选的热情也前所未有

第四章 从蜂窝、部落到地球村

地高涨,约 7.14 亿选民在全国 80 多万个投票站进行投票,创造了有史以来选举投票人数最多的世界纪录。这绝不是一场政治游戏,而是觉醒了的亿万公民在选择自己的命运,行使自己当家做主的权利。

鉴于印度的选民人数远远超过西方任何一个国家的总人口,所以欧美总是把印度称作"世界上最大的民主国家";而对于"世界上最大的民主国家"这一称谓,印度的政治精英们也大都欣然接受。因为他们认为,在印度独立至今 60 多年的历史中,民主制度发挥了积极作用,统一的局面得到巩固,国家认同感得到加强,文官统治、军队不干政的传统得以确立,政治自由的思想已深入人心。从地区范围看,与印度选择同样政治制度的多数南亚国家都曾有过军阀管制、政变频发的历史,而面积最大、人口最多、民族成分复杂、宗教和种姓林立的印度却从未发生过这样的事件,堪称政治奇迹。而从国内看,无论是在全国大选还是在地方选举中,胜利方和失败方都会体面而优雅地接受选民的选择,几乎没有质疑选举结果的现象。所以,从政治上层到普通民众,对在印度这样一个内部情况千差万别的国家,中央政府和地方政权能够通过全民的民主选举进行更替,是普遍持欢迎、肯定和自豪的态度的。

第二,市场开放,经济活跃。

虽然印度现在仍然是一个发展中国家,社会两极分化严重,大面积的贫困现象也还未能完全消除,但经过独立以来 60 多年的建设,经济发展模式已经实现了由半封闭、半管制、内向型向自由化、开放型转变,经济结构已经由以农业为主过渡到以工业和服务业为主,并且知识经济、信息经济在国民经济中的比例日益扩大。

尤其是从 1991 年开始实行新的经济改革,在工业领域除涉及国防、安全、铁路、原子能、矿产和有污染的 6 种工业外,全部取消许可证制度,向私营企业和外商开放,外商投资持股 49% 以下的自动核准;在贸易领域,实行卢比贬值和国际收支经常项目卢比自由兑换,最高关税率由 1991 年的 300% 降至 1995 年的 50%;在财政、金融、农业等领域也进行大幅度的改革,取得了显著成效。在国民大会党 90 年代执政的 5 年中,经济增长率从 1991—1992 财年的不到 1% 上升到 1995—1996 财年的 7.1%。1996 年国民大会党失去执政地位后,经济上的改革开放仍然呈不可逆转之势。无论是人民党组阁的联合政府还是印度人民党组阁的联合政府都坚持改革开放,保持了 7% 以上

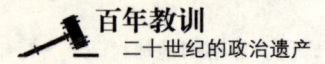

的经济增长速度。

从2000年开始,印度人民党领导的联合政府又推出若干新的经济增长措施,包括将外商面向35种优先发展工业投资无须核准的持股限额放宽至74%,向私营企业和外商部分开放保险业、银行业和国防工业,允许私营企业和外商在这三个行业中的投资控股达到26%等。如此一来,印度经济又获得新一轮快速成长。1999年时,印度国民生产总值才4597亿美元,居世界第十三位。而到了2008年,印度则已跻身世界第十大经济体,成为世界上仅次于中国的第二个经济增长速度最快的大国。于2004年执政党轮替后出任印度总理的辛格说,过去5年来他领导的政府一个主要成绩就是把印度经济的年均增长率提高到了9%,印度国民生产总值达到了1万亿美元。

2008年以来,全球金融危机对印度经济也产生了大的影响,但印度政府积极应对,努力减轻影响,在2008—2009财年仍然保持了6.7%的经济增长率,大大高于预期,成为全球瞩目的"金砖四国"之一。

第三,科学文化繁荣,城市现代时髦。

1947年独立以来,印度继承发扬重视科学文化的民族传统,制定了一系列指引科学文化事业健康发展的政策,建立了完备的科学文化管理体制,在许多重要科学文化领域取得了举世瞩目的成就。尤为重要的是,印度政府大力发展高等教育,造就了大批具有优良素质的科学技术人才。现在,印度从事科学技术研究的人员总数已经达到350多万,在世界上排名第三,仅次于美国和俄罗斯。在科学技术基础设施和前沿科学技术研究项目如原子能技术、空间技术、信息技术、生物技术和海洋研究等方面,印度也已处在世界前列。可以说,印度的科学技术研究体系已经羽翼丰满,并且正在向其业已制定实施的科学技术远景规划进军。不远的将来,印度完全有可能成为世界科学技术强国。

印度的文学在20世纪上半叶泰戈尔时期到达顶峰之后似乎有很长一段时间并不被世人所关注,但是,2008年却是印度文学大丰收的一年。在这一年,年仅34岁的作家阿拉文德·阿迪加以小说《白老虎》获得了英国最负盛名的年度小说奖——布克奖,而另一位同样年轻的女作家茱帕·拉希丽则在世界奖金最高的短篇小说奖——弗兰克·奥康纳奖的评选中不经复评即直接获得大奖。拉希丽获得大奖的原因非常简单:评委们一致认为,她的小说集《不适之地》实在太好，好到完全没有"真正的对手"。其实，阿迪加和拉希丽的获奖只是近年来印度文学大盛于世的一个缩影，阿迪加也只是第四位获得布克奖的印度人。印度的文学并非只有语言优势。虽然对印度而言，小说完全是一种现代的、西方的舶来品，它是随着英国的殖民来到印度的，但由于印度整个国家的开放和善于学习，使印度文学风行世界。

印度的电影更是魅力无穷，印度人也堪称世界上最热心的电影观众。20世纪80年代中期，印度就有66家制片厂，26个电影实验所，400多种电影杂志，12000家电影院，年产影片800—1000部，每天的观众达到1500万—2000万。印度的影片在世界上也有着大的影响。2008年，电影《贫民窟的百万富翁》即因其主题直面现实、表演真实自然、情节设计精巧，令世人为之倾倒，荣膺第81届奥斯卡奖10项提名和最佳影片奖、最佳导演奖等共8个奖项。

如果印度的电影是以受众面广著称于世，那么印度的音乐则是以历史悠久而闻名的。印度的音乐至少已有3000年的历史。印度历来将音乐视为一种能使人的灵魂超脱俗世的艺术形式。印度各民族皆能歌善舞，民间音乐十分发达。人们在劳动和日常生活中都喜好音乐，每逢丰收季节或娶妻生子时，总要载歌载舞，以示庆祝。西方流行音乐于20世纪60—70年代传入印度后，又普遍受到城市青年人的欢迎。

随着经济和科学文化的发展，现代城市和现代城市生活也在印度迅速发展起来，并使过去一些名不见经传的小城名扬天下。位于印度南部的班加罗尔便是其中之一。

昔日最贫困的班加罗尔今天已被公认是印度经济变革的中心和全球信息产业的中心。在这里，耸立着一幢幢玻璃和钢铁结构的办公大楼，由年轻的、受过良好教育的印度人经营管理，为跨国公司提供信息技术服务。

大量像班加罗尔这样的新型城市的涌现，使印度的城市人口和中产阶级队伍在全球增长最快，并在过去的20年中使数亿人摆脱了贫困。目前，印度已经有40个城市的人口在100万以上，预计2026年将会有70个城市的人口超过100万。德里和孟买这两个国际大都市，人口都已达到3000万以上。随着20世纪80年代以来经济发展提速，印度的中产阶级群体日趋庞大，收入不断增加。这些以工商管理人员、公务员、医生、律师、科技人员、文化工作者、小工商业者为主组成的中产收入者，大多拥有自己的住房和轿车，年薪在 5 万美元以上。

2004 年 2 月，美国世界时事著作家托马斯·弗里德曼游历班加罗尔时写道："我正站在印度南部班加罗尔城市中心 KGA 高尔夫球场的第一杆的位置。我的搭档告诉我要对准微软或 IBM 的时候，他指的是远处第一洞之后的两栋熠熠生辉的玻璃钢材建筑。当时，高盛公司的大楼还没有完工，否则他肯定还会以它为标志为我指示方向。惠普和得州仪器公司的写字楼位于后 9 洞的方向，顺着第 10 洞的方向。有趣的还不止这些。开球区的记分员来自爱普生公司，我们的一个球童戴的是美国 3M 公司的帽子。球场外的交通标志是得州仪器公司赞助的，而路边必胜客的广告牌上印着热气腾腾的比萨饼，大标题是：无比美味！这里不是美国的堪萨斯州，但也不像是在印度。这是新世界、旧世界，还是下个世界？"①弗里德曼得出结论："班加罗尔之行让我重新找回了思路，我意识到世界已经发生了重大变化。……全球化已经发展到了一个全新的阶段。"②

凡是到过印度的人，没有不为印度的现代化速度而惊奇的。

第四，大国外交活跃，政治雄心高涨。

虽然独立以来的印度外交随着国际国内环境的变化曾经历了若干次重大调整：从尼赫鲁的不结盟政策和理想主义到英·甘地的注重实力的现实主义；从拉·甘地的睦邻友好到拉奥政府的经济外交；从与周边国家修好的古吉拉尔主义到印度人民党联合政府的全方位外交，但总的来看，印度的对外政策目标并不局限于只当一个南亚大国，而是争当世界大国。开国总理尼赫鲁早在印度独立之前就指出：在过去 23 年中，为了争取印度的独立以及所有我们对英国当局冲突的背后，在我和许多人的心中一直存有一个复兴印度的愿望，这个愿望就是做一个纵横捭阖的大国。尼赫鲁还指出："印度以它现在所处的地位，是不能在世界上扮演二等角色的。要么就做一个有声有色的大国，要么就销声匿迹。中间地位不能引动我，我也不相信中间地位是可能的。"③可以说，追求世界大国的地位，让古老的国度重现昔日辉煌，一直是印度外交

---

① 〔美〕托马斯·弗里德曼：《世界是平的》，何帆等译，长沙：湖南科学技术出版社 2006 年版，第 3 页。
② 〔美〕托马斯·弗里德曼：《世界是平的》，何帆等译，长沙：湖南科学技术出版社 2006 年版，第 8 页。
③ 孙士海主编：《印度》，北京：社会科学文献出版社 2003 年版，第 445 页。

第四章 从蜂窝、部落到地球村

孜孜以求的目标。

20世纪后期,印度与俄罗斯、日本及欧盟的关系比较稳定,变数很小,而与美国、中国的关系相对说来问题较多。如何处理对美、中的关系,是印度外交的重要着力点,而其中的印美关系又是印度大国外交的首要。印中关系既属大国关系也是邻国关系,所以印度不得不重视。2008年1月辛格总理访华,两国签署了《21世纪共同展望》的战略合作文件,把中印关系又向前推进了一步。2009年6月,在"金砖四国"领导人首次会晤期间,胡锦涛主席与辛格总理会见时,辛格又表示,印度将把印中关系置于最优先地位,致力于在过去取得进展的基础上推进双方各领域的合作。并说,全世界有足够的空间让印中两国实现共同发展。所以,尽管一段时间印度方面出现了一些不利于中印关系的杂音,反映出印度对华态度的消极面有所上升,但从半个多世纪的中印关系史来看,两国的关系还是在曲折中向前发展的。

以上这几个方面显然不是印度世俗化、现代化标志的全部。不过,人们更有理由深究并且为之好奇的,是印度的这些莫大变化和举世成就是如何产生的,究竟是一些什么力量、哪些因素促使一个古老的宗教帝国发生了如此巨大的社会变迁,以致它在独立后的短短60多年间就成功地融入国际社会,站在了世界发展的潮头。

在历史上,早在英国人之前,印度就曾一次又一次地为雅利安人、希腊人、西徐亚人、土耳其人所入侵。这些入侵者都给这块富庶的土地留下了自己的印记,在不同程度上促进了印度社会的发展。相比较而言,英国人的历史作用是巨大的。其他入侵者所造成的主要是社会顶层的变化,而英国人的影响下至村落都能感觉到。正是英国人的长期殖民逐渐破坏了比较静止的自给自足的印度社会,并最终分裂和改造了这一传统国度。

在工业前时代,印度社会的基本单位同世界其他大多数地区一样,是一个又一个的村庄。

在这些村庄,人与人之间的关系重要的不是个人,而是宗族家庭和种姓。这种结构形式既是社会稳定的根源,也往往是民族衰弱的根源。因为人们对其家庭、种姓和村庄的一味忠诚,在很大程度上阻止了民族精神的形成。

在这些村庄,按照古老的习俗,土地被认为是君主的财产,君主有权领取全部产品中的一部分或这部分的等价物。这便构成了田赋,这也是国家岁人的主要来源。不过，在印度的大部分地区，由于会根据每一个家庭的劳动者人数定期重新分配土地，交纳田赋的数额也会因时期不同而不同，因而维持了一种大致上的平等。同时，农民只要按期交纳应交的田赋，也拥有使用土地的世袭权利。

在这些村庄，由于长期以来运输和交通工具是原始的，在经济和社会生活方面村庄都能自给自足。每一村庄都有自己的陶工、木匠、铁匠、书记员、牧人、祭司、教师及从事占星术的人。陶工制作村民所需要的简单器皿；木匠建造、修理建筑物和犁；铁匠制造斧子和其他必需的工具；书记员处理法律文件，代替人们书写信件；牧人白天放牛，晚上把牛还给各所有人；祭司和教师常常由同一人兼任；从事占星术的人为播种、收割、婚姻和其他重要事项指明吉祥的时间。这些人大都以近似物物交换的方式为村民们服务。

在这些村庄，村民的管理通常由种姓首领和村里年长者组成的称作"乡村自治委员会"的机构负责。他们定期开会，进行审判仲裁、收集税赋，并负责让村里的水井和道路及灌溉系统畅通，以及接待过往村庄的官员和旅行者，等等。

在一个漫长的时期里，印度的村庄除了交纳田赋和不定期地满足大的社会工程对劳动力的需求以外，几乎与外界没有什么交往。农业和手工业的结合也使得每个村庄除少数的必需品如盐和铁之外，基本上不仰赖于其他地区。这一状况还导致印度历史上的城市也往往是非工业性的。

对于印度这种典型的村落社会，英国驻印总督查尔斯·梅特卡夫曾有过深刻的描述。他认为，印度村庄的这种永恒的、不可毁灭的特点是："村社是小小的共和国，几乎拥有他们心里想要的一切东西，几乎不依靠任何外交关系而自立。他们似乎在其他东西无法保持原状的地方继续处于原状：一个王朝接着一个王朝崩溃；一场革命接着一场革命发生；印度人、帕坦人、马拉塔人、锡克人、英国人依次成为主人，然而，村社依然如故。在动乱时期，他们武装自己，增强自己的力量；一支敌军穿过乡下，村社将自己的牛关进围墙，让军队平静地通过；如果掠夺和破坏是对准他们自己，敌方使用的力量又不可抵抗，他们就逃到远处友好的村庄，但当风暴过后，他们又回来重操自己的营生。即使当地连年出现不断的掠夺和残杀，以致村庄无法居住，但每当和平的力量复活时，村民们仍然会回来。一代人也许死亡了，但下一

第四章 从蜂窝、部落到地球村

代人会回来。子孙代替他们的前辈,村庄建于原来的地点,住宅造在原来的位置上,同样的土地由那些在村庄人口减少时被赶走的人的后裔再占用。"①

1498年5月葡萄牙航海家达·伽马率领船队绕过好望角到达印度西海岸卡里库特,开通从欧洲直接前往印度的海路;此后,葡萄牙、荷兰、法国的商人和冒险家接踵而至,在印度建立定居点;1600年英国东印度公司成立,享有好望角以东的贸易垄断权;1746年至1761年间三次英法战争将法国在印度的势力彻底削弱,英国在印度的殖民统治再无掣肘之忧,并于1774年派出第一任印度总督,印度传统社会的瓦解、现代社会的形成便骤然加速了。

英国历史学家汤因比指出,近代以来的印度"是一个巨大的非西方社会,不仅受到西方武器的进攻和打击,而且为西方武器所蹂躏和彻底地征服;不仅为西方武器所征服,而且在那以后为西方行政官员所统治。……因而,印度与西方相处的经历比中国或土耳其与西方相处的经历更痛苦、更耻辱,比俄罗斯或日本与西方相处的经历要痛苦、耻辱得多;然而,正因为这一原因,印度与西方的关系也密切得多。……我们西方的铁很可能更深地进入了印度的灵魂。"②

汤因比的这一精辟见解,仅从印度国民大会党的《誓言》与美国《独立宣言》的联系中就不难得到印证。

1950年1月26日,印度颁布第一部宪法并宣布这一天为"共和国日"时,执政的印度国民大会党在所发表的《誓言》中有如下一段话:"我们认为,拥有自由、享有自己辛勤劳动的成果、占有生活必需品,以致可以有充分机会发展——这是其他任何民族的不可转让的权利,也是印度人民的不可转让的权利。我们还认为,如果任何一个政府使一个民族丧失这些权利并压迫他们,那么,这个民族就有改变它或废除它的进一步的权利。"

而读一读美国《独立宣言》中的——"我们认为这些真理是不言而喻的:人人生而平等,他们都从他们的造物主那边被赋予了某些不可转让的权利,其中包括生命权、自由权和追求幸福的权利。为了保障这些权利,所以才在人

---

① 〔美〕斯塔夫里阿诺斯:《全球通史》,吴象婴等译,上海:上海社会科学院出版社1999年版,第437页。
② 〔美〕斯塔夫里阿诺斯:《全球通史》,吴象婴等译,上海:上海社会科学院出版社1999年版,第434页。

们中间成立政府。而政府的正当权力，系得自被统治者的同意。如果遇有任何一种形式的政府变成是损害这些目的的，那么，人民就有权利来改变它或废除它。"①——这段话，则可以发现两者是何等的相似。

不过，在历史上，对于英国的殖民统治和西方的价值观念，印度也曾有过三种态度。

第一种是全心全意地、不加批判地亲西方的反应。认为西方的一切更优越，更可取，印度应该摒弃以往的传统。

第二种是完全拒绝的反应。认为，虽然无可否认西方更强大，但它的思想是颠覆性的，它的风俗是令人厌恶的。不能容忍一个真正的印度人——无论是印度教徒或穆斯林教徒——与这种邪恶的东西为伍。主张印度人应该尽量避免与外国人接触，仍然要以传统的方式过自己的生活。

第三种反应是居于盲目崇拜与彻底拒绝之间的一种中庸和妥协。主张接受西方的现世主义及其学问的精华，认为应该从内部改革印度教，在摆脱印度教的腐朽和粗俗的外壳的同时，保持它的真理的内核。

最终，还是第三种思潮占了上风，在西风东渐中印度的思想文化慢慢地有了变化，促进了印度的复兴。在这一过程中，格外引人注目的是，印度产生了一大批政治精英，他们在印度的社会改良中一代又一代地接力推进，对印度的发展起到了不可磨灭的中流砥柱作用。

第三种社会主张的领袖人物、印度教世俗化的鼻祖拉姆·莫汉·罗伊便是印度政治精英的杰出代表，被人们广泛地尊称为"近代印度之父"。

罗伊1772年出生在一个虔诚的婆罗门家庭，由于看到姐姐在丈夫的火葬柴堆上受折磨殉葬的场面，便与父母断绝了关系。他是一个不知足的学生，掌握波斯语、阿拉伯语和梵语后又学习英语，进入政府部门任职。他被西方的思想和宗教所强烈吸引，为了阅读《圣经》原文曾学习希腊语和希伯来语。罗伊拒绝教条的、形式主义的基督教而接受基督教的人文主义等基本理念，并运用这些理念向梵社——他所创立的印度教改良派重新解释了印度教。罗伊是一个理性主义者，认为印度教应该建立在理性之上。这一原则被确立后，他开始在印度教的习俗中广泛吸收欧洲启蒙运动的学说，努力把西方先进的

---

① 李道揆：《美国政府和美国政治》，北京：中国社会科学出版社1990年版，第746页。

第四章 从蜂窝、部落到地球村

思想与印度教的哲学观点有的放矢地结合起来，以为印度社会所用。因而，他给他的追随者们留下一个信条，这一信条使其追随者在面对西方时不至于失去自己民族的特点和自尊。

罗伊 1833 年去世，在他去世后的 60 年里，梵社仍然是更新和净化印度教的中心。罗伊不仅仅是印度宗教世俗化的先驱，而且也是印度政治觉醒即民族主义运动的先驱。罗伊以他的政治、社会改革运动为印度的民族主义打下了基础。他曾组织庆祝巴黎的 1830 年革命，以表达他的政治和社会改革愿望。在印度，也基本上是因为他发起了反对寡妇殉葬的运动，英国政府才禁止殉节风俗。罗伊还为行政改革和司法改革而工作，帮助创办了英语学校和报纸。后来许多杰出的印度民族主义领袖就是在与罗伊有联系的著名的加尔各答印度教学院首次接触到西方先进的社会学说的。

在罗伊之后，印度宗教世俗化、民族独立与现代化的几个杰出领袖是巴尔·甘加达尔·提拉克、莫汉达斯·卡拉姆昌德·甘地和贾瓦哈拉尔·尼赫鲁。

提拉克是印度民族解放运动的主要奠基人。

1856 年 7 月，提拉克诞生在马哈拉施特拉地区一个破落的贵族家庭，属婆罗门种姓。他是在充满爱国主义的气氛中长大的。他出生时，1857 年的反英大起义风暴刚过去，起义的失败虽然给印度带来了屈辱和痛苦，但反抗殖民统治的火焰并未熄灭。1879 年，提拉克大学毕业后即投入到争取民族权利的斗争中。他和他的朋友们先后开办了新英文学院、德干教育协会和费格森学院，启发和培养印度青年的爱国主义热情。这期间，提拉克的激烈言论引起了殖民者的注意和不安，殖民当局称他为"反对英国在印政府的头号阴谋家，他把这个政府的每一个弱点都捉摸透了"。

1895 年，提拉克发起纪念马拉塔民族英雄希瓦吉的活动，并提出"自治"的口号，第一次把印度的政治独立作为民众斗争的目标。在 1896 年至 1897 年的大饥荒中，提拉克一方面组织志愿队冒着生命危险进入疫区帮助扑灭黑死病，一方面谴责殖民者乱抓疑似病人造成众多无辜群众死亡的非人道行为。很快，英国人罗织罪名，将他投入监狱。1905 年，英印总督宣布了孟加拉分省法令，以离间印度教和伊斯兰教。出狱后的提拉克又立即撰文，号召人民抵制这一阴谋。斗争终于在 1911 年取得胜利。提拉克一直被英国人视为眼中钉,曾3次被捕入狱。在法庭上,他不止一次义正辞严地用事实控诉殖民者给印度带来的社会贫困和无穷灾难。提拉克对印度民族解放运动的最大贡献是他教会了印度人民反抗的哲学,使广大劳苦民众认识到,自由是不可能通过决议和请愿获得的。

1920年8月,提拉克在孟买逝世。印度人民无限敬仰这位伟大的爱国者,像崇拜圣贤一般,称他为"尊者提拉克"。

甘地是稍晚于提拉克的又一位印度民族解放运动的伟大领导者。在50多年的政治生涯中,他把印度教传统的非暴力思想应用于反对殖民统治的斗争中,为印度最终摆脱英帝国主义的压迫和剥削作出了重大贡献。

1869年10月,甘地出生在西印度一个正统的印度教家庭,父亲曾在几个土邦做过首相。19岁时,甘地赴英国学习法律,3年后毕业,获律师资格。1893年至1914年曾在南非当律师。1920年,甘地成为国大党公认的领袖。他主张消除种姓制度和团结合作,提倡社会改良、自我道德完善和精神感化。他的非暴力不合作政策为国大党所接受,成为党的指导路线。1921年,国大党和穆斯林组织联合起来共同开展和平反英斗争,当年工人罢工400次,参加者超过60万人。

甘地一生都坚持认为,印度要想恢复它过去古老的荣誉,就必须得到自由;而争取自由的斗争应是非暴力的、不流血的。当时的印度处于英国的殖民统治之下,也不可能通过战争的方式来寻求自己的独立。甘地说:"我们认为支配残酷的动物界的规律不应用来指导人类。这种规律不符合人类的尊严。"[①]

非暴力主义是甘地在选择了素食主义之后领悟到的。甘地认为,即使是在身体的力量被击败之后仍然有另一种可以结束英国统治的力量——非暴力主义。在他确定要寻求这一道德力量之后就开始研究起基督教、印度教以及世界上的其他宗教。不久他就在研究中发现,"弃绝"是最高的宗教形式,并将"弃绝"视为非暴力主义的基础,将追求"弃绝"作为他的最高目标。当初这一做法很不被人们理解,但甘地却以他独有的才智和超凡的耐力,成功地使印度走向了独立。

[①] 王杭等选编:《历史上最伟大的演说辞》,天津:天津社会科学院出版社2006年版,第213页。

第四章 从蜂窝、部落到地球村

在同英国殖民者进行斗争的过程中,甘地一生有过 16 次绝食,其中两次绝食 3 周,只喝一点苏打水。他在绝食中多次濒于死亡,去世前半个月的最后一次绝食长达 121 小时 30 分。甘地曾这样谈到自己进行绝食斗争的意义:"我们受打挨饿,我们用自己的痛苦使他们觉察到自己的不义,这样我们免不了要吃苦,一切斗争都是要吃苦的!自己受苦意味着对人的信任和希望,意味着对人性中某种善端的尊重。这也是一条自我忏悔、自我纯洁之路。最后,如果你是正确的,你就会在经受重重痛苦之后取得胜利,而如果是你错了,那么受打击的只是你自己。"①

甘地引导印度走的是一条和平实现民族解放和现代化的道路。非暴力主义的实质就是以吃苦隐忍的精神、道义的力量促请对方共同遵守人类的文明准则。真理的力量实在是不可抗拒的。最终,甘地所领导和组织的非暴力与公民不合作运动,使英国人不得不作出让步。1947 年 2 月 20 日,英国宣布在 1948 年 6 月前移交政权。令甘地感到切肤之痛的是,在英国终结殖民统治之前,印度和巴基斯坦两个自治领竟要各自组成国家。甘地强烈地反对印巴分治,认为这种以"砍掉脑袋,摆脱头痛"的方式来解决存在多年的民族问题,迟早会成为冲突的祸根。为避免分裂,甘地曾同真纳在孟买进行了 14 次会谈。但是他终究无法消除与真纳根深蒂固的分歧,只好接受分治主张。

甘地终身提倡反暴力,但他最后却死于暴力。1948 年 1 月 30 日下午,当甘地去做礼拜时,一个狂热的印度教极右分子来到甘地面前,在甘地拥抱他时,他掏出一把左轮手枪朝着甘地连开了 4 枪。30 分钟后,甘地去世,终年 79 岁。尽管甘地从未在政府中任职,但是人们认为他是新印度的创建者,称他为"圣雄甘地""印度自由的灯塔"。

尼赫鲁是在甘地的影响下成为印度国大党的主要领导人的,后来成为印度共和国的主要缔造者、首任总理。

1889 年 6 月,尼赫鲁出生在阿拉哈巴德一个婆罗门家庭中。青年时代在英国留学,获得律师资格后回国。1912 年参加国大党年会,走上职业政治家道路。在 1921 年的非暴力不合作运动中,他同甘地结成了紧密的关系,这种关系一直保持到甘地去世。在 1929 年的国大党年会上,尼赫鲁第一次当选国

---

① 梅朝荣:《人类简史》,武汉:武汉大学出版社 2006 年版,第 283 页。

大党主席。此时他已是印度青年和知识分子众望所归的领袖。甘地有意让他走上党的最高领导岗位,想通过他的影响把广大青年吸引到国大党活动的主流中来。英印当局因他追随甘地积极组织非暴力不合作运动而于1930年初将他投入监狱。他一生入狱9次,在狱中生活近10年。尽管甘地从未正式宣布尼赫鲁为自己的政治接班人,但尼赫鲁的这种地位已经很明显。1940年至1945年,他更是积极参与领导甘地所号召的要求英国"退出印度"的运动。1946年9月,应英印总督魏菲尔之邀,尼赫鲁代表国大党出面组建过渡政府。1947年8月15日,印度独立,尼赫鲁出任第一届政府总理,并担任这个职务直到1964年去世。

尼赫鲁主张在印度建立社会主义类型的社会,实行议会民主制和混合经济政策。作为非教派主义者,他一生致力于将印度教世俗化,反对种姓制度,主张妇女参政,呼吁整个社会关心穷人。在他的主导下,印度宪法在序言中宣布,"将印度建成为主权的社会主义的世俗的民主共和国";国大党政府把社会主义、世俗主义和民主政治作为治国安邦的基本原则。在社会发展方面,尼赫鲁强调社会公正、经济平等。在外交方面,尼赫鲁奉行不结盟政策。从本质上看,尼赫鲁主张的是一种民族主义和民主社会主义的混合物。

尼赫鲁家族在相当长的时期内影响了印度社会。在印度独立以来的60多年中,尼赫鲁和其女儿英迪拉·甘地、外孙拉吉夫·甘地担任国家总理共达36年之久。尼赫鲁家族之所以能够长期得到拥护并且取得良好的政绩,并非仅仅是依靠尼赫鲁个人的超凡政治魅力,而是因为尼赫鲁家族所领导的国大党能够实事求是地适应形势和社会的变化,在处理内外问题时具有高度的智慧,并且在党内形成了一套科学民主的决策程序,可以集合党内意见极为分歧的众多追随者的要求;在党外采取调和、妥协,追求在制定国家重大政策时各党派意见一致,中央政府同地方政府一致。这种做法比较有效地巩固了国家政治稳定,也使诸多重大问题比较顺利地得到了解决。特别是,国大党政府用和平的方式成功合并全国大大小小560多个土邦,从根本上消除了封建王国的割据状况,确保了国家政治的高度统一,在印度历史上留下了厚重的一页。

到了20世纪80年代末,印度政坛进入多党轮流执政与联合执政时期,人民党、印度人民党都曾先后执政组阁。虽然这期间曾出现过政局动荡,政

第四章 从蜂窝、部落到地球村

府更迭频繁,在1989年至1999年的10年中就产生过8届中央政府,但是,由于印度的议会民主体制在这时已经比较成熟,在很大程度上已经表现为选票政治,即使是那些原来政治上消极或被排除于政治活动之外的社会阶层也被动员起来参与了国家政治,从而使印度成为高度政治化、政治高度多元化的国家。因而,当今印度的政治舞台上出现多种政治力量,群雄并争,也并不一定会导致国家政治不稳和社会动乱。

总起来看,印度就是这样顺应世界发展的大势,在一代又一代的民族先驱和政治精英的带领下,慢慢地首先在宗教领域、其次在经济领域、再次在社会和文化领域、最后在政治领域汲取西方精华,不可逆转地建立起现代市场经济环境和与之相匹配的现代政治社会环境的。

印度作家、社会活动家泰戈尔20世纪早些时候在欧美为印度的独立和幸福而奔走时就曾预见:"由于科学提供的便利,全世界正在变成一个国家。……现在只有一种历史,那就是人类的历史。一切民族的历史不过是这种巨大历史的一些篇章。"①"人类必须运用他的爱的全部力量和明澈的眼力作出另一次伟大的道义上的调整,这种调整将包括整个人类世界,而不只是分散的民族。现代的每个人为了争取新时代的黎明都要使自己和自己的环境有所准备,这样的号召已经来到。在新时代的黎明,人将在全人类的精神团结中发现自己的灵魂。"②

今天,泰戈尔可以感到安慰的是,印度已走在世界新兴大国的行列,对自己的未来也充满了信心。就在2010年1月印度空间研究组织宣布新的无人探月器——"月船2号"即将在近几年发射升空的消息后,印度航天部长卡斯图里兰甘博士说:"印度必须把眼光放远一些。对我们来说,没有什么事情是不可能的。"③

纵览20世纪印度的历史,它所走过的路既是世俗的,又是超越的。它说明,在人类社会的发展中,虽然不同的国家有不同的道路和不同的模式,但现代化是各国不可抗拒的。今天,开放已是国家的性格。只要有一个国家一个民族现代化了,别的国家别的民族迟早也要走这条路。这是一条普世的路、

---

① 王杭等选编:《历史上最伟大的演说辞》,天津:天津社会科学院出版社2006年版,第236页。
② 王杭等选编:《历史上最伟大的演说辞》,天津:天津社会科学院出版社2006年版,第237页。
③ 《光明日报》,2010年1月6日,第8版。

共同的路。即使有的国家走得不顺利，走得慢一些，但总的方向、共同的道路是不可避免的。世界各国都生活在现代社会里，人人都要过现代化的生活，特性应该附属于共性之下，决不能用特殊性来否定现代化、拒绝现代化。

四 欧洲梦的结晶——人类的历史归根结底是按照人的发展在发展

哲学家黑格尔在《精神现象学》这部书中，曾描写人的自我实现历程，其主旨之一是强调这一历程的漫长性、矛盾性和曲折性。黑格尔认为，人为了达到自我实现历程的最高峰——"绝对精神"，需要经过一系列不断克服对立面的过程；在这一过程中，总是原先以为真的，到后来才认识到其为不真。黑格尔强调，只有经过这样不断接受经验教训的过程，经历各种对立面的磨炼，并且仍然能"如荷出污泥而不染，海纳百川成汪洋"，人生的最后目标才会出现，人自身也才能达到理想状态的"审美境界"。

实际上，如果放大一些来看，人类理想社会的实现或人们向往社会的实现又何尝不是如此。

2009年11月3日，捷克斯洛伐克宪法法院作出《里斯本条约》不违背捷克法律的裁决，捷克总统克劳斯宣布已签署《里斯本条约》，自2001年12月欧盟莱肯峰会就提出要为欧洲制定一部统一宪法的制宪进程，就正式结束了。这意味着，欧盟27个成员国全部批准了《里斯本条约》这部欧洲的宪法，并且，2009年12月1日《里斯本条约》将正式生效；而在生效前，还将选出新设立的"欧盟总统"——欧洲理事会主席。

欧洲此举是一次不折不扣的欧盟一体化，欧洲大统一。在近60年的联合进程中，虽然欧盟有过无数次的范围扩大和内涵延伸，然而，只有这一次才是对欧洲国家的成功整合，才真正具有统一的意义。

欧洲人欢呼："多年以来，欧盟组成一个富有凝聚力的结构看似遥不可及，今天终于实现了！"

英国首相布朗说："欧洲进入了重要的历史时期。"

第四章 从蜂窝、部落到地球村

法国总统萨科齐说:"对所有欧洲人而言,这是一个大新闻。"

德国总理默克尔说:"有了《里斯本条约》,欧盟将变成更加强大、更具有行动能力的伙伴。"①

美国《新闻周刊》发表评论说:"一个时期以来,欧洲很容易被看成是一个就要走向终极衰落的正在老去的大陆。批评家和政客常常慨叹欧盟的衰弱,各种争端使它四分五裂,根本无力将其规模和财富转化为硬实力。然而,这类说法忽视了一个明显的事实:当前的欧洲比历史上任何时候都要团结、繁荣和安全,欧盟国家是世界顶级的全球化熟练工。"②

国际社会普遍反映:"这件事可以说是开天辟地的。历史上的统一都是靠打出来的,美国的统一也经历了南北战争,而现在欧盟未动一枪一炮,就文明地实现了统一。尽管联合的程度离邦联制国家还有一定距离,但已经是一件不可思议的事情。""世界的现存格局可能面临重塑。"

2009年11月19日晚间,欧盟特别峰会在欧盟总部布鲁塞尔举行,人们依据刚刚通过的《里斯本条约》,决定由比利时首相范龙佩出任新设立的欧洲理事会常任主席,由英国的欧盟贸易委员阿什顿出任欧盟外交和安全政策高级代表。尽管上述新职位还只是形象意义的"欧盟总统"和"欧盟外长",但它却标志着欧洲一体化进程沿着《里斯本条约》的方向又迈出了重要一步,为欧盟对内凝聚人心、对外扩大影响,更有效更主动地争取国际事务话语权创造了有利条件。同时,也预示着欧洲一体化进入到一个向政治纵深发展的崭新阶段。

这一欧洲历史的重大改写,这一欧洲27国凤凰涅槃般的划时代抉择,是由欧洲史上的荣辱兴衰所铸就。

在19世纪以前的近两个世纪里,甚至在20世纪的头10多年里,欧洲一直是全球的主人,在世界历史上占据着突出地位。欧洲的霸权不仅在政治领域以大殖民帝国的形式表现得很明显,而且在经济和科学文化领域也表现得很明显。到1914年第一次世界大战前,欧洲不仅成了世界的银行家,而且已成为世界的工厂。早在1870年,欧洲的工业产量即占世界工业总产量的64.7%,而唯一的对手美国仅占23.3%。到1913年时,虽然美国达到了

---

① 《参考消息》,2009年11月2日,第3版。
② 《参考消息》,2009年11月2日,第3版。

35.8%,但欧洲这一年的份额仍占世界的47.7%。这时,欧洲除了在全球陆地上架设了巨大的电报和电话线路网外,还在全球诸大海的海底铺设了51.6万公里的电缆。往返于世界各地的满载着各种货物的庞大船队更是遥遥领先,船只数达到3万多艘,总吨位达到5000多万吨。欧洲的政治、经济和文化优势不但影响了人们的生活方式,而且影响了人们的思维方式。在一些英法殖民地,人们甚至认为:英国和法国的一切都是好的——甚至喝白兰地酒也是一种美德;而凡是不属英国或法国的,则都值得怀疑。

随着权力的史无前例的集中,欧亚大陆的一个半岛已成了世界的中心。

但是,在进入20世纪第二个10年后,欧洲的历史便陷入了衰落。伦敦、巴黎和柏林不再左右世界的新闻,它们也不再控制世界上的帝国。它们的陆军、海军和联盟体系已不再统治全球。到1931年时,欧洲的工业产量已由1860年时占世界工业总产量的72%下降到42%;第二次世界大战前夕下降到30%;到1960年时则进一步下降到25%。不言而喻,欧洲19世纪的全球风光已不在。

更让无数欧洲政治家揪心的是,问题还没有到此结束,也远远不只是经济方面的溃败。

第二次世界大战结束后,英国首相丘吉尔诘问:"现在的欧洲是什么呢?它是一堆瓦砾,是一个藏骸所,是瘟疫和仇恨的发源地。"①

丘吉尔在这里所指的是:包括西欧和东欧在内的整个欧洲大陆,都已被第二次世界大战弄得荒芜不堪,民穷财尽,以致战后不得不分别向两个新超级大国——美国和苏联寻求支持。在军事方面,西欧依靠美国组织的北大西洋公约组织,而东欧则依靠苏联组织的华沙条约组织。在经济方面,西欧依赖由美国提供资金实施的马歇尔计划,而东欧则依赖苏联主导的经济互助委员会。这种情形与人们所熟悉的19世纪和20世纪初占优势的欧洲全球霸权的格局惊人地相反。19世纪和20世纪初时,全世界的人已习惯于整块整块的大陆为欧洲列强所瓜分,并开始认为这几乎就是事物正常秩序的一部分。但二战后所面临的情况却恰恰相反:欧洲自身正在被外来的两个超级大国划分成两大势力范围,曾经傲视群雄的世界级大国英法德三强,竟成为仰赖美苏

---

① [美]斯塔夫里阿诺斯:《全球通史》,吴象婴等译,上海:上海社会科学院出版社1999年版,第850页。

第四章 从蜂窝、部落到地球村

两霸鼻息的国家。同时,欧洲的传统殖民地不管帝国的首都同意与否,也全都在摆脱宗主国的控制。此时此刻的欧洲,已经远离世界权力的中心,跌到了历史的低谷。

向以地缘政治战略研究著称的美国前国家安全事务助理布热津斯基称:"更糟糕的是,欧洲内部的活力正更加普遍地下降。现存的社会经济制度的合法性,甚至连正在露头的欧洲人格意识,都显得十分脆弱。在一些欧洲国家,人们可以看到出现了信任危机,创造性的势头丧失殆尽,且在世界的一些大问题面前采取孤立主义和逃避主义的内向态度。绝大多数欧洲人是否想让欧洲成为一个主要大国以及他们是否准备朝着这个方面努力,尚不清楚。就连目前已大为减弱的残留的欧洲反美主义情绪也有些玩世不恭——欧洲人对美国的霸权耿耿于怀,但他们却又乐于接受美国霸权的庇护。"①

就是在这种对两次世界大战的痛苦记忆、对经济复兴的渴望以及对未来的不安全感的多重压力下,欧洲开始寻求联合,希望结成统一战线,形成强大的联盟力量,以摆脱美苏两个超级大国的影响和控制。

然而,在这样一个欧洲、这样一个背景下,实现联合谈何容易,统一之路又是如此地艰难。

虽然从历史上看,欧洲统一的梦想可以上溯到古代——从古罗马帝国的东侵、拜占庭帝国的大进攻、中世纪基督教在欧洲的一统天下,一直到近代的拿破仑帝国,都是欧洲统一之梦在历史上的反映。而经过了19世纪这个战争的世纪,特别是饱受20世纪两次大战的摧残之后,欧洲各国以组建联盟来防止战争护卫和平的愿望就更为强烈,以至于把上百年的战争恩怨搁置一边,为了共同的利益而选择合作,走统一之路。但是,这个总目标从一开始就似乎包含着一个不可逾越的障碍:这就是民族国家与政治联合的矛盾。如果民族国家继续存在,欧洲就无法走向最终统一;如果统一以牺牲民族国家为代价,则欧洲政治联合的脆弱性和艰巨性也就可想而知。可以说,欧洲统一面临的最大挑战,就是在前进的道路上如何处理好民族国家与政治联合这对矛盾。

1948年5月7日至11日,来自欧洲16个国家的各界代表共800多人在荷兰海牙举行欧洲大会,首次对欧洲国家联合问题进行协商。这是二战后欧

---

① 〔美〕兹比格纽·布热津斯基:《大棋局》,中国国际问题研究所译,上海:上海人民出版社1998年版,第78页。

洲国家就一体化问题采取的一次最大规模的集体行动。这次会议选举二战英雄、英国战时首相丘吉尔任大会主席。对战乱有过切身感受、曾经深刻思考过欧洲未来的丘吉尔,在这次大会上说:"我们希望看到这样一个欧洲,其中每个国家的人民都认为自己是一个欧洲人,就像同时属于自己的母国一样。并且,不论他们走到这片辽阔疆域的何处,都会真诚地感到:这就是我的家。"①

应该说,丘吉尔的这番话就是欧洲一体化的概念,也是这次欧洲大会所憧憬的新欧洲梦。虽然这次大会由于各国在欧洲联合的形式及终极目标上分歧太大,未能取得实质性成果,却不失为欧洲一体化进程的一个序幕。而在这次大会之前,意大利反法西斯战士斯皮涅里和罗西在监禁里起草的呼吁建立泛欧联邦的《文托腾捏宣言》,法国经济学家和外交家让·莫内拟订的《法英联盟计划》,以及丘吉尔1946年在一次演说中所提出的建立"某种欧罗巴合众国"的主张,都为欧洲一体化的推进奠定了思想基础。

欧洲联合之旅的第一个实际步骤,是1951年西欧六国签署《煤钢联营条约》。

长期以来,法德两国之间的经济关系是敌对关系,并曾周期性地导致整个欧洲大陆的冲突。于是,法国提出把法德两国的煤炭和钢铁生产融合起来,如果法国、联邦德国、意大利、比利时、荷兰和卢森堡能够共同签署欧洲煤钢联营共同体条约,把各成员国聚集在更高权力机构的羽翼下,这将为建立超越国家的欧洲权力机构提供先例,有助于为建立更广泛的欧洲联盟奠定基础。法国提出的方案经过一年周折后得到了响应。1951年4月18日,上述六国在巴黎签署了《煤钢联营条约》。次年7月25日,这个条约正式生效。

西欧六国煤钢联营的意义是重大的,它不止在经济方面。正如美国驻欧洲共同体大使巴特沃思所言:"欧洲煤钢联营是先驱者,它开创了主权成员国的统一先例。它提供了密切联系联邦德国的最初手段,为法德和解奠定了基础,并带来了作为共同市场和欧洲原子能共同体楷模的共同机构的新形式。"②

欧洲联合之旅的第二站是1957年成立"欧洲经济共同体"。

---

① 〔美〕杰里米·里夫金:《欧洲梦》,杨治宜译,重庆:重庆出版社2006年版,第181页。
② 陶德言主编:《20世纪纵览》,杭州:浙江人民出版社1996年版,第417页。

第四章 从蜂窝、部落到地球村

西欧六国煤钢联营共同体建立后,由于第三次科技革命的推动,生产专业化和国际分工日益加深,六国迅速增长的生产力与狭小的国内市场之间的矛盾越发突出,建立统一的西欧市场成为发展的客观要求。1953 年,荷兰外长约翰·威廉·拜恩率先提出了把煤钢联营扩大到其他经济部门的联盟计划。1955 年 5 月,拜恩又与比利时和卢森堡的外长以他的计划蓝本为基础拟制了一份荷比卢三国备忘录,递交煤钢联营共同体六国外长会议讨论。备忘录的内容包括六国实施电力、原子能和运输一体化,成立全面关税同盟,以及建立欧洲经济共同体的基本设想和目标等。在当年 6 月召开的六国外长会议上,会议还提出邀请英国加入,但遭到英国拒绝。

1957 年 3 月 25 日,法、德、意、荷、比、卢六国的政府首脑和外长汇集意大利首都罗马,签署了《欧洲经济共同体条约》和《欧洲原子能条约》,郑重宣布:"共同体将承担这样的任务——通过建立一个共同市场逐渐协调成员国经济政策的方式,促进整个共同体的经济活动和谐、持续和稳定发展,生活水平不断提高,各成员国之间联系更紧密。"六国这次签署的条约是无期限的,没有规定退出条约的程序,却有欢迎其他欧洲国家参加共同体的条文。条约于 1958 年 1 月 1 日生效,欧洲经济共同体也同时成立,总部设在比利时首都布鲁塞尔。

1965 年 4 月 8 日,六个成员国又签署《布鲁塞尔条约》,决定将欧洲煤钢联营共同体、欧洲原子能共同体和欧洲经济共同体三个机构合并,统称为"欧洲共同体"。

欧洲联合之旅的第三站是 1972 年欧洲共同体扩大。

这是欧共体的第一次扩大。欧共体当初建立本身就包含有反抗美苏控制欧洲政治经济的因素,而进入 20 世纪 60 年代后,由于苏联愈发强盛,美国渗透欧洲愈深,欧洲各国的政治作用和经济地位都急剧下降,不仅二战的战败国而且连战胜国也变得经济凋零、政局动荡,这就迫使欧洲许多国家不得不认真考虑欧洲联合问题。就是在这种情况下,1972 年,英国、爱尔兰和丹麦成为欧洲共同体的正式成员。

颇有意味的是,英国在 1955 年丘吉尔下野后曾对欧洲联合持消极甚至反对的态度,但进入 60 年代后却接连两次提出加入欧洲联合的申请,而这两次申请又都因法国拒绝而未果。只是进入 70 年代后,欧洲共同体内外的形势又发生了变化——美苏两个超级大国为了争夺对西欧的控制权,都竭力拉拢联邦德国,而这时联邦德国经济优势显著增长,已由原来在政治和外交上有求于法国,转而使法国优势动摇。法国感到难以对付联邦德国,于是便同意英国加入,以利于在共同体内用加强法英关系来制约联邦德国。

欧洲共同体的这次扩大,是欧洲联合进程中的一个重大事件。因为英国作为一个具有广泛影响的欧洲大国、世界强国的加入,大大提高了欧洲共同体在世界特别是在欧洲的地位,使它成为世界格局中的一支重要力量。

继英国、爱尔兰和丹麦加入之后,希腊、西班牙和葡萄牙又于1980年代进入了欧共体的队列。至此,欧共体成员国发展到了12国。

欧洲联合之旅的第四站是欧共体1987年通过《单一欧洲法案》。

这个法案的签署是一个巨大的飞跃,因为它在三个很重要的方面增加了欧共体的新权力。一是规定共同体各成员国在实施新的立法之前,必须征询共同体的意见。二是赋予欧共体表决权,决定是否接纳新成员国以及和共同体外的其他国家签订协约。过去这项权力是属于各成员国的,需要各成员国一致同意才可以;如今则只需要共同体会议有效多数表决即可。三是确立"共同体专有权限",禁止各成员国在许多关键领域——包括经济及货币政策、社会发展、科学技术发展和环境政策等方面,单独采取行动,而这些领域过去也都是各国政府的特权。

在这几个方面增加了欧共体的权力,就意味着在这几个方面削弱了各成员国的主权。那为什么成员国会愿意放弃主权,把更多的权力移交给欧共体呢?原来,《单一欧洲法案》是作为纯技术性协议而出现的,主要目的在于推进财政经济一体化,而除此之外,各成员国却又还在其中发现了某些支持自己对共同体角色所寄予的种种设想的理由。偏爱经济的国家希望更加一体化的市场将加强自己的经济并支持自己的政治稳定。热衷于政治联合的国家则希望,更紧密的经济一体化将使各成员国更加依赖于彼此,依赖于共同体,并逐渐从各国抽取更多的政治权力集中于共同体。这一结果无疑构成人们通向一体化的新动力。

欧洲联合之旅的第五站是欧共体1991年通过《政治联盟条约》和《经济货币联盟条约》。

这两个条约是1991年12月上旬在荷兰古城马斯特里赫特召开的第46次

第四章 从蜂窝、部落到地球村

欧共体十二国首脑会议上签署的。这两个条约的诞生,标志着欧共体这个发端于经贸的组织在经历40年的风雨后,又正式向建立政治实体的方向努力。这是欧洲一体化进程中的又一新突破。

这次通过的《政治联盟条约》规定:现有12国的联盟属于政治联盟,共同体组织机构负责制定包括外交和防务的共同政策,并与北大西洋公约组织保持一定联系;实施共同外交和防务的领域由共同体12国首脑会议或外长会议一致确定,具体实施措施通过特定多数表决制决定。

这次通过的《经济货币联盟条约》确定了欧洲经济货币联盟的最终目标——建立欧洲统一货币。条约规定,建立欧洲统一货币和建立欧洲中央银行分三个阶段进行。从这次会议到1993年底为第一阶段,争取所有成员国的货币都加入欧洲货币体系汇率机制,取消外汇管理制度,实行资本自由流通,协调各国的经济和财政政策。1994年至1996年为第二阶段,其任务是建立独立的欧洲货币机构和完善其组织体制,监管各国财政、货币政策和外汇储备,为建立独立的欧洲中央银行做准备。第三阶段是1997年至1999年,逐渐实行统一的货币和建立独立于各成员国政府之外的欧洲中央银行。

这次欧共体会议通过的《政治联盟条约》和《经济货币联盟条约》,实际上是为欧洲人勾画出了一个欧洲合众国的蓝图。

欧洲联合之旅的第六站是1993年"欧洲联盟"诞生。

1993年11月1日,欧共体12国签署的《政治联盟条约》和《经济货币联盟条约》正式生效,这同时也就意味着由欧共体12个成员国组成的"欧洲联盟"正式成立。虽然这只是根据新生效条约将存在已久的"欧洲共同体"转化成"欧洲联盟",但却有其独特而深远的意义。

新欧盟的诞生使联盟关系和联盟组织机构更趋稳固和完善。依据联盟条约规定,欧盟由"一个单一的机构框架"组成。这个机构框架的中间部分,是欧洲理事会(欧盟首脑会议或欧盟峰会)、欧盟理事会(部长理事会)和欧洲议会、欧洲法院、欧洲审计院等机构,它们奉行超国家主义原则,按照职能对各领域重大事务作出决策。这个机构框架的两翼,分别是共同外交与防务、共同司法与内务合作。按照新的盟约,各成员国同意把政府间合作扩展到各成员国的内外事务,包括赋予所有成员国公民以共同权利,规定各成员国公民有权在联盟中的任何其他国家工作;参加当地的欧洲议会选举并最终参加地方选举；在联盟成员国旅行时有权受到外交保护。

新欧盟的诞生创设了新机构——地区委员会。在 12 个成员国中新成立了由地方当局组成的 189 个地区委员会，每个地区委员会都在欧盟总部派驻官方代表，以保证它们在欧盟事务中可直接代表各个地区发言。同时规定，在涉及地区利益的 5 个政策领域——教育、文化、公共卫生、泛欧网络、经济与社会凝聚力方面，欧盟总部必须听取地区委员会的意见。

新欧盟的诞生还使欧盟东扩成为一项政策追求。各成员国都一致同意扩大欧盟成员，开始吸引欧洲东部、地中海沿岸和欧洲中部尚未加入的国家加入。1995 年奥地利、瑞典和芬兰的加入，使欧盟成员发展到了 15 国。

欧洲联合之旅的第七站是 1997 年通过《阿姆斯特丹条约》。

这项于 1997 年 10 月 2 日在荷兰首都阿姆斯特丹签署的条约，主要是强化了欧盟对人权的承诺。条约规定，凡申请加入欧盟的国家必须遵守《欧洲人权公约》的条款，这是一个必备条件。条约赋予了欧盟以立法权，反对成员国实行基于性别、种族、宗教、族群背景、身体残疾或年龄方面的歧视。条约还规定，将各成员国的移民政策、签证政策、避难政策等纳入欧盟共同机制，进一步落实欧洲联盟公民权，加强对成员国公民的利益保护。

欧盟组织认为，《阿姆斯特丹条约》所确立的这些原则和条款，构成了欧盟成员国的价值观基础和社会政策基础。

欧洲联合之旅的第八站是 2004 年欧盟成员由 15 国扩大到 25 国。

早在 1989 年东欧剧变之后，欧洲共同体即被东欧各国看作经济救星，争相同它建立联系，希望尽快参加进去。数年后条件终于成熟，欧洲中部、南部和东部的 10 国——捷克、塞浦路斯、爱沙尼亚、匈牙利、拉脱维亚、立陶宛、马耳他、波兰、斯洛文尼亚和斯洛伐克，于 2004 年 5 月 1 日正式入盟，使欧盟成员国一下子猛增到 25 国。

欧盟的这次扩大是欧洲联合进程中规模最大、最为重要的一次扩大。只是有了这一次的扩大，才真正谈得上东、西欧的统一。

欧洲联合之旅的第九站是 2007 年通过《里斯本条约》。

由于法国与荷兰在 2005 年举行的全民公决中先后否决了欧盟委员会提交各成员国审批的《欧盟宪法条约》，这便使欧洲一体化进程一时陷入了困顿。在不进则退的严峻形势下，经过两年反思与探索，欧盟各国领导人终于于

第四章 从蜂窝、部落到地球村

2007年12月在葡萄牙首都里斯本峰会上签署了全称为《修改〈欧洲政治联盟条约〉以及〈欧洲共同体条约〉的里斯本条约》，重又提请各成员国审批。这个条约尽管取消了"宪法""外长"等具有联邦象征意义的敏感字眼，盟旗、盟歌这些象征性很强的标志也不复存在，但《里斯本条约》还是保留了《欧盟宪法条约》的核心内容，并且再次勾画出了欧洲未来的发展蓝图。

对于欧盟内部而言，《里斯本条约》以提高欧盟的民主合法性、促进欧洲公民对欧盟的认同与支持为主旨。按其构想，欧洲议会和成员国议会对共同体的决策将有更多参与权和监督权，欧盟理事会会议将对公众开放；欧盟基本人权宪章在各成员国享有法律地位及效力，欧盟活动领域内的基本人权切实得到尊重；实施社会政策时必须考虑促进高水平就业，确保充分的社会保护，反对社会排斥。此外，还规定欧盟理事会将在40多个新领域适用特定多数表决制，以提高工作与决策效率。

在对外关系上，《里斯本条约》的着眼点是使欧盟作为一个整体在国际上具有"更强的行动能力"。主要设想包括：在结构上重新组合欧盟原有各条约中有关对外关系的条款，以增进欧盟对外政策的一贯性与统一性；为推动欧盟在国际上形成统一的对外形象，将目前的"欧盟共同外交和安全政策高级代表"和"欧盟委员会负责外交的委员"这两个职权交叉的职务合并，统归为"欧盟外交和安全政策高级代表"一职，全面负责欧盟对外政策；取消每半年轮换一次的欧盟主席国轮替机制，设立常任性质的"欧洲理事会主席"职位，任期两年半，可连任，在不损害"欧盟外交和安全政策高级代表"作用的前提下，他/她将在对外关系中代表欧盟；为了更有效应对全球性问题，将能源政策、环境保护政策、对外贸易政策纳入欧盟专属管辖权。

不可否认，《里斯本条约》的出台，使困扰欧盟多年的制度性危机在很大程度上得到缓解，以逐渐实现"更有效率、更为民主、更具行动能力"的目标。

欧洲联合之旅的第十站是产生"欧盟总统"和"欧盟外长"。

如前所述，依据2009年11月初刚刚生效的《里斯本条约》，欧盟特别峰会于2009年11月19日在欧盟总部布鲁塞尔举行，决定由比利时首相范龙佩出任新设立的欧洲理事会常任主席，由英国的欧盟贸易委员阿什顿出任欧盟外交和安全政策高级代表。2010年1月4日，首位"欧盟总统"范龙佩正式就位投入工作。从此，欧洲开始了用"一个声音说话"的新时代。

今后，欧洲联合的道路上也许还会遇到诸多挑战，但可以预见的是，在实现了"欧洲是欧洲人的欧洲"这一理想后，欧洲重新复兴也就为期不远了。虽然欧洲一体化的进程历经60年，漫长而曲折，却足以堪称人类发展史上的奇迹。于欧洲，于世界，意义非凡，启示良多。

欧洲的联合促进欧洲经济快速发展，极大地增强了欧盟的整体实力。由于作为一个多国联合而成的经济体，货物、人员、服务和资本的自由流动以及欧盟确保企业之间公平竞争和保护消费者利益的政策，欧洲的经济发展获得了前所未有的动力。由于在内部形成了一个统一的大市场，各国经济实行共同规则，各成员国之间可以更加合理地配置资源，提高劳动生产率，发挥互补性，有利于共同抗击外部不利因素的冲击。由于有了统一的货币，欧元就像一道盾牌一样维护着汇率的稳定，保护着欧元区的经济，使欧盟乃至世界的宏观经济环境都得到了改善。还由于欧盟各国在联合进程中获得力量叠加效应，无论对于共同体还是各单个成员国，都构成了特有的战略力量与资源。现加入欧盟的国家，从国土面积和人口数量来看，都属中小国家。国土面积最大的法国只有54万平方公里，仅相当于美国的5.8%。人口最多的德国只有8500万人，不到美国的1/3。然而通过走联合之路，欧盟各国都增大了自己的战略空间和力量。现在，欧盟27国的国土面积覆盖了欧洲的绝大部分领土，达到400多万平方公里；人口达到5亿，比美国多出2亿；国民生产总值达到10万亿美元以上，紧逼美国。经济和政治上的强大，从根本上保障了欧盟在世界格局中的独立和独特地位。

欧洲的联合使欧盟各成员国在重大国际问题上能够采取一致立场，从根本上改变了世界地缘政治板块。一系列盟约，不仅使欧盟能够有效维护各成员国的外交、安全等利益，而且在维护世界的和平与稳定及生态、环保、能源、人权等国际事务方面，欧盟的分量也越来越重。可以说，欧洲一体化从来就不只是一个经济概念，从开始它就是一个政治共同体。像欧盟这样的统治机构在世界历史上是前所未有的。它并不是一个国家，尽管它行动起来与之相类似。它的强制性法律取代了27个成员国的法律，一种单一货币在绝大部分成员国通用，成员国公民都使用统一的欧洲护照。它还有一个可以制定法律的欧洲议会和一个可以统一执法的欧洲法院，新近又有了"总统"和一支具有快速反应能力的军事力量。就许多重要的构成国家的特征而言，欧盟都

第四章 从蜂窝、部落到地球村

符合了条件。然而，它在一个最重要的方面却又与民族国家有所不同，这就是欧盟并不是束缚在一定地域上的实体，它对内外都无领土要求，并且事实上是一个超地域的统治机构。这就是欧盟的独特之处，同时也构成欧盟独特的在世界上发挥作用的优势。从欧盟现在的作用力范围及后续发展趋势来看，欧洲一体化所造就的世界地缘政治格局表现出这样一些特点：(1)欧盟东扩在国家数目上已包括40多个欧洲国家中的一大半，在地域上已涵盖西欧、南欧、北欧和中东欧的广大地区并且连成了片；(2)从全球战略看，除了北冰洋，欧盟国家已控制了欧洲周边的所有海域，包括北面的波罗的海、西边的大西洋，南面的地中海和东面的黑海；(3)欧盟的扩大已至俄罗斯边界，这种高度战略意味的接近无论是导致双方合作还是导致双方发生冲突，都必然会使双方形成极为密切的互动，成为面对面的对手。

欧洲的联合带动了世界许多地区开始采取实际步骤，建立自由贸易区和跨国政治联盟。在美洲，北美自由贸易区、南美共同市场、美洲国家组织的建立，都是在试图建立跨国政治经济模型，协调政策和立场，以期赢得某种全球性优势。在东亚，东盟成员国已发展到10个，共同承诺"建立和平、自由、中立的区域"。1998年，东盟10国又与中日韩3国建立了定期会商和合作机制，不排除未来有通向亚洲版欧盟的意向。如若这一联合成功，东亚共同体将成为世界上令人生畏的经济和政治力量。在非洲，非洲国家领导人普遍认识到联合自强、实现非洲一体化是改变落后面貌、应对全球化挑战的重要手段。自2001年南非、阿尔及利亚、尼日利亚、埃及和塞内加尔等国联合提出《非洲发展计划》后，在2002年7月召开的非统组织第38届首脑会议上又宣布成立"非洲联盟"，领导非洲各国走向繁荣富强之路。在一个时空迅速消失、身份认同日益多重化和全球化的时代里，欧洲国家率先认识到世界各国正变得彼此依赖，并破天荒地建立起如此广泛的"合众国"组织，实在是承载了人类太多的梦想。

而欧洲的联合更深更大的意义可能还在于，由于它奠基于民主、自由、人权这些最基本的价值，有可能引领世界创造一种基于人的"生活质量"的新发展观。在欧洲，民主、自由、人权这些价值并不是臆想出来的，而是由许多代欧洲人用生命创造出来的。它既代表着当今世界最先进的社会理念，同时也是人类理性与人性的最集中体现。欧洲联盟的扩大，其实也就是发源于西欧的民主与人权这些价值观念的扩大，西方价值共同体的扩大，人类理性与人性的扩大。可以说，欧洲联合的精神支柱就是共同的价值认同。人们不会忘记，在20世纪短暂的上半叶，法西斯主义、极权主义、军国主义、种族主义和民族复仇主义等等"政治怪胎"就曾在欧洲的土地上反复上演，欧洲成了人类政治哲学的实验场，多少人肢体伤残、遭受屠戮，多少古老纪念物和社会设施被夷为废墟。人们强烈地认识到：一个有利的人文环境，不仅是欧洲联合和发展的重要条件，也是世界上一切头脑健全的人的普遍向往。世界上没有哪个国家的人民不希望安居乐业，不强调生活质量。世界上没有哪个体制可以不图发展，不把人当成主体。利己主义、金钱主义和市场万能主义足以毁灭任何一个社会的政治前途。人类已经进入理性的时代，人类的历史归根结底是按照人性在发展。无论各种文明的差异有多大，基本的人性是无根本区别的。欧盟各国在相互关联与自我救赎中发现了这些奥妙，意识到只有在追求理智和人性时，才有可能获得真正的幸福和真正美好的社会。正因为此，所以欧洲的联合也是人本的，值得效法的。

"羽翼初成的欧洲梦代表了人们对美好明天的最美好的渴望。""在欧洲对未来的崭新想象里，重要的并非只是个人的物质积累，而是自我修养的提升。新梦想注重的并非聚敛财富，而是提升人类精神。欧洲梦寻求的是拓宽人类的同情而非疆土。自从18世纪早期开始，人性便被束缚在了物质主义的囹圄中，而欧洲梦将带领人性走出囹圄，进入以理想主义为动力的崭新未来之光辉中。"[1]美国学者里夫金在他所著的《欧洲梦》这本书中写下的这些话，不正是对民族国家与政治联合这对看似不可解决且在联合之初就存在的矛盾为什么最终未能阻止欧洲联合进程的最好回答吗？

欧洲的联合之旅尽管还没有完全结束，欧洲的政治理想尽管还没有完全实现，然而，从欧洲所走过的联合之路中不难看到：欧洲的联合虽然有历史上的动力——欧洲先哲们早就有"大欧洲""所有的欧洲国家总有一天都将紧紧地融合在一个高一级的整体里"的梦想；虽然有终止战乱与分裂的动力——特别是20世纪的两次大战几乎把欧洲碾成泥泞；虽然有控制与反控制的动力——美苏两国在欧洲的激烈争夺曾是欧洲联合的直接原因；虽然有经济全

---

[1] 〔美〕杰里米·里夫金：《欧洲梦》，杨治宜译，重庆：重庆出版社2006年版，第14页。

第四章 从蜂窝、部落到地球村

球化的动力——当今世界已是一个日益融合的世界,过于弱小的单个国家难以对付全球化带来的风险,但是,从根本上来说,欧洲联合的动力还是理性和人性。在无坚不摧的理性面前,在永远闪耀着光芒的人性面前,所有利益上的考量、战争中的恩怨、宗教和政治领域里的世仇,统统都让路了。

有思想者预言,在下一个千年到来之前,世界将走向大同,人类将具有共同的价值和追求,在浩瀚的宇宙中建立起"地球村",就像人类在地球上建立的第一个部落联盟一样。看来,这并不是天方夜谭。在西方,康德、马克思、威尔逊就提出过这样一种人类共同体愿景。在中国,康有为、梁启超、李大钊也表达过类似的对世界大同的期许。

李大钊曾说:"我们可以断言现在的世界已是联邦的世界,将来的联邦必是世界的联邦。"①"为应世界的生活的必要,这国际组织、世界组织,是刻不容缓了。只要和平会议变成了世界的议会,仲裁裁判变成了世界的法庭,国际警察如能实现,再变成了世界的行政机关,那时世界的联合政府就正式成立了。依我的推测,这世界联邦进行的程序就是:(1)各土地广大民族众杂的国家,自己先改成联邦;(2)美洲各国组成全美联邦,欧洲各国组成全欧联邦,亚洲各国组成全亚联邦;(3)合美、欧、亚3洲组成世界联邦;(4)合世界人类组织一个全人类的联合,把种界国界完全打破。这就是我们人类全体馨香祷祝的世界大同!"②

站在人类未来的角度重新审视今天的世界,人们已经看到,在一个交流更加频繁、联系更加紧密的时代,任何一个国家都不可能孤立地存在了,全球的联合和一体也是必然的。国家原本就是特定历史阶段的产物,它最终是要归属超国家的全球性机构的。全人类的联合一体也许路漫漫而其修远兮,但潮流、趋势和方向是不会逆转不可抗拒的。欧洲的联合一体,在本质上是人类社会的组织结构现代化、民主化、科学化的产物,代表着人类社会前进的道路和方向,不失为纷扰世界中的一道光芒。

---

① 高瑞泉:《向着新的理想世界——李大钊文选》,上海:上海远东出版社1995年版,第180页。
② 高瑞泉:《向着新的理想世界——李大钊文选》,上海:上海远东出版社1995年版,第181页。

第五章
Chapter Five

从暴风骤雨般的革命到
温良恭俭让的改革
——社会转型必须合乎逻辑和规律

> 我们已经来到历史上一个关键的转折点。如果我们一成不变沿着当前这条道路走下去,其结果必定是一次猛烈的革命;如果我们努力开创新方向,其结果将是一次和平的复兴。
>
> ——〔加〕保罗·谢弗

第五章　从暴风骤雨般的革命到温良恭俭让的改革

在人类的历史上，20世纪是社会变迁与社会转型最为急速、最为剧烈的世纪，因而也是社会动荡与社会分裂最为频繁、最为深重的世纪。在这个世纪的上半叶，上百计的社会机构在两次世界大战后或新生或发生历史性变革；而在这个世纪的最后阶段，则又有看似不可一世的庞然大国顷刻分崩离析，以至于一下子变成十多个新的国家。这似乎在告诉着人们，社会变迁与社会转型实在是既难以抗拒又难以控制，它不仅涉及社会的方方面面，可以带来社会的正向变化与进步，也往往伴随着社会的冲突与风险。

在20世纪，社会的变迁和转型主要有两种方式——革命和改革。

一般来说，革命是推翻扎根已久的制度，使国家的价值观、社会结构、政治制度、领导权以及人们生活的一切核心，都从根本上改变。革命即意味着对原有秩序的彻底破坏。而改革则是在现存制度下，对国家的政治、经济、文化、社会生活以及政府的政策等等，采取的社会改良行为。

革命是一种剧烈的暴力的方式，往往在较短的时间内有时甚至在瞬间就可以一次性完成。因而革命难免要流血，要付出生命的代价。而改革则是一个不断累积、不断发展的过程，其中一个重要条件就是获得社会大众的广泛认同和支持，所以往往需要经过多次反复才能臻于完善。

革命可以摧毁一切，推倒重建，胜利的革命更是可以直接改变历史。而改革则不能恣意颠覆，对它的掌控要求往往比革命更高。如果革命有如熔炉，不去理性地控制它，得到的将会全部焚毁；那么改革则有如艺术，如果不去精心地雕刻和呵护它，连原有的也会化为泡影。

革命大都是自下而上发动的，因为任何政权都不希望革自己的命，自己推翻自己。而改革则大都是自上而下进行的，甚至有时必须依靠领导集团和政治精英的自主自觉才能推动。这也使得改革可以有更多的参照和选择，有可能获得最佳的甚至接近革命才可能获得的效果。

革命是社会变迁和社会转型的动力，改革也可以起到社会变迁和社会转型的作用。但是，在一个国家的社会变迁和社会转型中，到底是采取革命的方式还是采取改革的方式，则完全取决于这个国家的现实状况。即便是革命或改革，方式也是不尽相同的。如历史上经典的英国革命、法国革命和美国革命，尽管都以共和与现代化为目标，但也是几种不同的革命。英国革命的背景是结构型的社会变化在强大资本力量的推动下出现的一种对政治矛盾的妥协式解决，法国革命的直接原因是阶级关系变化而成就的农民与第三等级的新兴资产阶级结盟所进行的推翻封建秩序的政治运动，而美国革命则是在一批自由主义资产阶级革命者的领导下，通过一种极端罕见的方式设计建立的一个完全崭新的政治制度和秩序。在20世纪以马克思列宁主义为理论指导的社会主义革命中，俄国革命与中国革命也不相同。俄国革命是由已经开始工业化的君主政权的危机、社会政治精英的分化与城市中革命力量的兴起而导致的，而中国革命则是在一个落后的农业社会里所发生的具有反封建反殖民特点的自主性革命。

如此等等，就构成了革命与改革的相同与不同、联系与区别，因而也引起了人们对革命与改革的诸多不同态度和见解。

西方政治保守主义的奠基人伯克曾对革命提出过尖刻批评，认为通过革命这种激烈、暴力、断裂政治秩序的方式进行社会更新代价太高，即使是再崇高的革命都是不足取的。而列宁等革命家则把暴力革命看作是历史进步的必然，因为历史上没有一场伟大的革命是不经历战争的。更多的人又倾向于把革命看作是与人类现代化进程相关联的一种极端社会变革方式，认为对革命发生的原因、过程、后果进行研究和理解要远比简单地对革命的道德正义进行判断重要得多，因为用手段代替对目的的解释很难让人满意。在中国学界，也有要对革命和改革作实事求是的具体的分析的主张，认为，完全抹杀革命、一味颂扬改良是错误的；而当一个国家的内部问题通过改革已经解决不了且革命的条件又已具备时，还去鼓吹改良、反对革命，同样也不足取。

对于20世纪所发生的革命，有学者归纳为七种不同的形式：第一种是君主制度合法性崩塌和革命性变革，如欧洲和亚洲的许多王朝崩溃；第二种是伊斯兰复兴和宗教革命合法性的建立，如伊朗革命；第三种是从乡村革命开始的革命合法性，如中国革命；第四种是政权合法性失去和公众革命动员造成的革命性变革，如古巴、尼加拉瓜、菲律宾革命；第五种是反对殖民主义的革命运动，如阿尔及利亚、肯尼亚、罗得西亚的民族解放运动；第六种是对苏联版共产主义的社会反叛，如1956年、1968年、1989年发生在东欧国家的抗议运动；第七种是在许多主权国家内部广泛存在的民族独立和民族分离运动，这些运动同样是对现行政权合法性的一种挑战。

对于20世纪所进行的改革，也有学者归结为五种不同的形式：第一种是渐进型改革，如邓小平领导的有中国特色的"摸着石头过河"的改革；第二种是激进型改革，如戈尔巴乔夫领导的苏联过于失速以至于完全失控的改革；第三种是模仿型改革，如越南进行的社会革新；第四种是"囫囵吞枣型"改革，如拉美、中亚一些国家和东欧一些国家进行的改革；第五种是传统"添油型"改革，如西方老牌资本主义国家进行的改革。

虽然对于20世纪的革命和改革究竟哪一种好、哪一种不好，不能抽象地论定或类比，但不同的选择、不同的方式，所得出的结果是大不一样的，给人们的教益也是既深且远的。

一 史亡而国亡，历史虚无主义往往是魔鬼之歌的序曲

1957年，美苏的冷战铁幕开启不过10年，时任美国国务卿杜勒斯就在这年7月的一次记者招待会上放言苏联的演变。他说：我认为，几乎可以肯定，将要发生一种演进性的变化。我不会对这种事情确定任何日期，但是我深信，这是一个基本真理。如果说赫鲁晓夫是社会主义苏联的第二代领导人，那么，他的孩子以及孩子的孩子，当然是第三代第四代，就将获得自由。①

不仅苏联的对手希冀布尔什维克党的失败，就连共产国际领导人考茨基也曾说"苏维埃国家将是短命的"。他认为，十月革命搞早了，不合时宜。"俄国就像一个怀孕的妇女，疯狂万分地猛跳，目的是缩短无法忍受的怀孕期并

---

① 肖德甫：《世纪悲歌：苏联共产党执政失败的前前后后》，北京：中共党史出版社2008年版，第282页。

引起早产。但这样生下来的孩子通常是活不长的。"①考茨基如是说。

尽管不能简单地下结论说他们的预言是唯心的,也不能一概认为他们的说法毫无根据,但苏联的前途确实被他们言中了。1991年12月25日这天,随着一面在克里姆林宫屋顶飘扬了74年之久的印有镰刀锤子图案的红色旗子在夜幕中悄然落下,苏维埃社会主义共和国联盟即从地图上消失了,成为人类历史中一个永远的悲剧性事件。

苏联超级大国自行解体这一人类现代史上最重大的变故,到底是苏联社会发展的一种历史必然结果还是一种历史偶然现象?俄罗斯一社会研究机构2001年曾就此进行过一次民意调查,30%的被调查者认为苏联解体是必然的,57.6%的被调查者则对此持否定态度。这一调查结果说明,仅仅在俄罗斯,就有大多数人认为苏联解体并不是必然的。

苏联解体的原因虽然众多,牵涉政治、经济、民族、军事、外交和文化等众多方面,但是,苏联执政党违背社会发展规律,不顾客观事实,歪曲、丑化和割断自己的历史,彻底否定自己的过去,是导致其解体的一个致命因素。列宁早在十月革命胜利初期就曾告诫"忘记过去就意味着背叛",而他的继承者们竟还是犯了这样严重的错误,直至把执政党的执政地位弄丢了,把整个苏维埃共和国联盟弄解体了,使十月革命的成果也毁于一旦。

苏联执政党在自己历史上的虚无主义态度始于苏共二十大赫鲁晓夫的秘密报告,后来在戈尔巴乔夫时期又同样上演了一出历史虚无主义的悲歌。虽然这两次的历史条件、时空背景和目的性质不同,但其作用和效果却是叠加共振的。

1956年2月25日,苏共第二十次代表大会最后一天的凌晨,1340名会议代表被紧急召到会议大厅,听取赫鲁晓夫做了长达4个小时的秘密报告。在这篇题为《关于个人迷信及其后果》的秘密报告中,赫鲁晓夫集中对斯大林搞个人迷信、实行个人专制,以及违反法制、进行大清洗的一些问题进行了揭露和批判。会上,还宣读了列宁1922年12月给俄共(布)十三大的信,信中批评了斯大林太粗暴,并建议调整斯大林的总书记职务。

---

① 李慎明主编:《2005年世界社会主义跟踪研究报告——且听低谷新潮声之二》,北京:社会科学文献出版社2006年版,第183页。

第五章 从暴风骤雨般的革命到温良恭俭让的改革

客观地看，赫鲁晓夫之所以在苏共20大上抛出这份秘密报告，既有其深刻的历史原因，也有其现实需要。因为在斯大林时期特别是斯大林后期，对于斯大林的个人迷信已经成为苏共和苏联社会进一步发展的重大障碍。不突破政治、经济、文化等多方面的斯大林模式，苏共新领导集体就难以有新的作为。同时，赫鲁晓夫的秘密报告也真实地披露了斯大林所犯的许多严重错误，有些错误是骇人听闻的和前所未有的。揭露和批判斯大林的这些错误，对于苏共吸取教训、纠正错误、改进今后的工作是有益的。

不过，尽管如此，赫鲁晓夫的秘密报告还是"捅了娄子"，主要体现在以下两大方面。

一个是，赫鲁晓夫所作的秘密报告中包含着许多极其严重的错误，其中最重要的就是许多内容严重失实，极大地破坏了斯大林的形象，也严重损害了苏共和苏联社会主义在民众心目中的形象。

再一个是，赫鲁晓夫的秘密报告只是一味地揭露和批判斯大林的错误，而却根本没有肯定斯大林对于苏联党和国家所做的巨大贡献，这是极为不当的。须知，斯大林担任苏联党和国家最高领导人的时间长达30年。斯大林主政的这30年，是苏联党和国家历史上曲折最多、最为困难和最为复杂的时期。帝国主义对世界上第一个社会主义国家的封锁包围、围追阻截，国家工业化道路和社会主义经济发展的艰难探索，第二次世界大战中抗击法西斯入侵的生死存亡决战，二战结束之初冷战格局的严峻考验，都是在斯大林时期发生的。而斯大林主政的这一时期，也是苏联党和国家历史上最为重要、最为辉煌和最为尊严的时期。社会主义国家制度的基本建立，社会主义经济建设的传世成就；以排山倒海的力量战胜德意日轴心国挑起的法西斯战争，把苏联红军的旗帜插到柏林总统府屋顶；二战后迅速壮大国家的综合国力，使苏联一跃成为世界一流强国……都是与斯大林的名字紧密联系在一起的。

就在1949年12月21日斯大林70寿辰时，苏共中央和苏联部长会议在致斯大林的《颂词》中还说："斯大林同志和列宁一起，是伟大十月社会主义革命的鼓舞者和领袖，是世界上第一个工农苏维埃社会主义国家的缔造者。斯大林的名字将是我国人民和全世界普通人心目中最珍贵的名字。"①

---

① 〔俄〕沃尔科戈诺夫：《斯大林》，张慕良等译，北京：世界知识出版社2005年版，第6页。

而仅仅时隔7年，秘密报告又对斯大林作了另一番截然不同的评价，甚至在研究起草秘密报告时赫鲁晓夫还讲道："斯大林背叛了社会主义事业，毁掉了党，不是马克思主义者。"①这就严重失实了。特别是，赫鲁晓夫的秘密报告出炉不久，斯大林的遗体就从红场列宁墓旁的陵墓中被挖出移走，全苏斯大林的塑像随之被砸碎，苏联和东欧数千个以斯大林的名字命名的城市和街道名称也随之被抹掉，这样，赫鲁晓夫的秘密报告所改变的就不单是苏联社会，还改变了苏联与其卫星国乃至与全世界所有社会主义国家之间的关系，对国际共产主义运动也带来极大影响。

戈尔巴乔夫上台以后，又把苏联上演的这出历史虚无主义闹剧推向了高潮。正如西方有评论指出："戈尔巴乔夫正在完成赫鲁晓夫50—60年代开始的工作——抹去独裁者斯大林身上的神话色彩。"只不过，戈尔巴乔夫的做法有所不同。赫鲁晓夫在批判个人迷信和斯大林的时候，并没有否定马克思列宁主义，并没有否定苏联的社会主义制度和共产党的领导。在对苏联社会主义建设和历次党内斗争的评价方面，在优先发展重工业和实行工业化、农业集体化方面，甚至在高度集权的政治经济体制方面，赫鲁晓夫同斯大林基本上是一致的。而在这些基本问题上，戈尔巴乔夫与赫鲁晓夫批判斯大林的立场、观点又是有着根本区别的。

戈尔巴乔夫需要的是：一切否定，一切推倒重来。

不仅要否定斯大林个人，而且要否定整个布尔什维克党。戈尔巴乔夫认为，苏联的经济形势严峻，改革进展缓慢，其根本原因在于社会发展与在计划体制下滋生的保守主义意识形态、平均主义价值观念、行政命令的工作方法，以及与以计划体制为依据的既得利益者们产生了尖锐的冲突；而这一系列问题的解决，关键是要进行政治体制改革，引进政治竞争，打破党对国家权力的垄断。

不仅要否定斯大林时期，而且要否定整个苏联70年的历史。戈尔巴乔夫认为，十月革命后建立的政治体制已经发生严重变形，现行政治体制几十年来不是在法律范围内组织社会生活，而主要是执行强制命令和批示。口头上宣扬民主原则，实际上是独断专行。在讲台上宣扬人民政权，实际上是唯意

---

① 〔俄〕鲁·格·皮霍亚：《苏联政权史》，徐锦栋译，北京：东方出版社2006年版，第148页。

志论和主观主义。

不仅要否定斯大林体制，而且要否定整个社会主义制度。戈尔巴乔夫曾以"兵营社会主义""粗陋社会主义"和"极权官僚的社会主义"来描绘苏联。甚至，戈尔巴乔夫还公开宣称，十月革命开创的苏联社会主义制度延误了国家的革新，已经遭到战略性失败，苏联现在所遇到的许多困难，其根源就在于这一体制。

这样一来，经过戈尔巴乔夫亲自发动的这场釜底抽薪的、专门挖掘和揭露斯大林时期阴暗面的重评斯大林活动，就把苏联社会主义制度的合理性和历史必然性彻底否定了，苏联共产党的领导和领导地位也就随之被否定了，人们赖以生存的精神支柱、苏联社会赖以延续和发展的基础，也就统统都被摧毁了。

历史上痛苦的这一页已经过去，俄罗斯能够提供给人们的教训就是：一个伟大的民族，必定是一个珍重历史的民族。历史之所以重要，是因为它是人们自身的成长过程及见证，是个人记忆和集体记忆的集成。无论是充满挫败、伤痛、耻辱，还是胜利、愉悦和荣耀，这份经验都能给未来提供指引。如若漠视历史，割断历史，去追求或去实现社会"急转弯"，是成不了气候的，是必定会倾覆的。

二 "颜色革命"之所以悄然褪色——移花接木毕竟只改变工具而不改变价值

2004年11月21日，乌克兰总统大选结果出炉，时任总理亚努科维奇获得49.24%的选票，反对派领导人尤先科获得46.69%的选票，亚努科维奇胜出。但是，尤先科指责选举存在舞弊行为，并称自己毁容是对方用阴谋手段给自己下毒所致，拒绝接受这次选举。还没等这次选举结果正式公布，尤先科就发起了大规模的抗议集会，动员其支持者长时间围堵政府机关。这时，美国和欧盟也公开指责乌克兰的选举不符合国际标准。迫于国内外的双重压力，乌克兰取消了这次选举的结果，于当年12月26日重新进行了总统选举。

结果，尤先科如愿以偿当选为总统，另一位"街头政治"的女英雄季莫申科在新政府中出任总理。由于橙色的栗子花是基辅市市花、尤先科的支持者都以橙色标志参加街头抗议活动，所以这次事件被称为"橙色革命"。

然而，不到6年，"橙色革命"及其革命的果实便在乌克兰陨落了。

2010年2月7日，乌克兰举行新一届总统选举的第二轮投票，由总理季莫申科和前总理、地区党领导人亚努科维奇争夺总统职位。在此前——1月17日举行的首轮投票中，共有18位总统候选人参选，亚努科维奇和季莫申科的得票率居前两名，分别为35.32%和25.05%，都没有过半数。这是2004年"橙色革命"以来乌克兰举行的首次总统选举。根据乌克兰法律规定，总统选举每五年举行一次，候选人在第一轮投票中必须获得50%以上的选票才能当选，否则就要进行第二轮投票。

乌克兰2月7日这天设了约3.3万个投票站，向全国3600多万登记的选民同时开放。据乌克兰中央选举委员会公布，共有来自欧美的近4000名国际观察员监督本轮选举进程。

2月8日，新一轮总统选举揭晓，5年多前被"橙色革命"夺去总统职位的亚努科维奇卷土重来，获得48.81%的选票，季莫申科获得45.61%的选票，亚努科维奇胜出，成为乌克兰新一任总统。这样，连同1月17日在第一轮投票中只获得5.45%的选票而遭淘汰出局的尤先科一起，"橙色革命"的两名领导人便都落选了。世界各大媒体纷纷发表评论认为，乌克兰"橙色革命"彻底失败了。

选举结果刚出来，美国、欧盟和独联体等一些国际或区域性组织的观察团即发表声明，称乌克兰的这次总统选举是公正和透明的，符合国际标准和民主要求。

2月13日，季莫申科在向全国发表的电视讲话中说，她认为大选中存在舞弊行为，将对总统选举结果向法院提出申诉。不过，她同时又说："但我不会把人们聚集到广场上去，不会让人民公开对立。"而不出一周，季莫申科又撤回了申诉。

2月16日，乌克兰中央选举委员会正式公布了新一轮总统选举结果，宣布亚努科维奇获胜。当即，俄罗斯总统梅德韦杰夫、美国总统奥巴马、法国总统萨科齐等多国领导人纷纷祝贺亚努科维奇当选。

第五章 从暴风骤雨般的革命到温良恭俭让的改革

2月20日,应俄方邀请,亚努科维奇与俄罗斯总统梅德韦杰夫再次通了电话,双方就未来两国关系发展前景交换了意见。梅德韦杰夫还再次祝贺亚努科维奇在乌克兰总统选举中"完全地、决定性地、合法地"当选为总统。

2月25日,亚努科维奇的总统就职典礼如期举行。

为什么乌克兰的"颜色革命"未能经受住考验?为什么当年靠"街头政治"起家的总理季莫申科始终不曾认输却又宣布放弃街头抗争?为什么美欧对乌克兰这次产生的总统人选并不如意却又不得不迅速承认选举结果?原来,与这一切相联系的,不仅仅有此时此刻的乌克兰自身的原因,还与"颜色革命"这种特殊革命形式的性质、模式及其所发生的时代背景等等密切相关。

一般认为,20世纪的第一次"颜色革命"是1989年11月至1990年6月在捷克斯洛伐克所发生的捷共丧失执政权的"天鹅绒革命"。因为在这场重大政治变故中,从头至尾没有出现以往社会变革时的激烈对抗,其政治更替是在没有发生暴力行为和流血冲突的情况下实现的,所以人们便借助天鹅绒的平和柔滑来比喻这次和平转移政权的过程,将其称为"天鹅绒革命"。后来,这一名词也泛指20世纪80年代末起在中东欧国家先后发生的政治剧变。及至到了21世纪初,"颜色革命"又成为国际政治词汇里的流行语,进一步扩大到形容以颜色命名的、以非暴力方式进行的、包括中东欧和独联体国家在内的世界各地区的政权变更方式。如除了乌克兰的"橙色革命"、格鲁吉亚的"玫瑰革命"、吉尔吉斯斯坦的"郁金香革命"、白俄罗斯的"牛仔布色革命"外,甚至还包括伊拉克的"紫色革命"(指伊拉克民众选举时涂紫色墨水按手印)、黎巴嫩的"雪松革命"(因黎巴嫩的国树为雪松而得名)等等。当然,之所以称这些"革命"为"颜色革命",除了因为这些"革命"都是在某种颜色或某种特定标志下进行的以外,还往往包括西方政界和舆论广泛推崇这种以群众示威行动迫使国家政权易手的斗争方式,他们认为,以美好的花朵和颜色命名这些政治变革,是一种褒扬。

从"颜色革命"的酝酿发动及其进展过程来看,犹如克隆出来的一样,基本上都遵循着相同的四阶段模式,即:(1)准备阶段。凡发生过"颜色革命"的国家,其反对派和国外支持者往往都经过了长期的准备。特别是一些东欧国家和独联体国家,其准备阶段可以说从苏联解体、各加盟共和国独立的时候就开始了。(2)发起阶段。反对派往往抓住议会选举或总统大选的契机向当权派发起进攻。所有发生的"颜色革命",直接起因往往都是因为选举。一般,双方的激烈较量在竞选阶段就已经开始,并且,最初的选举结果往往都对当权者有利,然后引发反对派的强烈反对,其抗议的理由大多是选举舞弊。接下来便是发动群众抗议,由此拉开"颜色革命"的序幕。(3)相持阶段。反对派在外国势力的支持配合下,利用长期积累的国内矛盾和问题向当权派展开猛烈攻击,调动一切反政府的力量,迅速扩大抗议活动的规模和范围,围困、冲击议会和政府机关,逐渐削弱当权派的优势,直至最后在国际舆论和国内民意上都占据压倒性地位。(4)反对派胜出。在大规模的群众抗议和一边倒的舆论压力下,军队、警察等强力部门迅速分化,或宣布中立,或干脆倒向反对派,当权者便被迫承认失败,要么同意重新举行选举,要么辞职,要么逃往国外。

从"颜色革命"发生的背景来看,大多又与美国同苏联及后来的俄罗斯在地缘政治上的战略争夺是紧密地联系在一起的。无论是上个世纪90年代还是新世纪初发生的"颜色革命",在历史脉络上,实际上都可以看作是苏东剧变这一历史进程的延续。只不过,由于继承苏联主要遗产的俄罗斯实力和影响力大幅度下降,在政治文化上提不出可与美国及西方的自由、民主、人权相抗衡的概念,在经济发展上并不值得前卫星国效仿,其生活方式对年轻一代又缺乏吸引力,加之在地区政策上也存在一些失误,便常常使自己在与美国的竞争中处于下风。而此时,东欧国家与独联体国家亲美和亲西方情绪又不断涌涨,这就给美国等西方国家乘虚而入提供了机会。1990年6月,时任美国国务卿詹姆斯·贝克前往保加利亚参加亲美的政党选举活动,支持保加利亚国民议会选出了一位亲美的总统。这是美国第一次公开地支持苏联卫星国改变政权。自此以后,美国就再没有停止过在世界各地通过"街头政治"来支持政权更迭的脚步。美国第43任总统小布什2005年2月访问东欧及波罗的海沿岸国家在回答记者提问时即毫不掩饰地说:"协助别的国家获得自由,这不能叫做煽动革命,而是美国适当的外交政策。"[①]

为了加强这种扩张与争夺,美国还形成了一套推行民主外交的特殊手段,综合起来,大致有以下八个方面。

[①] 《参考消息》,2010年2月24日,第9版。

第五章 从暴风骤雨般的革命到温良恭俭让的改革

一是制造干涉他国内政的理论与政策依据，抢占外交与道义上的制高点。1992年，美国国会即通过了针对苏联加盟共和国的《支持自由法案》，为其干预独联体国家的内政在法律上开了绿灯。与此同时，"民主和平论""人权高于主权论"等口号式理论甚嚣尘上。进入新世纪后，美国更是热衷于以"新干涉主义"为基轴的进攻性民主输出外交，不顾世界发展模式的多样性和国际关系的基本准则，一味推广西方的民主、自由价值观。

二是动用经济资源配合民主外交，资助他国演变。通过对一些国家投入巨额的以推进民主改革为目标的选择性经济援助，美国逐步形成了左右这些国家政治走向的能力。这些经济援助项目，有些是由美国政府出面组织，但更多的是由非政府组织和社会团体操办，以此淡化非官方色彩而掩人耳目。乌克兰发生"橙色革命"后，美国曾把乌克兰作为全世界的民主样板，在2005年一年就资助其政治改革资金4000万美元。而累计资助乌克兰、格鲁吉亚和吉尔吉斯斯坦三国的政治改革资金则高达46亿美元。

三是既做上层的工作也做民间的工作，注意培养不同层次的代言人。据有关统计，从20世纪90年代至今，美国通过各种交流项目在东欧和独联体国家培养亲美骨干分子、建立亲美非政府组织，其规模数量已扩大四五倍，仅在中亚地区国家建立的非政府组织就超过1万个。这支队伍已成为美国民主输出外交的重要借力。

四是帮助有关国家改革或重建司法制度，为发动"颜色革命"提供司法准备。美国一向认为，司法制度是一国政体的重要组成部分，因此便利用一些国家实行多党制和建立三权分立制度的机会，不遗余力地向其灌输西方的司法理念和制度规范，从理论到实践，否定这些国家司法制度的权威性与合理性。

五是通过非政府组织对策划"颜色革命"的反对派领导人进行有针对性的培训。在方法内容上，包括传授美国的选举制度、选举方式、竞选方法，向参选人推荐选举策略，甚至帮助其拟制竞选口号和出版报刊等。

六是为了增强对他国施加政治与经济压力的有效性，采取多种非传统方式搜集有关国家的情报。

七是为了获得有利的舆论环境，全过程地发动媒体攻势。在"颜色革命"开始前，往往会对目标国家的民主建设、经济发展和人权状况进行大肆抨击，

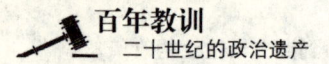

对该国民众进行反政府煽动；当"颜色革命"发起后，便对该国反对派领袖大加赞赏和支持，甚至动员国际舆论予以支持；而"颜色革命"一旦成功，便迅速将其消息传遍全世界，希冀带来多米诺骨牌效应。

八是对"颜色革命"的领袖人物大力褒扬。2005 年 1 月，美国参议院曾提名乌克兰总统尤先科角逐诺贝尔和平奖。

不过，颇具讽刺意味的是，就在美国推动"颜色革命"的战略日臻成熟并且寄希望于在中亚和高加索地区还会出现更多的"颜色革命"时，情况却慢慢地发生了变化。2004 年底的那次乌克兰总统大选后，俄罗斯还曾反思自己的独联体政策，并对"颜色革命"对自己传统势力范围的步步侵蚀一度有些紧张。但是，2010 年初的这次乌克兰总统大选后，该反思的却变成美国了。这不仅仅是因为乌克兰地处欧亚大陆要冲，地缘战略位置十分重要，美国失去了对这个国家的主要影响力，将使美国的形象进一步受损，更重要的则还在于，与上次乌克兰总统大选时截然不同，美俄两国在这次大选期间都不约而同地选择了避免插手乌克兰的内部事务，原因是——俄罗斯不必动手就可以坐享其成；而美国则苦于找不到可以支持的对象，还不得不争着向乌克兰新总统示好。

其实，美国大可不必惊慌，因为导致这一结局的原因并非完全是美国的战略失败。须知，经过 20 年的时光考验后，"颜色革命"这种曾经风行的革命方式早已失去光环。不仅乌克兰的这次大选结果未令世界惊骇，而且格鲁吉亚的"玫瑰革命"、吉尔吉斯斯坦的"郁金香革命"也都在过去的 5 年多时间里从狂热归于平静。而在泰国，在洪都拉斯，在拉丁美洲的广大地区，"颜色革命"都受到了人们的普遍厌倦和反对。事实证明，这一重大变故和结果的出现并不是偶然的。除了以往导致"颜色革命"发生与发展的一些因素的影响继续存在外，随着时间的推移，也还产生了一些新的变量。尤其是，"颜色革命"的发生及其结局，在更大的程度上还取决于当事国的状况——当事国的社会价值取向、当事国的社会转型方式以及当事国的社会发展成效等。如若不是这些国家自身已具备条件，任何外国是无法将事态引向它们所期望的轨道的。

具体到乌克兰来看，这次之所以发生"颜色革命"黯然失色的变故，其原因也是既有外部的变量也有内部的变量，并且根本原因还在于其内部。

从外部的变量来看，主要是以下三个方面。

第五章　从暴风骤雨般的革命到温良恭俭让的改革

——"颜色革命"的价值贬值。因为所有的"颜色革命"都以无一例外的模式进行，初起时的那种神圣外衣业已不再；所有的"颜色革命"都有美国和西方国家插手干预的背景，美国和西方国家的目标与策略已广为人知；所有的"颜色革命"都对当事国以至于国际关系和国际战略格局带来很大冲击和影响，与人们渴望秩序与稳定的愿望背道而驰；所有的"颜色革命"发生国都有现实状况同当初革命时的口号和理想相去甚远的情况，甚至新政府还不如旧统治者好，于是，"颜色革命"的价值便大打折扣了，人们对于革命的态度也就随之改变了。

——美俄两国战略力量的此消彼长。"颜色革命"初起时，美国的权势正盛，任何一场运动通过美国主导的全球媒体一宣扬，当事国的民众没有不受到鼓舞而蜂起的。但进入 2005 年以后，美国在伊拉克战场及国内经济发展等方面的负面表现不断，形象接连受损，此时若再发动"颜色革命"，成功的可能性自然就下降。而与美国相反，20 世纪整个 90 年代以及新世纪初，都是俄罗斯及亲俄当事国势力衰退的时期，对于时兴的"颜色革命"基本上处于束手无策的地步，只能眼睁睁地看着美国和西方国家挖自己的墙脚。但自进入 2005 年后，由于国际油气价格上涨，俄罗斯的经济改善，俄罗斯及亲俄当事国领导人的地位趋于稳固，对于"颜色革命"已有力量反制，便大大减少了其发生的概率。

——"颜色革命"频发地区的战略地位越来越突出和重要。一方面，"颜色革命"本身就是地缘政治的产物——美国趁俄罗斯国家失败和国力虚弱时煽动"颜色革命"，一步一步侵蚀前苏联势力范围的。另一方面，独联体国家向来是保障俄罗斯国家安全的重要缓冲地带，欧盟和北约的东扩已使俄罗斯感受到巨大的压力，迫使其不得不亮出自己的战略底线并加以坚守。其三，由于"颜色革命"频发地区的国家，不仅在国际政治领域仍然带有意识形态和军事战略角逐等传统竞争色彩，而且在能源、经济发展以及反对民族分立主义、宗教极端势力和国际恐怖主义方面，其分量又进一步加重。这样一来，就使得"颜色革命"虽然实现了一些国家政权的更迭，却无法改变该地区的地缘政治格局；发生"颜色革命"的国家虽然在意识形态上亲近美国等西方国家，但出于长远安全方面的考虑和对俄罗斯能源及市场的依赖，又不得不回归到比较务实与平衡的外交路线，由最初露骨的亲美政策转而从现实出发与俄罗斯改善关系。由此，便也就凸显出这些地区国家的战略地位与价值的重要。

从内部的变量来看，乌克兰前政府虽然于2004年在美国等西方国家的支持下发动"橙色革命"并掌了权，但几年下来却不仅未能解决好国家的发展问题，反而出现和积累了许多新的社会矛盾与问题，致使人们的不满情绪持续高涨，于是便给"二次革命"提供了土壤和条件。美国《纽约时报》发表评论："乌克兰本来想通过'橙色革命'建立欧洲式民主，结果却增加了政治和经济动荡。"路透社说："'橙色革命'既没有带来繁荣，也没有带来稳定。……因为尤先科和季莫申科，乌克兰已经失去了5年。"俄罗斯《真理报》指出："'颜色革命'消失了，因为越来越明显的是人民不容易被空头支票式的承诺所愚弄。所以亚努科维奇击败了季莫申科，赢得了乌克兰总统选举。这一点儿都不令人吃惊。更不吃惊的是，即将下台的总统尤先科在这个无主之国成了无足轻重的政治人物。"概括起来，乌克兰这次发生政治变局的内部原因可以归结为以下四个方面：

——虽然在名义上是实行民主制度，但实际上却仍然是威权政治。"橙色革命"后，乌克兰在宪法层面建立了三权分立的政治体制和全民普选的选举制度，军队也实行了国家化，但现实情况却还是处于一个党派的政治统治之下，与民主精神格格不入的现象大量存在。总统尤先科和总理季莫申科为了权力明争暗斗，在短短四年中几度导致内阁解散。显然，尤先科政府并没有把权力基础建立在新的民主原则之上，乌克兰的民主政治并没有真正建立起来。

——经济发展缓慢，人民生活未能得到改善。在"橙色革命"前，乌克兰的经济增长率曾高达13%。但"橙色革命"一年后则降到5.5%，创下新世纪以来经济增长的最低值。与此同时，出现了严重的通货膨胀，主要生活必需品价格上扬，政府大楼前出现了多次示威和抗议活动。加之在对俄关系上处理失当，闹出一场旷日持久的天然气纠纷，致使乌克兰的经济面临前所未有的窘境。

——腐败问题没有得到很好治理，虽以反腐败起家却又产生了新的腐败，甚至使昔日的政治盟友反目成仇。季莫申科总理领导的内阁成立不到一年，就因为政府官员腐败问题被尤先科宣布解散。尤先科在签署了将总理解职的总统令之后指出，季莫申科把自己的利益放在了政府工作的首位，这包括企图把曾经属于她的乌克兰统一能源系统公司的10亿美元债务一笔勾销，以维

第五章 从暴风骤雨般的革命到温良恭俭让的改革

护某些私营企业和商人的利益。而季莫申科阵营则又在尤先科竞选资金等问题上向尤先科一派发难。俄罗斯媒体认为，乌克兰出现了"革命后综合征"。

——新生政治力量快速发展，最终，人民自己决定了自己的命运。俄罗斯分析家指出，早在2006年3月乌克兰举行修宪（由总统议会制改为议会总统制）后的首次议会选举时，"橙色革命"领导人及其政党就已经失败，因为其在治理国家方面未能显示出政治家和政党应有的能力，在过去一年多时间里没有能兑现"橙色革命"时向选民作出的承诺，而且还不如旧政府的表现；而就在很多选民对橙色革命派失望的同时，以亚努科维奇为首的地区党却在修宪后的首次选举中独占鳌头，获得高达30%多的选票，成为议会中的第一大党。人们当时就预言：亚努科维奇必将在乌克兰政坛发挥更大的作用，即使不参加政府也会作为强势反对党领袖而活跃于政坛。果然，几年后，乌克兰民众选择了亚努科维奇。

在20世纪，暴力与非暴力革命的概念一直都是人们理解革命的钥匙，但却鲜有人注意到，用手段代替对目的的解释是很难让人满意的。如若革命只是为了追逐权力，抑或在革命过程中或革命成功后其目的又悄然发生变化，革命就可能既摧毁了旧势力又摧毁了理性。而当革命的结果只是一种政治势力代替了另外一种政治势力，人们逐渐认识到自己所进行的革命只不过是夺取政权的工具而非真正带来社会的革新与进步时，热情自然就消失了。乌克兰"橙色革命"的例子证明，人们对于此种革命的热情的消失，其实也就意味着新的社会变革的开始。

三 革命是万不得已的事情——用渐进向善累积社会成功

如前面所谈到的，马克思曾经断言，新的社会革命将首先在工业化程度高的西方国家发生。在马克思之前的时代，所有重大的和经典的革命也都发生在西方——英国革命、美国革命和法国革命。但在20世纪，几乎所有重大的革命却又都发生在工业化程度并不高的一些国家和地区。例如，1917年的俄国革命，1949年的中国革命，1959年的古巴革命，1975年的印度支那革命，1976年的葡属非洲革命，1979年的伊朗革命，等等。

为什么马克思的结论被颠覆了呢？以下几个原因恐怕是马克思所无法预见到的。

首先是，西方工业化国家的工人阶级赢得了选举权和组织工会权，他们可以运用这些权力来增加工资，组建福利国家，从而在遇到事故、生病或失业时可以得到救助。因此，西方的工人阶级相对来说比较富足，他们在政治变革上往往赞成社会改良，而并不一定再是社会革命的推动者。

其次是，西方国家的殖民地和世界大多数国家在20世纪并没有像马克思所预期的那样实现工业化和普遍繁荣，自然也就没有形成强大的革命力量——工人阶级。西方国家的制造商们并不希望出现来自海外的竞争，因而他们积极阻挠殖民地建立自己的工业体系，殖民地半殖民地国家在一个相当长的时期内依然是西方国家工业生产原材料的提供者和制成品的进口者。这种格局造成的最终结果是，富裕国家和贫穷国家——即发达的第一世界与不发达的第三世界之间的经济差距不断扩大。在1800时，这两个世界之间人均收入的比率是3∶1；1914年时扩大到7∶1；而到1975年时则高达12∶1。

第三是，经过了长期残酷的战争和多次流血的革命后，欧洲人——无论是社会政治精英还是工人阶级、市民社会，都普遍认识到了，用过去那种革命的办法来进行社会更新，毕竟成本太大，代价太高，尤其是在人的生命的损失方面。这样一来，欧洲人就把自己的思想家所得出的结论颠倒过来了。

然而，耐人寻味的是，欧美等工业发达的西方国家虽然没有发生新的大规模的社会革命，却为人类贡献出了远远多于其他地区民族和国家的政治发明，并且建立了迄今为止最为完满、最具吸引力的社会。这其中显然又以美国为甚。

在人类历史上，美国首先建立起了世界上第一个民主共和国。先于美国革命的尼德兰革命胜利后建立的国家虽然名为共和国——荷兰共和国，但实际上是一个半君主性质的国家。英国光荣革命后则保留了君主制。美国建立民主共和国的创举，极大地动摇了古老的封建君主专制制度，以至于今天世界上的大多数国家都采用了民主共和的政体。

在人类历史上，美国创造了第一部突破许多前无古人的宪政原则的成文

第五章 从暴风骤雨般的革命到温良恭俭让的改革

宪法。并且,还创造了成文宪法存活时间最长的纪录——220多年来,美国初创时期就诞生的宪法一直是国家的根本法。今天,世界上也有100多个国家的宪法是以美国宪法为蓝本的。

在人类历史上,美国还在国家设施中首先建立了总统制。而在美国1789年建立总统制之前,世袭君主制几乎是不可撼动的。在那时,世界上既没有"总统"这一称谓,也没有一个国家的元首或政府首脑是通过选举产生,更没有一个国家的元首或政府首脑可以被民选代表通过弹劾程序所罢免。今天,美国的总统制也已被世界上许多国家所效仿。

进入20世纪以后,美国在政治发展与创新方面依然没有止步,仍然给世界提供了诸多启示。

在20世纪,美国把政党政治特别是两党政治这种现代国家政治形态推向了成熟和极致。两党制虽源自英国但成熟在美国。17世纪末时,英国议会内部出现了辉格党和托利党,在18世纪60年代以前主要由辉格党执政,18世纪60年代以后主要由托利党执政,但都未形成真正意义上的两党竞争与共生机制。直到18世纪末工业革命后,辉格党和托利党才分别演变为更符合执政需要的自由党和保守党;而以两党制的形式形成两党轮流执政的局面,更是在19世纪30年代英国议会改革选举法之后。但在美国,两党竞争和两党轮流执政的格局实际上从18世纪末的美国第二任总统大选即开始了。经过一个世纪的跌撞进入20世纪后,美国的两党制——"轮流地使政权从一只手中放下去,又立刻被另一只手抓住"①,已经是美国政治和社会持久稳定的重要因素。每当人民对政治、社会和经济的不满情绪上升时,非执政党的存在及其接管政府就成为这个国家的一个安全阀。美国今天的两党制既深深地植根于民意抉择的吸引力之中,也同样深深地植根于国家政治稳定的需要之中。

在20世纪,美国圆满完成了在幅员辽阔的地域中建立民主政治的尝试。以三权分立和制约平衡为代表的限权政府原则得到充分体现。"霸王"总统在舆论的压力下辞职下台,总统选举结果由司法判定,都为世界之先。妇女参政,黑人参政,公民选举年龄下限降至18岁,都极大地唤起了人们的政治热情,政治从此不再是一场大众作为旁观者的比赛或游戏,是最普通的人都愿

---

① 《马克思恩格斯全集》第11卷,北京:人民出版社1965年版,第399页。

意参与其中。这是对那种认为民主只宜于在地域狭小、结合得紧密的社会实行，而对地域广阔和结构复杂的社会则不适宜的观点的彻底颠覆。尤其是，美国在20世纪所创造出来的选举政治，大有扩展为世界性政治文化之势。在今日美国，选举既是民主化的目标，也是民主化的工具，政治生活的一种基本形式就是选举，政治权力的唯一合法性来源也是选举。从联邦中央到地方政府，美国的官员民选职位已经达到52万个，是世界上选举最为频繁、民选职位数最多的国家。每四年一度的美国总统大选，更是会吸引全世界的眼球。

在20世纪，美国的人权原则无论在政治理论上还是在政治实践上都有了创造性突破。自1776年发表被马克思誉为世界上"第一个人权宣言"的《独立宣言》后，美国的人权概念不断扩展。尤其在20世纪，美国着力在国家的法律和制度中充实人权的内容、提高人权的地位、扩大人权的范围，为人们的创造性活动留下了巨大空间。在今天的美国，人权即意味着人的公民权利、政治权利、经济权利和社会权利等都得到保障，老年人、未成年人、残疾人等特殊、弱势群体都各得其所，不同种族和民族的人都能够以平等地位参与国家大事和各级地方事务的管理。如同民主、自由一样，人权在美国不仅仅是由制度所保证的，是神圣不可侵犯的，而且已经演化成为根深蒂固的价值观念和生活态度。20世纪中期，在美国的倡导下召开了联合国人权会议。到20世纪末，人权概念已被世界各地广为接受。

在20世纪，美国继续续写了政治稳定与政治改革并行不悖的世界神话。一般来说，改革与现代化的过程滋生着动乱，现代化与政治稳定是成反比的。但这一现象在美国却并没有出现。在20世纪这个改革最为频繁、发展最为迅速、现代化得以全面实现的世纪里，美国的主权独立、领土完整和政治安全从未受到挑战，法治连续守常；一以贯之地保持了多元的意识形态和民主的政治制度，各种社会政策的更新和各级政府权力的更替都有秩序地进行；全球范围的国家尊严与国家利益得到尊重和维护，在世界事务中的地位和作用得到国际社会认可。这一切，既为美国的改革发展提供了最可靠的保证和最优越的环境，也构成了美国现代化的最显著特色。

这样的社会成就和这样的优越地位是如何取得的呢？难道美国真是上帝的宠儿吗？其实，美国的繁荣发展靠的不单是得天独厚的自然地理条件和众多良好的国际机遇，更不是神仙上帝的赐予，而是美国人自己创造出来的。

第五章 从暴风骤雨般的革命到温良恭俭让的改革

其中一个极为重要的方面,就是美国奉行社会改良政策的成功。可以说,自建国以来,美国在推进社会发展方面就一直是围绕着渐进向善这个主旨进行的。

第一,坚持渐进的改革观发展观。

社会改革依历史条件进行,并不随心所欲;即便是再良好的愿望再正确不过的改革,也等条件具备时才进行——这可能是美国在社会转型方式上与世界其他国家最大的区别。

在长达230多年的社会发展中,美国之所以能够坚守这一条,首先与美国得以立国的革命性质有关。美国革命之前、之后的许多革命以及20世纪的众多革命,往往都涉及价值观念、社会结构、政治制度、施政方针以及政治领导层方面的迅速而剧烈的变化,往往都需要推翻过去,与传统决裂,有的甚至造成巨大的历史断层。但美国的革命却与其他的革命有着一个最根本的不同,即美国革命不是要推翻过去;并且恰恰相反,是要保住其北美殖民地的过去时代。确切地说,美国革命推翻过去的任务,已经在跨越大西洋的时候便完成了——清教徒们移民北美,就是与英国决裂、与过去决裂,从那以后,他们就一直在创造着自己的新社会。经过长期努力,在独立前的北美这块殖民地,没有封建专制,没有独裁统治,人们事实上已经享有相当充分的、比英国本土居民还多的权利和自由。人们这时所要求的,只不过是希望脱离英国,英国不要再来干扰他们。人们之所以发动革命,是要维持原状。这就是美国革命不同于其他革命的本质所在。

革命尚且如此,在实施社会改革时采取循序渐进的方式,不急功近利,不毕其功于一役,就是很自然的选择。

其次,美国采取渐进改革的方式,与长期的保守主义政治传统关系极大。

保守主义认为,与生物的进化一样,人类社会也是在各种因素的作用下自发形成的,是历史淘汰筛选的结果;习俗、秩序、社会机制、道德价值等都是这样产生的,它包含着丰富的历史积累,凝聚着无数代人的智慧,是弥足珍贵的文化遗产,绝对不应该随便更改,也绝对不可能被随便更改。保守主义确信,人类本性总是有缺陷的,人的知识始终是有局限的,现实社会也不可能有尽善尽美的制度,人们所期待的只是一个相对有秩序、有自由的社会,所谓对乌托邦社会的追求最终都会以灾难告终。保守主义主张,社会变革应该尊重历史传统，在原有的社会框架内逐渐发生，自然发生，而不能采取像打碎机器一样的激进的社会革命，这是保持人类文明连续性的需要。保守主义反对人为地随心所欲地改造社会，尤其是反对翻天覆地的激烈行为。这些思想观点和政治主张同自由主义的思想观点和政治主张一样，几个世纪以来都是美国社会发展的主流指导思想。

不过，美国虽然有保守主义的政治传统，但社会思想却并不僵化，政治也并不保守。实际上，保守主义并不是反对变化，而且还认为变化是保存传统所必需的；保守主义所反对的只是突变，失去速度和控制的变。

其三，美国推进社会改革同样也受社会成熟条件的制约。

美国政治学界认为，一项社会改革的成功实施需要具备五个方面的条件，即物质条件，包括地理条件、经济条件等；法制条件，包括社会稳定、政治秩序和言论自由等；心理条件，包括社会成员的气质和公平精神、自我克制精神等；知识条件，包括具有运用智力解决社会问题的能力等；防卫条件，包括具有防御外来威胁以及内部参与威胁的能力等。

从总体上来看，美国的经济发达，教育普及，社会结构分化，民主自由观念深入，市民社会成熟，这都十分有利于社会改革的推进。但是不容忽视的是，美国也同样存在社会发展的不平衡，种族文化的不平衡，社会认知的不平衡。这就需要在推进实施社会改革时不得不顾及社会风险的因素。同时，由于美国自进入 20 世纪以来一直是作为一个世界大国而存在的，任何旨在推进实施社会改革的行动，也离不开对外部环境的考虑。

其四，美国之所以采取渐进改革的方式，与美国所进行的改革本身的复杂性长期性也有关。

美国是一个联邦制国家，权力由联邦政府、州政府和地方政府三级分享，凡联邦政府所推进实施的改革多是国家政治与社会经济方面的重大改革。这往往会对社会上不同的个人、群体、集团、阶级、阶层产生不同的影响，触及人们的根本利益，增加改革的复杂性和敏感性。同时，美国的地域广、人口多、族群多，人类历史表明，社会改革的复杂性长期性总是会随着地域、人口、民族的增加而增加，小范围可以做得到做得好的事情，在大范围则可能做不到，做不好。更何况，美国所进行的许多改革在人类历史上也是没有先例的，只能一步步摸索着前进。这几个方面的长期存在和相互交织，就决

第五章　从暴风骤雨般的革命到温良恭俭让的改革

定了美国的改革之艰难。

所以，美国哈佛大学政治学教授亨廷顿在分析这种改革的难度时写道：改革者的道路是艰难的，他们所面临的问题比革命者更为困难。一是，他们必须两线作战，同时面对来自保守和革命两方面势力的反对，需具备比革命者更高超的政治技巧。二是，改革者不但要比革命者更善于操纵各种社会力量，而且在对社会变革的控制上也必须更加老练。他需要着眼于变革但又不能变得太快太彻底，要把注意力更多地放在变革的途径、手段和时机上。三是，如何处理各种形式改革的轻重缓急问题，对改革者来说比对革命者要尖锐得多。一个成功的革命者无须是政治巨匠，而一个成功的改革者则必是一流的一政治家。①

其五，就是美国有一批立场坚定的奉行渐进主义改革观发展观的政治家。

在美国的许多政治领袖人物看来，改革无疑需要具备客观条件，任何改革都不可能超越客观现实而获得成功；但是，改革中的主观条件同样能起决定性的作用，任何改革也都不可能自动地获得成功。因此，改革不允许好大喜功，无论绘制的治国蓝图有多么诱人，错综复杂的社会现象把人们弄得多么眼花缭乱，改革的领导者都必须以清醒的头脑、顽强的耐力，坚持改革的有序性、稳妥性和持久性。

20世纪20年代初，美国成了第一次世界大战的战胜国，国内社会进步运动也获得巨大成功，裹挟着这一历史性的双重胜利，美国燃起了一股社会快速转型的火焰。但是，在持续高涨的社会情绪面前，总统候选人沃伦·哈丁在总统竞选演说中却说："美国当前需要的是疗伤而不是豪情，是常态而不是秘方，是修复而不是革命。"②

担任总统两年多以后，哈丁因病去世，美国第30任总统柯立芝赞扬他的政策"使社会恢复了平静，给世界带来了和平"。人们也从哈丁总统身上进一步得出结论：政治家需要注重社会的情绪和舆论导向，但一个伟大的政治家决不能被社会情绪和舆论导向所左右，否则，可能会把整个国家引向灾难。

第37任美国总统尼克松辞职后既研究国际政治战略也研究美国的治国方

---

① 〔美〕塞缪尔·亨廷顿：《变化社会中的政治秩序》，王冠华等译，北京：生活·读书·新知三联书店1989年版，第316—317页。
② 《参考消息》，2008年2月13日，第11版。

略，他把美国所进行的改革称为"和平变革"。在《1999年：不战而胜》这部著作中，尼克松说："要懂得美国的特点，我们就应研究我国的历史。如果我们对过去不能取得一致的看法，对将来就不会有实事求是的看法。在我们庆祝美国宪法二百周年时，有些肤浅的人宣扬这种神话：美国的治国观点是从在费城聚会的那些杰出人物的头脑中像变魔术一般产生出来的。然而，宪法虽然为未来开创了新秩序，但它却是牢固地建立在过去流传下来的一些古老原则基础之上的。"①"开国元勋们的有利条件是可以在一张崭新的帆布上作画。但他们虽然不受过去僵化做法的约束，却对过去的伟大思想家们作了大量的借鉴。他们通过综合这些古代的伟大思想，创造了一种高于任何思想或其总和的新思想。他们都是理想主义者，但也是非常实际的人。……他们知道暴力革命将使他们的功业毁于一旦。因此，他们提供了一个能够通过和平变革实现革命目标的进程。"②

第二，坚持社会发展的继承性。

美国实行的虽然是两党制，由民主党、共和党轮流执政，但两党制和两党轮流执政却并不意味着它们各自为政，互相否定。美国历代领导者都认识到，"如果缺乏一套稳定的国家政策的鼓励，任何伟大的进步，任何优秀的事业，都是不会发生的。"③"变化不定的政府所引起的恶果罄竹难书。"④因此，无论是民主党执政还是共和党上台，历届政府在推进社会现代化方面总是坚持在继承的基础上发展，在改革创新中加以提高，绝不割断历史。

在19世纪末至20世纪初开展的"社会进步运动"中，虽然涉及的内容十分广泛，持续的时间长达20年，其间经历了两次政党轮替、4个总统主政，但都始终坚持这场运动的中心议题和目标，谁也没有打破或试图打破既有秩序。通过这场运动，美国不只是缓解了社会矛盾，更重要的是把社会进步意识变成了全民的信仰。"进步的教育""进步的医疗""进步的企业""进步的工程""进步的资本主义""进步的美国主义"，如此等等，不一而足，使这场持

---

① 〔美〕理查德·尼克松：《1999年：不战而胜》，王观声等译，北京：世界知识出版社1989年版，第318页。
② 〔美〕理查德·尼克松：《1999年：不战而胜》，王观声等译，北京：世界知识出版社1989年版，第319页。
③ 〔美〕亚历山大·汉密尔顿等：《联邦党人文集》，张晓庆译，北京：九州出版社2007年版，第807页。
④ 〔美〕亚历山大·汉密尔顿等：《联邦党人文集》，张晓庆译，北京：九州出版社2007年版，第809页。

第五章 从暴风骤雨般的革命到温良恭俭让的改革

续的全面的思想普及运动极大地凝聚了全民的意志,增强了全社会的向心力,促进了政治和社会的稳定与进步。

20世纪30年代罗斯福新政后,先后上台执政的几任美国总统又相继推出了"公平施政""新边疆""伟大社会"等改革纲领。虽然这些纲领的冠名不同,内容也有很大区别,但对罗斯福新政中没有过时的政策都加以坚持、没有完成的事项都加以完成,并没有因为两党轮流执政而带来国家政策的根本改变。就是通过这种一届又一届政府的接力,一步步巩固和发展了前人的成果,才把美国的政治经济发展在20世纪推向顶峰。

从这里也可以看到,两党制在美国不仅有利于组建稳定的政府,促进政治局面的稳定,也有利于国家政策的连续性和一致性,促进社会的繁荣稳定。尽管两党在竞选时难免会提出不同的政策主张,但一俟上台执政,却并不会中止上届政党政府的基本政策。即使是将上届政府的某些政策逐步废止或作局部调整,一般也不会带来全局性的政治或政策上的动荡。后人对前人有扬弃,但不是否定;有改变,但不是推倒重来;有批评和纠错,但不会走向另一个极端。所以,曾任美国政治学会会长的塞缪尔·亨廷顿说,在美国,两党政治的连续性和稳定性保障了社会的迅速变革,而社会的迅速变革则又有助于两党政治的连续性和稳定。①

第三,坚持一切社会改革都付诸法律,以确保稳妥高效。

美国社会的法治观念、对于法的尊崇与信服,几乎是无可挑剔的。在美国人看来,法大于权,法律程序重于政治结果,接受法律的裁决,在法律面前人人平等,这些都是天经地义的。既然对于法的崇拜深入骨髓,那将社会改革政策一概纳入立法也就是很自然的事情。实际上,美国迄今为止的任何一项政治与社会政策的改变,也没有不通过立法、不进入司法程序的。这就自然形成了一道保证改革政策得以积极稳妥实施的屏障。这是因为,美国的立法向来是以程序复杂、周期长、制约因素多而著称的,这其中的每一个环节,都足以过滤和阻止任何一项草率的、不现实的立法动议。

就美国立法程序的复杂而言,一个议题要正式立案并获得通过、颁布实施,至少有以下五个必不可少的步骤。一是提出议案。在美国,立法构想和

---

① 参见〔美〕塞缪尔·亨廷顿:《变化社会中的政治秩序》,王冠华等译,北京:生活·读书·新知三联书店1989年版,第120页。

建议可由总统、政府行政机构、利益集团、选民以及国会议员提出，但作为议案则必须由国会议员按一定规则提出。二是委员会审议。由众议院或参议院的负责人将提出的议案交有关的一个或数个小组委员会进行审查筛选，通过小组委员会的审查筛选后，专门委员会才进行审议和表决。三是国会的一个院进行全院辩论、修改和表决。众议院或参议院接到本院专门委员会表决通过的议案之后，即按程序决定是否进行全院审议。如同意审议，则进行全院的辩论、修改和表决。四是国会的另一个院进行全院辩论、修改和表决。议案在国会的一个院通过后，才交由另一个院按照同样的程序进行委员会审议和全院的辩论、修改与表决。如果取得一致则送交总统签署，如未能取得一致则还需经过国会两院协商。五是总统签署。对于两院通过的议案，最终只有获得总统签署才能成为法律。

就一项议案的周期而言，往往是一个缓慢的过程。一个议案要在国会两院获得迅速通过并由总统迅速签署，这在美国历史上是不多见的，除非国家处于紧急状态时。通常，一个议案成为法律要经许多个月，甚至从国会第一期会议延到第二期会议；有的则还历经数年甚至数十年。这不仅仅是因为立法程序复杂，而且是因为要考虑和综合各方面的利益与意见，不断地进行修改和调整，才可能使议案在两院形成多数支持并最终获得通过。

就一个议案所面临的制约因素而言，议案在进入司法程序后往往会遇到许多关卡和障碍。国会议员在决定自己的政策取向或投票表决时，除了议员本人的政治观点以外，通常要考虑本选区选民的意愿、所在政党的意见和有关利益集团的愿望等许多因素。在国会立法程序中的每一阶段，院外的各种力量，包括总统、行政机构、利益集团、新闻媒体等，都可能用各种方式影响议员，以期达到自己的立法目标。所以美国国会最后通过的议案特别是涉及社会各阶层利益的重大改革议案，无不是多方协调、妥协与慎重决策的产物。

2009年11月至2010年2月间，美国第44任总统奥巴马连续向国会提交了三个版本的医疗改革方案，并且强调，美国最大的内政就是医疗改革。其实，奥巴马政府这次极力推进的医疗改革只不过是70多年来许多届美国总统未竟之业的重启。1935年，时任总统罗斯福就曾提出过建立全民健康保险体系的设想，但由于国会反对未果。其继任者杜鲁门任职期间曾四次在国会发

第五章 从暴风骤雨般的革命到温良恭俭让的改革

表关于改革医疗体制的演讲,倡导建立"人人都能负担"的医疗体系,但在泛政治化的浪潮下最终不了了之。1960年代约翰逊总统致力于改善民众生活,被美国人称为"卫生和教育总统",但他依然没有建成全美统一的医疗保障体系。1990年代,为了摘掉"世界上唯一没有建立全民医疗保障体系的发达国家"这顶帽子,克林顿总统曾任命第一夫人希拉里主持医疗改革,但最后也未能突破重重阻力而功败垂成。虽然美国的医疗开支已经占到其联邦预算的16%以上,明显高于教育和国防的支出而成为政府的最大负担;奥巴马在国会演讲中把医疗改革视为美国继续前进的基础,声称即使只担任一届总统也要把这项改革进行到底,但议案变成法律的难度之大还是远远超出人们的预料,以致2010年3月下旬参众两院涉险通过改革方案后,奥巴马和他的团队竟高兴得心花怒放、弹冠相庆。

实际上,像这样经过曲折而漫长的过程才获得通过的议案在美国历史上也比比皆是。1920年8月,美国国会通过的第19条宪法修正案生效,美国女性公民从此有了选举权;而赋予妇女以平等权和选举权的努力实际上从美国开国之初就提出来了,把选举权从男性公民扩大和普及到女性公民,美国已经用了144年。而在此之前,选举权从部分白人男子扩大和普及到全体白人男子,又从白人男子扩大和普及到黑人男子,也分别是在建国后的第84年(1860年)和第94年(1870年)。更有,一项有关妇女平等权利的宪法修正案于1923年在国会提出后竟长期议而不决,直到1972年才获通过送往50州批准,而等到1982年最终有效批准期限期满时,却由于仍缺3个州批准而导致这一修正案流产。

以上这些议案的最终结果出炉都旷日持久的原因,并非都是党派歧见和利益之争所致,这里面也有政治稳定、司法公正特别是社会效率方面的考虑。虽然美国把所有的社会改革事项都纳入立法,通过的程序可能繁多,所需的时日可能长久,但这却并不意味着它们的政府效率或社会效率低下。在美国人看来,为了保证一项社会改革措施积极稳妥并为社会各界广为接受与切实施行,将其立法是必需的。至于行政效率或社会效率,实际上进入立法程序后就既不会允许贸然激进,也不会允许效率低下。可以说,美国的宪政既是富于理想的,也是更现实主义的。

通观美国的社会发展史,其实也是一部改革史。从18世纪末的邦联到联邦、19世纪60年代的废奴主义运动、19世纪末的工业化城市化浪潮到20世纪的诸多社会改革，美国历来都是坚持不懈地以渐进方式来推动社会发展的。即使这期间充满着各种各样的暴力以及其他形式的混乱事件，甚至还发生过南北内战，美国都不曾动摇过。因此美国学者罗伯特·达尔评论说，美国的社会改革"常常都是采取一种渐进的方式，而不是盲目的冒进。由于每次只走一步，往往能够避免重大的灾难。公民、专家和领导人从错误中学习，留心需要的矫正措施，对政策加以修改，如此等等。这个过程，如果需要，可以反复进行。尽管每一步小得让人灰心，但日积月累，也会造成深刻的也可以说是革命性的变化。由于这些渐进的变化是和平的，并得到了广泛的公众支持，因而能够持续地进行。"①

令人难以置信而又令人感到高兴的是，在用渐进向善的方式改造社会和推进社会发展上，无论是西方的政治家还是东方的政治家，无论是资产阶级革命家还是无产阶级革命家，竟都有过惊人相似的甚至是完全一致的立场和观点。

中国革命的先行者孙中山即曾告诫人们："革命是万不得已的事情，而且不能一直走下去。"②引人深思的是，孙中山是在领导了辛亥革命、经历了袁世凯复辟称帝和目睹了俄国十月革命后讲这些话的，其根本所指是：任何社会都不希望发生革命，因为革命即意味着暴力，革命即意味着原有秩序的彻底破坏；如果不能迅速地结束革命过程，不能尽快地建立新的社会秩序，与革命相伴的往往是长期的内战和政局的不稳、经济的倒退和民众的疾苦；在推翻旧制度后如果能顺利地建立一个以民主政治为基础的社会新制度的话，革命的代价还算得到了补偿，而革命如果仅仅意味着推翻了一个暴政而由另一个暴政来取代的话，那就是革命的最大悲哀。

1919年中国爆发"五四运动"后，毛泽东在其主办的《湘江评论》的发刊词中，也曾主张开展"呼声革命"，反对"炸弹革命"。毛泽东认为，中国之命运在于民众要联合起来，向政府发出共同的呼声，催促它进行改革。毛泽东在给蔡和森的一封信中还谈到，十月革命采取的暴力方式并不是最好的选择，只是别的路都走不通以后不得已而采取的一种手段。毛泽东说："我看俄国式

---

① 〔美〕罗伯特·达尔：《论民主》，李柏光等译，北京：商务印书馆1999年版，第105页。
② 总政治部编：《著名学者与中央高层讨论文化历史问题》，北京：解放军出版社2005年版，第59页。

第五章 从暴风骤雨般的革命到温良恭俭让的改革

的革命,是无可奈何的山穷水尽诸路皆走不通了的一个变计,并不是有更好的方法弃而不采,单要采这个恐怖的方法。"①毫无疑问,毛泽东在当时是反对流血的革命的。只是后来,当他意识到历史的转折时期只有革命才能扫荡旧的秩序、建立起一个崭新的世界时,才毅然决然地发动革命,走上职业革命家的道路。

四 坚持"摸着石头过河"——"中国回来了,在荣誉的光环下!"

1978年12月18日,这是中国人应该永远铭记的一天。这天,中国共产党第十一届三中全会在北京拉开了帷幕。经过四天的努力,这次会议果断地废止了"以阶级斗争为纲"的口号,否定了"无产阶级专政下继续革命"的理论,重申中国大规模急风暴雨式的阶级斗争已基本结束,做出了把全党全国工作的着重点转移到社会主义现代化建设上来的伟大决策。从此,中国的发展开始了新篇章,中国人民迎来了盼望已久的新气象。也就是从这时起,改革开放成为中国人的全民意志,尘封已久的国门又向世界敞开了,波澜壮阔的社会改革又在古老中国的大地上兴起了。

以邓小平为代表的中国共产党人做出这一历史性抉择,既是一次战略上的主动调整,也有国内外大势所迫的因素。"文化大革命"使国家遭受了严重挫折和损失,觉醒了的人民强烈要求纠正"文化大革命"的错误,彻底扭转十年内乱造成的严重局势,使国家从危难中重新奋起。而与此同时,世界经济在快速发展,新一轮科学技术革命方兴未艾。不仅发达国家纷纷进行产业和经济结构调整,许多发展中国家也加紧向现代化社会转型。改革已是时代的潮流,世界的洪流。内忧外压使中国的领导人认识到:一个国家的发展,只有在世界和时代的坐标上去认识,才能更加准确;一个社会的变革,只有从历史和现实的对比中去把握,才能更加清晰;中国"不改革就是死路一条"。

---

① 总政治部编:《著名学者与中央高层讨论文化历史问题》,北京:解放军出版社2005年版,第203页。

然而，改革谈何容易。

此时的中国，生产落后，经济已十分孱弱。1978年中国的人均GDP低于印度，只有日本的1/20、美国的1/30，在128个国家中总是徘徊于倒数第20多位，与索马里、坦桑尼亚相近。在1955年时，中国的国民生产总值曾占到世界国民生产总值的4.7%，而1978年则下降到2.5%。科技发展水平落后欧美发达国家40年左右，落后韩国、巴西等发展中国家20年左右。西德一个年产5000万吨煤的露天煤矿只用2000名工人，而中国则需要16万名工人，相差80倍。法国一个年产350万吨钢的钢厂只需要7000名工人，而中国武钢年产钢230万吨却需要6.7万名工人，相差10多倍。法国戴高乐机场一个小时起落60架飞机，而北京首都国际机场一个小时仅起落2架飞机。中国与世界的差距之大令人震撼。更有，中国的改革如有的学问家所言，在经济方面实际上是背负着两大"双重使命"进行的。一大"双重使命"是，既要通过以社会主义市场经济为取向和促进公有制为主体、多种所有制经济共同发展的经济体制改革来解放生产力，又要促进社会公正，走共同富裕的道路。这是一个两难命题，其复杂和特殊之处就在于，二者在本质上是统一的，但在这样或那样的具体问题上又是有矛盾的；在长远发展上是统一的，在发展过程的一定阶段上又是有矛盾的。这就需要把握好问题的两重性、长期性和处理问题的度，不能顾此失彼。另一大"双重使命"是，既要继续完成发达国家早已完成的传统工业化，又要以信息化带动工业化，赶上从20世纪70年代开始的现代科学技术发展的新步伐。也就是说，中国所要解放和发展的生产力，不能仅仅复制旧发展方式下钢铁文明、机械文明那样水准的生产力，更不应一股劲重复旧发展方式下那种资本、技术排挤劳动的道路，而应是把产业升级、设备更新、核心技术创新和整个创新活力的解放，提升到信息化带动工业化和生态文明的水准和境界，提升到资本、技术与劳动就业相融共生的水准和境界。这样艰巨复杂的改革任务，是近代以来一切世界大国现代化历史上从未有过的。

此时的中国，人民生活欠账已久，社会矛盾积压过多。1978年，中国年收入100元以下的人口所占比重高达35.37%，全国人均国民收入仅相当于100美元。而同期，美国的人均国民收入为10094美元，日本为7672美元，联邦德国为11759美元。长期的物资紧缺和匮乏已使人民苦不堪言。陈云说：

第五章　从暴风骤雨般的革命到温良恭俭让的改革

"九亿多人口，百分之八十在农村，革命胜利三十年了还有要饭的，需要改善生活。我们就是在这种情况下搞四个现代化的。"①除了人民的经济生活困难外，由于十年"文化大革命"的内乱，国家法治荡然无存，这时还积累了一大批冤假错案和若干社会遗留问题，迫切需要纠正和处理。如何保持社会的稳定，把改革带来的压力尽可能降低到社会和公众可承受的范围，不致因改革而加剧社会震荡，恶化社会环境，又成为推进改革和选择改革方式时必须考虑的问题。

此时的中国，思想僵化，教条主义盛行。如邓小平所指出："思想一僵化，条条框框就多起来了。加强党的领导，变成了党去包办一切、干预一切；实行一元化领导，变成了党政不分、以党代政；坚持中央的统一领导，变成了一切统一口径。"②"思想一僵化，随风倒的现象就多起来了。"③"思想一僵化，不从实际出发的本本主义也就严重起来了。书上没有的，文件上没有的，领导人没有讲过的，就不敢多说一句话，多做一件事，一切照抄照搬照转。把对上级负责和对人民负责对立起来。"④而"一个党，一个国家，一个民族，如果一切从本本出发，思想僵化，迷信盛行，那它就不能前进，它的生机就停止了，就要亡党亡国"⑤。怎样突破人们思想上的藩篱，怎样砥砺人们创造的勇气，也成为激发一个古老民族改革生机与活力的关键。

此时的中国，外部环境也不容乐观。虽然中美关系、中日关系这时已经实现正常化，中国与欧洲也保持着密切的政治关系，但这些关系在很大程度上都是建立在当时共同反对苏联扩张主义政策的基础上的，并不牢靠。同时，局部战争的危险依然存在。苏联在中国北部边境陈兵百万，1979年出兵占领了阿富汗。越南在中国南方对中国近邻柬埔寨大举入侵，并且大肆驱赶华侨，不停地在中越边境滋事，迫使中国不得不进行自卫反击。中国这时启动改革，在外部环境上除了竞争压力其实还有安全压力。

而还有另一个至关重要的方面，中国是一个人口多、地域广、经济社会发展很不平衡的国家，城乡之间、沿海内地之间、汉族地区与少数民族地区

---

① 中共中央文献研究室编：《三中全会以来重要文献选编》，北京：人民出版社1982年版，第72页。
② 《邓小平文选》第2卷，北京：人民出版社1983年版，第142页。
③ 《邓小平文选》第2卷，北京：人民出版社1983年版，第142页。
④ 《邓小平文选》第2卷，北京：人民出版社1983年版，第142页。
⑤ 《邓小平文选》第2卷，北京：人民出版社1983年版，第143页。

之间在改革的承载和接受能力上存在着很大的差异。在这样一个国家里，无论是进行革命还是进行建设和改革，遇到的都是一个又一个的新问题。这些新问题在书本里和别国的经验中是找不到现成的答案的，只能靠自己在实践中探索。这实际上也构成了中国在20世纪艰苦跋涉中的一个显著特点。

种种情况表明，不改革不行，改革快了也不行。在激进式改革与渐进式改革的选择上，中国只能采取循序渐进、有步骤、分阶段的累积性改革模式，"摸着石头过河"，通过持续地推进而步入佳境。

于是，一场从小到大、从易到难、从传统体制外围到传统体制内核的改革便渐次展开了。具体表现在这样十个方面：(1)先农村改革，后城市改革，再城乡综合配套改革；(2)先发展乡镇企业、个体私营经济和外资经济等非国有经济，再改革公有制经济和大型国有企业；(3)先采取放权让利的政策调整型改革，再转到以企业制度创新和整个国有经济战略性调整为重点的改革；(4)先改革一般竞争性领域，然后再向传统的垄断性领域推进；(5)先在一段时期内实行计划内价格与计划外价格并行的双轨制，然后再实行单一的市场价格制度；(6)先着力发展商品市场，然后再逐渐发展资本、土地、劳动力、技术和管理等诸要素市场；(7)先实行单纯的按劳分配，然后再向按劳分配与按要素分配相结合推进；(8)先以微观经济基础重塑作为改革的中心，再推进到以政府行政管理体制改革为重点环节；(9)先沿海、后内地，先引进来、再走出去，先一般加工工业、后服务业和资本技术密集型产业；(10)在国家全方位改革过程中，先重点推进经济体制改革，然后再推进政治体制改革、文化体制改革和社会体制改革。

中国的这种改革方式，堪称人类经济社会转型的一个奇迹。它使中国大踏步地赶上了时代前进的潮流，迎来了中华民族复兴的光明前景。

改革开放30多年来，中国获得了近代以来从未有过的长期快速稳定发展，经济保持了年均9.8%的快速增长，远远高于世界经济年均3.3%的增速。国民生产总值超过30万亿，一大批重要工农业产品产量跃居世界首位，经济总量跃居世界第二。中国已彻底改变了经济比较落后的状况。

改革开放30多年来，人民生活水平实现了从温饱不足到总体小康的历史性跨越。医疗、就业、社会保障等民生问题逐步得到解决，农村贫困人口从2.5亿减少到4007万。中国已经前进在通往中等富裕国家的道路上。

第五章　从暴风骤雨般的革命到温良恭俭让的改革

改革开放30多年来，随着科学技术的长足进步，三峡大坝、青藏铁路、南水北调、载人航天等重大工程项目屡建奇功，现代化的机场、港口、高速公路和高速铁路大规模地投入使用。中国的大地上进行了有史以来最深刻最积极的改造。

改革开放30多年来，中国的社会主义制度更加巩固。举国实现了从高度集中的计划经济体制到充满活力的社会主义市场经济体制、从封闭半封闭到全方位开放的伟大转折，大大激发了人民群众中蕴藏的创造活力，大大凝聚和释放了全社会的发展能量。政治领域和其他上层建筑领域的改革深入进行，初步建立起有中国特色的各方面的制度体制。经受住了20世纪80年代末90年代初国内严重政治风波和国际上苏联、东欧剧变的严峻考验，战胜了来自政治、经济、社会领域和自然界的各种困难和挑战，成功举办了北京奥运会、残奥会，展现出应对各种风险和负责任世界大国的强大实力。

改革开放30多年来的成就可以从多方面多角度来观察，可以列出无数条，然而，无论从哪个方面或哪个角度进行观察，无论列出多少条，其中最突出的一点都是，中国人的精神面貌不一样了，中国人的思想已经从根本上改变了封闭僵化的颓势和万马齐喑的沉闷，真正充满希望地活跃起来了。这是对1840年鸦片战争以来一种文化怪圈的成功超越。

中华民族是一个具有伟大文化的民族。中华文明绵延五千年而未中断，祖祖辈辈的中国人持续不断地坚守着同一的文化灵魂，这在世界文明史上是绝无仅有的。然而，进入近代后，长时期的妄自尊大、闭关自守政策，竟遮蔽了中国人的双眼，隔绝了中国对于外界先进文化的吸收。而等到现代文明首先在大西洋两岸崛起并迅速在环太平洋、印度洋的广大地域传播，古老的中国也被汹涌而来的西方文明一冲即垮、无法按照过去的生存方式继续生存下去时，泱泱大国则又惊慌失措，难于应对。

中国这时所面临的问题其实是民族生存方式的转变问题，从根本上来看也是中国传统文化向现代的转型问题。于是，一百多年来国人一直在讨论文化问题。19世纪中叶国门洞开之初，人们便围绕文化的"体"、"用"展开了激烈的争论。20世纪第二个十年与第三个十年之交，各种文化思潮和文化主张相互激荡、激烈交锋，又形成了波澜壮阔的五四新文化运动。中国共产党在延安时期关于文风和学风的讨论，在本质上也是一场关于文化问题的讨论。

20世纪60—70年代所进行的十年"文化大革命",虽然是一场革了文化的命的反文明运动,但也毕竟是以文化命名的一场运动,它实际上是近代以来一直未能克服的中国文化危机的总爆发。

历史证明,一个民族生存方式的转变若要被引导到有利于本民族发展的方向上,只能是自我设计、自我发展的结果,而不可能是外部压力的结果;而每每濒临危机的中华民族,恰恰是缺乏这种自我设计、自我发展所必需的文化自信和文化自觉。这样,就正如有的学者所指出,我们就有了身心的分裂:作为社会有机体大脑部分的上层建筑具有了浓厚的现代色彩,而作为身躯部分的经济基础却仍然主要是古代的;主要由外来文化观念拼接而成的社会理想在不断地攻占着世界现代性的制高点,而社会现实却又由于其沉重的分量而无法随着理想攀升,久而久之,现实与理想之间的联系被就扯断了,社会也就缺了这二者之间的矛盾冲突所形成的动力;整个民族的"活法"主要是自己的、古代的,"说法"却是他人的、现代的。于是,就有了"以夷制夷""中体西用"一类不合逻辑却合于国人复杂心态的奇谈怪论;就有了坚决排外照走老路的极端保守与不要传统全盘西化的极端激进之间的水火不容;就有了夜郎自大与妄自菲薄两种相互对立交替显现的反常情绪,就有了种种急于求成的侥幸盲动和无数时髦主义、新派人物的轮番登场;就有了种种形式远远甚于内容的革新和革命;就有了种种希望破灭之后的失望乃至绝望。在鸦片战争以来长达一百几十年的时间里,中华民族苦苦挣扎,左冲右突,百折不回,虽成绩卓著,战果辉煌,却也始终未能冲出历史的怪圈。

然而,始于1978年的改革开放彻底颠覆了这一切。

30年来,中国人在改变客观世界的同时也改变了主观世界,整个民族的思维方式、价值目标和思想文化都迅速地改变了。从热爱人民公社、三级所有、队为基础到热爱联产承包,从适应指令性的计划经济到适应社会主义市场经济,人们在经济观念上的根本革新;从习惯于干多干少一个样的大锅饭到适应于竞争上岗,从拍脑袋决策的长官意志经济到按客观经济规律办事,从手工作业、各自为政到标准化、流水线、科学管理,从清一色的公有制到多种所有制并存,从个体商贩、乡镇企业到集团公司、控股公司,人们在从业态度、生产方式和产权概念上的根本变化;从凭证购物到有奖销售,从黑灰蓝到色彩斑斓,从天黑熄灯到不夜城,从到书店到逛书城,从吃饱穿暖到

第五章 从暴风骤雨般的革命到温良恭俭让的改革

纳税人,从单位补助到社会保险,从找领导人到找法院,从电话电影电视到汽车轮船飞机,从冰箱暖气空调到摩天大楼豪华别墅,人们在生活方式和生活质量上的全然改观;从封闭保守到锐意进取,从平均分配到部分人率先富裕,从官本位到多元选择,从小农经济占主导地位到公民社会初见雏形,从片面集体主义到强调促进人与社会的全面发展,从泛道德主义到生命意志的苏醒,人们在社会价值准则上的根本进步……如此这些构成现代社会和现代生活方式的种种要素,都既意味着中国社会由传统向现代的转型,也代表着中国文化由传统向现代的转型。

也正是从这时起,外部世界对中国人的认识有了与过去截然不同的描述。

在历史上,尽管《马可·波罗游记》曾把中国描绘成世间最富裕最美好甚至最接近于"理想国"的社会,但中国的形象于西方世界大都是负面的。在稍比《马可·波罗游记》晚一点问世的另一部西方文艺复兴时期的游记作品——《利玛窦中国札记》中,一位神父即写道:"中国是一个封闭的、几千年与世隔绝的社会,西方不知道他们,他们也不关心西方,中国人在地理与心理上,都处于封闭的、平静的和稳定的状态。……任何灾难与变故,最终都无法改变它。那些比耶稣更早降生的中国哲人们,为中国制定了道德政治律令,以后人们便一心一意地遵循,将来也不会改变。"①

1835年,名门望族出身的法国思想家、作家托克维尔用9个月时间游历美国后出版了他的成名作——《论美国的民主》。在这部通篇褒扬美国社会的著作中,托克维尔对中国社会的描述却是持否定态度的。他说:"中国人只跟着祖先的足迹前进,而忘记了曾经引导他们祖先前进的原理。他们还沿用祖传的科学公式,而不究其精髓。他们还使用着过去的生产工具,而不再设法改进和改革这些工具。因此,中国人未能进行任何变革,他们也必然放弃维新的念头。他们为了一刻也不偏离祖先所走过的道路,免得陷入莫测的歧途,时时刻刻和在一切方面都竭力仿效祖先。人的知识源泉已经几乎干涸。因此,尽管河水仍在流动,但已不能卷起狂澜或改变河道。""这说明这个民族的精神已陷入罕见的停滞状态。"②

鸦片战争失败导致西方大规模染指中国后,泼在中国人身上的污泥浊水

---

① 周宁:《天朝遥远》,北京:北京大学出版社2006年版,第147—148页。
② [法]托克维尔:《论美国的民主》,董果良译,北京:商务印书馆1988年版,第566页。

更是铺天盖地而来，尽管其中也不乏一些善意的批评或还比较客观的分析。

曾经译过八大卷中国法典的英国第一个汉学教授理雅戈分析中国止步不前的原因时说："历史上中国的版图不断扩大，但思想却没有相应的发展。其政治躯体笨重庞大得像一个巨人，但大脑却依然是婴孩式的。它已步入白发苍苍的暮年，只剩下老迈糊涂。"①

美国经验主义哲学家爱默生也加入到诅咒中国的行列，称："一系列严肃的没完没了的穿襻儿鞋的皇帝，他们生是一样的生，死是一样的死。他们统治着无数的动物，在欧洲人眼里，这些动物并不比同样多的绵羊的脸更好区分——没有一起有趣的事件，没有豁出去的革命，没有多变而丰富的行为和人物，统治者和被统治者，代复一代，表现出同样恼人的单调，就和他们的瓷器画一样平淡无奇。""中华帝国享有的纯粹是木乃伊的声名，将世界上最丑陋的特征小心翼翼地保留了三四千年之久。我没有这种天赋能在这个非凡民族古老呆板的生活方式中看到任何意义。"②

1949 年新中国成立后，虽然中国发生了翻天覆地的变化，但在西方人看来，毛泽东的中国又回到了乾隆时代，傲慢而封闭。法国一名学者回忆他的中国之行时说："1960 年八九月间，我从香港出发，对中国进行了第一次探索。我马上就吃惊地看到这个社会同马戛尔尼的伙伴们描写的社会十分相似。简直可以说每个中国人的基因里都带有乾隆帝国时的全部遗传信息。……1971 年七八月，我又率领'文化革命'5 年来获准前往的第一个西方官方代表团前去人民共和国，当时的国家政权与马戛尔尼打交道的政权离奇地相似，这使我惊讶不已。对皇帝同样的崇拜，只是毛代替了乾隆。一切都取决于他的意愿。同样将日常的管理工作委托给一位总理，他领会这位活神仙的思想，并周旋于阴谋诡计和派系斗争之间，除了来自上面的赞同之外，他得不到任何支持。对恪守传统和等级制度的礼仪表现出同样的关注。同样接受一个共同的、可以解释一切的衡量是非的标准：只是毛的思想代替了孔子思想，康熙诏书之后是小红书而已。"③

这一时期，还有一名曾 4 次到过中国的法国记者就他所了解的旧中国与

---

① 周宁：《天朝遥远》，北京：北京大学出版社 2006 年版，第 487 页。
② 周宁：《天朝遥远》，北京：北京大学出版社 2006 年版，第 483 页。
③ 周宁：《天朝遥远》，北京：北京大学出版社 2006 年版，第 529 页。

第五章 从暴风骤雨般的革命到温良恭俭让的改革

新中国作比较,虽然他肯定新中国取得了较大的物质成就,但却认为新中国已经变成了一个精神荒漠。他说他所见到的"人民"没有幽默感,没有个人观点,表情麻木,动作僵硬,除了马克思主义教条外,对世界状况、中国历史一无所知。过去街头热热闹闹喧哗的人不见了,到处都是一片沉寂,除非碰上什么游行或庆祝,那也是政府组织的政治活动。过去那些优雅、智慧、轻松、幽默的知识分子也不见了,似乎没有人在思考也没有人在真正地生活。①

瑞士一名记者1964年在中国待了两个月后回去告诉大家,中国广阔的土地与众多的人民正积蓄着仇恨与敌意,随时可能以最可怕的方式爆发出来,中国不仅是一个怪诞的世界,而且还是一个充满危险的世界。他在他的一本书中写道:

> 共产党中国的人口已达到6—7亿之多。换句话说,我们这个时代世界上每出生4个人,就有一个是中国人。这个迄今为止世界上人口最多的民族,居住在376万平方英里的土地上。依据目前的国土面积,中国是世界上第三大国家,仅次于苏联与加拿大。它比美国和英国加在一起还大。中国拥有270万常备军,这也是世界上人数最多的一支军队,而且,1964年秋天它已成为第五支核力量。
>
> 一个狂热的、教条的共产党政权已将中国变成世界上最富侵略性的国家,世界范围武装革命起义的主要温床。当今世界国与国之间、政府与政府之间矛盾与冲突不断,但共产党中国却是唯一一个推行战争政策,并将战争当作达到其意识形态目的的基本手段的国家。中国的领导人并不想投入一场正规的大战,这使他们的侵略策略更可怕也更难应对,游击战像瘟疫一样地迅速扩散,几乎无法防备,不管是传统的军事方式还是现代的超级武器,都无能为力。
>
> 中国咄咄逼人,我们西方对中国所知的确太少了。在我们心目中的世界地图上,中国几乎是一片巨大的空白,在那里我们看到的是一个神秘的、半微笑半狞笑的面孔,在这副面孔之后,我们想象出各种妖魔鬼怪。中国的象征——龙,具有某种深远的含义;这种未知的怪物一旦突

---

① 周宁:《天朝遥远》,北京:北京大学出版社2006年版,第385页。

然面对面地出现在我们面前，一定会令我们惊恐万分——它是那么怪诞，那么不可理喻，那么狂暴无常。

龙，你究竟是一种什么怪兽？①

虽然这种危言耸听的言论产生于一些特定的历史事件，也产生于某种特定的心理原型，但在西方却有一定的市场。1967年，美国一名记者同样在他的《中国轨迹》这本书中说："中国——只要我一想到北京政府的言论与行为，我就禁不住地感到后脊梁透过一阵寒气。这是一种种族遗传的恐惧。现在再谈什么'黄祸'似乎已经不时髦了。的确如此，'黄祸'就像是某种遥远幼稚的时代的回声，老罗斯福、大白舰队与义和团暴动时代的回声。然而，为什么中国今天还在号召黄种人、褐色人种与黑人联合起来呢？这是一种什么样的沙文主义种族主义？难道这只是一种政治宣传吗？我不这样认为。恐怖正笼罩着全世界，它从亚洲——东亚聚集起乌云。"②

总之，在西方人眼里，中国不是病夫和无能就是恐惧和灾难。上十亿的人长着同一个头脑，迈着同一种步伐，穿着同一种服装，说着同一种话，做着同一种事，在这个被有形无形的层层大墙包围起来的与世隔绝的国度里，只有贫困的生活、日益膨胀的人口和政治高压、精神荒芜、可笑的狂热与可悲的无知……

但是，改革开放却使国际社会对中国的态度和认识有了一个一百八十度的大转弯，并且盛赞中国"摸着石头过河"的改革方略。

1988年，美国前总统尼克松就曾预见到中国改革的成功，对中国与苏联的改革进行了对比分析。他说："西方一直屏息以待地观察戈尔巴乔夫的每一个举动。西方观众历来望眼欲穿地期望每一个苏联新领导人干出一番大事业。他们对苏联人权方面的每一个小让步、一丁半点的改革或开放，都报以热烈的掌声。的确，由于苏联是个军事超级大国，其国内的事态发展具有重大的特殊意义。但是，迄今为止，戈尔巴乔夫的表现只是他愿意给斯大林建造的这台失灵的机器加加油。而邓小平通过有条不紊地对中国的农业、工业和科学现代化作出规划，已开始彻底改建中国的机器。因此，至少在目前，年轻

---

① 周宁：《天朝遥远》，北京：北京大学出版社2006年版，第387—388页。
② 周宁：《天朝遥远》，北京：北京大学出版社2006年版，第392页。

第五章　从暴风骤雨般的革命到温良恭俭让的改革

力壮的戈尔巴乔夫虽然衣冠楚楚、辩才无碍，但比起那位84岁高龄、身穿毛式服装、不断抽着香烟、时而放声大笑、脚边放着痰盂的中国领导人来，他则相形见绌。"①"160年前，拿破仑这样描绘中国：一个巨人在沉睡着，让他睡吧，一旦醒来，他会震动全世界。这个巨人现在醒了，他的时候到了，他准备震动世界。"②

1998年10月，美国《洛杉矶时报》在一篇评论中同样对中国与苏联的改革进行了比较，称："北京与过去崇拜的偶像不同，它采取了一种渐进的方式发展面向市场的经济。如果在西方看来，苏联过去始终像是令人生畏的老大哥的化身，那么过了多年之后，位于它的南方的中国看来在某种程度上是个老大哥。中国有意要避免它过去的偶像所走的道路，选择了一个比较渐进的改革方式。"③

中国改革开放20周年时，日本《读卖新闻》发表文章说："过去曾致力于阶级斗争的中国，已发展成为面向21世纪拥有世界一极的地位的大国。改革开放20年是中国激动人心的时代。同以苏联为首的社会主义阵营崩溃形成鲜明对照的是，中国虽然经过曲折，但却成功地实现了软着陆。这是因为，中国采取了邓小平独特的实用主义的手法——暂时搁置难以解决的问题，从必要的改革和可以实现的改革着手，然后逐步扩大。这就是：从农村到城市，从经济特区到整个沿海地区，再扩展到内陆地区，首先进行经济改革，然后进行政治改革。"④

2008年，中国成功地举办了北京奥运会，迎来了改革开放30周年，曾经在1978年中国作出改革开放决策时断言"中国的目标不可能实现"的美国《时代》周刊杂志，又发表了一篇结论完全不同的文章，说："当奥运主火炬点燃时，世界见证了一个确凿无误的事实：中国回来了，在荣誉的光环下！"⑤

是的，中国又回到了世界舞台的中央。已经恢复自信的中华民族不止是

---

① ［美］理查德·尼克松：《1999年：不战而胜》，王观声等译，北京：世界知识出版社1989年版，第260—261页。
② ［美］理查德·尼克松：《1999年：不战而胜》，王观声等译，北京：世界知识出版社1989年版，第252页。
③ 《参考消息》，1998年10月7日，第3版。
④ 《参考消息》，1998年12月24日，第3版。
⑤ 《参考消息》，2008年8月13日，第3版。

要把握自己的命运，而且要按照自己的意愿去塑造新的世界，争取为人类作出较大的贡献。在一个占世界人口五分之一的国度，中国从流血的革命到不流血的改革，从暴风骤雨般的疾速推进到温良恭俭让般的徐图渐进，成功地实现了人类历史上最大规模的社会转型，用改革的办法取得了过去革命还不曾取得的成果，这无疑是有中国特色的改革开放之路提供给全世界的最重要经验。

第六章
Chapter Six

从奇技淫巧到第一生产力
——科学技术是让国家富强起来的决定性一招

> 为使你们的工作能够赐福于人类,仅仅懂得应用科学是不够的。……光有知识和技能并不能使人类过上幸福而优裕的生活,人类有充分理由把对高尚的道德准则和价值观念的赞美置于对客观真理的发现之上。
>
> ——[德]爱因斯坦

第六章 从奇技淫巧到第一生产力

在 19 世纪结束以前,从总体上来看,科学技术尚处于附属的、咨询的、存在于人们幻想与期待中的地位。一位克罗地亚农民 19 世纪早期曾憧憬:"我们生活在一个充满奇迹的时代,贤哲告诉我大车行驶不需马拉,富丽堂皇的船只无帆无风也能航行得像箭一样快,神奇的医生能截肢而病人却不叫唤也不痛,新闻通过环绕地球的电线能在一瞬间传遍世界,镰刀自动收割,纺车自行转动,铁犁自动开沟……"①

认为发展科学技术用处不大或感到满足的也大有人在。1876 年,一家波士顿报纸的社论谈到电话时曾说:"有识之士都知道,通过电线传导声音是不可能的。即使可能,这一做法也没有实际价值。"1878 年,一位英国教授在世界科学博览会上参观了电灯之后说:"巴黎博览会闭幕时,电灯也将关闭,并从此绝迹。"1897 年,一位英国物理学家宣称:"无线电没有前途。"1899 年,美国专利局专员查尔斯·迪尤尔还要求麦金莱总统撤销专利局,理由竟是:"能发明的东西都发明了。"②

进入 20 世纪后,人们对于科学技术的认识仍然是不平衡的。在印度,民族主义运动领导人甘地即拒绝接受现代世界,他认为:"解救印度的办法在于忘掉印度在过去 50 年中所学到的东西。铁路、电报、医院、律师、医生等诸如此类的东西全得废弃,所谓的上层阶级必须自觉地、虔诚地、慎重地了解简朴的农民生活,懂得这是一种给人以真正幸福的生活。……每当我坐上火车或公共汽车,就感到我这样做是在亵渎我的良知。"③

然而,到了 20 世纪结束时,人类千百年来的幻想和期待却在这一百年间

---

① 〔美〕斯塔夫里阿诺斯:《全球通史》,吴象婴等译,上海:上海社会科学院出版社 1999 年版,第 564 页。
② 〔美〕理查德·尼克松:《1999 年:不战而胜》,王观声等译,北京:世界知识出版社 1989 年版,第 2 页。
③ 〔美〕斯塔夫里阿诺斯:《全球通史》,吴象婴等译,上海:上海社会科学院出版社 1999 年版,第 642 页。

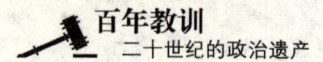

——成真，科学技术已经改变了自己所能够改变的一切，包括人们的思想和认知手段。

一 影响人类历史的事件虽然与政治、战争、革命等密切相关，但有时一件工具的发明、一项技术的革新，就足以改变人类的命运

人类社会的进步是随着科学技术的进步而进步的。但是，人类社会进步脚步的加快和频率的改变则是在20世纪发生的。

使用工具的生产劳动，把人与动物区分开了。石器的制作和使用，宣告了人类的诞生。当史前人类作为自然界的一部分缓慢进化的时候，当人类脱离自然界而进入文明时代的时候，许多个世纪平静地过去了。一代又一代的人们不假思索地继承上一代传下来的生活方式，日出而作，日落而息，在地球上繁衍生息。人类社会发展的历史，其实也是一部人类征服自然、改造自然的历史。自15世纪末16世纪初开启大航海时代以来，世界上所经历的一切变化几乎都起因于新知识的发现和传播。工业革命之所以很快到来以及工业革命到来后人类社会之所以发生如此翻天覆地的变化，原因也大抵如此。

20世纪初，最偏僻遥远的乌兹别克的一位土著民族主义领袖曾告诫他的人民要求助于科学，将科学作为恢复他们自由的唯一手段。他说：

> 科学是一个政府欣欣向荣的原因。科学是一个民族进步的起因。科学是那种非常强有力的手段——它的拥有使野蛮的美洲人上升到他们现在所据的很高的地位，所有的很大的力量；它的缺乏使波斯人沦于他们现在所处的低下地位，蒙受耻辱。科学是使英国人成为印度、埃及、俾路支和阿拉伯半岛部分地区的主人的手段，也是使俄国人当上鞑靼人、吉尔吉斯人、突厥斯坦人以及高加索穆斯林的统治者的手段。最后，正是由于科学，土耳其辽阔的领土被移交到外国人手中，法国的三色旗在伊斯兰教徒的头上招展。

第六章 从奇技淫巧到第一生产力

> 如果你们学习当代科学,你们将能够制造电报机,铺设铁路,在20天内把几十万名士兵从地球的一端运送到另一端。……将能够领会《古兰经》的秘密含义,为捍卫伊斯兰教制造步枪和大炮,把祖国从外国人手中解放出来;将能够使我们的民族摆脱异教徒的枷锁,使伊斯兰教恢复其早先的崇高地位。①

20世纪20、30年代,人类现代科学技术起飞了,奇迹一个接着一个地发生。

——量子理论和相对论的创立与发展,改变了人类的时空观和对物质与能量统一性的认识,成了20世纪一系列重大科学发现和技术发明的理论基石;

——DNA双螺旋结构模型的建立,标志着人类在揭示生命遗传奥秘方面迈出了具有里程碑意义的一步,奠定了生物技术的基础,对现代农业和医学的发展产生了深远影响;

——信息科学的发展为计算机科学、通信技术、智能制造提供了知识源泉,并为人类认知学、经济学和社会学研究等提供了理论基础;

——大陆漂移学说和板块构造理论的提出,对地震学、矿床学、古生物地质学、古气候学具有重要的指导作用;

——新的宇宙演化观念的建立,为人们勾画出了基本粒子与化学元素的产生、分子的形成和生命的出现,乃至整个宇宙的起源和演化的图景。

——若干基础研究的重大突破,使人类在技术领域获得了前所未有的成就。这包括:新能源技术为人类社会发展提供了多元的动力;新材料技术为人类生活和科技进步提供了丰富的物质材料基础,推动了制造业的发展和工业的繁荣;信息技术使人类迈入了信息和网络时代;航空航天技术拓展了人类的活动空间和视野;医学与生物技术的进展极大地提高了人类的生活质量和健康水平。

特别是,从20世纪70年代中期兴起的一场新的科学技术革命席卷全球,深刻地改变了世界面貌和人类生活。这场科学技术革命崭新的特点是:以电

---

① 〔美〕斯塔夫里阿诺斯:《全球通史》,吴象婴等译,上海:上海社会科学院出版社1999年版,第272页。

子计算机为代表的新技术广泛地应用于社会经济生活和人们日常生活的众多领域,从根本上改变了以往新技术主要运用于军事领域的状况;发展极为迅速,形成了一大批以新技术的研究开发为基础的高科技产业;影响遍及全球,不仅发达国家而且发展中国家也不可避免地被卷入,并且纷纷在高科技领域展开了激烈的竞争。

而进入20世纪90年代后,在商业机构的推动下,互联网又以空前的速度和规模向前发展,成为当今世界最大的、最开放的、由众多计算机网络联成的公共信息平台。1993年时,世界上还只有50个网站,到了20世纪末,世界上的网站数量就超过了500万个。至2008年,全球网民超过15亿,人们每年通过计算机发送的邮件达到4万亿件。如今,全球各个角落的各种信息可以瞬间在互联网上汇聚起来,互联网的信息容量已经达到170万亿字节——这相当于美国国会图书馆印刷读物量的17倍,从而为全球用户了解世界、接触世界提供了最便捷的方式。已经很难想象,如果今天没有电子邮件,没有网络,人们的工作和生活将会处于一种怎样的状态。

从人类自身的发展看,人类的进步实际上也是一部感觉和运动器官不断延伸的历史。棍棒延伸了双臂,汽车、火车延伸了双腿,望远镜、显微镜延伸了眼睛,电话线延伸了耳朵……而互联网则是人脑的延伸,人脑的联网,同样属于人类进化的一部分。所以,沿着互联网向虚拟大脑进化的规律,科学家作出了如下预测:人类与互联网的连接将会更加紧密,人们将实现与互联网虚拟视觉、听觉、感觉和运动系统的连接。这样发展的结果是:旅游者可以坐在家里体验逼真的非洲旅行,科研人员可以在实验室里研究海洋,工人可以坐在安全的工作环境中远程操控挖掘机,异地恋人可以进行虚拟亲吻并获得真实的感觉。甚至人类也不排除通过互联网实现永生的梦想——人的大脑在躯体死亡后,可以从头颅内取出放置在营养液中继续存活,通过将互联网的虚拟神经系统与人脑神经连接,把生命转移到互联网上"存活"。届时,人类可以思接千载,视通万里,无限延续精彩的生命,就如同生活在网络游戏中一样。科学家们认为,从医学和互联网的发展看,这一梦想的实现已经具备科学理论基础。

20世纪行将结束的时候,世界上的头号科技强国美国评出了20世纪20项最重大的工程技术成就,其中电气化荣登榜首。名列2至10位的重大工程

第六章 从奇技淫巧到第一生产力

技术成就依次是汽车、飞机、水处理、电子技术、收音机与电视、农业机械、计算机、电话、空调与制冷。后10项重大成就依次是公路、航天器、因特网、成像技术、卫生保健技术、石油化工技术、激光、光纤、核技术和高性能材料。美国工程院指出，排名第一的电气化为当代社会提供了动力，它照亮了世界，影响着人们日常生活的各个方面；尽管电话和汽车发明于19世纪，但它们在20世纪却产生了深远的影响。世界上第一次登上月球的宇航员阿姆斯特朗说："我们在评议由美国工程院选出的工程技术成就时感到，如果其中任何一项被除去的话，我们的世界都将大不一样。"[①]

的确，在20世纪的一百年里，科学技术极大地推动了社会进步，极大地拓展了人类活动空间，使人类在自然界面前空前强大起来了。

科学技术在这个世纪里极大地地促进了全球经济发展，创造出了任何时代都无法比拟的物质财富。在20世纪开始以前，整个世界的经济除欧洲和北美的部分地区以外基本上是一种由无数小农经济组成的农业经济。只是20世纪初期完成第二次工业革命，整个世界的经济系统开始围绕更高效的工业经济这个核心来运行；20世纪后期开始信息革命，电脑和网络的出现又带来了一场以知识和信息为标志的新经济运动时，人类的物质财富才真正地丰富起来了，判断财富的标准也不一样了。据世界经济合作与发展组织发布的有关数据：1900年时，全球GDP的总量不过1.97万亿美元，而1992年时则达到28万亿美元，增长14倍；1900年时，美国、英国、法国、德国、日本这些首先在工业化上取得比较大成就的国家，其GDP分别是3128、1765、1156、992、500亿美元，而到1994年时，其GDP则分别高达59030、9610、10425、12757、24417亿美元，增长5—48倍，5国的人均GDP也都从1900年时的1100美元至4500美元不等，到1994年全部增加到2万美元上下。与此同时，在新经济时代，那种以沉甸甸的具体实物作为炫耀资本的方式也已经过时，取而代之的是条形码、基因专利、新应用软件甚至网络游戏等。而下一步，由于科学技术在更大的程度上改变的不仅仅是生产工具而是作为生产力核心要素的劳动者素质，许多产品往往不要几年的时间就有新一代的产品来代替，许多新的工艺往往首先在科学实验室里被创造出来，人类的物质生活将会更

[①] 梁维平：《荣耀与苦难：20世纪文明的历史见证》，北京：东方出版社2002年版，第228页。

加丰富。

科学技术在这个世纪里所涌现出的发明比其他一切世纪的总和还要多,真正地成为第一生产力。一项科研从科学原理到技术发明,再到产品投入市场,周期越来越短:从1885年到1919年平均时间是37年;从1920年到1944年平均时间是24年;从1945年到1964年平均时间是14年;而进入70年代后则进一步缩短到10年以内。20世纪初期,经济增长主要靠人力、物力和资金的投入,科学技术在经济增长中所占的比重仅为20%左右。而第二次世界大战后则迅速上升,1950年至1970年间这一比重在发达国家平均达到49%。到了20世纪80年代末,在发达国家所占的比重已上升为60%—80%,发展中国家平均也达到了35%。20世纪结束时,美日两国每年的发明专利都达到10万个以上。现代科学技术不仅为生产过程提供了新工艺新流程,而且为生产的组织和管理的科学化提供了理论基础;不仅决定着生产力的发展水平和程度、生产的效率和质量,而且决定着产业结构、组织结构、产品结构与劳动方式;不仅为生产技术的进步开辟道路,而且为人类生产的进行规定发展方向。这种无法比拟的特殊地位和作用,使之成为衡量一个国家经济、政治、军事实力的标志,成为现代生产力和社会经济发展的决定性因素和支撑力量。任何一个国家的现代化,不仅离不开科学技术的现代化,而且关键在于科学技术的现代化。

科学技术在这个世纪还改变了人们的时空概念,显示出巨大的社会功能。一项科学统计表明,当今社会在3年内所发生的变化,相当于19世纪末30年的变化、牛顿力学诞生以前300年的变化、石器时代3000年的变化,并且这一变化的速度还在加快。现代科学技术不只是把世界各地紧密地联系在了一起,使人类涉足外层空间,成为高度物质文明的基础,而且日益渗透到社会精神生活的各个领域,成为人类精神文明建设的基石。先进的科学理论和科技知识给人们精神领域的生活展示出不少新情况新问题新前景,大大地开阔了人们的视野,深化了人们的认识。一个明显的例证是,信息技术一方面创造了信息产业,同时也创造了信息社会。

二 科学技术并不能自动服务于人类，只有人类自己才能让人类更美好

虽然20世纪因科学技术而改变，人类社会在这个世纪因科学技术而有了飞跃性发展，人类生活在这个世纪因科学技术而有了质的提升，社会的发展、人的需求也总是从科学技术领域得到满足，然而，这一切不是自然发生的，也并不是所有的国家都一帆风顺，一切如愿。进一步说，是有一些国家比较成功，而有一些国家则又走了弯路，不那么顺利。但是，无论是顺利的国家还是不顺利的国家，都有一点是共同的，即一概与这些国家的政府行为有关。也就是说，除了原有基础、社会历史等因素外，政府的认识和采取的政策对科学技术的发展及其社会应用起了重要作用。

20世纪上半期，总的看是西方发达国家率先在科学技术上觉醒的。

20世纪20—30年代，科学研究成为一项国际性活动，科学技术工作成了一项独立的职业领域。科学技术工作者不仅要有稳定的生活来源，而且需要特殊的工作条件。为了扶植和发展本国的科学事业，西方各国政府都采取这种或那种方式，使科学家能够获得比较优厚的待遇，并为其工作提供各种方便，国际间的学术交流和合作也一直得到政府和有关科研机构的支持。英国皇家学会、荷兰皇家学会、法国科学院、丹麦科学院、美国科学院、柏林科学院等定期举行的世界范围的科学家的会晤和学术交流活动都得到了各国政府给予的人力、物力和财力上的支持。以美国为例，从第一次世界大战前到1930年的近20年时间内，政府拨款的科学研究经费从1500万美元增加到了7000万美元，工业实验室则从365个增加到了1650个，科研人员从近1万人增加到了3.4万人。

这一时期，发达国家加强科学技术工作的一个显著特点是推动科研与生产相结合。第一次世界大战前后，美国联邦政府开始直接投资建立国家所属实验室。大战期间美国陆军部、海军部都开始建立永久性科研机构，在威尔逊总统任期内还设立了第一个政府科学顾问机构——全国研究委员会。1929

年至1933年经济大危机后，美国政府明确地把发展科学技术作为恢复和发展经济的重要手段。1938年美国国家资源委员会提出《科学研究是国家的资源》的报告，要求政府加强干预科学事业并加强基础研究。作为首批国家干预实施的项目，田纳西工程是比较成功的。这一有组织地运用科学技术改造自然的巨大工程，12年间共投资7.5亿美元，先后动员679万人参加建设，于1944年竣工发电。

这一时期，发达国家还普遍重视起了工业科研工作。1920年德国工业界利用科研成果建立并发展了西门子—哈斯克电机工业公司、克房伯冶金工业公司、蔡斯光学机械公司、电话无线电机械公司等等，使其经济迅速恢复到一战前的水平并影响国际市场。英国这时期各行各业纷纷建立起研究共同体，一些有重大价值的新产品都先在研究共同体内进行实验，并由大企业在此基础上研制投产。从20世纪30年代起，美国的工业技术研究还确立了政府、企业、大学和私人研究并存与协作并由国家协调的科研体制，使工业科研队伍迅速壮大。到1940年，其工业实验室又在1930年的基础上翻番，达到3480个，企业研究人员也成倍增加，达到7万多人。

进入20世纪下半期，尽管世界各国的科学技术水平有先进有落后，但不约而同的是，各国都没有把发展科学技术仅仅当作是一项科学技术试验或与经济发展相关的措施，而大都是从政治的高度所做出的一项国家决策，普遍加大了对科学技术的重视程度和发展力度。

有以下这样一些原因决定了各国政府的这一取向：

——虽然科学技术的传播已为人类创造了一个比历史上任何时期都要优越的新环境，但也引起了一系列新问题。早先的人类虽也面对自然环境，但主要是作为个人——农夫、猎人或渔民——来对付大自然。而今天，科学技术发展之快已远远超出了任何个人、组织、文化与道德的控制能力，新的环境和新的问题使个人的行动和解决办法无济于事，需要人类采取有组织的集体行动。特别是现代的科学技术研究需要大规模的现代设施和众多的分工合作，单个人的行为已经不可能实现这种要求。

——科学技术的地位和作用更加突出了。一方面，现代社会的科研活动越来越依赖大规模的投资和组织策划，过去那种依靠杰出天才彪炳史册的历史已经很难再现了；另一方面，现代社会化的大生产又在越来越大的程度上

第六章 从奇技淫巧到第一生产力

依赖于科学技术,科学技术越来越成为一个国家安全和发展的基础、综合国力的核心部分。二战前后的社会实践已经证明,一个国家要想谋求经济快速发展、国力不断增强和人民生活持续改善,不得不把发展科学技术作为战略重点。

——科学技术具有双重性,它"既能成为神灯又能成为潘多拉盒子",有必要对其进行社会调节和社会控制。比如,原子能既可摧毁人类又能改变全球的生活环境,火箭既可用于洲际战争也能用来载人绕地球飞行和飞往其他星球,基因工程和遗传特性的控制、自我复制机器人的诞生,都既产生了种种令人兴奋的可能性又提出了一些令人惊恐的问题。如果人类不能辨别什么样的科学技术可以用来为什么服务的话,科学技术就有可能会被利用而造成各种恶果,人类所拥有的最神奇的工具就有可能被用来毁灭人类自身。

各国在 20 世纪下半期采取的主要措施有以下若干方面。

一是加大经费投入。

在这方面,美日两国可谓世界之最。

还是在 1945 年初,美国科学研究发展局就向时任美国总统罗斯福提交了一份报告——《科学:无尽的前沿》,呼吁政府大幅度提高科学研究经费。美国科学研究发展局在这份报告中写道:"应该把科学放在国家事业的中心地位,建立一套依靠国家扶持科技、利用科技创造财富的机制。政府必须承担起促进新知识创造和培养年轻一代科学才能的责任。"罗斯福总统当年 4 月去世后,接任的杜鲁门总统以这份报告为基础,迅速向国会递交了《战后复兴计划》,要求加大科学研究方面的投入。杜鲁门说:"没有一个国家可以在当今世界上维持领先地位,除非它充分开发了它的科学技术资源。"①

这是美国第一次把发展科学技术放在这样的战略地位来考虑。此后美国从未放弃过这一努力。从 1940 年到 1990 年,美国的科研经费增长 4000 倍。到了 2000 年,美国在科学研究方面的支出达到 2640 亿美元,占到世界科学研究发展经费总开支的 45%。科学技术的研究与开发大大提高了美国的劳动生产率。美国商务部说,1995 年以来美国的劳动生产率年增幅平均达到 2.8%,比 1973 年到 1995 年间的 1.4% 提高了一倍,其中一半以上归功于信息

---

① 中央电视台《大国崛起》节目组:《大国崛起·美国》,北京:中国民主法制出版社 2006 年版,第 236 页。

技术产业。

20世纪末，日本的科研人员在世界上仅次于美国，其科研经费投入也仅次于美国，2000年达到了1600亿美元。

二是重视把科学技术研究成果加速向社会生产领域转化。

美、日、欧在这方面是比较成功的，尤其是日本的表现更为出色，但苏联却在这方面提供了一个相反的例子。

科学技术与生产紧密结合，把科研机构视为企业新技术新产品的源泉，把企业作为科研项目的试验场，只要有前途的科技成果一问世，便迅速转化为强大的物质生产力，这是日本发展的一条成功之路。20世纪80年代，联合国教科文组织曾做过一次国际性的教育与科技方面的比较测验，这项测验认为，日本的几项主要工业成就，如钢铁、汽车制造、造船以及电子工程等之所以先进，是在其实验室中就奠定了基础。联合国教科文组织的这一结论是建立在大量的分析对比之上的。1980年时，日本工业界每一万人中即拥有35名工程技术人员，而美国这一时期只拥有25名。与此同时，日本的大学为社会输送的工程技术人员数量也比较大，在整个80年代每年都达到75000名以上。这一数字远远高于英、法、德三国，也高于美国。尽管美国这一时期每年的大学毕业生人数是日本的5倍，但在工程技术方面的毕业生人数却少于日本，每年只有约72000人。由此可见，二战结束后的日本经济之所以快步如飞，与其科技和教育存在着很强的相关性。

苏联自1917年建立苏维埃政权到1937年的20年间，就从一个落后的农业国变成一个先进的工业国，这与它重视科学技术以及科学技术与生产实践相结合有相当大的关系。而后来苏联经济社会崩溃，也同样与科学技术关系密切，不过这时不是因为科学技术研究落后，而是因为对其运用不好。最重要的就是大量的先进科学技术研究成果被闲置和浪费，未能转化为社会生产力。

20世纪60、70年代，苏联的科学技术水平同它的国力一样已经到达鼎盛时期，处于仅次于美国的科技强国地位。尤其是作为与美国长期军备竞赛的结果，一些世界顶级水平的航空航天技术、电子技术、核技术以及机器制造业、仪表制造业、化学工业等，都已达到规模化水平，令世界瞩目生畏。到了20世纪80年代，苏联高素质的科技队伍已达到150万人，每年产生的新技

第六章 从奇技淫巧到第一生产力

术发明占世界总数的三分之一。但是苏联的科技却止步于国防与军事领域的运用,而未能预见和发现现代科学技术对于社会发展的巨大作用,没有把先进的科学技术研究成果运用到经济发展和社会生活领域。所以,美国学者卡斯特指出:"苏联巨大的军事工业体对国民经济的损害更为深远的,是该类企业集合了最有才华的科学家、工程师和熟练工人,并拥有最好的机器和最佳的技术资源,拥有自己的研究中心和最先进且全面的技术,以及进口配额的优先分配权。他们吸收了苏联最好的工业、人力及技术潜能,但这些资源一旦到了军事部门,就很少再转回民用生产或应用上了。"① "这个大体系在20世纪80年代初期生产出三分之二的工业产值,和军方一起创造出苏联20%的国民总产值,但却是一所科学和技术浪费的贮藏所。"②

对此,时任苏共中央总书记戈尔巴乔夫也曾大惑不解,抱怨说:"形成了荒谬的局面。苏联在钢、原料和燃料动力资源生产方面规模巨大,早已无可匹敌,同时却由于浪费、无效的利用而又缺少这些东西。……我们的火箭以惊人的准确性找到哈雷慧星并飞上金星,而在取得这一科学和工程思想的重大胜利的同时,却在为了国民经济的需要而采用科学成就方面明显落后。"③

三是重视与教育相互渗透,为科学技术准备后备军。

西方国家普遍认为,一个国家的高等教育发展状况从一个侧面反映出这个国家科学技术的发展水平,也是这个国家综合国力的重要体现。没有强大的高等教育,国家就会缺乏发展的基础,缺乏国际竞争力。

美国在20世纪后期创造了举世瞩目的教育和科学研究成就。美国的高等教育在20世纪80年代末即达到成熟的大众化水平,18至21岁适龄青年的入学率高达82%以上,常年有超过1600万以上的人在4000所左右的高等学校中学习。在世界排名前20所研究型大学中,美国即占17席。至2004年,在诺贝尔奖诞生以来共产生的672名得主中,美国就有284人,占获奖总人数的42%。历史上,诺贝尔化学奖、物理学奖和生理—医学奖这三大奖项同时被美国科学家包揽的情况也曾多次发生。

日本教育的大发展是在1956年至1975年间。这期间,日本学校的数量

---

① 〔美〕曼纽尔·卡斯特:《千年终结》,夏铸九等译,北京:社会科学文献出版社2006年版,第17页。
② 〔美〕曼纽尔·卡斯特:《千年终结》,夏铸九等译,北京:社会科学文献出版社2006年版,第23页。
③ 〔苏〕米·谢·戈尔巴乔夫:《改革与新思维》,苏群译,北京:新华出版社1987年版,第16—17页。

达到了创纪录的 66057 所,其中正规大学由 201 所增加到了 460 所,短期大学由 149 所增加到了 543 所。在校生人数达到了 2754 万,其中大学生的升学比率由 10% 增加到了 37%。为了提高其国际竞争能力,实现赶超欧美发达国家的目标,日本政府在这一时期投入了巨额经费发展教育事业。1950 年时,全国的教育经费总额仅为 1739 亿日元,而到 1979 年则增加到 15.23 万亿日元,在其国民收入中所占的比率达到 8.6%,在其政府预算费用中长期保持在 20% 左右。

引人注目的是,日本的教育从来就是与振兴基础科学研究联系在一起,着眼于长远发展,具有强烈的未来意识。在其 20 世纪 80 年代开始的高等教育改革中,日本采取的一个主要措施就是充实研究生院,在所有高科技领域积极加强基础性研究和开拓性研究,并刻意培养顶尖科研人才。

四是纷纷推出高科技发展战略,对推动科学技术的跨越性发展与社会的整体进步起到至关重要的作用。

随着 20 世纪 70 年代新科技革命的兴起,全球进入到以科学技术为主导的综合国力激烈竞争的新时代,世界各大国几乎都把国家安全的基点、经济发展的希望转向了高科技。比较有代表性的、影响重大的是美国的"星球大战计划"、欧洲的"尤里卡计划"和中国的"863 计划"。

美国的星球大战计划是在同苏联的军备竞赛中为占据科学技术的制高点而推出的。

1983 年 3 月 23 日晚,时任美国总统里根向全国发表电视讲话,宣布:"我已下令制定一个全面深入的研究计划,我们将着手进行一项可以改变人类历史进程的重大事业。"里根的这次电视讲话后来被称为"星球大战演说"。"星球大战"原是美国一部科幻故事影片的片名,描绘的是在宇宙星球之间进行的一场惊心动魄的战争,1977 年曾风靡全美。里根则在这次演讲中描绘了在太空部署防卫武器以应对苏联核袭击的前景。里根的这一构想,是要采用最新式的激光和粒子束动能武器,建立以宇宙空间为主要基地的弹道导弹防御系统,实现最终消除核武器威胁的目的。

根据里根的这次电视讲话,美国国防部在 1983 年 10 月即提出了星球大战计划,经过国会批准和总统签署之后,于 1984 年开始实施。这一计划是美国 20 世纪 40 年代实施曼哈顿原子弹计划、20 世纪 60 年代实施"阿波罗登月

第六章 从奇技淫巧到第一生产力

计划"之后，提出并实施的第三个全面的科学技术开拓计划。它以庞大的国防预算为支柱，以开发高科技为中心，以夺取太空优势为政治目标，同苏联展开了一场科学技术竞赛。

星球大战计划的提出和实施扭转了美苏军事力量对比不利于美的势头，使美国从战略守势转变为战略攻势。1993年5月，美国宣布星球大战计划结束，放弃了在空间部署武器的目标，因为"星球大战的命运由于苏联的瓦解而解决了"。至此，一项"价值万亿美元的世纪大工程"才落下了帷幕。但是，这项工程所带来的科技发展效益和社会发展效益却绵长而持久。据有关资料，星球大战计划中确定的近80项技术几乎涉及当时美国科技界的所有研究领域，90%的技术项目可以民用。仅信息产业一项，1995年至1997年对美国经济增长的贡献率就达到三分之一左右，提供了740万个就业机会。经济学家普遍认为，美国在世纪之交之所以出现连续118个月这一战后最长的经济持续增长期，一个基本的动力就来自于"星球大战计划"。

欧洲的"尤里卡计划"是在法国和德国的强力推动下制定的。

"尤里卡"意即"我发现了！"这是两千多年前古希腊数学家阿基米德发现浮力原理时欣喜若狂脱口而出的一声欢呼，而20世纪80年代则成为欧洲大陆协调一致的振兴科技与经济的行动纲领。

1985年4月18日，时任法国总统密特朗在国内会议上首次提出了尤里卡计划，目的是联合欧洲各国发展高新技术，提高欧洲科学技术与企业和市场的结合能力，促使科研成果向生产力转化，进而开拓世界市场。法国提出尤里卡计划后首先得到了联邦德国的积极支持。1985年7月，以欧洲共同体为主的17个欧洲国家的外交部长和技研部长便聚首巴黎，经过热烈讨论，最后以部长会议的名义发表联合公报，宣告了尤里卡计划的诞生。

尤里卡计划的实施对欧洲有着一种特殊的意义。二战结束40年后，欧洲人发现了这样一个现实：美国和日本在经济、科技领域发展很快，世界市场的高技术产品大多被美国和日本所占领；若继续这样发展下去，欧洲将全面落后于美国和日本；而要改变这种被动局面，只有联合起来，加速发展科学技术，才可能对付这场严峻的挑战。

欧洲各界对实施尤里卡计划表现出空前的欢迎与参与热情，将其称之为"欧洲振兴的希望"。1985年11月，欧洲各国又紧接着在德国汉诺威举行第二次部长会议，确定了尤里卡计划的首批实施项目，主要内容包括计算机计划、机器人计划、通讯网计划、交通网计划及欧洲工厂计划和欧洲家庭计划等。

20多年来，尤里卡计划的执行者们将科学研究与跨国合作、创新精神相融合，在众多企业、高等学府、科研机构与政府组织之间架起进步与成功的桥梁，为欧洲在科研领域继续保持全球领先地位提供了必要的保障。据欧盟发布的信息，尤里卡计划已经开展的科研项目达到740个，已有600多家大型企业集团、1100多家中小型企业、500多个科研机构、400多所大学、50多个政府部门和36个成员国汇集其中。这一计划的实施，无论对欧洲的经济技术振兴还是对世界市场、欧洲的前途都产生了十分重大的影响。

如今，尤里卡计划已经常态化持久化。为保证这个计划的实施，在比利时首都布鲁塞尔设有秘书处负责与各成员国进行协调，有关项目的立项、资助、评估等由定期召开的部长会议统一审批。一位欧洲科学家说，尤里卡计划的优胜之处就在于其现实性与前瞻性、灵活性与周密性相结合，实行科学的管理，可以自愿合作，联合投资，成果共享。

中国的"863计划"是在1986年11月推出的。因起始于1986年3月，并且受到一直以政治家战略家的眼光对现代科学技术的飞速发展以及由此带来的深刻影响给予高度关注的邓小平的强力支持和推动而冠名。

1986年3月5日，邓小平在王大珩、王淦昌、杨嘉墀、陈芳允4位科学家提出的关于跟踪世界高技术发展的建议书上批示："这个建议十分重要"，"找些专家和有关负责同志讨论，提出意见，以凭决策。此事宜速作决断，不可拖延"。[①] 4月6日，邓小平针对高技术发展项目是以发展国民经济为主还是以增强军事实力为主两种选择又作出批示："我赞成军民结合以民为主的方针。"[②]10月6日，在关于高技术研究发展计划的报告上，邓小平第3次作出批示："我建议，可以这样定下来，并立即组织实施。如有缺点或不足，在实施中可以修改和补充。"[③]同年11月，中共中央、国务院遂正式批准了《高技术研究发展计划纲要》，简称"863计划"。

中国的这一计划选择对未来经济和社会发展有着重大影响的生物技术、

[①] 《邓小平文选》第3卷，北京：人民出版社1993年版，第408页。
[②] 《邓小平文选》第3卷，北京：人民出版社1993年版，第409页。
[③] 《邓小平文选》第3卷，北京：人民出版社1993年版，第409页。

第六章 从奇技淫巧到第一生产力

航天技术、信息技术、先进防御技术、自动化技术、能源技术和新材料技术的一些领域作为突破重点，以此追踪世界高技术的发展。

在计划实施的过程中，邓小平一再强调，"中国要发展，离开科学不行"，并且明确地提出了"科学技术是第一生产力"这一著名论断。1988年9月5日在会见捷克斯洛伐克总统胡萨克时，邓小平说："马克思说过，科学技术是生产力，事实证明这话讲得很对。依我看，科学技术是第一生产力。"①一个星期之后——1988年9月12日，邓小平在听取国务院的工作汇报时又重申："马克思讲过科学技术是生产力，这是非常正确的，现在看来这样说可能不够，恐怕是第一生产力。……对科学技术的重要性要充分认识。"②1991年4月召开全国"863计划"工作会议期间，邓小平又强调指出，要"发展高科技，实现产业化。"

由于持续不断地推进，"863计划"已经成为中国发展的引擎，培育了一批数千亿至万亿规模的高技术产业群，极大地促进了生产力的提高，对经济和社会发展产生了不可估量的影响。2003年，中国高技术产业的规模即达到2.75万亿元以上，在工业总产值中的比重提高到21.4%，成为国民经济的支柱。

这一切都标志着，中国在科学技术的认识领域和实践领域都上升到了一个崭新的高度，大踏步地迈上了科技强国的道路。不过，这一切却来之不易。在中国科学技术的发展征途上，不仅历史上不平坦，1949年新中国成立后也同样饱经曲折。

新中国成立之初，中国的科学技术事业曾有过一段良好的发展。

1950年8月，全国第一次自然科学工作者代表会议在北京召开，成立了中华全国自然科学专门学会联合会和中华全国科学技术普及协会。

1955年6月，中国科学院召开大会，宣告成立4个学部委员会。

1956年1月，中共中央召开关于知识分子问题会议。会议规模宏大，毛泽东、刘少奇、周恩来等中央领导人和各地方主要领导人一应出席。会上，周恩来代表中共中央做报告，把知识分子问题和发展科学技术问题作为社会主义建设的一项基本工作郑重地提到了全党全国面前，号召立即行动起来，"认真而不是空谈地向现代科学进军"。

---

① 《邓小平文选》第3卷，北京：人民出版社1993年版，第274页。
② 《邓小平文选》第3卷，北京：人民出版社1993年版，第275页。

1956年10月，中国颁发历史上的第一个科学技术发展规划——《1956—1967年科学技术发展远景规划纲要》。

1958年11月，中国国家科学技术委员会成立。

1959年9月，中国第一台每秒运算1万次的电子数字计算机研制成功。

1964年10月，中国第一颗原子弹爆炸成功。

1965年9月，中国在世界上第一次用人工的方法合成了一种具有生物活力的蛋白质——结晶胰岛素。

1967年6月，中国第一颗氢弹爆炸成功。

但是，从这以后，新中国科学技术发展的坦途就因"文化大革命"的风暴而中断了。1971年8月，由"四人帮"主导的《全国教育工作会议纲要》宣称，在1966年"文化大革命"开始以前的17年里，教育战线基本上是资产阶级"专"了无产阶级的"政"，是"黑线专政"；大多数知识分子的世界观基本上是资产阶级的，是资产阶级知识分子。这两个所谓的"基本估计"，使中国的科学技术事业和教育事业受到沉重打击，中国的知识界和知识分子沉闷得抬不起头来。

到了粉碎"四人帮"后的1977年，中国的国民经济已经到了崩溃边缘，科学技术和教育界也一片萧条。同西方发达国家相比，中国的科学技术水平和教育水平整整落后20年，出现了令人痛心的知识断层。1977年这一年，美国有科学技术人才120万，苏联有90万，而中国只有20万，并且其中许多还是"老弱病残"。邓小平说："由于受林彪、'四人帮'的干扰，我们国家的发展耽误了10年。60年代前期我们同国际上科学技术水平有差距，但不很大，而这十几年来世界有了突飞猛进的发展，差距就拉得很大了。""现在是我们向世界先进国家学习的时候了。我们过去有一段时间，向先进国家学习先进的科学技术被叫作'崇洋媚外'。现在大家明白了，这是一种蠢话。"①

面对经济倒退、百业沉寂的局面，第三次复出的邓小平分管科技教育工作后抓的第一件事就是召开"科学和教育工作座谈会"，落实知识分子政策，解决科技和教育发展方面的问题。在广泛听取科学家的意见后，邓小平发表讲话，提出了许多当时无人敢触的问题：第一是重建国家科委，统一规划和指导科学工作；第二是恢复高考；第三是实行科研奖励制度。这次会后不久，

---

① 《邓小平文选》第2卷，北京：人民出版社1983年版，第132页。

第六章 从奇技淫巧到第一生产力

对"四人帮"炮制的两个"基本估计"进行了全面清算,大学招生恢复了高考制度,国家科委也正式成立了。

1978年3月18日,全国科学大会隆重召开。在这次大会上,邓小平就"科学技术是生产力""知识分子是工人阶级自己的一部分"等重大问题进行了深刻阐述。全国科学大会的召开犹如一股春风,吹散了中国知识分子心中的阴霾,中国的知识分子从此扬眉吐气,中国的科学技术事业从此迅猛发展。全中国的人民都感受到:中国科学的春天到了!

就是在这时,新中国才结束了科学技术发展道路上的徘徊和失误。

回顾这一段历史,人们今天不难看到,中国科学技术的发展历程之所以同中国的经济建设、中国的社会发展乃至新中国整个国家的命运一样,呈现出建国初期兴盛、"文化大革命"中跌至谷底、十年动乱结束后又复兴的"马鞍形"轨迹,是有着深刻的历史原因的,其经验教训也是值得很好地总结和吸取的。

首先是在思想领域,中国历史上对科学技术的认识和重视是不到位的。从13世纪至19世纪西方理学盛行的一段时期内,中国人治学一向是以社会与人和人之间的关系为中心,而不是研究人如何征服自然。对于中国学界而言,最了不起的学问莫过于人与人之间复杂而微妙的关系。如何保证社会尊卑有序,知情重礼,渐渐累积成文献中长篇累牍的记载是为重要,而人类如何利用和发现自然却成为次要,甚至是等而下之的事情。因此国外评论,在中国存在一个极大的矛盾现象:"一方面,中国人形式上崇拜自己的知识祖先。1734年,皇帝曾下诏要求宫廷御医举行仪式,拜祭他们已作古的同行先人。另一方面,他们又听任每一代的新发现被世人不知不觉地遗忘,以致让后人大概要再通过文物和考古研究才能重新予以发现。""中国的学术成果不易得到确认,而且容易丧失动力。""就这样一年又一年、几十年、几个世纪过去了,欧洲把中国远远甩在了后边。"①

其次是在社会层面,虽然早期成就辉煌,却并未产生有组织的科研行为。直到中世纪末,在科技的发明创造能力和系统观测自然方面,中国至少不次于并且在许多地方都超过西欧。中国在发展造纸和印刷术、火药、机械钟、制图学、地震学、初期药物学、磁性的发现、数学的某些方面,以及许多手

---

① 〔美〕戴维·兰德斯:《国富国穷》,门洪华译,北京:新华出版社2007年版,第374页。

工技艺和铸铜、制陶、织造丝绸等等方面，都曾在世界领先。据英国科学史学家李约瑟的考证，在公元后头13个世纪里，陆续有一批批的科技发明从中国传到欧洲。除上述这些比较著名的项目外，还有独轮车、带风帆的手推车、弩、风筝、钻井技术、铸铁、铁索桥、运河船闸、防水船舱、船尾柱舵、活塞杆做旋转运动与纵向运动转换的技术等等。在李约瑟所著的7卷本34分册的巨著《中国科学技术史》每册的扉页上都印有他的这样一句话："在公元3世纪到13世纪，中国保持了一个其他地区和民族所望尘莫及的科学知识水平。"然而，这些早期的成就并没有促成有组织的科研出现，也没有建立一种可以使科研持续进行的制度，有意识地加以传播、发展和利用的社会体系的建立就更谈不上了。而欧洲17世纪初就在这方面有了突破。

　　第三是在科学技术本身，也有中国学界对于科学技术门类未能产生出一套比较完整的逻辑体系和学术规范，使人们无法据此来检验，无法系统地将一种陈述与另一种陈述进行对比的原因。在科学已不是一般的零散的知识，而是理论化系统化的知识体系的情况下，中国的思想家科学家以为，凡是他们提出的原理都是不需要证明的。他们不像西方学者那样注重文法与修辞的区别，因而不甚注重抽象与具体之间或一般与特殊之间的区分。西方学者形容："中国前进的历史是由亮点组成的历史。这些亮点在时间空间上是相互分离的，没有通过复制和试验而相互联系。"①在这一逻辑弱点的背后，还有中国文字作祟。用象形文字把文化遗产一代代传下来的结果，使文字本身具有一种独立的地位。它们似乎成为一种经久不变的实体，而不仅仅是表达思想的工具。文人力求练好他的书法，使之成为一种艺术。但一旦他身着长衫进入统治阶级，他就放弃了体力劳动，因为那是属于另一社会阶层的标志。所以文人学士并不同匠人在车间里一起干活。这种手脑分离，同早期欧洲科学界的先驱人物恰成鲜明的对比。欧洲科学界的先驱们往往出身于手工艺的家庭，即使他们成了学者，仍然建立自己的实验室，不受社会习俗的阻拦。这在中国是极少见的。西方哲人和科学家注重在实践中求得真知，而中国文人的生活却是与文学、诗歌、艺术联系在一起的，完全忽视了实践劳动，这也是使中国学人缺乏科学精神的重要原因之一。

---

① 〔美〕戴维·兰德斯：《国富国穷》，门洪华译，北京：新华出版社2007年版，第374页。

第六章 从奇技淫巧到第一生产力

第四是在民族文化层面，一种自大与自卑的情结同时存在，阻碍了对外部先进科学技术的吸收。常被西方学者引用来作为中国自大、愚昧和傲慢的一个例证是，乾隆1793年答复大不列颠乔治三世敕书中的一段经典文字。乾隆在这个敕书中说："至尔国王表内，恳请派一尔国之人，住居天朝，照管尔国买卖一节，此与天朝体制不合，断不可行！……天朝抚有四海……无所不有，尔之正使等所亲见，然从不贵奇巧，并无更需尔国制办物件。"①显然，历朝历代的乾隆们以为，他们的中央王国在世界上不仅人口最多，最富裕，最强大，而且文化上也是最进步的，西方的那些东西只不过是奇技淫巧，雕虫小技，无关大局。1840年英国的炮舰打开中国的大门后，一直对外部世界浑然不知的清廷开始意识到限制工商业、蔑视科学技术的不妥，感到有必要了解一些西方的新知识，便先后设立同文馆、天文馆、数学馆，还向欧洲派遣了留学生，但时间不长又重新闭关自守。而等到晚清落得一败涂地之时，朝野又马上消沉起来，从自大转向了自卑。这种表象的背后，不只是科学的缺乏，更严重的是制度的弊端、社会的落后和国人的麻木与愚昧。在变化了的世界面前，中国大一统的思想和制度早已失去了动力、活力和竞争力。

第五，除了历史上这些几千年来的传统积习有可能惯性运作外，还有一个比较现实的原因是，缺乏对人才的尊重，影响到科学技术的发展。科学技术研究活动是一项非常个性化的活动，在很大程度上依靠单个人的创造性劳动。如果说物质条件是科学研究的外在条件，那么尊严感则是科研活动最起码的内在基点。如若尊严都没有，科学家怎么会有足够的创新激情和自由的思想空间呢？新中国一诞生，大批优秀的海外学子毅然放弃国外优越的物质条件，怀揣赤子之心归国效力，为的就是尊严，不当二等公民。然而后来，由于人才得不到尊重，又有数十万学子流失或滞留海外。据《中国统计年鉴》称，仅中国出生而移居美国的博士就有62500人。而另一组数据显示，一个时期以来，清华大学高科技专业毕业生80%去了美国，北京大学的这一比例为76%，全国留学人员流失海外的比例达到了50%。这个比例是惊人的。一旦留学生不回国，此前在学生身上的教育投入就无法收回。更不消说，人才流失是以削弱自己的方式增强了对手。

---

① 吴国桢：《中国的传统》，北京：东方出版社2006年版，第314页。

总起来看，中国的科学技术发展之所以路途曲折，中国的科学技术水平之所以至今仍然相对落后，主要是缺乏动机而不是缺乏能力，是由于社会条件不够而不是国人才智不够。多少世纪以来，中国的制度文化曾在它的国土范围内促成了引人注目的自给自足、平衡稳定的局面，产生了气势磅礴的、坚守既定方针的惯性，这是中国科学技术的发展、中国的一切发展都必须面对的问题。

以邓小平为首的中国共产党人正确把握现代科学技术革命的趋势，在20世纪70年代末使中国回归科学的春天，正是总结历史经验、应对时代挑战和根据中国实际出发而做出的重大战略决策。从中国发展科学技术正反两方面的经验教训中，人们也进一步看到，科学技术实在是中立的，没有阶级，没有国界，它所在意的是社会对它的态度，它所依赖的是政府对它的政策。

三　科学的根本精神在于求真理

"上帝不掷骰子。"[①]

"科学的根本精神在于求真理。人生世间，难免受环境的逼迫，受习惯的支配，受迷信与成见的拘束。只有真理可以使你自由，使你强有力，使你聪明圣智。只有真理可以使你打破你的环境里的一切束缚，使你勘天，使你缩地，使你天不怕，地不怕，堂堂地做一个人。"[②]

20世纪的伟大科学家爱因斯坦、中国国学大师胡适的这些箴言，也许最清楚不过地说明了科学技术事业的庄严性神圣性和从事这项事业的人所应该具有的勇气与应该秉持的品格。

人类认识自然、改造自然并运用自然为自身服务的过程已经有力地证明，在现代科学研究若干必不可少的方面——科学知识、科学思想、科学方法、科学精神中，科学精神之所以处于核心地位，就在于它的理性质疑与理性之真这一本质。这是探知客观世界、揭示未知领域的根本保证。20世纪最伟大

[①]〔美〕约翰·西蒙斯：《科学家100人》，王首燕等译，北京：当代世界出版社2007年版，第9页。
[②] 丁伟编：《中国的民族性》，西安：陕西师范大学出版社2006年版，第351页。

的发现、20世纪最杰出的科学家的实践，无不在说明着、体现着这一价值。

1903年，居里夫妇和另一位科学家贝克勒尔共同获得了这一年的诺贝尔物理学奖。1911年，居里夫人又获得诺贝尔化学奖，成为第一个两度获得诺贝尔奖的科学家。然而，荣誉的背后却是无数的艰辛和挫折。为了证明镭的存在，居里夫妇在条件极差的实验室里一天又一天地在矿物残渣中寻找。每次，居里夫人把20多公斤的废矿渣放入冶炼锅熔化，连续几小时不停地用一根粗大的铁棍搅动着沸腾的材料，从中提取含量仅为百万分之一的微量物质。如此这样，从1898年一直辛勤工作到1902年，经过几万次提炼，才终于得到0.1克的镭，并测出了它的原子量。

"星际航行之父"齐奥尔科夫斯基出生在俄罗斯一个贫苦的乡村，9岁那年因一场猩红热成了一个半聋人，喧闹欢乐的世界从此不再，但他的心灵却仍然翻腾着——他向往科学。经过无数次的碰壁后，齐奥尔科夫斯基上大学的愿望未能实现，只好选择自学的道路。他以惊人的毅力日夜攻读那些琳琅满目的书籍，仿佛要把图书馆里一排排高大的书架上的存书全部读完。齐奥尔科夫斯基每天在晨阳中走进图书馆，饿了啃几口面包，渴了喝几口凉水，直到红日西坠被图书馆管理人员催促时才不舍地离开。青年时代的苦读为他奠定了深厚的科学功底。经过长时间的跋涉之后，齐奥尔科夫斯基于1929年——年届72岁时发表《宇宙火箭列车》这篇享誉世界的论文，提出多级火箭的构想，一举解决了宇宙飞船脱离地球引力所需加速度的问题。"地球是人类的摇篮，人类不会永远停留在地球上。"齐奥尔科夫斯基这一寓意深刻而又饱含信念的名句已刻在他的墓碑上。他虽然生前未能看到星际航行的实现，却以充分的科学实验为依据为人类飞天建构了坦途。他逝世20多年后载人飞船上天，30多年后人类成功登月。

陈景润是不惜健康和生命在数学王国里攀登才取得卓著成绩的。上高中数学课时，老师曾向同学们讲起"哥德巴赫猜想"这道世界数学难题，并充满期望地说："我梦见你们同学中有人证明了哥德巴赫猜想！"老师的话深深地刻在陈景润心上，他从此立下宏愿：向哥德巴赫猜想进军，摘取数学皇冠上的明珠！可以说，陈景润把全部的心血都奉献给了这道数学难题。他夜以继日，进行大量运算后的稿纸装了一麻袋又一麻袋；他自学了德语、法语、日语、意大利语和西班牙语，以便直接阅读外文资料；他的身体一天天衰弱下去，甚至一次次地昏倒，但是他毫不顾及也无暇顾及；他默默地忍受着众多的误解和嘲讽，从无数次的失败中奋起。他于1966年就完成了这道题目(1+2)的论证，却由于受"文化大革命"的冲击一时难以公之于世。在此后长达7年的时间里，他的研究只能一边当锅炉工一边在一间极小的屋子里暗中进行。没有桌子就伏在床板上写，没有电灯就用蜡烛照明。陈景润拖着病弱之躯顽强地工作，他的论文在1973年终于得以发表；而一经发表即立刻传遍全球，引起强烈反响。英国数学家哈勃斯丹和德国数学家李希特正在交付印刷他们的著作《筛法》，见到陈景润的论文后便立即停止印刷，在这部数学巨著中增加了新的一章——"陈氏定理"，并称陈景润的成果为筛法的"光辉顶点"。人类的科学成就大致有这样两种：一种是经济价值明显的、可以用货币估量其价值的"有价之宝"；另一种是在宏观世界、微观世界或社会科学领域有种种作用，但其经济价值却无从估计、没有数字能计算的"无价之宝"。而陈景润的成果即属于后者。

爱因斯坦同样是一个为了科学而鞠躬尽瘁的人。1915年，他连续两个月在书房里不分昼夜地思考和探索，肝炎和胃病终于将他击垮了，体重一下子降了十几公斤。爱因斯坦以为自己患了癌症，便更加争分夺秒地继续他的相对论研究。他告诉妻子，他在书房时不要打扰他。又过了两个星期之后，爱因斯坦脸色苍白疲惫不堪地从书房里走了出来，告诉妻子说："我研究出来了。"一叠厚厚的稿纸摊在桌子上，广义相对论就这样诞生了。爱因斯坦的成就赢得了全世界科学界的一致肯定。物理学家朗之万说："在我们这一代物理学家中，爱因斯坦的地位处在最前列。他现在是并且将来也是人类宇宙中有头等光辉的一颗巨星。很难说，他究竟是和牛顿一样伟大还是比牛顿更伟大。不过，可以肯定地说，他的伟大是可以与牛顿相比的。"[①]

中国"航天之父"和"火箭之父"钱学森之所以受到世人敬仰，不仅仅在于他的科学贡献，还因为他的品德、人格和科学精神。他一生都坚持"不题词，不为人写序，不出席应景活动，不接受媒体采访"。这些原则充分展现了一个科学大师和学术巨匠的高风亮节与治学态度。1979年美国加州理工学院授予他"杰出校友"称号，1989年在美国召开的国际技术交流大会给他授奖，他都

---

① 王立美主编：《科学上下五千年》，北京：当代世界出版社2007年版，第133页。

没有到场。他说:"我作为一名中国的科学技术工作者,活着的目的就是为人民服务,那才是最高的奖励。"

20世纪科学大师们的这种崇尚真理、追求真理、惟真理最美的精神,这种非感性之真、非知性之真、非信仰之真的至真价值追求,完全可以说,代表了人类最崇高的科学精神。这种科学精神不但使无数的科学家在遇到巨大的困难和一次又一次的失败时能够始终不渝地把自己的追求坚持到底,而且也照亮了后人前行的路。

为了坚持和弘扬这种至真的科学精神,许多国家在学校中就开始了培养教育。在热衷于研究的德国式大学,在集教学、研究与服务为一体的美国式大学,人们都在实践着"非功利性"的理想主义科研,认为"求真"是大学的核心,"非功利性"是一切终极价值的条件,主张大学要"为真理而真理",反对"为功用而学术"。哈佛大学几百年来提倡"以真理为友",强调大学和学者不能以功利性的和急功近利的态度来从事科学研究。作为"五四"以后新文化运动的产物,中国教育界在20世纪早期的教育中就提出了大学要培养具有理想主义人格的新人,而这一具有理想主义人格的新人的主要标准,应是与"求名趋利的伪君子和以假为真、以假乱真的伪知识分子"相对立的人,是勇于追求"行动的真理、真理的行动"的人。被毛泽东誉为"人民教育家"的陶行知,一生都在倡导和实践"教师的职务是千教万教,教人求真;学生的职务是千学万学,学做真人。"

为了坚持和弘扬这种至真的科学精神,人们从未停止端正和革新学术风气的努力。以"一丝不苟"为座右铭、以"排万难冒百死以求真"为己任的中国科学家竺可桢曾提出,科学研究要"博学之,审问之,慎思之,明辨之,笃行之"。他总结的科学精神三原则是:(1)不盲从,不附和,一切依理智为依归。如遇横逆之境,则不屈不挠,只问是非,不畏强暴,不计利害。(2)虚怀若谷,不武断,不专横。(3)专心一致,实事求是。显然,那些心浮气躁、追名逐利、爱慕虚荣的做派,那些没有风骨、疏于质疑、难以批评的俗风,那些不求深入、粗制滥造、哗众取宠的陋习,那些弄虚作假、剽窃抄袭、侵占成果的恶行,以及那些由行政化、官僚化、利益化倾向滋生出来的种种不端,与科学大师们所主张的这种科学精神是格格不入的。

为了坚持和弘扬这种至真的科学精神,人们也还设置了诸多的激励机制来予以鼓劲和加油。其中，最有特色、最负盛名的，自然是诺贝尔科学奖的设立。

这一奖项的设立者艾弗雷德·诺贝尔既是科学技术发展的杰出推动者，同时也是杰出的科学家。在其父辈的影响下，1833年生于瑞典首都斯德哥尔摩的诺贝尔从小就热爱化学和物理学。他后来致力于研制炸药，多次与死神擦肩而过。自1867年起，他的炸药就广泛地应用于工业、矿业和交通业之中。他于1880年获得瑞典国王颁发的科学勋章，1884年成为瑞典皇家学会、伦敦皇家学会和巴黎土木工程师学会的会员。他享有大量的专利权，曾在美国、意大利、西班牙和英国建设炸药厂，被人们誉为"炸药大王"。

1896年12月10日，诺贝尔去世。去世前一年，他立下一份独特而又意义重大的遗嘱，即他的遗产除了分给两个侄子各5000英镑外，将其余的196万英镑设为基金，用其利息作奖金，每年奖给世界上对物理学、化学、生理学或医学、文学和促进世界和平有特殊贡献的人。根据诺贝尔的遗嘱，物理学和化学奖由瑞典皇家科学院评定；生理学或医学奖由斯德哥尔摩加罗琳医学外科学研究所评定；文学奖由斯德哥尔摩文学院评定；和平奖由挪威国会五人委员会评定。

1901年12月10日——诺贝尔逝世纪念日，诺贝尔奖首次颁发。在瑞典首都斯德哥尔摩的音乐大厅里，华灯高照，来自世界各地的学者名流聚集一堂，目睹瑞典国王把华丽精致的奖状、奖章和奖金，授给了几位作出杰出贡献的人——发现X射线的德国物理学家威廉·伦琴、建立化学平衡理论的荷兰化学家范特霍夫、在抗毒素血清治疗上有卓越贡献的德国医学家埃米尔·贝林、以诗歌著称的法国作家苏利·普吕多姆和红十字会创始人瑞士银行家琼·杜南。自此以后，全世界共有近700位学者和著名人士获奖。

100多年来，虽然诺贝尔奖的奖金不是世界级奖励中数额最高的，但它却是最权威的；虽然诺贝尔奖的和平奖、文学奖及后来增设的经济学奖都曾遭到非议，差强人意，但几项自然科学奖却对20世纪科学技术的发展起到了特殊的不可估量的推动作用，并且一直是各国政府和科学工作者孜孜以求的目标。许多国家甚至把诺贝尔自然科学奖作为衡量一个国家科学技术发展水平的重要标志，而几乎全世界的科学工作者都把获得或拥有诺贝尔自然科学奖作为自己的终身追求或终身荣耀。在整个20世纪，诺贝尔科学奖在世界科学和学术界都享有至高无上的地位。有一种看法认为,诺贝尔奖获得者所走过的道路,就是20世纪科学技术发展的轨迹,这是毫不为过的。

已经创造出来的东西比起有待创造的东西来说是微不足道的。科学永远处于不断的变化和发展之中,任何凭借传统或政治权威而一劳永逸地把握真理的企图都是不符合科学精神的。像阶梯一样,通过登攀,科学的视野就会越来越开阔。只有你想不到的未来,没有实现不了的明天,这是科学的永恒魅力所在,也是人类砥砺自身、不断求索的动力所在。这样的事业值得人们全力以赴。

第七章
Chapter Seven

从穷人反对富人的武器到全人类的共识
——民主的建立不可能一蹴而就，
但它是一道必须迈过的现代化之坎

> 过去一个世纪的教训告诉我们，无论在哪个地方，只要人的尊严被践踏或受到威胁，那里的人民不能拥有选择自己政府或者定期改选的基本权利，那么冲突就会接踵而至，无辜平民就要付出生灵涂炭、家园被毁的代价。……如果哪个国家背离了法律，侵犯了其公民的个人权利，它就不仅成了本国人民的威胁，也是其邻国乃至全世界的真正威胁。
>
> ——〔加纳〕科菲·安南

第七章　从穷人反对富人的武器到全人类的共识

人类民主政治的历史可以追溯到公元前 5 世纪,当世界各地的人还处于蒙昧状态时,当希腊其他城邦还在为土地、人口征战不休时,雅典的公民就已走在世界前列,开始享受民主的权利了。自那以后,作为人类社会的一种制度追求,民主便在全球逐渐传播了。

不过,这一过程比较漫长,以至 2000 多年过去了,民主仍然只是穷人和多数人反对富人和极少数人的一种武器。在 20 世纪初的中国,君与臣对话必须跪着,根本谈不上民主。从世界范围看,世纪初也只有美国等少数几个国家实行民主制。然而,到了 20 世纪结束时,世纪初的一些景象就改观了。

世纪初时,民主是奢侈品;世纪结束时,民主是必需品。

世纪初时,民主是工具;世纪结束时,民主既是工具又是目标和生活。

世纪初时,民主只是一个单纯的政治名词;世纪结束时,民主的内涵和外延都扩大了。

世纪初时,威权统治可以任意地实施国家治理;世纪末时,任何拥有治权的政府都再也不能反民意或无民意而行之。

世纪初时,普遍的权力来源是世袭或暴力;世纪末时,每一个政权都得从人民那里取得权力。

世纪初时,社会上阶级分明,人们已经习惯了那种对皇天、对传统、对上级的甘心服从;世纪末时,不论人们是主动地还是被动地参与公共事务,都扮演着决定性的角色,政府获取百姓一致遵从的时代已经彻底过去了。

世纪初时,没有哪个威权国家会自动地放弃权力,实行民主;世纪末时,世界上不论何种制度的国家,都一概认为自己的国家是民主的,或者宣称自己的国家正在建立民主。

……

人们不能不看到,尽管 20 世纪结束时的世界对于民主的理解和内涵还有不同的解读,各个国家在有关民主的言论和行动上也常常不同,但民主的普遍价值却是不言而喻的，真正地如马克思所说，民主成了"一个类概念"。

人们不能不感叹，人类在民主政治上的真正变化和发展是在20世纪。在这一百年里，驱动人类前进的，除了科学就没有再比民主更重要的了。

一　苏联的实践——民主让国家付出了沉重的代价，但它是人民最终的选择

作为世界上的第一个社会主义国家，建立和发展社会主义民主是苏联社会主义实践的重要组成部分。起始于列宁时期，基本制度形成于斯大林时期，经过赫鲁晓夫不成功的改革后在勃列日涅夫时期停滞，最后在戈尔巴乔夫的错误引导下招致全面失败的苏联民主建设，在历史上既取得过重要的经验，也留下了深刻的教训。

1917年十月革命胜利后，如何建立与新社会相适应的政治体制，列宁曾深入研究法国大革命时期巴黎公社政治选举的经验。列宁认为，1871年巴黎公社进行的民主选举尝试，没有欺骗，没有阴谋，没有虚假，是真正民主的人民普选制。其政治选举中的一系列步骤和方式——发布选举公告、宣布候选人名单、允许公开竞选、按居民人数有比例产生代表名额的选举方法，以及在行政部门中并不完全排斥委任制的做法等，都是值得借鉴的。在《国家与革命》这部著作中，列宁明确地提出："对一切公职人员毫无例外地实行全面选举制并可以随时撤换。"[①]

但是，列宁也觉得，刚刚取得胜利的苏维埃政权还不能立即实行巴黎公社那样的普选制度，普遍、平等、直接的选举形式一时还难以在全社会实行。这是因为，俄国并不是一个工业发达的国家，工人阶级尚未占人口的多数，广大的农民作为小私有者还在无产阶级和资产阶级之间徘徊，并没有走上社会主义道路，为巩固苏维埃政权，不能"简简单单地用多数和少数的关系来解决问题"。因此，在《俄罗斯社会主义联邦苏维埃共和国宪法》中，第64条规

---

① 《列宁选集》第3卷，北京：人民出版社1995年版，第149页。

第七章 从穷人反对富人的武器到全人类的共识

定,只有无产阶级和劳动人民才享有选举权,第65条规定,资产阶级剥削者、神职人员、旧军队反动军官以及封建贵族这几类人没有选举权。不过,列宁同时又指出,苏维埃政权虽然实行剥夺剥削者选举权的措施,但这并不表明无产阶级国家永远废弃普选制度,而是在无产阶级取得对资产阶级的实际优势后,就应实行普选制。列宁说:"在苏维埃共和国内,一方面,随着社会主义一天天地巩固,随着那些客观上有可能继续做剥削者或保持资本主义关系的人的数目日益减少,被剥夺选举权的人所占的百分比自然也会减少。在俄国现时,这个比例未必超过2%、3%。另一方面,在最近的将来,外国侵略的停止和剥夺者的完全被剥夺,在一定的条件下会造成这样一种情况:无产阶级的国家政权会选择另外的方式来镇压剥削者的反抗,并实行没有任何限制的普遍选举权。"①

在整个列宁时期,列宁对建立民主的思考和实践都十分丰富,主要内容包括:

——强调没有民主就没有社会主义。在世界社会主义运动中最先提出这一思想的列宁说:"没有民主,就不可能有社会主义,这包括两个意思:(1)无产阶级如果不通过争取民主的斗争为社会主义革命做好准备,它就不能实现这个革命;(2)胜利了的社会主义如果不实行充分的民主,就不能保持它所取得的胜利,并且引导人类走向国家的消亡。"②

——分开布尔什维克党和苏维埃政府机构的职能。列宁提出并采取的主要措施是:提高人民委员会的威信和各人民委员部的独立自主精神;加强苏维埃中央执行委员会的立法职能;扩大并发挥地方苏维埃的自主权与职能作用。

——强调法治。重要的步骤是改组契卡,纠正党的机关越权代行司法机关职能的错位做法。

——倡导科学决策和科学管理,吸收专家学者参加国家管理。列宁把资本主义国家的国家治理方式、机关组织形式和管理经验等,看作是整个人类文明的一个组成部分,派人到德国和北欧进行考察和学习。列宁时期,专家学者参加国家决策和管理是一种固定机制。

---

① 《列宁全集》第29卷,北京:人民出版社1956年版,第100页。
② 《列宁全集》第28卷,北京:人民出版社1990年版,第168页。

——强化监督机制和检查职能。在列宁的提议下，布尔什维克党第十二次代表大会决定扩大中央监察委员会的职能，重点对党和国家机关及有关领导人手中掌握的权力进行严格的监督和检查。中央监察委员会享有与中央委员会并行的权力，其代表有权出席政治局会议，可以"不顾情面，对不管是总书记还是其他某个委员，提出质询，检查文件，以至于做到绝对了解情况并使各项事务严格按照规定办事"。为了强化监督，后来又将中央监察委员会和1918年成立的工农检察院有关职能合并，建立了国家监督机构——国家监督人民委员会。

从1917年到1924年，在列宁的领导下，苏联积极探索社会主义条件下的民主制度的建立，在党内和全社会都取得了重要成果。1924年产生的第一部宪法进一步确立了建立社会主义民主政治的法律地位，规定了公民的民主权利。

需要看到的是，由于列宁过早去世，以及由于新生的苏维埃政权遇到了来自国内外的严峻挑战，不仅列宁原来的一些想法没有来得及实施，而且列宁早先的一些民主思想后来又发生了变化，因而列宁时期也留下了一些遗憾和对后来的苏联产生重要影响的缺陷。

比如，在实施"战时共产主义政策"的过程中，依据列宁"不能把阶级统治和管理混为一谈"的思想，苏维埃政府对整个工业系统普遍采用了军事命令的手段和普遍实行了"一长制"的体制，为后来这一制度固化提供了先例。在《苏维埃政权的当前任务》这个报告中，列宁要求工厂企业在遵守劳动的铁的纪律的同时，要无条件地服从统一的意志，无条件地服从拥有独裁权力的苏维埃领导者个人的领导。他说："苏维埃社会主义民主制同个人管理和独裁毫不抵触，阶级的意志有时是由独裁者来实现，他一个人有时可以做更多的事情，而且一个人行事往往是更为必要的。"[①]正是按照列宁的这一旨意，俄共（布）在1920年3月召开的第9次代表大会上作出了在生产企业推行完全的绝对的"一长制"的决议。不出一年，这个决议即在全俄80%以上的企业中得到了贯彻落实。

再比如，虽然列宁在十月革命前后就多次提出了要采取一切手段并试验

[①]《列宁全集》第38卷，北京：人民出版社1956年版，第302页。

第七章 从穷人反对富人的武器到全人类的共识

各种新的办法来反对官僚主义,促进民主,但在他逝世前官僚主义不仅没有得到缓解,反而还在苏维埃机关中出现了扩大的趋势。

斯大林是独裁的、典型的中央集权主义者。然而,人们却往往忽视了,他在一个时期也曾开创了社会主义国家政治选举的历史,并且毫不逊色于资本主义国家的选举政治。

那是1936年,苏联消灭了私有制,斯大林把列宁提出的关于"实行没有任何限制的普遍选举权"的思想,变成了活生生的现实。这年11月,斯大林在有关《苏联宪法草案》的报告中指出,所有的剥削阶级都消灭了,在剥削阶级作为一个阶级被消灭之后,留下的只是过去作为剥削阶级的人员,他们已形不成对社会主义社会的巨大威胁,并没有什么可怕的。斯大林说:"苏维埃政权从前剥夺不劳动者和剥削者的选举权,不是永久的,而是暂时的,有一定期限的,现在可以建立普选制度了。"①"有人说这有危险,因为那些敌视苏维埃政权的某些过去的白匪、富农、神父等等,会钻进国家最高机关里来。但这里究竟有什么可怕呢?苏维埃政权已成为不可战胜的力量了。"②1936年12月,全苏苏维埃非常第八次代表大会通过新宪法,明确规定了苏维埃选举实行"普遍、平等、直接"的原则和"无记名投票"的方法。

斯大林时期建立的这一普选制包含着丰富的内容。

所谓普遍,是指全苏联凡年满18岁的公民除了精神病和被法院判决剥夺选举权的人以外,不分种族、民族、性别、信仰、出身、教育程度、居住期限、财产状况、过去活动如何,一概都有选举权和被选举权。原先的剥削者及思想、文化、政治上的代表人物也都有选举权和被选举权。

所谓平等,是指每一公民有一票的选举权,一切公民的投票以及城乡各个选区之间的投票都是平等的。同时,城市和乡村按照统一的比例产生苏维埃代表人数。而在1936年以前,城乡、工农之间的选举权则是不平等的,并且差距很大。因为1918年的宪法规定,作为中央苏维埃政权组织的苏维埃代表大会,城市居民每25000人可选派代表1人,而农村居民每125000人才选派代表1人;作为地方苏维埃政权组织的苏维埃代表大会,城市以及工厂区每2000居民可选派代表1人,而乡村居民每10000人才选派代表1人。

---

① 《斯大林文选》,北京:人民出版社1962年版,第108页。
② 《斯大林文选》,北京:人民出版社1962年版,第109页。

所谓直接，是指从最基层的乡村及城市苏维埃代表到全苏最高苏维埃代表，都一律由选民直接投票产生。而在1936年新宪法颁布前，只有乡和市的苏维埃代表由选民直接投票产生，州以上的苏维埃代表是经间接选举产生的。

所谓无记名投票，是指在选票上不填写选举人的姓名，并保证选民在单独的场合下填写选票，以便独立自主地作出选择，不受其他任何人的影响和干涉。

斯大林强调了建立这种选举制对于发展社会主义民主、正确处理国家机关干部和人民群众关系的重大意义。他说："苏联普遍的、平等的、直接的和不记名的选举制度，将成为人民手中的鞭子，用来鞭策工作做得不好的政权机关。"①"苏维埃代表是人民的勤务员，是人民派到苏维埃的使者，他应该遵循人民指示给他的路线……如果他离开了正路，选民就有权要求重新选举。"②斯大林还指出，一个政权机关和政权机关的代表能不能满足城乡劳动者各方面与日俱增的要求，能不能建立更好的学校，能不能改善劳动者的住宅条件，使劳动者生活过得更文明，这将是一种标准，千万选民将用这个标准去衡量候选人，抛开不适当的候选人，把他们从候选人名单中取消，提出最优秀的人来充当候选人。

1937年12月12日，苏联进行了新宪法颁布实施后的第一次最高苏维埃代表选举。选举之前，党内外的候选人纷纷在各个选区会见选民，发表竞选演说。斯大林本人被莫斯科选区提名为候选人，于1937年12月11日在莫斯科选区发表了竞选演说。在竞选演说中，斯大林感谢选民对他的支持并向选民承诺，"可以大胆地信任斯大林同志"。

苏联在这次最高苏维埃代表的选举中既兑现了"普遍、平等、直接"的原则和"无记名投票"的方法，又采取了竞争选举的方式，在国际社会产生了广泛的影响。事前根本没有想到苏联会搞竞选的美国斯克里浦斯—霍华德报业联合公司总经理访苏时，认为苏联只有一个政党，不存在开展竞选的条件。而斯大林却对他说，你认为不会有竞选，可竞选一定是会有的，而且我预料会很热烈，将围绕许多极其尖锐的问题、对于人民有头等意义的问题来进

---

① 《斯大林文选》，北京：人民出版社1962年版，第80页。
② 《斯大林文选》，北京：人民出版社1962年版，第163页。

第七章 从穷人反对富人的武器到全人类的共识

行。① 斯大林不仅在理论上明确肯定了竞选形式不是专属资本主义社会所有，社会主义社会同样可以进行，而且还在实践中开展了社会主义国家人民代表的竞选活动，这在社会主义制度史上应属一个创举。特别是考虑到，从1917年苏维埃政权建立到1937年，苏联仅用20年时间就实现了这种普选，比起许多资本主义国家实行普选要快得多，彻底得多。事实上，许多发达资本主义国家直到二战结束后才普及普选制。

当然，苏联这时建立的普选制还不能说已经尽善尽美。例如，从直接选举的原则看，它只是体现在选举各级苏维埃代表上，而国家的最高领导人并不是由选民直接选举产生的。再如竞选方式，苏联的竞选只是在决定候选人时才有意义，而候选人名单一旦确定就不再具有竞选的性质，因为列在名单上的候选人之间不存在竞争关系，苏维埃代表实行的是等额选举。至于候选人名单的确定，在经过竞选后是由党中央和各级党委决定的。因此，这种竞选所体现的民主在很大程度上表现为由党代表人民做主；虽然党通常能代表人民的意愿，把人民群众希望当选的代表列为候选人，但有时也会把只是为党的个别领导人所喜欢的人列为候选人并获得当选，从而造成人民群众的不满。更有，实行这种竞争选举的时间不长，1937年以后就再没有开展过。

虽然斯大林时期在1936年新宪法颁布实施后取得过开创普选制的业绩，但是从总体上来看，随着高速工业化、强制集体化、以集中计划产品交换为特征的经济发展模式的确立，随着社会主义愈益接近胜利阶级斗争愈加尖锐、社会主义可以超越阶段以及意识形态斗争的目标是肃清一切非无产阶级思想及其残余等等理论纲领的提出，随着第二次世界大战的降临和国家生存与安全面临巨大的威胁，这一时期在民主政治和国家与社会生活方面，同列宁时期相比还是发生了重大转变，出现了如下一些严重问题：

——中央权力过分集中，党内民主被严重削弱。长期未能召开党的代表大会和中央全会，中央政治局在某种意义上也只是最高权力的象征，中央书记处的权力和总书记的权力被一再扩大。与此同时，还建立了一整套严格的、在党内以密码办文与密码通讯为核心的、脱离全党监督的、全面封闭的保密制度。加上从中央到地方全部由党委任命干部，这就不可避免地出现了书记

---

① 《斯大林文选》，北京：人民出版社1962年版，第80页。

处决定一切、总书记具有无限权力的极端不正常现象。

——以党代政，党高于政，抑制了经济社会发展活力。通过国家行政权力向党内的转移和集中，苏联党的机关实际上既掌握了国家行政和经济管理部门的干部任免权，又在代行国家行政和经济管理部门的业务领导权。在一个漫长的时期内，苏共党的机构设置几乎完全与政府机构的设置平行重叠，而党的机构则又是权力中枢，政府机关几乎成了党内机关的附庸。这造成的不只是机构臃肿，效率低下，官僚主义滋长，而且使苏联在后来丧失了许多发展机遇。

——用绝对化的方式开展意识形态领域里的斗争，造成了严重的社会后果。在消灭剥削阶级意识形态、抛弃一切资产阶级文化的口号下，用垄断、整肃的手段推动学术文化的发展，用封闭、隔离的方法培养社会主义新人，在社会思想领域里以单一性取代多样性，以不变应万变，造成了思想理论的简单化和教条化。后来，这一模式又数十年如一日地运行，直到无以复加、难以为继，影响与危害极大。

——肃反扩大化，法治严重受损。在斯大林"我们的进展愈大，胜利愈多，被击溃的剥削阶级残余也愈加凶恶，他们愈要采用更尖锐的斗争形式"这一错误论断的指导下，苏共在"大清洗"中给一批有不同政见的人戴上"人民敌人"的帽子，予以处决、监禁或流放，毁灭了一大批党政军要员，制造了大量冤假错案，使苏联党和国家的形象严重受损，后遗症也很大。在 20 世纪 30 年代，斯大林还需要通过发表长篇演讲、反复动员来发动思想政治运动，但二战后已经不需要了。斯大林出言为法，只要一个简短的批示，一次接见谈话或几句简单的口头指示，他就可以发动一场运动。一次次的意识形态批判、一场场的政治运动几乎都是这样发生的。

——个人崇拜严重。1929 年 12 月，苏联隆重举行了庆祝斯大林 50 寿辰的活动，自此开始对斯大林的个人崇拜。经过整个 20 世纪 30 年代的发展，到 20 世纪 40 年代进入了一个新的阶段。1945 年反法西斯战争的胜利，使苏联空前强大，国际威望空前提高，斯大林作为苏联的领袖，在世界舞台和苏联人心中的声望与地位也盛极一时。在胜利面前，斯大林在战争刚结束时还能比较冷静客观地看待自己的功绩，但后来逐步陶醉了。1949 年 12 月，苏联又隆重举行庆祝斯大林 70 寿辰的活动。在庆祝活动期间，数以千计的贺信贺

第七章 从穷人反对富人的武器到全人类的共识

电陆续从全国和世界各地雪片似地飞来，报纸和广播中最美妙最高级的颂词超过了人们思想逻辑的界限，苏联的城市和乡村、机关和学校，到处都矗立着斯大林的纪念像。而在政治思想上，人们还树立起了对斯大林理论的崇拜，凡事以斯大林的理论观点为衡量真理的终极标准。这时，斯大林个人的权力和意志对于党的思想理论和路线政策的作用，对于国家发展道路和前途命运的影响，无疑被神化了。

毛泽东对斯大林及其斯大林时期的民主曾作过这样的评价："在为实现列宁的方针而进行的斗争中，有苏联共产党中央委员会强有力的领导的功劳，其中就有斯大林的不可磨灭的功劳。""斯大林在他一生的后期，愈陷愈深地欣赏个人崇拜，违反党的民主集中制，违反集体领导和个人负责相结合的制度。""他骄傲了，不谨慎了，他的思想里产生了主观主义，产生了片面性，对于某些重大问题做出了错误的决定，造成了严重的不良后果。"①

令人遗憾的是，在斯大林去世以后，苏联的民主之路并没有更顺利些。赫鲁晓夫在入主克里姆林宫之后曾开始纠正斯大林时期的一些错误，具体是从批判斯大林的个人崇拜、改革苏共的领导体制入手的。本着集体领导的原则，苏共中央总书记和政府首脑不再集中由一人担任；苏共中央主席团定期举行会议，集体讨论决定国家大事；定期召开党的代表大会，党和国家的重大问题以及中央主席团内部的分歧由代表大会和中央全会讨论决定。在此基础上，还建立了干部更新制度，实行干部轮换并采用全面的干部任期制。在改进苏维埃制度方面，赫鲁晓夫时期还完善了最高苏维埃的两院制，增强了常设委员会，确立了苏维埃代表定期轮换制等。虽然取得了这些成绩，但赫鲁晓夫时期的政治改革在总体上并没有取得成功。在抨击斯大林时期的错误时，苏共对苏联的政治体制改革并没有一个整体的成熟的构想，只是将诸多弊端归咎于斯大林个人；而在分析斯大林的个人崇拜何以产生时，又更多地集中在斯大林个人的性格上。这显然不是问题的主要症结。这也就难免个人集权这一顽症在苏联的政治中反复出现。

鉴于赫鲁晓夫时期的民主尝试并未破除斯大林的体制框架，加上改革过程中又出现了一些混乱和动荡，因此，勃列日涅夫执政后的苏联政治主要就

---

① 逄先知、金冲及主编：《毛泽东传》(上)，北京：中央文献出版社2003年版，第501页。

是维护稳定。可以说，勃列日涅夫时期的苏联确实出现了一段相当稳定的时期，不过，这种稳定的获得是以民主的倒退为代价的，勃列日涅夫引导苏联走的是一条反民主的道路。首先，勃列日涅夫恢复和强化了党政集中领导体制，由苏共中央第一书记兼任政府首脑，党政不分，以党代政。其次，勃列日涅夫的地位一巩固就逐渐加强了个人集权，独断专行现象严重，党内民主流于形式。第三，苏共党内在勃列日涅夫时期再次出现了个人崇拜。第四，各级干部在勃列日涅夫时期又由任期制改为终身制，加重了苏联政治的老化僵化。所以，虽然勃列日涅夫时期的苏联国力有所发展，达到了历史鼎盛时期，但苏联的政治却日趋保守，腐败现象和官僚主义盛行，社会活力消退。

在经过了安德罗波夫和契尔年科两任苏共首脑的短暂过渡后，戈尔巴乔夫于1985年3月出任苏共中央总书记，上任之初就着手推进民主化进程。

戈尔巴乔夫在就职演说中说："党把进一步完善和发扬民主以及人民的整个社会主义自治体系看作是国内政治中的一项根本任务。"1986年苏共召开二十七大时，戈尔巴乔夫突出强调民主的重要性，说苏联以往改革不成功，主要是由于没有发扬和扩大民主，阻碍社会发展的根源就在于社会主义民主制度方面存在严重缺点。1987年他进一步提出，民主是改革的基础、改革的灵魂、改革的决定性条件。作为推进民主化的重要思路和手段，戈尔巴乔夫还提出了"公开性"这一口号。他在苏共二十七大的政治报告中说："扩大公开性问题对于我们来说是原则性的问题，也是个政治问题。"在1987年出版发行的《改革与新思维》一书中，戈尔巴乔夫又指出："我们力求在社会生活的一切领域有更多的公开性。"①"我们需要公开性就像需要空气一样。"②"没有公开性，就没有也不可能有民主。而没有民主，就没有也不可能有现代社会主义。"③

就这样，在经过了最初几年的舆论准备后，戈尔巴乔夫终于将他倡导的民主改革付诸了实践，其实质性行动是从选举开始的。1989年1月，苏共中央全体会议决定恢复国家最高立法机关苏联人民代表大会的选举。由此，苏

---

① 〔苏〕米·谢·戈尔巴乔夫：《改革与新思维》，苏群译，北京：新华出版社1987年版，第88页。
② 〔苏〕米·谢·戈尔巴乔夫：《改革与新思维》，苏群译，北京：新华出版社1987年版，第92页。
③ 〔苏〕米·谢·戈尔巴乔夫：《改革与新思维》，苏群译，北京：新华出版社1987年版，第95页。

第七章 从穷人反对富人的武器到全人类的共识

联民主改革的大门打开了。然而,这扇大门打开之后,人们看到的却是完全出乎意料的场景。当竞选开始后,首先出现的不是戈尔巴乔夫所想象的那种多元化的政治局面和活跃的政治气氛,而是咄咄逼人的民族矛盾。竞选活动首先使各种民族分离主义组织出现,潜藏了几十年的民族矛盾突然激化,格鲁吉亚等加盟共和国出现了流血冲突。而等到1989年5月25日苏联人民代表大会在莫斯科召开时,会议从一开始就出现了混乱。选举委员会的主席讲话还没有结束,就有人飞身上台,要求全场默哀悼念格鲁吉亚首府的遇难者。接着,一些持不同政见的领军人物纷纷登上讲台演说,会场顿时大乱。这次大会的一个真正结果是,苏联出现了第一个政治反对派组织——跨地区议员团。议员团的基本纲领是:实行私有制,分散权力,各加盟共和国经济独立。这次会议播下了苏联解体的种子。

1990年5月15日,苏联举行非常人民代表大会,虽然戈尔巴乔夫在会上当选为苏联总统,但他的民主化改革却已覆水难收,走向了反面。苏联历史学家麦德维杰夫评论说,戈尔巴乔夫"打开通向民主道路的同时,也不自觉地打开了潘多拉盒子……陷入了到处是毁灭、混乱、为所欲为和充满挑衅的对立面。"①不久,戈尔巴乔夫所推进的民主化进程就同苏联一道,停止了自己的生命。

在20世纪即将结束的时候,倍感懊悔的戈尔巴乔夫也已明白,在苏联这样的社会主义国家实现民主是一项极其艰难的事业,他不无反省地说:"在即将过去的20世纪中,如果我们回首前尘,就会发现,诸如贸然作出决定、以为天下所有的难事可以毕其功于一役、可以一下子解决的这些荒唐方法曾大行其道,为此,让善良的人们曾备尝几多辛酸。……新的事物其实是深深扎根于过去的土壤之中的。只有渐进性的进化与变革,才不会让改革走回头路,才可以取得真正的成果。尽管20世纪给我们留下了那么深刻的教训,但我们还不能说,已将一切的真实全部发现了。唯一可以说的,就是我们这些双鬓染霜、属于20世纪的一代,对风华正茂的21世纪的新一代的经验之谈,那就是要以谨慎的用心来看待事物,要防止简单化片面化。人,只能依合社会生活的本质,走渐进的发展、渐进的改革之路,这条道路比起那些激进的革

---

① [俄]麦德维杰夫:《苏联的最后一年》,王晓玉等译,北京:社会科学文献出版社2005年版,第257页。

命的摸索及试验要有效得多。"①

不过，纵然千难万险、千回百转，人民对于民主的渴求是永远不会泯灭的。只是，历史仿佛注定了俄罗斯的民主之路从来就不会平坦。

在戈尔巴乔夫的民主化进程彻底瓦解之后，同样打着民主旗号上台执掌俄罗斯政权的叶利钦，虽然更彻底地实行了西方式的民主，却非但没有使俄罗斯成为真正的民主国家，反而还出现了更深刻的政治与社会危机：少数财团寡头干政，地区和民族冲突不断，国家政局剧烈动荡，社会经济滑向深渊，社会罪孽沉渣泛起。在与议会发生"府院之争"，矛盾无法调和时，叶利钦竟又下令炮轰议会大厦，将民选的议长关进了监狱。这无异于反民主。

被称为"俄罗斯良心"的索尔仁尼琴尖锐批评，这时的俄罗斯是"寡头民主自由体制"，他说："在世界任何地方也没有见过这么多的白痴。他们以极快的速度出卖我们极其丰富的地下矿藏、石油、有色金属、煤炭、企业，将俄罗斯剥光了。这难道是民主？请问，就此进行过全民公决吗？请问，又问过谁征求过谁的意见？这能说是老百姓行使自己的权利和决定自己的未来吗？从垃圾里培育了所谓的亿万富翁，这些人对俄罗斯毫无益处。只能说他们拿了，骗了，无偿或低价得到了财产。骗了，吞了，就成了亿万富翁。现在，我们无力保护自己。我们这里出现了对富翁的崇拜。只要对那些富翁好了就行，普通人只能同官僚打交道。如果说有冤，还必须得走上街头去喊，说我们被掠夺了，这就称不上是民主。如果只能通过绝食才能得到工资，那么这也称不上民主。"②

普京在谈到这一时期的俄罗斯民主时也说："政权因内部矛盾而陷于瘫痪状态。我们得到的无疑是一个最自由的社会，但遗憾的是，甚至自由到不要法律、秩序和道德的约束。……而不受限制的自由最终会既压制国家又压制公民，使自由和民主消失殆尽。"③

1999年，在发表的《千年之交的俄罗斯》这篇迎接新世纪的文章中，普京

---

① ［俄］戈尔巴乔夫、［日］池田大作：《20世纪的精神教训》，孙立川译，北京：社会科学文献出版社2005年版，第82—83页。
② 李慎明主编：《2005年世界社会主义跟踪研究报告——且听低谷新潮声之二》，北京：社会科学文献出版社2006年版，第91页。
③ 李慎明主编：《2005年世界社会主义跟踪研究报告——且听低谷新潮声之二》，北京：社会科学文献出版社2006年版，第91页。

第七章 从穷人反对富人的武器到全人类的共识

更是心情沉重地指出:"俄罗斯正处于其数百年来最困难的一个历史时期。大概这是俄罗斯两三百年来首次真正面临沦为世界二流国家甚至三流国家的危险。"①

在艰难地度过叶利钦民主时代的种种阵痛之后,俄罗斯又进入到了先被称为"可控民主"、后来被称为"主权民主"的普京民主时代。普京在他担任总统的8年期间,果断地结束了寡头干政的局面,重新探索俄罗斯的民主发展道路,决心建立一个民主、法制、有行为能力的联邦国家。

普京提出的"主权民主",其基本含义是:(1)根据俄罗斯的历史、地缘政治和国情,由俄罗斯自主确定自己的民主;(2)民主的必要条件是建立有效的法律和政治体系;(3)民主政治与强大的经济、强盛的军力共同构成俄罗斯强大的思想和实践支柱。普京在2005年的总统咨文中指出:"我们应当找到自己的道路,建设民主、自由和公正的社会和国家。"②"在俄罗斯,发展民主的必要条件是建立有效的法律及政治体系。法制、来之不易的稳定、平稳推行现有经济方针——发展民主不能以牺牲上述一切作为代价。"③"作为一个主权国家,俄罗斯能够也将自主地决定民主道路上的一切时间期限以及推进民主的条件。"④

由于"主权民主"的概念总结了俄罗斯民主建设历史上正反两方面的经验教训,有着鲜明的时代感,符合俄罗斯的现实与历史传统,所以,它不仅很快成为俄罗斯国家意识形态的重要组成部分和俄罗斯重新崛起的思想理论基础,同时也代表了俄罗斯当前和今后一个时期的状态。在这种状态下,混乱的社会价值得到了一定程度的厘清,紧张的社会形势逐步缓解,历经长期动荡的俄罗斯人民又重新建立了对国家的信任。

可以看到的是,俄罗斯的民主之路虽然还很漫长,前进的道路上也不会就此一帆风顺,但俄罗斯人民已经坚定地前进在通往民主的大道上,纵然前

---

① 《普京文集》,北京:中国社会科学出版社2002年版,第16页。
② 李慎明主编:《2005年世界社会主义跟踪研究报告——且听低谷新潮声之二》,北京:社会科学文献出版社2006年版,第92页。
③ 李慎明主编:《2005年世界社会主义跟踪研究报告——且听低谷新潮声之二》,北京:社会科学文献出版社2006年版,第92页。
④ 李慎明主编:《2005年世界社会主义跟踪研究报告——且听低谷新潮声之二》,北京:社会科学文献出版社2006年版,第93页。

面有千难万险，布满了荆棘和地雷，他们也决不会退却和回头。

这是因为，20世纪既是俄罗斯民族曾经达到辉煌顶点、创造历史传奇的世纪，同时也是俄罗斯民族历尽苦难、心灵创伤最为深重的世纪。为了民主和自由，俄罗斯付出了太多太沉重的代价；而在若干灾难性的事件中，除了人民生命财产的损失、社会经济发展的倒退和社会政治生活的窒息外，最让俄罗斯人痛彻心扉的，莫过于俄罗斯世界大国地位的丧失。在俄罗斯人看来，1991年的沉重跌落，是俄罗斯历史上从未遇到过的、无法挽回的、最残酷的境地。"一个民族在它的历史生命中只能有一次死亡，就如同它只能有一次诞生一样。""俄罗斯到了该用理智理解俄罗斯的时候了！"

这是因为，俄罗斯在世界上永远都是一个可以期待奇迹发生的民族，俄罗斯人的血液中永远都流淌着一种不屈服，不认输，不屑于暂时的得失，迷信着自己存在独特的命运，相信俄罗斯比其他卑下的物质主义国家要高出一等的思想。甚至在民主自由的征途上经历了这样多、这样大的挫折和灾难之后，俄罗斯也把它看成是为了高人一等而必须经历的理所当然的过程和必须付出的理所当然的代价。如果惧怕挫折、困难和牺牲，俄罗斯就太没有出息了。

这也还因为，在经历了从列宁时期的民主到戈尔巴乔夫时期的民主、从叶利钦的"自由民主"到普京的"主权民主"之后，人们已经认识到，俄罗斯要实现经济社会现代化，也必须要实现政治上的现代化。这是早晚的事，不是可以抗拒或回避的事。唯有积极主动地去顺应它实现它，才可能有一个比较光明的未来；而如果再退却、再迟疑，俄罗斯的独特命运情怀、世界大国情结，都可能永远成为泡影。

2005年，时任总统普京在同美国总统布什的一次会见中宣称："14年前，俄罗斯已经做出了赞成民主的选择……这是我们最终的选择。"[1]

不能不说，普京的话代表了俄罗斯人的心声。

---

[1] 李慎明主编：《2005年世界社会主义跟踪研究报告——且听低谷新潮声之二》，北京：社会科学文献出版社2006年版，第92页。

二 美国的实践——民主不能包治百病,但民主的一切弊端都可以用更多的民主来医治

在世界上,除了强大的经济、举世无双的军事、无与伦比的科技这些头衔以外,美国常常还是被作为一种民主的象征而存在的。2009年7月,时任国务卿希拉里访问印度时称赞印度是"世界上最大的民主国家",而潜台词则是"美国是世界上最民主的国家"。其实,美国的民主起点高是真,但却并不是一步就实现了现代化;美国的民主深入人心是真,但却并不是一开始就是举国体制;美国的民主在当今世界具有代表性是真,但却并不是尽善尽美。不过,尽管如此,人们也还是能够从美国的民主实践中看到这样一些值得深思的问题。

民主虽没有保证绝对正确,却能使错误按照预定的程序得到修正

"当民主受到武装攻击的时候,就要用武装来捍卫它;当民主受到谎言攻击的时候,就要用真理来捍卫它。"①对于如何看待和延续美国的民主来说,如果美国诗人阿切博尔德·麦克利什上面的这番话并不确切或过于诗意的话,那美国第35任总统肯尼迪下面的话应该还是比较实在的——"自由有很多难题,民主并非十全十美,但是我们从未停止脚步。"②从美国20世纪乃至建国230多年来民主发展的轨迹看,其实也就是:民主产生了问题→解决存在的问题→民主又产生了新的问题→又解决新的问题,如此反复,推动民主前进,也推动社会发展。

当然,这一螺旋式进程不可能是凭空产生的,而是有着强大的内在逻辑。

---

① 〔美〕J.艾捷尔编:《美国赖以立国的文本》,赵一凡等译,海口:海南出版社2000年版,第575页。
② 〔美〕唐纳德·怀特:《美国的兴盛与衰落》,徐朝友等译,南京:江苏人民出版社2002年版,第425页。

在美国，民主在很大的程度上就是程序民主。当不称职的领导者需要撤换时，当政府的政策失误或政府行使权力不当招致国家受损或社会不满时，美国的政治体系总是能在关键时刻按照预定的程序纠正自己的错误，挽回损失和影响。这个预定的程序就是法规制度及其实施机制。可以说，美国政治体系中最具特色、最富活力的成分就是这种体系的自我修复、自我纠错功能。这种功能在美国历史上屡屡发生重大作用。

比如，20世纪60年代爆发黑人民权运动以后，美国国会就连续通过宪法修正案和国会议案，对自己的制度缺陷进行自我修复和自我纠错。

虽然南北战争结束后黑人已经拥有了公民权，但由于美国社会根深蒂固的白人至上观念作祟，后来又逐渐丧失了这一基本权利，所以，进入20世纪后仍然需要解决黑人的公民权问题。先是黑人反对种族隔离，争取选举权，最后是为在各个方面获得平等权利而斗争。1963年8月，在有20万人参加的"向华盛顿进军"的群众大会上，马丁·路德·金在《我有一个梦想》的讲演中大声疾呼："黑人们梦想着获得真正的平等和自由！如果国家安之若素，毫无反应，美国就不可能有安宁或平静。"这时，黑人民权运动达到了高潮。作为这次民权运动的主要成果，是1964年民权法和1965年投票权法的颁布。这两项立法深刻改变了黑人的政治地位和生活境遇，对美国民主政治也产生了重要影响。1979年，美国第39任总统卡特曾经这样评价这次黑人民权运动："在我的一生中，20世纪60年代公民权利法案的通过是发生在南方的最了不起的事情。它不仅解开了黑人的枷锁，同样也解开了白人的枷锁。"①

事实上，美国宪法自颁布实施以来所产生的全部27条修正案中，大部分都带有这种对原有缺陷的修补或对新出现问题的解决这一性质。例如，为了扩大和保障公民的民主权利，宪法修正案的第1条至第9条规定了人民在社会生活和司法等方面所享有的个人权利，第13条、第14条确认了黑人的公民地位并将前9条修正案中所列举的公民民主权利赋予黑人。为了满足日益增长的公民选举权要求，第15条修正案是将选举权扩大到黑人，第19条修正案是扩大到妇女，第23条修正案是扩大到哥伦比亚特区市民，第24条修正案是在保障黑人的选举权不因未缴纳各种税收而被剥夺，第26条修正案是

---

① 〔美〕威廉·德格雷戈里奥：《美国总统全书》，周凯等译，北京：社会科学文献出版社2007年版，第672页。

第七章　从穷人反对富人的武器到全人类的共识

扩大到 18 岁的青年。为了解决三权分立在运行过程中出现的问题以及不断调适总统与国会的关系，宪法第 10 条修正案明确了联邦、州和公民这三者在权利方面的关系，第 11 条修正案重新规定了联邦、州和公民在司法方面的关系，第 12 条修正案重新规定了选举总统与副总统时的投票程序，第 17 条修正案将参议员的选举由间接选举改为直接选举，第 20 条修正案调整了新老总统、新老国会议员的交接期限，第 22 条修正案规定了总统的任职届数，第 25 条修正案重新规定了总统空缺时的递补程序，等等。

国际政治学界认为，政治组织和政治程序独立于其他社会团体及其行为方式而生存的程度、政治组织和政治程序自我平衡与自我再生能力的高低，是衡量其政治现代化程度的一个重要标准。国际政治学界还认为，检验一个政治组织和政治程序适应时代变化和发展的能力，第一种方法就是算年龄，用该政治组织和政治程序存活的寿命来衡量，存活得越久，其政治现代化的程度就越高。按照这些观点，美国政治体系的自我平衡能力之强、自我再生能力之强、适应时代变化和发展的能力之强，以及政治现代化的程度之高，显然都是令人称道的。这也就不难解释，为什么在 2008 年的大选之年新加坡的报纸称美国是"地球上最开放、最具活力和最能够进行自我更新的民主社会"，法国的战略研究所也赞扬美国的主要王牌就是其"惊人的活力和持续的自我再生能力"了。

从美国这方面的实践还可以看到，一个政治体系的制度安排总是相对稳定的和僵硬的，在不断发展和变化的社会面前，任何政策制度都不可能是一劳永逸的。问题的关键不在于预见到今后的具体变化，而在于把未来的变化作为一个预设，给接纳和适应未来可能的变化留出余地。在这方面，美国的宪政显然堪称典范。一部开国宪法不仅具有弹性，用语宽泛模糊，给后续的重新解释预留了空间，而且还给自己预设了更新机制，使其能够面对不断出现的挑战，适应不断发展变化的社会，而不必走上推翻宪政的极端道路。

民主虽没有解决所有问题，但民主制的危机却总能够通过民主的办法来加以解决

美国的民主就制度化水平来看无疑是高的，有关民主的法规制度很多，覆盖面也广。美国政治生活中的一个主要特征，也就是任何政治组织和个人都生活在法规制度中，处处、事事都有法可依和有章可循。不过，尽管如此，也还是不能解决美国政治生活中的所有问题。在民主进程中出现了错误可以借助体系的既有功能来自我修复、自我纠正，那在民主进程中由于民主制度的缺陷而导致了民主危机怎么办？美国提供给人们的答案是：一切民主制的弊端，都可以用民主的办法甚至是更广泛更深入的民主来加以克服和解决。

比如，1974年"水门事件"爆发、因这一丑闻导致美国历史上首次出现总统辞职而引发的全美政治危机，也同样是在体制内获得解决的，并没有引起国家政治动荡。

这一事件发端于1972年的总统竞选活动中。是年6月17日，共和党的争取总统连任委员会安全官员麦科德等5人于清晨潜入民主党总部所在地哥伦比亚特区的水门大厦时被捕，从其身上搜出了照相机、电子侦察器等物品。民主党随即发难，全美舆论大哗。尼克松总统于6月22日、8月29日两次向全国保证，此事与政府无任何联系。1973年1月8日至30日，哥伦比亚特区地方法院进行审讯，判被告等犯有盗窃罪、窃听罪。3月23日，主审法官塞里卡宣读麦科德的一封信，声称此事件应由争取总统连任委员会主席、前司法部长米切尔负责。这一信件首次揭露了"水门事件"与现政府有关系，迅即震动全国。尼克松被迫于4月30日发表声明，一方面表示承担责任，采取措施，如使其助手霍尔德曼、埃利希曼等辞职，任命理查森为新司法部长并进一步负责调查等；另一方面仍继续掩盖，表明自己与此事无牵连。随着调查的深入，7月16日又揭出尼克松总统自1971年3月以来就此事在白宫会议上的诸次谈话均有录音，于是斗争转向录音带，一方要求交出，另一方拒绝交出。经过激烈较量，1974年7月24日最高法院裁决尼克松无权拒交录音带。7月27日至30日，众议院的司法委员会鉴于尼克松拒绝交出录音带，遂通过了对他的弹劾案。8月20日，弹劾案又获众议院通过。在此情况下，尼克松被迫于8月5日交出录音带，其阻挠调查的真相也终于大白于天下。8月8日，尼克松宣布辞职，福特继任总统。9月8日，福特宣布无条件赦免尼克松，"水门事件"也至此结束。

在美国历史上，像"水门事件"这样不费一枪一弹，未损一兵一卒，联邦法院、国会、特别检察官、大陪审团和新闻媒体协调行动，通过宪法程序解

第七章 从穷人反对富人的武器到全人类的共识

决危机,和平地把总统请出白宫,成功地避免政治动荡和国家大乱,是美国有史以来的第一次,也被认为是美国宪政史上的奇迹。所以美国学者布拉西赞扬说:"千百年之后,如果美利坚合众国还存在,当有人要求拥护司法审查的人举出实例,证明法官们的裁决时常会有利于民主时,他们最先举出的案例就将是美国诉尼克松案。"①

除了在政治生活领域可以通过民主的深入与拓展来化解因制度缺陷而导致的危机以外,当经济生活领域与社会生活领域因制度缺陷而出现危机时,同样也能够通过民主的深入与拓展或制度的调整来安然度过。比如,20世纪30年代的经济大危机发生后,实质上也是通过把民主的范围由主要体现在政治生活领域,逐步扩展到社会经济与社会生活的全部领域——包括就业、教育、交通、医疗、保险和贫困救济等方面,把民主的内涵由政治民主、法律平等延伸到经济领域与其他社会领域的民主和平等,才比较快地实现了美国的经济复苏和社会更新。

当然,美国民主制的这一制度优势很重要的一条就是得益于美国的法制化程度高。一方面,美国通过广泛的立法,用完备的法律体系规范了政治管理;另一方面,美国又重视运用法律来进行政治管理,通过执法实现政治的管理职能,为民主提供了可靠的保障。

民主未必是道德高地,却成为普通人最时尚的爱好

从20世纪下半期起,一个明显的事态是,美国民主的道德已经在世界上受到广泛的质疑。尤其是,随着美国在全世界输出民主,对自己和别的国家实行双重标准——比如,在国内倡导权力制衡,在国外奉行单边主义;在国内强调人人平等,在国外恃强凌弱;在国内主张法律高于一切,在国外常常无视国际法;在国内反对政治暴力,在国外动辄使用武力;在国内禁止军人干政,在国外则鼓励军方在国家政治生活中发挥重要作用,等等,已经引起世界普遍不满。进入21世纪后,当美国持续地向阿富汗、伊拉克输出自己的民主时,时任总统小布什造访巴格达竟遭遇伊拉克记者的皮鞋"招待"。

---

① 任东来等:《美国宪政历程:影响美国的25个司法大案》,北京:中国法制出版社2005年版,第344页。

不过，与美国在国外输出民主的命运截然不同的是，美国民众与社会各界对美国民主与自由的价值观却有着一种宗教般的虔诚和特殊的嗜好。

在美国，从政治家到普通民众，几乎从来就没有人怀疑过，美国从建国之初起即不仅仅是一个地理概念，而是代表着人类文明的理想与价值，这就是民主和自由。从那时起，以民主自由为核心的美国价值观就已是一个不需要再讨论的问题，而是渗透到社会生活的方方面面，成为人们进行社会价值评判的导向和依据。在美国人看来，一个社会先进与否，是善治还是暴政，实行不实行民主是一个根本标志。美国人向来认为，民主自由是其政治文化中最核心的部分，"违背这些的任何事情在道德上都是错误的，都是亵渎神明的"。

历史上，民主自由也是美国民众与社会各界广泛参与的真真切切的社会实践。一部美国的发展史，也就是一部美国人民全程参与广泛参与的民主自由史。从1776年《独立宣言》昭告天下到1787年制定《美利坚合众国宪法》、1791年宪法前10条修正案产生；从第3任美国总统杰斐逊民主思想的阐发到第7任总统杰克逊民主政治的实施；从1863年林肯签署《解放黑奴宣言》、发表"民有民治民享"的政治演说到1870年赋予黑人以民主权利；从19世纪末的民粹主义运动到20世纪初的社会进步主义运动；从威尔逊总统的新自由主义纲领到罗斯福总统的新政与"四大自由"；从杜鲁门总统的"公平施政"到约翰逊总统"伟大社会"纲领的实施；从20世纪60—70年代新民权法案的产生到20世纪80—90年代的重塑美国运动，可以说，都是美国民众与社会各界广泛参与的成果。在美国，人民从来就不是被动地等待或享受政府给自己提供民主与自由，而是积极主动地参与国家的政治进程。

如今，民主自由早已成为美国人的稳定信仰，政治参与已经真正成为社会各界和普通民众日常工作与社会生活的一部分。任何一个有思想、有抱负、有主见的团体和公民，都会以自己所适宜的方式积极地参与到国家的政治过程之中。

就美国普通民众而言，采用参加社团、参加选举和竞选、给议员或政府行政官员直接提问题、直接表达自己的愿望与要求等方式参与政治活动，已经司空见惯。如果认为有必要，举行集会进行抗议和示威也会得到法律的保护。在美国，民众在政治上的积极参与，既代表着公民对国家与社会发展目标和政策的自主选择，也是增强公民自身的责任感和主人翁意识、培养公民的现代素质、在社会中形成良好的政治文化与政治信任的主要手段。

第七章 从穷人反对富人的武器到全人类的共识

就美国各种各样的利益集团而言,积极参政已是美国政治生活中社会参政的一个正式渠道。其中相当部分利益集团甚至就是为了寻求政治权益和社会权益而存在的。利益集团参政的手段多种多样,包括:可以利用媒体宣传自己的政治或政策主张,千方百计影响公众情绪和政策导向,给政府政策和立法活动施加影响;可以进行政治游说或参加国会举行的各种听证会,阐明和解释自己对所关注问题的看法和态度,促使政府或国会在决策与立法中采纳自己的意见;可以提起司法诉讼,争取通过法院的裁决来改变自己的命运;可以提供政治捐款,以期影响选举;也可以请愿和示威,以更强烈地引起政府和公众对其诉求的关注与重视。在美国,利益集团对于国家政治和政府政策的影响已经无处不在,无时不有。

作为一支重要的社会参政力量——新闻媒体的参与更是引人注目。虽然美国新闻媒体同政府并无隶属关系,但两者的关系又是如此地密切并互相依赖——媒体报道的新闻大部分是政府和领导人的活动,其消息来源主要是政府各机构和政府官员;而政府则通过新闻媒体了解国内外的信息,向民众宣传其意图、政策和工作,并了解舆论和影响舆论。目前,美国拥有1600种日报、8500种周报、9500个广播电台、6个全国电视新闻网、850个地方电视台、10500个有线电视系统。由于有这个被人们称为"第四政府"——其作用不亚于总统、国会和法院的庞大参政体系的存在,美国新闻媒体对美国民主政治的影响和作用尤其体现在决定公众议事日程、社会预警、监督政府及制造政治人物方面。

在决定公众议事日程方面,新闻媒体在选择什么是新闻、什么不是新闻,宣传报道什么、不宣传报道什么上关系重大。新闻媒体的宣传报道,尤其是大量的、连续不断的宣传报道,可以使某些人和事成为公众高度关切的问题,引起公众讨论和采取行动,从而导致政府改变政策或修改现行政策。如20世纪60年代的贫困、种族歧视和反对越战问题,70年代的滥用毒品、环境保护问题,80年代的化学武器、虐待儿童问题,90年代的艾滋病问题,等等,都是通过宣传报道而有了改变。

在社会预警方面,因为新闻媒体的触角遍布全社会,时刻监视着社会和自然界的风吹草动,并能够通过新闻报道及时告知公众,因此在预报各种可能出现的风险方面,具有明显优于社会公众和政府机构的天然条件。

在监督政府方面，虽然同样应该看到的是，美国新闻媒体首先是政府的支持者和拥护者，其次才是政府的批评者；但是，它们在监督政府方面的作用是巨大的。一旦新闻媒体对于政府与政府官员的批评和揭发公之于众，往往会立刻传遍全美，形成强大的舆论压力，使当事者轻则陷入困境，重则身败名裂，甚至不得不退出政治舞台。美国称新闻媒体的这种特殊作用"就像是探照灯的光束，不停地来回扫动，把一个又一个事件从暗处带到了明处"。

在制造政治人物及制造政治人物的形象方面，许多政治人物往往会因为新闻媒体的追踪报道而成为某一事件的焦点。尤其在每四年一度的总统大选中，这一功用体现得最为明显，甚至可以说，新闻媒体既可以使一个竞选者成为未来的白宫主人，也可以让一个竞选者永远被排斥在白宫门外。美国杜克大学政治学教授戴维·巴伯分析："总统政治正在发生一场革命。民主党和共和党已不再控制其旗手的选择。代之而起的是一批新的国王制造者：新闻人士。因为总统候选人正是在报刊上和电视屏幕上被制造出来和被毁灭掉的。"①这方面的最突出例子是1976年的总统大选。本来，吉米·卡特原不过是一名普通的州长，但是电视很快把他变成了一个名闻全国的人物。他当时在新罕布什尔州的预选中取胜后，新闻媒体便作为全国的大事加以报道。《时代》周刊和《新闻周刊》都在封面登出卡特的巨幅照片，三大电视网也把他作为民主党的头号总统候选人。正是由于有这些宣传报道，卡特便很快在民意测验中居于领先地位，并最终当选总统。所以，曾对美国1960年至1980年6次总统选举进行过专门研究的西奥多·怀特说："美国新闻界的力量是一种原生力量。它决定公众讨论的议事日程；而且这一广泛政治力量是不受任何法律约束的。它决定人们谈论和思考什么。……在美国，没有任何国会的重大立法，任何国外冒险，任何外交活动，任何重大的社会改革能够成功，除非新闻界准备好了公众的思想。"②

在美国，社会公众与各种社会团体为什么会如此地尊崇民主，如此地热衷于民主，并且在民主的过程中能够发挥如此巨大的作用呢？长期以来，人们对于民主的信任与兴趣为什么会有增无减呢？

美国学者布尔斯廷在他的著作《美国人的政治天赋》中谈了他的看法："美

---

① 李道揆：《美国政府和美国政治》，北京：中国社会科学出版社1990年版，第147页。
② 李道揆：《美国政府和美国政治》，北京：中国社会科学出版社1990年版，第149页。

第七章 从穷人反对富人的武器到全人类的共识

国民主的天赋不是来源于美国人任何特殊的美德,而是来源于这个大陆提供的史无前例的机遇,来源于历史环境的一种特殊而难以再现的组合。……美国的民主是独特的。"①

1995年卸下美国参谋长联席会议主席职务——此前曾担任美国国家安全顾问、此后又出任美国国务卿的鲍威尔对这一问题的看法是:"我们之所以能取得胜利是因为我们的开国元勋留给我们一个天才的政治制度,它适用于千秋万代,在任何时候都能激发人们的崇高理想。"②

而在第二次世界大战美国参战前夕——1941年12月7日,珍珠港遭到日本空袭的当天,时任美国总统罗斯福也发表了他对这一问题的看法,并且令美国人记忆犹新。他在这次以"民主不会死亡"为题的国会演说中说:

> 我们知道民主不会死亡——因为它是建立在男男女女的不受压抑的主动精神上的,他们携手并肩地投入了一项共同的事业——一项由享有自由的多数人,通过自由表达来承担和完成的事业。
>
> 我们知道民主不会死亡,因为在各种形式的政体中,唯独民主政体能充分发挥人类进步意志的力量。
>
> 我们知道民主不会死亡,因为唯独民主制确立了没有任何约束的文明,它能在改善人类生活方面取得永无止境的进步。
>
> 我们知道民主不会死亡,因为我们透过表面看问题,就会感觉到它仍在每一片大陆上扩展——因为它是最人道、最先进,说到底也是最不可征服的人类社会形式。
>
> 在人类历史上,渴望民主并不是最近阶段的事情,它本身就是一部人类史,这样的例子在古代各国人民的生活中俯拾即是。它在中世纪重新燃起了火炬,它被载入了英国大宪章。……
>
> 一个国家有衣穿和有饭吃是不够的,使它得到教诲和知识也是不够的,因为它还有精神。在身体、脑袋和精神三者中间,精神是最重要的。
>
> 我们面临着前所未有的严峻的险恶形势,我们的坚定决心是捍卫和

---

① [美]唐纳德·怀特:《美国的兴盛与衰落》,徐朝友等译,南京:江苏人民出版社2002年版,第163页。
② [美]科林·鲍威尔:《我的美国之路》,王振西译,北京:昆仑出版社1996年版,第686页。

维持民主的完整。为此，我们要振作起美国的精神和美国的信心。我们不会后退。我们不会满足于原地踏步。①

美国学者和美国政治家从不同角度得出的以上这些结论，也许给人们回答上述这些问题提供了思路。

三 德国、日本的实践——民主本身并不为幸福生活提供现成的答案，它是需要注入内容的容器

虽然20世纪后期美国向世界输出民主屡屡受挫，但在二战结束后占领联邦德国和日本期间，向其植入美国式民主，帮助这两个国家建立民主政治体制，还是相当成功的。并且，经过不长时间的努力，两个国家就迅速地从废墟上站立起来，重新加入到世界大国的行列。特别是两国的经济建设取得了巨大成就，20世纪80年代末以后曾在一个相当长的时期仅次于美国，占据着世界第二与第三的位置。

德国转入美国式民主的轨道比日本来得更容易一些。这是因为德国本身就属于西方范畴，与美国同宗同祖，有着大体相似的宗教信仰和社会价值观念。为了促进德国的转变，美国采取的主要措施包括：以倾向民主的人士取代纳粹时期的当政者；帮助制定能为社会提供广泛民主的新宪法；实行教育改革，以阐述民主思想的书本、出版物来取代纳粹时期的旧教科书和旧出版物；在西柏林创办自由大学，直接向德国青年宣扬与灌输美国的民主自由思想等。美国还在许多德国的城市开设美国的广播，建立介绍美国及其价值观的文化中心，提供有关美国社会生活的影片、讯息、报章和杂志。总的就是，千方百计地用自己的政治、经济、军事、文化等方面的思想影响德国人的思维与行动，事实上存在着以二战战胜国的地位强加给德国的色彩。

不过，德国对于美国的民主输出并不是被动地接受，而是对德国的历史

---

① 王杭等选编：《历史上最伟大的演说辞》，天津：天津社会科学院出版社2006年版，第168—169页。

第七章 从穷人反对富人的武器到全人类的共识

教训与现实状况进行了认真分析，在深刻总结的基础上进行自主设计的。其中最突出的特点就是重建政党政治，强化政党民主。德国二战以来建立的政治体制实际上也可以说是政党国家体制。

以阿登纳为首的德国政治家之所以作出这一历史性抉择，其中最主要的考虑是基于希特勒建立纳粹法西斯政党的惨重教训，要从根本上避免重蹈历史覆辙。那种由领袖包办其政党、取缔一切非执政党活动的做法，都一概不能再在德国出现。其次，德国的一种政党政治传统也促进了这一选择。在德国，政党不是国家的政治机构，而是社会的一部分，它既可以作为民众与政府的中介而存在，又可以作为法人主体而独立存在。民众在大选期间主要表现为对不同政党的选择，在两次大选的间隔期也主要是通过政党来影响政府的决策。这些因素就决定了，国家的民主在很大程度上是通过政党的活动来实现的，政党既对人民承担着一种义务，也对国家负有直接的责任。这也就同时决定了，重点搞好政党政治建设与强化政党民主的重要性与必要性。

鉴于魏玛共和国时期因为政党之间在意识形态上的分歧而导致多党议会制度失败的教训，第二次世界大战结束后，德国建立新型政党体制的入手是消除政党之间意识形态上的障碍，路子是先建立活跃的多党制，再逐步形成稳定的三党制，然后再在这个基础上形成稳定的议会民主制度。

在德国，政党的建立是自由的，无须政府批准，政府没有权力禁止政党的产生，并且，政党一经产生即受到宪法的保护。但是，对于任何一个政党来说，只能是作为一分子参加政权，不可能垄断政权。因此，国家宪法对政党是中立的，绝不袒护或者阻止某个政党。若一个政党参加大选，只要能得到0.5%以上的选票，就能享受到国家的资助，并且选票越多，国家补贴的数额就越大。宪法就是用这种方式来保证产生强有力的议会和政府，也保证立法运作的有效性。这就自然出现了多个政党并存的局面，也自然出现了政党竞争。

为了防止出现魏玛议会时期多党混乱的局面，1953年修改的选举法又对进入联邦议院的政党数额进行了限制，规定只有取得总选票5%以上的政党才有资格进入联邦议院。这一法案出台后，一些小党便逐渐并入大党。1949年时在联邦议院拥有席位的政党为10个，1953年减少到5个，1961年进一步减少到3个，此后这一格局便长期维持。这3个政党是：社会民主党、自由民主党和由基督教民主联盟与基督教社会联盟结成的联盟党。其中，联盟党和社会民主党是两个最大的政党，一直轮流执政；自由民主党要么与联盟党联合执政，要么与社会民主党联合执政。这样，德国的多党制就消除不稳定因素，逐渐形成一种以两大政党为主导地位的三党制，确立了政党国家体制。长期这样运作的结果，还使德国的政党竞争有了三权分立的功能，使对政府权力的制约与平衡往往通过政党之间的相互监督和党派竞争就可以实现。

那么，德国是如何保证政党民主的呢？采取的措施主要如下：

——在国家宪法中明文规定，各党派必须效忠民主制，各政党内部的秩序必须符合民主原则。同时还规定，政党宗旨或党员及追随者行为有破坏或推翻民主基本秩序的，该政党即属违反宪法，其政党活动一律取缔。根据这项规定，1952年曾禁止了纳粹党的变种——社会帝国党的活动；冷战高峰的1956年又禁止了共产党的活动，直到1968年才解禁。由于在德国符合宪法的政党才被认为是合法的，合法的政党才受宪法的保护，所以，基于宪法的民主宗旨，各政党无一例外地都把奉行民主制作为自己遵守的准则。

——通过1967年颁布的政党法，对各个政党的内部运行秩序作了规定。明确要求：政党的章程和纲领必须公开；党员代表大会为政党的最高权力机构，每两年召开一次；政党领导人必须在党员代表大会上由全体代表无记名投票选举产生；政党的政策意见或有关提案要自下而上地形成。对于保证一个政党的民主性来说，这些都是刚性的。

——用法律限定政党的经费来源和使用要求，以防止金钱对政党的腐蚀。一般，德国政党的活动经费都来自国家财政、党员党费、公民捐助和党产经营。极富特色的是，国家财政对政党的经费支持不是直接拨款，而是根据大选的结果来进行分配——政党在大选中所得的选票越多，按比例获得的经费配给也越多，以此来鼓励各个政党去努力争取选民的支持。每个政党每年也要按要求公布其财政及财产状况，接受党内外的监督。

除此以外，德国的政党在政党之外也有制衡力量。有很多利益群体和民间社团，比如工会、行业协会等，可以针对党派的决议进行抗议。即使是普通民众，集合签名达到一定的人数后也可以提出议案直接送达议会表决。新闻媒体更是表现为直接的民主监督，对政党和民众的影响力都非常大。特别是两个德国统一以来，德国民主进程中的一个突出表现是非政府组织发达。现在登记的各种协会有60多万个，基金会有1.5万个，平均每1万人就有

第七章　从穷人反对富人的武器到全人类的共识

700个社团组织，60%的德国人都是这些组织的成员，他们在德国的社会建设中发挥着日益重要的作用。与之形成鲜明对比的是，只有4%的德国人加入政党。这也决定了德国的政党必须重视这些社团组织的意见，必须重视与这些社团组织保持良好的关系。

当然，德国的政党国家体制并不是没有问题，也不是没有遇到挑战。被德国人称为"民主危机"的主要症结是：政党格局之变与组阁困难。20世纪80年代初打着生态旗号起家的绿党的崛起，两德统一后打着失业救济旗号起家的左翼党的崛起，终使自20世纪50年代起就形成的两大党(联盟党与社会民主党)、一小党(自由民主党)格局，在21世纪初演变成了两大党、三小党格局。在选民和议席方面，两个大党基本上各占三分之一，三个小党合计约占三分之一。长期以来，德国基本上是由一个大党同一个小党联手执政，但2005年大选的结果却打破了这种组阁模式。由于联盟党的得票率仅比社会民主党高出一个百分点，即使联合一个小党也不能达到组阁所需的票数，所以一度政府难产。好在德意志民族向来是新政治哲学的诞生地，经过反复磋商和妥协，最后又出现了两个大党联合执政。

不过，尽管出现了这次政府组阁困难，但德国在吸取第二帝国时期专制主义、魏玛共和国时期自由主义、第三帝国时期纳粹极权主义等政治失败教训基础上所建立起来的民主制度，是得到绝大多数德国人的拥护和遵守的。目前，没有民主观念的力量几乎没有可能进入德国的政治生活，即使进入了也会被遏制。

与德国一样，日本现行的政治体制同样是第二次世界大战结束后在美国占领当局的帮助下建立起来的。在大的方面，日本的民主虽仍属西方民主、美国式民主，但在具体内容上却又与英美不同，也区别于德国。

1943年11月，中美英三国在开罗会议后发表的《开罗宣言》中明确了共同对日以及对战后日本的处置原则。1945年7月，以中美英三国名义发表的《波茨坦公告》又详细地阐明了处置日本事项。其主要内容包括：日本无条件投降，解散日本法西斯军队，严惩战争罪犯，对日本实行军事占领并对日本进行非军事化与民主化改造等。

日本1945年8月宣布无条件投降后，美国远东军便迅速占领了日本。虽然1945年12月的莫斯科外长会议，决定由中苏美英法等13国组成的远东委员会负责制定对日占领政策，并且决定由中苏美英四国组成"盟国对日委员会"监督对日政策的实施，但在实际上，美国是对日本唯一起作用的国家。由麦克阿瑟任总司令的驻日盟军总司令部成立后，除设置有关军事职能的机构外，还成立了全面控制日本政局的民政、民间情报、经济科学、天然资源等九个局，这些机构以"盟总指令"或"备忘录"的方式指挥日本政府，在占领期间采取了一系列措施，以促使日本走非军事化与民主化的道路。

根据盟国"日本应完全解除武装与军备，并完全消灭其军部权力与军阀主义的影响，严格取缔一切表现军阀主义与侵略精神的制度"这一协议，美国占领军督促日本在非军事化方面采取的主要行动包括：逮捕与惩治战犯，以东条英机为首的七名罪大恶极的战犯被远东国际军事法庭判处绞刑；解散军队，大约有700万名士兵被遣散；销毁了价值数十亿美元的军事装备和战争物资。

在实施民主化方面，在以吉田茂首相为代表的一批日本政治家的主张和驻日盟军的帮助与监控下，以根治法西斯主义为核心，采取的措施主要如下：

——修改宪法。于1946年11月颁布、1947年5月生效的日本新宪法，把过去总揽统治大权的天皇变成了象征性的天皇，将国家的最高权力转移到了由众议院和参议院组成的国会手中；实行内阁制，由众议院中占多数席位的政党组阁，掌管国家的行政权力；司法机关由过去天皇的一个从属机构独立成与国会、内阁并列的机构。新宪法还特别规定，日本"永远放弃作为国权发动的战争，放弃以武力威胁或行使武力作为解决国际争端的手段"。

——解散财阀，实行新土地改革，以取消法西斯专制的经济基础。鉴于日本的财阀以家族为中心，与皇室、政府关系密切，具有极强的封建性和排他性，他们在战争期间控制了国家的经济命脉，操纵着日本的政治生活，成为法西斯专制在经济上的重要支柱，因此，战后的日本对财阀采取了限令解散的措施。1947年4月和12月，国会又分别颁布《禁止私人垄断法》和《经济力量过度集中排除法》，以防止被解散的财阀复活。为了废除长期以来以寄生地主制为特征的土地制度，日本从1945年底开始推行农地改革，规定不在农村的地主的全部土地、在农村的地主超过一町步(约合14.8亩)的土地、自耕农超过三町步以上的土地及其他应由国家收购的土地，一律由政府强制征购后售给无地农民，用货币地租代替实物地租。通过这次解散财阀、禁止垄断和新的农地改革，日本的社会经济活起来了，也为其工业现代化开辟了道路。

第七章 从穷人反对富人的武器到全人类的共识

——进行全面政治整肃。共取缔支持法西斯主义和军国主义政治的政党、社会团体 147 个,这些机构中的 20 多万人被革除公职。改造了支持战争的日本警察制度。废除了在煽动战争与军国主义狂热中起重要作用的神道教。

——在全社会进行新思想教育,宣传民主、自由、人权等一系列对长期处于军阀主义统治之下的日本人民来说完全新鲜的概念,宣布国家保障公民的民主权利与集会、结社、言论、出版的自由,政府和政府官员由选举产生。

通过这些措施的实施,日本的民主化改造取得了国际社会所希望达到的效果,举国加入到西方民主制国家行列。这是日本历史上一次反封建主义、反军国主义和反法西斯主义的重大变革,它开启了现代日本的腾飞之路。经过战后仅十来年的调整恢复,日本即迎来了连续 20 多年的飞速发展,在社会经济、人民生活和科学技术方面迅速地走在了世界前列。

应该指出的是,进入 20 世纪 90 年代后,日本的政治似乎陷入困境——政治人物丑闻频出,政府走马灯式地换了一届又一届;与邻国的纠纷与麻烦不断,外交上除应付与本国利益直接相关的问题外,既不能在世界性事务上采取主动行动,也不能显示自己的哲学和理想;伴随着经济发展受挫,社会心理发生动荡,国民自尊顿感挫败,以至于人们怀疑,日本还是否具备自我掌控机制——但是,这些都不是民主造成的,恰恰相反,是日本的政治中民主不彻底和出现反民主的结果。比如,新宪法中仍然混杂的封建性因素、政治人物的世袭现象、政党内部出现派阀政治、权力场愈来愈多的权钱交易等,都是与民主背道而驰的。如何克服这些问题,建立稳定的政治格局和持续的发展态势,显然还有待日本国民及政治家的努力。

从德国与日本两国的民主化历程来看,虽然它们都是在美国的军事占领下推进民主进程的,两国的民主在内容、方法和途径上也不大一样,但共同之处却是明显的,即都是在美国式民主的筐子里,分别进行了改造和增加了两国各自的元素——德国没有照搬美国的总统制,没有固守美国的两党制,而是实行政党国家体制,建立有德国特色的联邦制;日本同德国一样没有实现美国的总统制,而是保留天皇的象征性地位,实行内阁制,这就使得民主更适合各自的历史传统和现实情况。这也就进一步证明了,民主的政治程序、宪法制度和法律的至高无上地位都是维护和加强个人权利与人的个性的无与伦比的保证,但它作为一种调整社会关系的工具,其本身却并没有为解决社

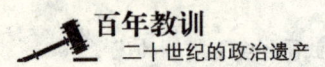

会生存的难题特别是对幸福生活的定义提供现存的答案，它是需要注入内容的容器，就有如玻璃杯既可以盛美酒也可以装毒药一样。

四　发展中国家的实践——民主、自由、法治……虽然每一个词都包含着深刻的社会内容，但只有当这些词结合在一起时，它们才是真理和生命的最美妙表达形式

一般人们都接受美国学者亨廷顿的观点，认为全球经历了三次比较大的民主化浪潮和两次民主回潮。起始于19世纪早期的第一次民主化浪潮在1926年结束，这期间有33个工业发达国家由绝对君主制、贵族制统治转变为民主制。但在1922年至1942年间，有22个国家的民主制度被颠覆。第二次民主化浪潮发生在1943年至1962年，这期间有40个国家以民主制取代了法西斯统治、殖民地统治或个人军事独裁统治。但在1958年至1975年间，同样有22个国家的民主制度被颠覆。第三次民主化浪潮是1974年至20世纪90年代初，这期间又有30多个国家取消一党制、军人政体或个人专制，建立了民主制度。这时，全球再没有出现公开的反民主抵抗运动，民意对民主政治已是一边倒。具体到发展中国家来看，其民主化进程是在第二次民主化浪潮中开始的，20世纪70年代进入高潮。

在20世纪40年代开始的全球第二次民主化浪潮中，一些发展中国家甚至在还没有完全取得民族独立、没有建立全国统一政权的情况下就开始了自己的民主化进程。比如中国共产党在延安时期，就曾开创了民主政治的美好岁月。

在那时，在中国共产党党内及其所领导的地区，实行着最广泛的民主。中国共产党从具体的历史条件出发，从建设民主政治着眼，规定了抗日根据地政权的性质是各抗日阶级的联合的民主政权。毛泽东在《论反对日本帝国主义的策略》的报告中，明确地提出了体现抗日各阶级民主专政政权性质的基本观点，他说："如果说，我们过去的政府是工人、农民和城市小资产阶级联盟的政府，那么，从现在起，应当改变为除了工人、农民和城市小资产阶级以

第七章 从穷人反对富人的武器到全人类的共识

外,还要加上一切其他阶级中愿意参加民族革命的分子。……这个政府的成分将扩大到广泛的范围,不但那些只对民族革命有兴趣而对土地革命没有兴趣的人,可以参加,就是那些同欧美帝国主义有关系,不能反对欧美帝国主义,却可以反对日本帝国主义及其走狗的人们,只要他们愿意,也可以参加。"① 为了建立抗日各阶级组成的民主专政的政权,吸收抗日各阶级参加政权,在民主政权中与党外人士合作共事,中国共产党制定了"三三制"的政策,即:在抗日根据地的民意机关和政府人员中,共产党员、其他抗日党派和无党派人士各占三分之一;就其政治主张来说,共产党人、非党左派分子和中间分子各占三分之一;就其阶级成分来说,无产阶级、小资产阶级和开明的地主资产阶级各占三分之一。

怎样按照"三三制"的原则组成抗日民主政府呢?中国共产党连续发出关于抗日根据地政权工作的指示,各抗日根据地也相继制定了施政纲领、选举条例和各级政府的组织条例。在这些指示、纲领和条例中,特别强调了民主选举的重要意义和作用,并明确规定:采取普遍、直接、平等、无记名的投票选举方法,实行普选制度。例如,陕甘宁边区第二届参议会第二次大会通过的选举条例规定:"凡属居住边区境内的人民年满18岁,不分阶级、党派、职业、男女、宗教、民族、财产及文化程度差别,除有下列情形之一者外,皆有选举及被选举权:(1)卖国行为经政府缉办有案者;(2)经法院或军事判决褫夺公权尚未复权者;(3)有精神病者。"晋察冀边区1943年1月公布的选举条例里规定:"边区参议员,县参议员,村民代表,均由选民用直接、平等、普选制、无记名投票法,选举之。"对于抗日民主政权的选举要不要实行普选,开始有争议,但最后还是决定:除精神病和被依法判决褫夺公权者外,一切年满18岁的男女公民,均有完全的选举权和被选举权。

在中国共产党领导开展的普选和竞选活动中,各阶级、阶层势力的代表,不仅有文化的地主、小资产阶级的代表参加了竞选,没有文化的工农群众代表也参加了竞选,妇女和青年热烈参加竞选,呈现出一派激烈竞争的现象。很多的地主在竞选中极力表示开明,致力于公众事业,提出要为民族、人民牺牲奋斗,以争取人心,缓和平日造成的给群众的恶感。有的地主为了竞选,

---

① 《毛泽东选集》(合订本),北京:人民出版社1964年版,第142页。

疲于奔命,一天奔走10多个村,作竞选演讲。他们利用文化素质高、口才好的优势,纵论国内外形势,解释政权组织条例或选举法等,努力体现自己的民意代表身份。无数普遍民众更是珍视自己的民主权利,把进行投票的这一天看作是自己的盛大节日。有不少地方开选举大会时,男女老幼换上新装,兴高采烈地赶到会场。他们说:"这是我们的民主权利,我们决不放弃!"苏北盐阜某村改选村政权的时候,一个老太太急忙做完家里的事,匆匆地赶去投票。她说:"多投一票,好人就选上了。"河北省南部的一个村,登记选民时偶然漏掉一个人,这人便理直气壮地向筹备选举的负责人说道,他是公民,为什么不给予登记。在选谁不选谁的问题上,根据地群众尤其认真。确定每一个候选人,都必须经选民小组讨论通过。

在抗日根据地和解放区,文化问题并没有成为开展普选和竞选的一个不可逾越的障碍。初期,有一种看法认为,老百姓没有知识,不能实行民主政治。毛泽东批驳说:"在抗战中间,老百姓进步甚快,加上有领导,有方针,一定可以实行民主政治。例如在华北,已经实行了民主政治。在那里,区长、乡长、保甲长,多是民选的。县长,有些也是民选的了,许多先进的人物和有为的青年,被选出来当县长了。"①

中国共产党人在抗日根据地所开创的民主政治的实践具有非凡的意义。巴黎公社实行普选时,很多资产阶级分子已逃离城市,没有参加选举。而在抗日根据地的普选中,地主、资产阶级人士并没有逃走,而是同样积极地参加选举。参加巴黎公社选举的主要是城市人口,人口数量只有约200万。而中国共产党领导的抗日根据地共9个,主要都在农村地带,选民的主体则是农民,其人口在1亿以上。并且农民居住分散,原先根本没有民主意识,绝大多数农民群众是通过普选和竞选实践才第一次认识了民主政治的真实涵义。人民群众用通俗的语言正确地解释了民主:"民就是咱们大家;主,就是当家;民主就是咱大家来当家。"比较十月革命后苏联苏维埃政权的民主政治来看,苏联的普选制是在1936年社会主义制度完全建立、剥削阶层作为一个阶级被消灭之后实行的。而中国共产党领导的抗日根据地的普选和竞选活动,则是在民主革命时期,在统一战线内部还存在着阶级矛盾的情况下开展的。

---

① 《毛泽东选集》(合订本),北京:人民出版社1964年版,第551—552页。

抗日根据地民主政治的生动实践证明，在中国共产党的领导下，在广大的农村，在阶级矛盾和阶级斗争还存在的情况下，也是可以进行符合现代民主政治要求的民主选举的。

也正是因为在那时，中国共产党人就在党内及其所领导的地区，实行了最广泛的民主，党的领导人和政府领导人与普通民众有着最大的平等，人们可以不因言论、不因反对领导人而获罪，党心、军心、民风、民气焕然一新，人们从中国共产党的身上看到了中华民族的希望，许多国民党人士、社会贤达和热血青年也纷纷投向延安、投向共产党，蕴藏在全解放区全民族全中国的积极性、创造性和战斗力、向心力都得到了最大限度的发挥和凝聚，才有了后来抗日战争的胜利和新中国的建立。

新中国成立后，各抗日根据地和解放区的民主选举经验又成为人民共和国民主政治建设的重要基础。1953年，新中国第一部选举法——《中华人民共和国选举法》诞生，对全国与地方人大代表的选举作了明确具体的规定。根据这部《选举法》，新中国于1953年3月到1954年8月进行了历史上的第一次普选。全国进行直接选举的基层单位共214798个，当时全国共有人口571434511人，登记选民323809684人，占18岁以上的人口总数的97%以上，实际参加投票的有278093100人，参选率为86%。虽然这次选举也有一些不完善之处，但作为新中国的第一次全民选举，在发展民主与发挥人民群众的政治积极性方面还是发挥了重要作用。可惜受"左"的思潮影响，1958年以后直接选举中断了，到"文化大革命"前间接选举也停止了。

到了20世纪70年代，发展中国家的民主化进入新的高潮，南欧是这次高潮的始发地。1974年，葡萄牙结束长期的军人独裁统治，建立了文人政权。随之，西班牙独裁者佛朗哥1975年逝世，卡洛斯国王登基，政府颁布了政治改革法，并以全民投票的方式通过了40多年来国家颁布的第一部宪法，确立西班牙为议会君主立宪政体。葡萄牙和西班牙的民主改革不仅扩大了欧洲的民主阵地，而且其影响波及亚非拉广大发展中国家。

在拉丁美洲，20世纪70年代以前，除墨西哥外有20多个国家都曾建立军人或军人控制的政权。而从70年代末到80年代，这一地区绝大多数国家的军人统治者都纷纷交出政权，退出政府，表示忠于和捍卫本国宪法；同时，这些国家按照民主程序举行全国大选，产生国家最高领导人，组成了文官政府，建立起了代议制民主。进入90年代后，拉美国家又普遍对民主制度进行了改革完善，包括：通过修宪改革选举制度，限制总统的任期和权力；加强议会的权力，增强制衡和监督政府的力度；调整中央与地方的关系，向地方下放部分权力；进行司法改革，增强司法机构的独立性；等等。

在非洲，20世纪80年代的民主化浪潮曾被人们称作"非洲的第二次解放"。许多国家先后结束了领袖终身集权制和军人政府，确立了按照宪法和法律程序进行领导人选举与监督的新型政治体制。特别是后来南非通过政治谈判解决了种族统治，不仅为其他非洲国家处理本国的民族矛盾与冲突树立了榜样，而且其政治发展模式也对非洲的民主进程产生了重大影响，使南非从一种民主破坏性力量转变成建设力量。在它的影响下，许多国家的执政党开始改变过去对反对派采取排斥、镇压的政策而转向宽容、共处以至于协商合作的政策，在促进民族和解的基础上扩大公民的自由和权利，从而使得这些国家的大众政治参与程度和制度民主化程度得到显著提高。

在亚洲，自第二次世界大战结束后，政治民主的实践一直就没有中断过。印度、新加坡、菲律宾、巴基斯坦等国家先后实现了向政治民主的过渡。孟加拉国和马来西亚建立了民选政府。印度尼西亚的独裁政权在东南亚金融危机中垮台，首次民主选举成功举行。尼泊尔、科威特、沙特阿拉伯、约旦等国出现了向君主立宪转变的呼声，有的改行了君主立宪制。

对于这次波及全球的发展中国家的民主化浪潮，曾经担任过联合国秘书长的加利有过这样一番描述："今天，民主的基本观念正在赢得跨越了不同文化、社会和经济界限的拥护者。""从拉丁美洲到非洲、欧洲和亚洲许多地方，许多威权政体业已让位于民主力量、日趋对人民负责的政府和日趋开放的社会。不少国家及其人民已经开启了史无前例的民主化进程。还有一些国家和人民已经行动起来，以重建其民主的根基。"①

但是，发展中国家的民主道路是这样的崎岖，似乎从来就没有平坦过。

也许是巧合，曼谷已连续两年都在3月份迎来了大规模的"红潮"。2009年3月，泰国反政府组织"红衫军"先是包围总理府，继而冲击东盟峰会，最后发展到了与政府军发生暴力冲突。2010年3月，"红衫军"又一次进行了号

---

① 刘军宁：《联合国与民主化》，北京：商务印书馆1999年版，第305页。

第七章 从穷人反对富人的武器到全人类的共识

称"百万人"的大举进城集会,提出了要求政府解散国会进行大选的最后通牒。不仅如此,在最后通牒遭到政府拒绝后,"红衫军"竟然剑走偏锋,把10万升鲜血泼洒在总理府和总理住宅门前。一位50多岁的"红衫军"献血者激动地说:"我是为了民主而战!我们献出的每一滴血都是为了恢复民主!"用这样的方式争取民主,果然导致了连续多起暴力和流血事件,整个国家也一片混乱。而在此前,泰国已经经历了10届军人政府和长期的政治动荡。在那里,法治被视为儿戏,实行议会民主以来的70多年先后颁布了18部宪法,修宪是政客们手中的工具,法律全然失去了公正性和公益性。在那里,传统的庇护制社会关系一直顽固地存在着,每每制造劣质选举。竞选的政客们在选举时把大笔的佣金抛洒给若干大的权势家族,由这些家族将金钱再分给中等权势家族,如此类推,直到村落首领把好处分到人头,得到好处的人这时唯一需要做的就是把手中的选票投给指定的候选人。他们天经地义地按照知恩图报的处事原则和行为规范投票,没有必要也不需要独立地表达自己的意志。在那里,充斥着朋党主义,政党的组成大都建立在家族与亲信的基础之上。党的大小强弱取决于这个党的金钱实力,对立政党之间的焦点不是治国政策的分歧,而是权力与利益的争夺。

2009年下半年,阿富汗进行了塔利班政权倒台以来的第2届总统选举及省议会选举,选举过程纷争不断,总统选举进行了两次才有结果。尽管选举期间有19万阿富汗安全部队和10万北约部队维持秩序,但在8月20日的大选投票中,仍有3名北约士兵、16名阿富汗士兵、11名选举工作人员和9名平民遭暴力袭击身亡。选举日当天,坎大哈遭到122枚火箭弹袭击,首都喀布尔发生两起爆炸和一次激烈枪战,其他地区共发生3次自杀式炸弹袭击、7次交火事件和27次路边炸弹袭击。阿富汗南部的两名选民投票结束后手指被塔利班砍断。完全可以说,阿富汗的这次选举是在暴力与血腥中进行的。虽然从形式上看这次选举似乎很民主——毛驴、直升机向偏远山区运选票,女性既可以是选民也可以是候选人,原塔利班的指挥官也可以参加选举,但实际上民主的现实基础却异常薄弱,民主也完全走了样。由于全国文盲率高达70%,许多人不认识候选人的名字,所以选举机构不得不在选票上用不同的图案代表候选人——"一杆秤"代表卡尔扎伊,"茶壶"代表阿卜杜拉。由于贫困,很多地区没有广播电视,选民对候选人丝毫不了解,部落长老的意志便

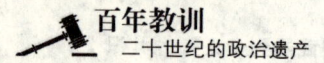

决定了整个部族把票投给谁。

韩国今天虽已步入经济发达与政治民主的现代国家行列，但其建立民主政治的过程却用了整整40年。在这40年间，有32年是军人执政，其宪法也被修改了9次。尽管这期间政党体制、选举制度、总统的权力与任期经常变化，但在民主形式下所掩盖的仍一直是专制独裁的内涵。只是从1987年起其政治寒冬才开始解冻，历经几届民选总统的更迭后民主才在韩国扎下了根。

2009年6月28日，大约200名全副武装的军人闯进总统官邸，先将总统塞拉亚强行扣押，接着又将其强行裹挟出境，然后宣布由议长米切莱蒂出任临时总统并组建新内阁。这意味着，沉寂多年的军事政变又在位于中美洲的洪都拉斯登场了。

然而，以上这几个国家的状况却并非少数几个极端事例，而是大抵反映或代表了世界上100多个发展中国家在民主道路上的蹒跚步履。有统计数据表明，在20世纪50年代和60年代，政治骚乱与暴力事件曾在第三世界国家频繁发生。1958年这一年发生的内乱达到34起，其中包括28次政治起义、4次军队哗变和两次常规战争。而7年后的1965年则增加到政治起义42次，军事政变10次，常规战争5次。在拉丁美洲，由于社会矛盾的尖锐，曾出现两轮民主与独裁周期性交替的现象，委内瑞拉、秘鲁、古巴、巴拉圭、危地马拉、阿根廷、哥伦比亚、厄瓜多尔、巴西等10多个国家都卷入其中。进入20世纪70年代后，连号称南美洲"民主橱窗"的智利和乌拉圭也发生军事政变建立了军人独裁统治。在20世纪90年代初的非洲，由一党制或军人独裁转变为多党制后，许多国家政党林立，党派之间的竞争越出民主政治的轨道而演变成了复杂的部族与教派矛盾，导致流血冲突不断，仅1990年就有11个国家发生政变和未遂政变。1994年实行多党制的卢旺达，政治纷争成了图西族与胡图族之间的部族大仇杀，在短短3个月的时间里就使这个仅有700万人口的国家失去了约100万人的生命。20世纪末，在肯尼亚、黎巴嫩、孟加拉、菲律宾、尼日利亚、斯里兰卡、巴基斯坦、缅甸、伊拉克以及中亚地区的一些国家，又危机四伏，动荡不止，到处都可以看到政治秩序在下降，政府的权威性、有效性和合法性在遭到破坏。在这些国家和地区所展现的，不是民主的发展，而是它的乱象。

为什么民主在发达国家具有巨大的政治优势，但在不发达国家往往表现

第七章 从穷人反对富人的武器到全人类的共识

为政治劣势？为什么一些不发达国家民主竞争的规则建立以后就得到了良好的遵守，另一些不发达国家的民主竞争则没有给人民带来所期盼的和平与繁荣，反而成了各种危机的成因？为什么一些不发达国家的民主化进程多次反复，不断回潮，以致民主恐怖论被制造出来？这些国家的民主究竟出了什么问题，人们又能从中吸取什么样的教训？

作为一个世界范围的历史运动，导致发展中国家民主化命运迥然不同的原因无疑是多方面的。在那些经济发展水平较低、人们尚不足以解决温饱，或经济一度发展起来后又出现重大挫折的国家，民主的转型多半是脆弱的；在那些社会结构的发育程度和政治文化的成熟程度都还相当欠缺，不足以支撑民主化后国家构建的一系列现代化政治设施的国家，民主的成果是随时都有被颠覆的可能的；在那些领导者缺乏驾驭政治民主与政治稳定这对矛盾的政治艺术，在发展路径上又选择激进民主的国家，民主的愿望往往是会适得其反的；在那些民族主义情绪被放大、民粹主义思想被追捧，抑或还有恐怖主义威胁的国家，民主的道路常常是极其险恶的。不过，比起以下的原因来，以上的种种原因都可能不算作要害，因为任何一国的民主之所以产生负面效果或者失败——不论是经济发展水平低的原因、路径选择错误的原因、社会支持条件不足的原因，还是领导者素质不够的原因，都肯定与那里存在的对民主的认知偏差有关。无论如何，民主认知上的缺失对于民主的命运都是最重要最核心的，偏见往往比无知离真理更远。

历史上的思想家对民主的过度或民主的不足会导致民主走向反面、自由不是民主追求的唯一价值，以及民主、自由需要秩序，等等，其实早有过深刻的论述。

2000 多年前，柏拉图就已注意到了民主政治中因追求自由而可能导致的"物极必反"现象，他写道："不顾一切过分追求自由的结果，破坏了民主社会的基础，导致了极权政治的需要。"①"极端的自由其结果不可能变为别的什么，只能变为极端的奴役。"②

尽管卢梭最关注的是人的自由，认为"放弃自己的自由，就是放弃自己做人的资格，就是放弃人类的权利，甚至就是放弃自己的义务。对于一个放弃了一切的人，是无法加以任何补偿的"；但他同时也指出，一个社会可能会因

---

① 〔古希腊〕柏拉图：《理想国》，郭斌和等译，北京：商务印书馆 1986 年版，第 340 页。
② 〔古希腊〕柏拉图：《理想国》，郭斌和等译，北京：商务印书馆 1986 年版，第 342 页。

自由而陷入瘫痪。他说:"关于自由这一问题,正如富有营养的固体食物或醇酒一样,对于那些习惯于这种饮食的、体质强壮的人固然大有裨益,但是对于生理上不适宜于这种饮食的、身体软弱的人,则极不相宜,最终会败坏他们的健康或使他们沉醉。"①

托克维尔看到了民主祸福相依的两副面孔,认为真正的自由属于民主的艺术,而平等则属于民主的本性,消除人们在民主问题上的混乱认识,对民主保持一种健康的恐惧,因势利导是唯一的出路。他说:"用民主去节制民主,这是我们唯一的拯救民主的道路。去弄清情况、观念和法律,而不对民主的原则充满敌意,不要无意识地感到与民主不合拍,才能够纠正民主带来麻烦的一面而且在与它融和的同时又能修正它。舍此,其他一切都是愚蠢而有失明智的。"②

马克思既认为法律的合法性就在于人民的授权同意,"法律不是压制自由的措施,正如重力定律不是阻止运动的措施一样",同时又强调,"法典就是人民自由的圣经",认为不受法律约束的自由是可怕的,它损害宪法的权威,直接或间接地毁灭民主的精神,阻碍着社会的进步。

尽管民主的力量是不可抗拒的,民主化的方向是不会逆转的,但发展中国家的实践无不证明,民主实在是不能简化的。民主与自由、法治这些现代政治生活中最基本的价值追求之间存在着一定的结构关系,虽然它们中的任何一个词都包含着其余的词,但每一个词以它本身的含义来说,却只是真理的一小部分,只反映不同的生活层面和角度,只局限于自己的应用范围。只有当这些词结合在一起时,它们才称得上完整,才可能绽放出真理的光辉。自由与秩序从来是人类社会生活中的一对基本范畴,理想的民主应当保持自由与秩序的平衡。人类可以有秩序而无自由,却须臾不能有自由而无秩序。许多国家之所以在建立民主政治过程中出现混乱,最主要的原因不在于实行了民主或追求了自由,而是对它们的认知和实践有误区。只要这种认知和实践上的误区还存在——或者说,如果民主不把自由作为自己的真正目的,自由不是建立在秩序的基础之上,法治不能够给民主作保障,那民主政治就只能是一个遥远的梦。

---

① 刘杰等:《执政党与政治文明》,北京:时事出版社2006年版,第474页。
② 张著:《从美国民主到法国革命》,上海:上海社会科学院出版社2006年版,第52页。

第八章
Chapter Eight

从君权神授到君权民授
——老百姓的伟大决定国家的伟大

　　20世纪政治革命的实质是结束了人类分成统治者和被统治者是由神注定的这种观念。人们不再认为政治高于人民，也不再认为人民在政府之下。政治革命有史以来首次在一个比城邦更大的规模上显示了政治和人民是密不可分的——民众已经觉醒并积极行动起来，不仅参与了政治，而且把这样做看作是自己固有的权利。一旦个人和民族使关于充分发展的民主自由的概念进入他们的头脑，就再没有什么比这更控制不了的力量了。

——〔英〕霍布斯鲍姆

第八章 从君权神授到君权民授

民本思想古已有之。两千多年前，中国古代思想家荀子即认为，用国者，得百姓之力者富，得百姓之誉者荣。管子也说，政之所兴，在顺民心，政之所废，在逆民心。西方从15世纪开始，"人"应该成为自己思想的主人、成为政治上的"自由人"的理论与实践就从传统禁锢中破茧而出。法国大革命前，思想家卢梭又颠覆"君权神授论"之说，提出了一切公共权力来自于公民的信托与契约的主张，从此奠定了人民主权的理论，奠定了民主共和制的基础。不过，真正在全球范围把人民大众当作国家的基石，有效恢复人民大众的社会主体地位，人民大众权利意识的觉醒和复苏以及经济权利、社会权利和政治权利的全面获得，却是20世纪才实现的。只是经过这个世纪，那种仍然力图以中世纪精神、靠封建迷信发挥作用的国家，那种认为权力的来源或是受命于天或是倚仗战争与暴力的观点，那种把人的思想引向虚无、空幻和种种旨在维护专制统治的形而上学的思考，以及那种把人分成三六九等、使社会生产力的创造者处于被压迫无自由状态的状况，才不堪一击、一去不复返了。

一　合法性新标杆：人民高兴不高兴满意不满意答应不答应

也许无论过去多少世纪，当人们谈及"水能载舟，亦能覆舟"的话题时，都不会忘记苏联共产党在20世纪的第二个十年取得政权又在这个世纪的最后十年亡党亡国的悲剧性事件。

1917年实行君主专制前的俄罗斯，国家权力由沙皇独享，不受任何限制。他颁布法令，任命大臣和高级官吏，搜刮挥霍人民的钱财，人民却不能过问。原因很简单，因为俄罗斯宪法的第一条明文规定："全俄皇帝是拥有无限权力的君主。上帝亲自嘱咐，服从他的权力应出自对他的忠诚，而不是出于畏惧。"在俄罗斯无数的教堂讲坛上，人们天天都高呼沙皇"万岁"。在所有民间和军队的喜庆节日里，人们都吟唱"神佑我君"。在每个乡公所都挂有沙皇的画像，人们对他奉若神明。三百年来，罗曼诺夫王朝具有雷霆般的权力，皇冠属于他们是天经地义的，人民对于他们就是成群的牛羊。只是到了1910年代，一系列的战争，贵族的无能和堕落，再也无法阻止的革命，才把沙皇的宝座和生命都碾得粉碎。并且，通过一场从未有过的革命，觉醒了的人们不仅把布尔什维克党送上了历史舞台，而且也把这样做看成是自己固有的权利，认为政府本该就是人民的创造物和所有物。

在执政之初和后来的一些时期，布尔什维克党也曾清明廉洁，深受人民爱戴，其执政地位享有无比的支持度和合法性。

列宁不仅要求党的领导干部同人民群众保持密切的联系，而且身体力行，创造了亲自接待群众来访的制度和信访制度。他在斯莫尔尼宫的办公室被称为是"世界上最大的群众接待室"。在一次阅读人民来信中，列宁看到有名普通群众反映当地干部的严重腐败问题，他说自己感到绝望，将用结束生命来表示抗议，但在死之前要把真实情况告诉自己的领袖。列宁见信后立即指示当地的领导人要找到这名写信人并加以劝告，告诉他派去的调查组马上就到。列宁还非常注意深入基层，经常在群众大会上直接向普通工人和市民发表演说，多的时候一天演讲五六次。从1918年3月到1922年底，列宁在莫斯科一地就演讲了250次。当那些衣衫褴褛、面色苍白的工人看到自己最敬爱的领袖来到他们中间，倾听他们的声音、亲自回答他们的问题时，所有的饥饿和劳累便都忘记了。

斯大林曾经用古希腊神话中大力神安泰的故事来比喻苏共同人民的关系：无论敌人有多么强大，只要安泰站在土地上，不离开大地母亲，便所向无敌，无人能战胜他。而当他一旦离开土地，脱离大地母亲时，就会失去力量，轻而易举地被击败。于是，敌人发现了他的弱点，就设法将他举到空中，最后在空中掐死了他。斯大林说，布尔什维克党之所以坚强而有力，就是因为他们与自己的母亲，即生育抚养并把他们教导出来的群众保持了密切的联系，这才是不可战胜的关键。斯大林讲的故事，曾经鼓舞了一代人。

在十月革命中，正是布尔什维克党提出了深得人心的口号——"和平、土

第八章 从君权神授到君权民授

地、面包!"才赢得广大民众的拥护。也正是彼得格勒和莫斯科的军队中每5名士兵就有4名支持布尔什维克党,人民用选票把60%的苏维埃代表席位交给了布尔什维克党,才使党取得胜利,建立了苏维埃新政权。

在国家工业化过程中,正是人民"高兴地意识到自己的力量,真诚地信任自己的事业和自己的政府",才会在整个的国土上掀起建设的高潮,"千百万农民、工人、专家、艺术家、记者在一起,大家被一支伟大的洪流卷着往前走",从而取得历史上未曾有过的发展速度和成就。

在卫国战争中,正是党与人民休戚与共,人民衷心拥护自己的党并在党的领导下浴血奋战,无论是在前方还是在后方、是在车间田头还是在火线战壕,总有共产党员冲锋在前、牺牲在前,人民也把自己的一切包括生命都和党融为一体,视为党而战就是为人民自己而战,所以才取得反法西斯战争的伟大胜利,创造世世代代的骄傲。

卫国战争结束后,面对城市和乡村的断壁残垣、一片片废墟,又是党同人民一起,创造了战后迅速恢复国家经济、重建社会主义强国的人间奇迹。

但是,由于一党长期执政,苏共在成绩和胜利面前陶醉了,忘记了一个古往今来颠扑不破的真理——权力具有扩张性和易腐性;忘记了一个社会主义社会与资本主义社会都通行的规则——权力必须从始至终无一例外地都接受监督和制约;忘记了一个现代国家与现代社会早已存在的事实——任何执政党都必须更加注重和不断增强执政的合法性,因而同人民渐行渐远,直至最后彻底失去民心,失去执政地位。分析苏共的教训,以下几条可能是致命伤。

一是公仆官僚化特殊化,严重地脱离人民。

一般认为,人民应当有选举、罢免、创制、复决等政治权利,政府应当有行政、立法、司法、监察等国家权力,只有有了这些公民权利和国家权力,彼此间保持平衡,民权问题才算有了保证,国家政治才算上了轨道。从苏联的根本制度和国体上看,它的每部宪法、党纲都写明国家是人民当家做主的国家,党是代表工人阶级和全体人民利益的党。但是,在这样的国家里,并不能像列宁在革命前所设想的那样,人人参加国家管理;而在很长的一段时间里只能由党代表人民管理国家。这就出现了一个专门从事特殊职业——管理国家的阶层。如何防止这个阶层打着管理国家的旗号谋取特权和私利,就需要有一套具体的长期的制度。这种制度只能是民主的政治制度和民主的管理制度。然而在苏联，这样的制度并不健全且常常流于形式，监督体系已十分薄弱。这就难以保证人民的代表真正对人民负责并接受人民的监督。事实上，自二战结束以后，处于权力宝塔顶端的苏联党政高层就几乎不受什么监督和制约了。上行下效的结果，官僚主义到勃列日涅夫时期已经泛滥成灾。许多党的领导干部开始滥用人民赋予的权力，命令主义大行其道。他们已经习惯了发号施令、独断专行，热衷于下属围着自己转。他们首先关心的不再是人民，而是自己的官运、自己的地位和自己的享乐。他们可以不承担任何责任，不解决任何问题，却仍然年复一年地在自己的位置上坐得稳稳当当。

从赫鲁晓夫主政开始，党的历届领导人都看到了以任命制为基础的干部制度的弊端，但又都把任命制作为自己手中的王牌使用。这种干部升迁上的暗箱操作，就使各级领导人可以重用自己的旧属、亲友和所熟悉的人，下属则千方百计地攀附自己的老上级，许多高级领导人也沿着这条熟路与捷径拾级而上，从而导致党内出现大量"圈子"现象和"抱粗腿"现象，进一步加重了官僚化。一种普遍的趋势是，干部提拔必须上面有人，不与上级领导建立私交，政绩再好也提升无望。而到达比较高一些的级别后，则还必须与上级核心人物建立特殊关系，否则就会永远被排除在局外。这样一来，一个官员即使有着最好的个人品质与禀赋，也难免不沾染官僚主义习气，凡事只听上级安排，凡事只对上级负责，一切惟上级的意志为转移，最终自己也成为新的官僚主义者。

由于实行官职等级和干部名录制度，苏共在后期还实际上形成了一个特殊的阶层——官僚特权阶层。这个阶层享受着种种的特殊权利，包括：（1）特殊工资。即除正式工资之外还同工资一起发给另外一个所谓的"钱袋"，其数额不等，使权贵们的收入高达社会平均水平的4倍。(2)特殊供给。各级党政机关都设有内部的供销点，政府根据官职高低发给一定数量的有价证券，持有者能够买到稀缺物资和进口商品。(3)特殊住房。在许多风景名胜地，都建有专供大小官员居住的别墅。(4)特殊服务。包括特殊的医疗、交通工具和服务与警卫人员等。政府还提供大量补贴，供高级官员免费到疗养胜地度假和出国旅游。(5)特殊教育。官员的子女从幼儿园到大学都可以保送进入最好的教育机构学习。

第八章 从君权神授到君权民授

人民对党和政府的官员享受这种特权极为不满,官僚主义和特权之风的存在极大地削弱了人民当家做主的主人翁意识和社会民主意识。苏共中央政治局委员、苏联部长会议主席雷日科夫在他的《大动荡的十年》这部书中对这种情况做过深刻而生动的描述。他写道:"还要指出一个社会不稳定、最高层领导和人民相互疏远的重要因素——这就是上层代表的平民主义宣言与他们的实际行动、个人表现之间严重脱节甚至是直接抵触。与其他事情相比,这似乎是小事。然而并非如此。正是一些普通的、显而易见的因而最易为人们理解的生活事实,对一个人的意识有特别强烈的影响。比如,每天清晨当政府官员的吉尔车轮胎擦着马路发出沙沙声飞速驶过街道时,莫斯科人通常会停下来。他们停下来不是因为对坐在车里的人的敬仰,而是因为这一景象确实令人印象深刻。吉尔车还没驶出大门,整个行驶路线上的交通岗哨都已得到通知。一路都是绿灯,汽车风驰电掣般驶过,一路不停,漂亮极了。党的高官们忘记了世界上还有塞车、交通管制灯和红灯等等概念。"①

二是贪污腐败盛行,严重地失信于民。

贪污腐败的大规模漫延滋长是从勃列日涅夫主政中期开始的。在20世纪70年代进行的企业改革中,许多官僚和企业的领导官商合一,不仅廉价攫取国有资财,而且非法倒卖生产资料和消费品,走私石油、金属等战略物资,大发横财。发生在乌兹别克共和国的"棉花案"被侦破后,包括共和国党中央第一书记、共和国最高苏维埃主席、布哈拉州州委第一书记以及157名党政官员都涉案被捕,仅在布哈拉州州委第一书记卡里莫夫家里就搜查出高达600万卢布的贵重物品,其中包括130公斤黄金制品。这些党政官员既是国家资源的分配者,还成为国家资源的占有者和所有者。同期,还发生了涉及联盟中央商业部和白俄罗斯、土库曼、格鲁吉亚、吉尔吉斯共和国一大批党政要员的贪污受贿、侵吞公款案。昔日极富理想主义色彩的党,此时俨然已是一个市场化的机构,到处充斥着权钱交易,大批干部把权力作为捞取金钱的手段。

这种风气的盛行,勃列日涅夫起了推波助澜的作用。苏共中央委员阿尔巴托夫说:"贪婪很可能深深埋在勃列日涅夫身上的某个地方,在其生命的最

---

① 〔俄〕尼·雷日科夫:《大动荡的十年》,王攀译,北京:中央编译出版社2006年版,第331—332页。

后时刻以特别丑陋的形式显露出来了,而且常常是众目睽睽之下。"①阿尔巴托夫在这里指的主要是1976年勃列日涅夫70寿辰时他收受各地煞费苦心送来的各种独具特色的礼品时的情景。当时,军工企业送给勃列日涅夫的是刻有他名字的精致手枪,高加索地区送的是带有压花的宝剑,雅库特市送的是一个银质边框里衬托着用钻石磨出12朵玫瑰花的器皿,阿塞拜疆领导人送的是一枚金刚石戒指⋯⋯勃列日涅夫在接受这些数不清的礼物时,竟"堂而皇之忘乎所以地在百万苏联电视观众面前爱不释手"。此外,勃列日涅夫还嗜好狩猎和开高速汽车,共收藏各种豪华猎枪100多把和各种汽车30多辆。

庇护下属的非法行为、为自己的亲属谋取非法私利,勃列日涅夫同样是一个典型。他当政时不仅各级官员可以合法地享有等级特权,而且还利用自己至高无上的地位,多次保护一些犯罪的加盟共和国领导人蒙混过关,并在很短的时间内就把自己的弟弟、儿子和女婿都一一提拔到了重要岗位。特别是在其女婿丘尔巴诺夫身上,勃列日涅夫下的工夫更大,10多年间就把他由一所监狱的政治指导员提升为内务部的第一副部长,由少校军衔晋升为中将军衔,并安排他同时当选为苏共中央监察委员会委员和苏共中央候补委员。由于丘尔巴诺夫一面在仕途上飞黄腾达,一面又为非作歹,收受高额贿赂,所以后来被称为苏联时期各种腐败行为的"集大成者"。而他之所以能够如此特殊,如此胆大妄为,归根结底又在于其翁婿二人所具有的超级权力资本。对他们而言,已经不再有什么约束了。

在戈尔巴乔夫时期,腐败和送礼之风也同样盛行。曾任戈尔巴乔夫秘书、办公室主任和总统助理的博尔金说:"党不断地同各种政治敌人进行斗争,但是党还从来没有同自己上层中的贪污受贿者、自私自利者作过斗争。这是苏共历史上新的一页。这种病削弱和损坏了党的免疫系统,破坏了党的巩固。许多州委书记、边疆区委书记、中央委员都卷入了各种肮脏勾当,赠送贵重礼品,包括赠给总书记,都被认为是正当的。一到节日前夕,机要通信部门就忙得不可开交,分送从南方各地区给总书记和政治局委员寄来的盒子。"②

更为有害的是,这种不成文的却又获得广泛认同的潜规则,实际上在左

---

① [俄]格·阿尔巴托夫:《苏联政治内幕:知情者的见证》,徐葵等译,北京:新华出版社1998年版,第341页。
② [俄]瓦·博尔金:《戈尔巴乔夫沉浮录》,李永全译,北京:中央编译出版社1996年版,第386页。

右着苏共的党内生活,为那些违规的、腐败的行为提供了支持,谁不遵守就会被视为另类,谁不腐败就会受到排挤甚至被淘汰出局。有的官员原本未必贪腐,但为了不受排挤,不被淘汰,也只得随波逐流,直至最后滑进深渊。

三是权力垄断和私有,走到了人民的反面。

自掌权之日起,苏共领导层的职务实际上是终身制,没有对任期作出规定和限制。党的许多中央领导人贪恋权位,长期在职,一度出现了严重的老人政治与病夫治国现象。

勃列日涅夫时期,1966年召开苏共二十三大时,中央委员的连选连任率达到创纪录的80%;而10年后召开第二十五大时又创新高,连选连任率达到了90%。在1981年2月召开的苏共第二十六大上,选出的中央政治局成员和书记处成员都是二十五大时的原班人马。勃列日涅夫1964年上任时,中央政治局成员和书记处成员的平均年龄分别为61岁、54岁;而到1981年二十六大时,中央政治局成员的平均年龄上升到了70岁,书记处成员的平均年龄上升到了68岁。在勃列日涅夫时期,各加盟共和国和州一级党组织的主要负责人变动也极少。在1976年、1981年两届各加盟共和国党代表大会上,共和国党中央第一书记除去世的和工作有调整的以外,没有一个人离职。在1976年和1981年两届州党代表大会期间,156名州委第一书记只换了5人。

俄罗斯国家档案馆馆长形容这一时期的苏共政治生态:"国家政治领导人老态龙钟。跟随勃列日涅夫多年的基里连科变得萎靡不振,他的大脑开始萎缩。勃列日涅夫身边的战友索洛缅采夫、吉洪诺夫、葛罗米柯、契尔年科、库兹涅佐夫等人,在年龄上与他不相上下。苏联国内的政治时钟停止了走动。而让时钟走起来的标志是,这些老人们步履蹒跚的身影几乎每天晚上都出现在电视屏幕上。胸前挂满了金星的他们或者互相祝贺又一个纪念日的到来,或者给别人授予奖章,或者自己接受奖章,或者口齿不清地照着稿子发表简短的讲话。"①

后来的苏共中央政治局委员梅德韦杰夫也认为:"1978年至1982年这一时期形成的苏联领导核心已无力克服客观形势的不利影响。而且问题也不仅仅在于因勃列日涅夫、苏斯洛夫、基里连科,部分地还有柯西金年事已高,

---

① 〔俄〕鲁·格·皮霍亚:《苏联政权史》,徐锦栋等译,北京:东方出版社2006年版,第460—461页。

重病缠身，每天只能工作几小时，满脑子只考虑自己的健康问题。让我们回忆一下，列宁在1922年至1923年间也患重病，医生常常只允许他一天工作10至15分钟，但是他在这段时间里说的、写的和口授的东西几乎是他留下的遗产中最重要最成熟的部分。在1949年至1953年间，斯大林也患重病，但这丝毫也未削弱他专制统治的威力。至于勃列日涅夫，在生病的时候，他实际上已完全放弃了对国家的领导，把事情都交给一大群追随者或助手去办。"①

鉴于这种情况，在勃列日涅夫去世、安德罗波夫主政后，政治局不得不开会研究减少中央领导层的工作时间问题。在1983年5月31日举行的政治局会议上，契尔年科提醒说："同志们，我们曾经就政治局委员、政治局候补委员和中央书记的工作制度问题做过两项决定，规定要大幅度地降低每个政治局委员的工作负担，将工作时间限定在9时至17时；给年龄超过65岁的老同志提供更长的休息时间，每星期可以在家办公一天。……我建议，要明确这两项决定并将两者合在一起，认真地遵守执行。"契尔年科的发言马上得到了安德罗波夫的支持，他强调说："政治局的这两项决定是根据列·伊·勃列日涅夫的提议做出的。他对党的领导干部的身体特别关心。我们应当继续推行这一路线。要知道，可以从各个角度看待政治局的年龄构成。这里是我党政治经验的集中地，因此，不加思考地匆忙地更换人员并不总是有利于事业。对这一问题需要持谨慎、认真和深思熟虑的态度。"②

长期以来，正是因为这样一种政治思维，所以苏共七个最高领导人基本上都是终身职务。除列宁因积劳成疾英年早逝外，从斯大林开始有四人都是老死在岗位上，其年龄分别为：斯大林74岁（1879—1953），勃列日涅夫76岁（1906—1982），安德罗波夫70岁（1914—1984），契尔年科74岁（1911—1985）。而与此形成鲜明对照的是，在勃列日涅夫当政的18年间，美国换了5任总统，英国换了6任首相。

就在苏共顶层出现老人政治的同时，苏共权力架构中存在的另一个重大弊端也日益突出，即各层级主要领导人的权力失控。长期以来，苏共的一个核心政治模式就是事实上凌驾于制度之上的"一把手"负责制。这种负责制在

---

① 《社会主义研究》，2003年第2期，第17—18页。
② 〔俄〕鲁·格·皮霍亚：《苏联政权史》，徐锦栋等译，北京：东方出版社2006年版，第475页。

监督乏力的情况下往往就意味着一言堂、一票否决、一人定乾坤的绝对权力。经过多年的运行以后，在苏共党内，很多"一把手"都把制度视为形式，把政策视为己出，把所管辖的单位视为自己的领地，把人民赋予的权力视为私有。他们可以对党的决议和号召敷衍了事，对人民的疾苦视若无睹。他们可以一边说人民是国家的主人，一边又随意作出损害人民利益的决定。他们可以限制别人这样那样，而自己却在规章制度之外。在他们看来，他们天生就应该拥有权力，他们垄断权力并享受权力是理所当然的。在他们身上，苏共当年的理想、激情、廉洁、清明，已荡然无存。

就这样，长期的政治老化和腐朽、高度集权的"一把手"负责制，与缺乏监督制约的干部任命制结合在一起，就为权力的垄断与异化提供了条件。本来是人民把权力委托给各级官员，而各级官员却把权力视为个人所有，不仅不用权力来好好地为人民服务，还反而利用权力来危害和盘剥人民，所以国际舆论讽刺称："布尔什维克消灭了资本剥削，却没有消灭权力剥削。"

四是不关心民生，导致党的基本队伍离心离德。

拥有1500万名党员的苏共在解散时，社会是异常平静的，没有发生冲突，没有游行示威，人民没有表现出留念。之所以出现这种情况，一个基本的原因是，苏共损害各阶层群体的基本利益，忽视自己基本队伍的心理感受，人民对党已经不再从心里信从了。

长期以来，苏共没有处理好与工人阶级的关系。僵化教条的执政模式，没有意识到高度集权的工业管理体制已经严重压抑了人们的劳动积极性；而指望通过经济核算和强化"一长制"来激励生产其效果又并不好。在工会工作方面，苏共漠视了工会保护工人利益的职能，把服从党的机关和国家机关作为工会存在的目标，工会成了政府的附庸与传声筒，因而也就失去了联系群众的作用。僵化的经济体制还在很大程度上助长和放大了早已落后的价值观念，引导人们把追求平等变成了平均主义和大锅饭。而在这种状况已成固有格局时，又盲目草率地引入市场机制，使工人队伍的社会地位骤然下降，挫折感顿生，加之还缺乏有效的利益表达机制，人们对党自然就失望了。

长期以来，苏共同农民的关系紧张。苏联最初是一个"小农和极小农"的国家，农民占全国人口的90%以上。列宁时期，列宁曾把处理好工农关系作为在经济文化落后的国家里建设社会主义的最重要任务，把巩固工农联盟作为无产阶级政党的最高准则，并通过迅速实施新经济政策而使农民的利益得到了较好的维护。但在斯大林时期，一场过急过快的全盘农业集体化运动，成了此后数十年国家经济发展和国内政治生活中的一个难以治愈的硬伤。赫鲁晓夫时期曾一度放宽对农村的政策，提高农产品价格，取得了一定成效。但不久又减少农民的自留地，限制自留畜的饲养，使农民的积极性重受打击，也使农业生产再度受挫。戈尔巴乔夫时期更是低估农业问题的严重性，忽视农民的利益。在其主政期间，谷物、棉花和甜菜的产量都远远低于20世纪70年代的水平，农民也始终被排斥在党和国家的政治生活之外。

长期以来，苏共同知识分子也一直存在心结。苏共在指导思想上始终没有解决好知识分子的地位与作用问题，苏联知识分子长期以来都处于被歧视的状态。在政治上，知识分子在历次政治运动中都受到迫害。在经济上，平均主义的分配方式抹杀了简单劳动与复杂劳动的区别，知识分子的待遇相对较低，利益受损。长此以往，就难免不使越来越多的知识分子对苏共持怀疑、否定的态度，直至后期加入和成立反对苏共的组织。

问题的严重性还表现在党员队伍的变化上。根据苏共中央党的建设和干部工作局公布的数据，苏联共产党历史上党员人数达到的最大数字是19487822人，是1989年2月在《苏共中央通报》上公布的。但在苏共二十八大后党员数不增反降，出现了退党狂潮。到1991年7月苏共中央全会时，报告公布减少党员420万人，占党员总数的22%。不仅退党潮流席卷每一个基层组织，发展新党员的情况就更糟糕，连续几年都呈下降趋势。这种情况在苏联党的历史上是空前的。从国内战争结束后于1924年5月召开的第十三次代表大会开始，到戈尔巴乔夫主政后于1986年召开的二十七大时为止，每两届代表大会之间的党员数都是大幅度增加。即使在增加幅度比较小的1981年二十六大至1986年二十七大期间，党员总数平均每年也递增1.7%。但从戈尔巴乔夫主政的第三年——1988年开始，党员增幅即开始下降，二十七大召开后前三年的平均增长率仅为0.8%，比二十六大至二十七大期间的1.7%减少0.9%。政治局委员麦德维杰夫分析，这是由于戈尔巴乔夫错把动力当阻力，激起了基层的极大愤慨，使共产党的士气一落千丈。苏共中央机关一个资深指导员说，苏共作为一个政治组织已经丧失了它的组织基础和力量之源——自己党员的主动性，其实质就是普通党员毫无权利可言，广大党员对党的领导和党的政策都已经疏远和漠不关心，所以1991年危机发生时没有一个党员挺身而出。

有道是，一个执政党是不是真正代表民意，关键在行动；人民对执政党是不是真正拥护和支持，关键看是不是从内心里信从。当执政党对人民的许诺只是一句空话，执政党同人民的联系只剩下徒有其表的躯壳时，人民就很难认同这个党了，这个党执政的合法性也就随之化为泡影了。虽然戈尔巴乔夫就任苏共中央总书记后曾试图重建合法性，但其改革的破产，经济的崩溃，民族的分裂，人民生活的困境，已使合法性的本源彻底枯竭。他和他的团队等来的是大规模的游行示威，是"打倒苏共""审判苏共"呐喊，是具有辉煌历史的军队的倒戈。

苏共74年的执政历史所呈现给人们的，实际上是一部苏共同人民的关系从密切到决裂的历史，其执政地位从获得到丧失的历史，其执政合法性从最初高涨到最后完全失去的历史。尽管其间几次出现过世界上其他执政党无法比拟的合法性高峰，但结果却终究是：人民选择了苏联共产党，人民又抛弃了苏联共产党；苏联共产党依靠人民获得了执政地位，苏联共产党又脱离人民失去了执政地位。人们应该记取的是：合法性可以通过暴力来获得，但不能通过暴力来维持；合法性可以一次又一次地获取，但不可能一劳永逸地一次性解决。对于一党长期执政的共产党来说，党的最大优势是密切联系人民群众，党的最大危险则是脱离人民群众。如果失去了人民的拥护和支持，如果不在人民群众中不断增强和扩大执政的合法性，就必然被人民所唾弃。

二 权力新要求：一个执政党的寿命不取决于它的光荣历史，而是要看它适应和驾驭社会发展的能力

在20世纪长期连续执政且时间最长的世界政党中，除了苏联共产党就数墨西哥革命制度党了。自1929年3月上台到2000年7月下野，墨西哥革命制度党连续执政长达71年，仅比苏共少3年。

2000年7月2日,墨西哥六年一度的总统选举结果揭晓:革命制度党候选人拉瓦斯蒂达获得总票数的36.1%,以6.4个百分点之差输给了由国家行动党与绿色生态党联合推举的候选人福克斯。这是墨西哥20世纪的历史上第一次一位反对党的领袖当选为总统。从此,墨西哥的政治格局也从一党独尊的局面变成了多党竞争的局面。因为20世纪90年代初以来世界上相继有一些长期连续执政的大党老党失去执政权,所以墨西哥革命制度党的失败还一时成为人们普遍关注的热门话题。

墨西哥革命制度党曾有过辉煌的执政成就。对墨西哥来说,20世纪就是革命制度党的世纪。在这个世纪,革命制度党领导这个国家的人民创造了令世界赞叹不已的墨西哥奇迹。首先是经济奇迹。从20世纪40年代到80年代初,在长达40年的时间里,墨西哥国民生产总值年均增长率达到了6.7%。这一持续的高速增长,大大加速了墨西哥的经济现代化进程,使其从一个落后的农业国发展成了一个新兴的工业国。其次是政治奇迹。当拉丁美洲大多数国家政局动荡、政变频繁、军人独裁统治时常出现时,墨西哥的政治发展比较稳定,政权交替和平有序,军事政变销声匿迹。

墨西哥革命制度党的辉煌前景是进入20世纪80年代以后才变得黯淡起来的。1982年发生的债务危机,1994年初发生的农民武装暴动,1994年3月和7月党的总统候选人与党的总书记相继遇害,以及1995年初爆发的金融危机,都使革命制度党受到重挫,其民众支持率也一路走低。在1982年以前的历次大选中,革命制度党的得票率都超过70%,但在1988年、1994年接连两次的总统大选中,当选人的得票率仅为50.3%和48.7%,创造了1929年该党成立以来总统当选得票率最低的纪录。同期,革命制度党在参众两院也失去不少席位。尤其在1997年的众议院选举中,革命制度党仅获得238席,首次出现了在众议院500个席位中所占席位数不足一半的状况。这样一来,革命制度党的总统候选人在2000年的大选中败给反对党候选人就毫不足怪了。

那么,一个曾在如此长的时间里连续执政并取得如此巨大政绩的墨西哥第一大党,缘何会由盛而衰直至沦为在野党的呢?

人民对革命制度党前期所采取的经济发展措施及其所取得的经济发展成就是认同的肯定的,但对其后来固守单一的经济发展模式及这一模式出现问题后又应对不力,人民已经不满意,这是一个首当其冲的原因。

第八章 从君权神授到君权民授

墨西哥革命制度党前期的经济成绩单之所以能一路向好,主要得益于其执政之初制定和执行了一套比较符合实际的经济发展战略。1929年爆发的世界经济危机虽然加剧了墨西哥的经济困难,但对刚执掌国家政权的革命制度党来说却是一个难得的历史性的机遇。具有强烈民族主义倾向的领导人拉萨罗·卡德纳斯领导墨西哥进行了一场大刀阔斧的改革。通过颁布新的土地法典,打破了大地产制,使全国47%的耕地为村社和新分得土地的农户所有,农业获得了新的发展动力。通过颁布《财富国有化法令》《铁路国有化法令》《没收石油公司财产法令》和采取一些强有力的国有化措施,将被外国公司控制的若干经济支柱产业收归国有,没收了教会的不动产,墨西哥的民族经济从此得以起航。此外,国家加大了对经济的干预力度,除直接经营一些国营和半国营企业以外,努力采取各项政策来保障民族经济的发展,维持全国经济的稳定。经过持续6年的改革,墨西哥彻底打破了过去那种一味依靠资源和初级产品出口的依附性经济模式,建立了以民族经济和国有经济为主、从国外引进资金与技术设备的自主性发展模式。

在此后长达40年的时间里,墨西哥历届政府都奉行这一模式,也真实地创造了经济奇迹。在20世纪30年代国有化以前,墨西哥99%的电力、99%的交通运输、98%的矿业、95%的石油、42%的商业都被外国资本所垄断。而到了20世纪70年代末,经济命脉便都牢牢地掌握在了自己手中。全国发电能力的90%、石油和天然气开采的97%、石油化工生产的85%都由国家直接掌握,钢铁生产的40%处于国家的控制之下,海运船只40%的吨位属于国家,国家还垄断了全部的通讯网和公路交通。在国家经济连续40年保持6.7%这一高速增长比例的同时,墨西哥的经济社会结构也发生了重大变化,其城市人口比重由1940年占全国人口总数的18%增长到1970年代末的50%,中产阶级的人数占到全国总人口的三分之一。这大大加速了墨西哥的社会现代化进程,所以革命制度党在这一时期赢得了人民很高的支持率。

但是,到了20世纪80年代初,以进口替代为特征的经济发展模式逐渐暴露出它的缺陷和不足:其一,工农业发展失衡。由于过于强调工业化,农业增长率持续下降,粮食从自给有余到需要大量进口。其二,外贸逆差日益扩大。虽然进口替代模式在替代消费品和中间产品方面取得了进展,但在替代资本货币方面收效甚微。1977年至1981年,外贸年逆差由13.6亿美元增加到了 50 亿美元。其三，由于过度的贸易保护政策，导致本国产品质量差，成本高，在国际市场失去了竞争力。其四，由于政府大包大揽，管理失范，举借外债越来越多，1982 年达到 860 亿美元。就在这时，人们普遍担心的债务危机又爆发了。1982 年这年，墨西哥的经济增长率为 -0.2%，不仅出现了半个世纪以来的拐点，而且降到了历史上的最低点。

虽然从这时起革命制度党对经济政策进行了调整，但在随后的 10 多年间经济都不见起色。1982 年至 1996 年，其经济增长率为 2.07%，低于同期 2.58% 的人口增长率。在 1994 年、1995 年发生的金融危机中，又白白损失 700 多亿美元，生产下降 6.9%，通货膨胀率上升到 52%，外债总额达到了 1700 多亿美元。经济接连受挫，导致 90% 的家庭收入减少，赤贫人口迅速增加。在城市，大批企业倒闭，失业率高达 6.8%。在农村，由于停止了分配土地，民众早已不满，以至于揭竿而起发生暴动。加之，新采取的经济政策因为过分强调经济自由，缺乏对社会公正问题的重视，又导致两极分化严重，平添了许多不稳定因素。这样，革命制度党就失去了城乡最广大群众的支持，恶化了党同社会各阶层的传统联盟关系，最终给反对党上台执政提供了条件。

导致墨西哥革命制度党失去执政权的第二个基本原因是，人民对其建立政治制度化的努力是支持和拥护的，但对其领导和驾驭改革的能力已不看好。

在全球制度主义的时代，墨西哥革命制度党应该说一直在为实现国家政治生活的制度化而努力，并且，从建党执政前后就开始了这一努力。1910 年至 1916 年墨西哥革命后颁布的新宪法，虽然继承了 1857 年《墨西哥合众国联邦宪法》的民主精神，重申墨西哥实行联邦共和制和代议制，但同时也对 1857 年宪法进行了重大修改。在此之前，墨西哥的所有宪法都是以法美两国的宪法为蓝本，把个人主义作为宪法的思想基础的。而新宪法则突出社会权利，把宪法的思想基础从个人方面挪到了社会方面。它标志着过去一个多世纪墨西哥以个人主义为思想基础的自由政治制度的结束，一个以社会利益为基础、由国家主导的新政治制度的开始。然而，新宪法虽然确立了国家干预原则，把革命目标的实现寄托在了这个原则基础之上，但在宪法颁布实施后的一段相当长时间里，却又并不存在一个统一的有权威的国家政权。在这种情况下，国家面临的首要任务便是建立秩序，树立法治权威，把一切政治生活纳入制度化的轨道。因此，革命制度党建党执政前后的墨西哥政治史，实际上是一

第八章 从君权神授到君权民授

部革命制度党为国家政治生活制度化而进行斗争的历史。

国家政治生活制度化的内容，在这一时期主要为四个方面。一是对军队进行全面改造，使其脱离政治纷争，变成一支职业化的武装力量。二是镇压教会的反宪法叛乱，结束了天主教僧侣集团在墨西哥长达400年之久的政治统治，实现了教会非政治化。三是颁布大学新章程，对大学及其师生员工的权利给予规范，把大学活动引向了法制化的轨道。四是为了避免"人存政存，人亡政乱"的不稳定局面，强化政党内部的制度化，包括：领导人的交接在党内通过和平协商解决；修改宪法，恢复总统和各州州长不得连选连任；修改党的章程，由集团入党制变为个人入党制；按工人、农民、军人和社会其他阶层四个界别重组党的中央机构，把过去地区结构性的党改造成职团结构性的党，等等。在这个基础上，党的名称也由此前的"墨西哥革命党"更名为"墨西哥革命制度党"，以此进一步凸显自己致力于国家政治生活制度化的决心。通过采取这些改革措施，国家权力中心的移交制度化了，墨西哥人梦想了一个多世纪的宪法秩序确立起来了，整个国家终于进入到了一个革命以来从未有过的经济社会快速发展时代。

进入20世纪下半期以后，墨西哥革命制度党仍然没有放松改革的步子，并在不少方面收效甚大，如注意抑制过度的国家经济干预、采取渐进的方式推进私有化进程、朝着越来越民主的方向改革党内选举制度等。但是，随着全球化时代的到来，国内外利益矛盾的日益加深，革命制度党的改革治国方略似乎不如从前那般灵了，其领导国家的权威与执政能力也开始面临挑战。

第一次公开的冲突、激烈的挑战是一场暴力流血事件的发生。为办好第二十届世界奥运会，国家投资了1.5亿美元兴建体育场，但面临就业困难的学生却与政府持完全不同的立场，认为这是政府想借奥运之机向世界炫耀繁荣，以掩盖成千上万人失业挨饿的事实。于是，学生便连续不断地发起了大规模的游行示威。1968年10月2日，在墨西哥城特拉特洛尔科文化广场，终于酿成了上万名学生与军警的激烈冲突，造成300多人死亡，2000多人受伤。这一事件标志着墨西哥政局的稳定局面不再了。而后来发生的工人罢工、农民暴动，更是把革命制度党认识和处理社会问题与社会危机的弱势彻底暴露在了公众面前。

1982年债务危机发生后，墨西哥革命制度党为适应经济体制改革需要，宣布放弃奉行已久的党的指导思想——革命民族主义，这又引发了风波。本来，在面临日益增多的社会矛盾时，不断地进行改革和调适是正确的也是必需的，但在20世纪80年代完全放弃和背离革命民族主义这一党的指导思想，以名为社会自由主义而实为新自由主义的指导思想取而代之，则又直接削弱了党的执政基础。因为，墨西哥革命制度党能够在如此长的时间里执政并且取得显著成就，其最大的奥秘就在于它依托自己以革命民族主义为核心的独特价值观念和意识形态，把纷繁复杂的各社会阶层有效地整合在一起，使各种声音和各种利益都能够通过制度化的途径得到反映、表达和满足，从而增强了社会的凝聚力。可以说，革命民族主义既是墨西哥革命制度党的指导思想，也是其执政的根本保证。革命制度党正是在这一思想的指导下，才赢得了广大民众的支持和拥护，发展了民族经济，促进了社会稳定，创造了墨西哥奇迹。在面临时代变化的情况下，并不是说党的指导思想不能作出调整，问题在于这种调整到底是有利于巩固党的社会基础还是削弱党的社会基础。1982年债务危机爆发以后，革命制度党积极应变的态度虽然无可非议，但新的官方意识形态却损害了大多数人的利益而难以被社会公众所接受，革命制度党的政治资源也因此而大量流失。

　　接连受挫的还有革命制度党推进的政治改革。自1963年起，历经30年的努力，革命制度党改变议会垄断制，实行政党代表制；增加参众两院的席位，保证非执政党合法参政；实施民主开放，启用社会贤达甚至大学生运动领袖出任政府部长等重要领导职务；修改联邦政治组织法，保证公民可以自由组织政党，等等，取得很大进展，社会反映良好。但是，党的领导人塞迪略1994年上台执政后情况却急转直下。塞迪略一面积极推行政治改革，包括结束任命制，总统不再指定下届总统候选人，不再任命联邦区行政长官；但在另一面，他又利用其总统和党的领袖地位，粗暴干涉党内事务，先后更换了7位党主席。并且，"每当某位党主席想实施某项与塞迪略意图不符的计划时立即就被更换"。由此，一些墨西哥报刊也把塞迪略称作革命制度党的"叛徒""掘墓人"，甚至认为他是"墨西哥的戈尔巴乔夫"。这样一来，人们就极大地动摇了对改革的信念和决心。

　　第三大导致墨西哥革命制度党失去执政地位的原因是，人们对于适度地强化中央集权并不反对，但对其权力失去制约、腐败愈演愈烈已经不能容忍。

第八章 从君权神授到君权民授

墨西哥的政治模式不仅在拉美地区是独一无二的，在世界上也是少见的。其主要独特之处就是：革命制度党一直是作为"官方党"而存在的，党的领袖既是国家元首，又是政府首脑，还是武装部队的总司令，具有至高无上的地位。国家名义上实行代议制、联邦制，行政、立法、司法三权分立，相互制衡，地方享有自治权，而实际情况却是：总统所统辖的行政权高于立法权和司法权，总统完全控制联邦立法部门和司法部门；州级法院和立法机关通常反映州长的偏好，而州长又由在任总统精心选定；由于革命制度党一党独大，其他反对党力量弱小，对革命制度党也难以形成有效的监督与制约。

在宪政监督与制约失效时，如果党内的监督制约机制健全也不失为一种弥补。而问题偏偏是，革命制度党内部采取权力向上集中的措施后，又导致了党内的监督制约职能弱化。这缘起于一项改革。长期以来，革命制度党一直是由各职团系统召开党员代表大会来提名联邦和州两级议会议员与各州州长的候选人，但后来为了加强中央权力，改为由少数人参加的党中央会议提名。这就严重地削弱了各职团系统的政治职能，包括对权力的监督制约职能。在党内政治生活健康时，这一制度缺陷还不致引发大的问题，但在进入20世纪90年代以后，情况就迅速起变化了。

一方面是，由于职团部门的功能弱化，各职团系统的负责人与党中央的离心倾向逐步显现，致使革命制度党的内部凝聚力严重下降，团结统一的局面从此不再。2000年的总统大选开始后，党内各种派别丛生，争权夺利的斗争有增无减。在党内预选阶段，四位总统候选人竟自立山头，互相倾轧，大肆指责和谩骂，极大地削弱了革命制度党的竞争力。

再一方面是，由于腐败丑闻层出不穷，革命制度党在公众心目中的形象也急剧下降。长期的一党执政环境，已使党内形成了一个比较稳定的既得利益集团。人们常常把那些在党内、政府内把持高位的人——包括总统、部长、州长以及中央和地方议会中的众多议员——称为"恐龙"，因为权力在他们中间不断接力的同时，财富也在他们中间不断聚集。墨西哥的四大经济集团——国民银行集团、商业银行集团、蒙德雷集团和阿莱曼集团，就有前总统和多名政府部长是其主要股东。1997年至1998年间，因为经济犯罪被绳之以法的政府官员达到375名，因为经济问题而受到行政制裁或经济制裁的政府官员高达9665例。2000年6月，正值各个政党激烈角逐总统大位时，曾经担任革命制度党财务书记、联邦政府部长的埃斯皮诺萨因涉嫌巨额贪污而逃往国外。这一发生在竞选关键时刻的丑闻,激起了人们对革命制度党的强烈不满和愤慨。接下来,总统宝座和执政地位旁落就在所难免了。

总起来看,在社会尚处于封闭和不发达的状态下,墨西哥革命制度党领导国家的改革与建设还是比较成功的,党也显得比较从容,只是当国家的改革与建设同国际因素的联系日益紧密且社会内部又有多种多样的矛盾并存时,才发生局面失控与力量不足的问题。由此看来,在日益开放的世界,不断增强自己的执政本领,不断满足人民日益增长的物质、精神和政治需求,对于任何一个政党——哪怕是对国家发展作用最大、具有长期执政经验的老党大党来说,都同样是新鲜而又重要的。

在 20 世纪多党制的国家中,除了墨西哥革命制度党以具有"官方党"色彩、执政时间长而著称于世外,还有新加坡人民行动党具有类似的特征。并且完全可以说,如果墨西哥革命制度党是先处于一党独大的地位、后因其执政能力不能与时俱进而被民众所淘汰的一个典型的话,那新加坡人民行动党则就是一个始终处于一党独大地位、并因其适应和驾驭社会发展的能力强而一直保持着强劲执政势头的成功典型。

新加坡是一个议会共和制国家,人口总数虽不大,但民族多,政党多,仅全国性政党就达 21 个。新加坡法律规定,5 人以上就可以组成政党。新加坡人民行动党之所以能够在多党竞争的体制下一党独大且一党坐大,自 1959 年大选获胜以来就一直拥有绝对优势的地位,并且把新加坡建设成了一个亚洲最发达、令世界刮目相看的国家,其根本之处就在于与时俱进,顺应民意。尤其是在适应世界民主化潮流、推进民众参政议政方面,表现更为突出。

新加坡 1965 年退出马来西亚联邦独立建国时,正值世界公民意识觉醒、民主化浪潮汹涌澎湃之时。虽然后发国家为了保障社会经济迅速发展,政治稳定是必要条件,但人民行动党仍然采取积极主动的态度,着手推进民主化进程,步步深入地加强新加坡的民主政治建设。主要举措包括:

——逐步放开了对言论的控制。在最初一个时期,新加坡政府对新闻媒体和社会公众的言论是有着相当严格的控制的,要求"必须服从新加坡的首要需求,服从政府的首要职责"。不久,新加坡就根据社会特别是年轻一代的要求,放开了新闻管制,允许人们自由地发表不同政见。到 20 世纪末,政府还批准设立专门的演说场所,允许公民就一些政治问题进行公开演说和讨论。

——改革了工会工作。吸取历史教训,人民行动党与工会之间形成了相互联系与渗透的机制,使工会在全国 60 多个官方机构中拥有自己的代表,工人运动领袖可以参加竞选,成为国会议员。通过颁布《雇佣法令》《劳资关系法令》和《工业关系法令》等,将工会、雇主与政府之间的关系制度化,确立了三方协商机制,以妥善处理生产纠纷和劳资矛盾,维护工人的利益与社会稳定。

——密切了同反对党的关系。早在人民行动党执政之前,反对党就一直存在于新加坡的政治生活中。但是,在人民行动党一党独大牢固地控制政权之后,反对党的发展日渐式微,新加坡实际上成了威权主义国家。这种状况与多党制代议制的民主形式显然是极为不符的。新加坡民众对这种一党独大的格局也曾普遍担忧,认为人民行动党过于强大了,需要有反对党的存在和监督。因此,人民行动党便逐渐转变了对反对党的态度,开始与各方合作,促使新加坡政治更趋民主,更符合民意。

——注重少数民族参政。首先是改革选举制度,保证有足够数量的少数民族候选人参选国会议员,并增加少数民族候选人竞选成功的可能性。其次是通过立法推进族际平等,保证少数民族的政治参与权利。与此同时,人民行动党在政党建设中还注意吸收少数民族党员,淡化种族政党形象。在一个相当长的时期,在人民行动党的中央执行委员会中,华裔委员的比例为 66.7%,马来裔委员的比例为 16.7%,印度裔委员的比例为 8.3%,其他民族的委员比例为 8.3%。这与新加坡人口的民族比例是大体一致的。

——在政府决策中引入更多的民主因素。建立"全国议事日"制度,邀请公众参与重大政治问题的讨论,在公共政策中体现社会的主流意见。成立称为"人民行动论坛"的非政党参政议政机构,为政府的决策提供咨询意见并对政府的决策进行监督。这一论坛组织为常设机构,由多政党议员和非选区议员联合组成。具有论坛身份的人民行动党议员在国会讨论中可以突破人民行动党党规限制,对人民行动党的议案表示公开反对。

——推行民选总统制。20 世纪 90 年代以前,新加坡的总统由国会议员选举产生,由于人民行动党在国会中拥有绝对议席,所以国会议员选举产生的总统实际上是人民行动党挑选的总统。鉴于此,人民行动党主导对国家的权力结构进行了调整。1991 年修改宪法,规定总统由全体选民直接选举,并赋予总统对财政预算和国家开支的否决权。从 1993 年起，新加坡就开始了总统直选。

深入分析 50 多年来新加坡人民行动党的执政轨迹，其实不难看到，它的主要成功之处就在于其运用超强的应变能力，不断地满足社会需求，不断地把"人民"二字变得具体。在关注民生时，不是简单地搞福利主义，而是在社会管理和公共服务中重视发挥社会大众的作用，真正做到还政于民。在推行民主时，不是简单地搞票决制，而是通过相应的制度安排为社会大众提供有尊严有意义的环境，让人民真切地感到，自己就是社会的主人。正如人民行动党的执政格言所表明的："没有党的领导，只有党的服务。"

三 社会新密码：未来属于具有先进政治文化的民族

不能说美国的政治制度就一定有多么先进，在其政治现代化的过程中也渗透着暴力与血腥；但是，美国的确既避开了封建专制又避开了独裁统治。

不能说 20 世纪就完全属于美国，毕竟在这个世纪的头一些年和中间的一些年还有与美国旗鼓相当甚至平起平坐的其他强权存在；但是，美国在 20 世纪里，的确既创造了人类有史以来最大的物质文明，也创造了人类有史以来最大的精神文明。

不能说美国的社会就是公平富裕的社会，美国就是理想国，至少其社会罪恶至今仍还深重，并可能创造了最贫穷的人与最富裕的人在收入差距方面的世界纪录；但是，美国的确既把美国建设成了一块充满机遇的土地，又为各种肤色的人实现自己的梦想插上了翅膀。

美国如此众多成就的获得，背后其实都有一个十分重要的因素在起作用，这就是美国的政治文化、美国公民的政治文化素质。人民是国家和社会的主体，人民是历史的创造者，这在美国不是一个抽象的政治概念，而是切实体现在社会的政治实践与现实生活中，贯穿美国发展前进的全过程。美国的政治文化氛围、美国公民所具有的政治文化素质、美国国家现代化所具有的人的

第八章 从君权神授到君权民授

现代化这个条件，也许是世界上的许多国家一时都很难达到的，但是，对于世界上任何一个试图先进起来或试图保持先进的社会来说，建立像美国那样成熟的政治文化、培育像美国那样成熟的公民社会的努力，却是不能停止的。

就 20 世纪美国的政治与社会实践来看，美国公民社会所具有的下述品质，无论如何都是值得人们或学习或借鉴或加以认真思考的。

一是美国公民看重权利、关心政治、积极主动参政议政的品质。

在美国，人的公民权利和政治权利是必须得到保障的。这不只是停留在宗教信仰自由、言论出版自由、结社自由等权利方面，更重要的是参与国家政治、自己决定自己的命运。这既被认为是一个宪政国家不可缺少的，同样也被认为是天赋的。

为了鼓励和便利公民积极参政，美国历来重视从法律层面为这种参与提供条件和保护。美国开国时就宣布，政府的正当权力系得自被统治者的同意，如果遇有政府损害了成立政府的目的，人民就有权利来改变它或废除它，以建立新的政府。美国的法律规定，民众有选举权和被选举权，有游行、集会和罢工的自由，并随着时代的前进不断予以丰富和完善。同时，由于美国实行的是联邦与各州分权的联邦制，联邦政府与州政府又实行三权分立的制度，这种权力极其分散的状况也为公民活动创造了有利的政治环境，公民既可以向联邦政府和州政府施加影响，也可以向联邦政府和州政府中的立法、行政和司法部门分别施加影响。所以，在美国的政治环境下，公民既有参政的权利又有参政的条件。这也是美国的各种社会组织——工会的、妇女的、种族的、宗教的、道德的、爱国的、自由主义的、保守主义的、和平主义者、世界主义者等等，都能够经久不息地活跃在美国政坛并且能够竞相影响美国内外政策的原因之所在。

美国公民这种政治上的积极参与不仅反映在国家的法律和制度中，也反映在整个民族的思想意识之中。美国公民文化瑰宝中一个十分宝贵的方面，就是其建设性的公共生活与公共精神。美国公民不以依赖政府为荣，一个人参与公共生活，是他志愿参与众人之事，这意味着他的尊严和独立。美国人早就有自治的传统，认为政府不是万能的，国家的权力是有限的，在国家权力止步的地方，就属于社会自治的领域，所以通过社区自治、行业自治和乡村自治，人们在政府外凝聚和生成了许多良性并有效的国家治理资源。在美国，公共生活和公共精神是支撑社会的最重要基础。一个公民既是自我治理者、社区的治理者，又是国家治理的直接参与者，往往都能够比较自觉、理性、制度化地参与各种政治事务。

二是美国公民注重精神、富于理想、民主自由意识强的品质。

在美国，民主自由首要的不是一种政治制度、一种政府形式，而是一种政治价值和思想文化。

在美国人看来，美国天生就是一个自由的社会，整个国家就是建立在自由的观念之上的，自由与生命等价。首任总统华盛顿在告别演讲中说："你们是美利坚人，你们酷爱自由，你们身上的每一个细胞都充满了自由。我没有必要再提什么建议来加强和坚定你们的这个信念。"[1]第三任总统杰斐逊在起草《独立宣言》时说："上帝在赐予我们生命的同时，也赐予了我们自由。"[2]弗吉尼亚总督亨利在群众集会上说："难道生命如此珍贵，难道和平如此甜蜜，以至于非要用镣铐和奴役去换取它们？我不知道别人何去何从，我的抉择是不自由，毋宁死！"[3]第四十三任总统小布什在"9·11"事件发生后的电视讲话中说："自由，这个词阐明了美国最深刻的承诺，以及我们最崇高的召唤。"[4]美国人普遍认为，社会应该鼓励自由，个人应当按照自己的意愿自由地行动和思考，只要不伤害他人，不是无理地侵犯他人的自由和福利。

美国历来认为，民主存在于两种世界——物质世界与精神世界。作为存在于物质世界的民主，就是国家政治与政府的秩序和运作，就是处理"权力"与"权利"关系的一种方式。而作为存在于精神世界的民主，则是一个群体全身心地、不遗余力地献身于真理的共识。它不是尘世间的经济实体，不追求财富的积累，不策划财政措施的创新；它不是武装机构，不发动战争，不追求强大；它不是基于个人好恶的民主，也不是满足个人欲望的民主，而是出于人类良知和人的平等的民主，是一种真正的人类生活方式。美国认为，如

---

[1] 〔美〕雅各布·尼德曼：《美国理想：一部文明的历史》，王聪译，北京：华夏出版社2004年版，第90页。
[2] 于歌：《美国的本质》，北京：当代中国出版社2006年版，第189页。
[3] 中央电视台《大国崛起》节目组编：《大国崛起·美国》，北京：中国民主法制出版社2006年版，第30页。
[4] 〔美〕乔伊·哈克姆：《自由的历程：美利坚图史》，焦晓菊译，上海：复旦大学出版社2006年版，第4页。

第八章　从君权神授到君权民授

果没有这种精神的民主作保障，外在的民主必定会自行消亡。

显然，有了以上这样的理念和认知水平，任何旨在建立民主自由政治制度的努力，任何选择民主自由的政府及选择相应的领导人的方式，就都是顺理成章、合乎情理的了。

三是美国公民乐观向上、竞争进取、创造意识强的品质。

第四十任总统里根被认为是一位伟大的交流者——事实上，人们早就这样称呼他。尽管他当选总统时已经69岁，却很少有人把他看作老人。他孩子气十足，平易近人，十分友善。他富于幽默感，有一副让人难以抗拒的笑容。他也曾经是好莱坞的电影明星，比他之前的所有总统都善于利用电视。许多美国人认为，经过20世纪60年代和70年代的混乱以及不稳定的福特和卡特时代之后，里根当选恰逢其时。他自称"普通人"，似乎并不看重自己。里根就任总统几个月之后，一个刺客在华盛顿的大街上瞄准了他，刺杀虽然失败，但却在他的肺里留下了一颗子弹，被送到医院时呼吸已十分困难。医生们说，由于失血过多，如果对他的治疗再耽误几分钟，里根就会丧命。然而，就在里根被推进手术室的时候，他却还对妻子南希开玩笑说："亲爱的，我忘了躲。"此语一出，全场为之动容，无不为他的乐观情绪所感染。

"幸福并不驻足于对钱财的占有之中，而是根植于对成功的喜悦和对创造的兴奋之中。"这是在美国处于历史上最严重的经济危机时，因患疾病从小就从腰部以下失去知觉而却强迫自己行走、被美国人称作"坚毅如钢与热情似火"的罗斯福总统讲的一番话。美国人认为，这是一个只有洋溢着自信、热爱生活和富于创造的人才能说出的话。

"安于现状不是美国人的特点。在美国历史上，宁静期和蓬勃变化期交替出现。但这种宁静历来只是表象，而不是实质。一种力的躁动在表壳下翻腾着。现状充其量只是进一步大显身手之前的小憩——稍事停顿、充满电池以便接受新的挑战。而美国历史周期中的另一个阶段破土而出，只是个时间的问题。对于伟大民族和伟大人物来说，真正的满足不在于玩味过去的成就，而只能来自从事新的冒险。"①第三十七任总统尼克松的这段话，被认为是恰当地描述了美国人性格中所固有的一种不断探索新领域的激情与基因。而他

---

① 〔美〕理查德·尼克松：《1999年：不战而胜》，王观声等译，北京：世界知识出版社1989年版，第317页。

本人则正是这方面的一个典范。"水门事件"使尼克松在政治上和精神上都遭到了巨大打击,但他并未从此颓废,而是潜心著述,先后出版了《领导者》《1999年:不战而胜》《只争朝夕》《超越和平》等9部著作,几乎每一本都成为国际政治畅销书。尼克松坚韧地表示:"失败固然令人悲哀,然而最大的悲哀是在人生的征途上既无胜利也无失败。""如果一个人从来没有迷失在一项比他自己要伟大的事业中,那么他就没有体会过生命的极端体验。只有迷失过,才能找到自我;只有到那个时候,他才会发现他从未发掘出的潜在能量,而如果没有这种体验,那些能量就会永远处于休眠状态。"[①]

美国人从来就把自己的国家视为竞争、创造的舞台,认为通过竞争、创造获取或保持优势的地位与财富,是理所当然的。在学校,学生想要得到奖学金或其他奖励,必须勤奋学习,在学业成绩上超过别人。教师想要晋职提薪,除本人的才干外,还要看学生对其教学工作的评价。在公司,即便是做勤杂活的小职员,也要力求干得比其他同事出色才有希望晋升或加薪。在市场,商品只有物美价廉、胜人一筹,才能打开销路。而科学家、政治家、公务员,也都无一不是靠竞争进取和其创造本领才能胜出。竞争、创造已经是人们产生积极性的源泉,已经是国家、社会、个人发展的强大动力,也已经是人们普遍的生活态度和准则。

四是美国公民崇尚法律、讲究法理、法治意识强的品质。

在美国人看来,建构社会秩序的主要方式以凭借政治精英的个人权威和主观意志为内容、以不受限制的国家权力为依托的那种方式早已过去。囿于任何个人在生命、智识、能力、体力等方面的局限和人类普遍共有的权势欲,那种专制集权的政治秩序如果不流于暴政也会沦为乱政。只有宪政法治,才能建立政治制度的一致性、连续性和确定性,克服政治上的绝对、专断和反复无常。现代国家的概念是与宪政法治紧密地联系在一起的。

在美国人的政治概念中,"国家乃人民之事业,但人民不是人们某种随意聚合的集合体,而是许多人基于法的一致和利益的共同而结合起来的集合体",因此,宪法具有至高无上的地位,宪法是政治权力的唯一合法来源。宪政有别于暴政、仁政、德政的根本点,就在于它以民主的方式制定宪法,将

[①] [美]威廉·德格雷戈里奥:《美国总统全书》,周凯等译,北京:社会科学文献出版社2007年版,第641页。

第八章　从君权神授到君权民授

宪法视为调节一切政治与社会矛盾的终极规则，并最终将国家的政治生活纳入不以个人意志为转移的法治轨道，将社会公共领域的生活纳入公平正义的秩序轨道。

在美国，宪法高于政府，"限政"是宪政的应有之义，国家权力与政府行为必须受到宪法的规范和制约。开国先贤潘恩说："宪法不是政府的命令，而是人民组成政府的法令。""政府不是任何人或任何一群人为了谋利就有权利去开设或经营的店铺，而完全是一种信托。人们给它这种信托，也可以随时收回。政府本身并不拥有权利，只负有义务。"①

在美国，宪法既来源于人民同时对人民也具有约束力，人人都把法律视为自己的创造并且真心地爱护，毫无怨言地服从。在美国人眼里，法院就是法律含义的最后裁判者，司法当局享有最高的权力，法律程序重于政治结果。

在美国，几乎所有的政治问题、社会问题迟早都会变成司法问题，司法的语言差不多成了普通语言，人们视法律如同父母。有了纷争时，人们不会去求助于政府而是去求助于法律。发生混乱时，美国人不会站在任何人旗下，仰仗任何人的名声，而是会毫不犹豫地诉诸法律。

美国人的法治观念、对法的尊崇与信服，也还表现在美国人对待律师职业的态度上。有关资料显示，美国现在的注册律师达到70多万名，占全世界律师总数的70%。律师参政的意识也极强。在美国《独立宣言》上签名的56人中，有17人是律师。在美国宪法文本上签名的39人中，有22人是律师。在迄今为止美国的44位总统中，有25人是律师出身。在美国国会中，参议院有60%以上的议员为律师出身，众议院有40%以上的议员为律师出身。

五是美国公民比较理性、善于妥协、包容共进意识强的品质。

在世界上，美国公民也许是最懂得多元也最尊重多元的。一直以来，多元主义就被认为是美国民主自由政治制度的基础。美国社会思想的多源性、意识形态的多元性、种族民族的多样性，以及联邦政府的政治决定往往是多方讨价还价和竞争的结果这一客观存在，都让美国人不得不摆脱绝对化的处世态度，呈现出一种包容、大度、开放的民族精神。

但是，美国公民在政治与社会生活中的这种包容尽管允许不同的价值并

---

① 马啸原：《西方政治思想史纲》，北京：高等教育出版社1997年版，第368页。

存，却又决非放弃价值判断。美国公民的包容实际上是容忍异议或异端，允许各人有各人的选择，我可以不同意你的价值观念，你可以不同意我的价值观念，但互相都不把自己的价值观念强加给对方。这种包容既不同于简单地赞同也不同于漠不关心，而是相互冲突的观点与立场之间相互理解、彼此都允许对方存在、并力求说服和影响对方的一种行为态度。在必须合作的时候，双方会本着求同存异的原则进行合作；在发生争执的时候，双方会本着理性说服的原则影响对方；在不能合作或不必合作的时候，双方又都会本着自己活也让别人活的原则互不干涉。这种包容不以美德相求却以法纪相约束。

在美国，人们已经习惯了包容、把包容贯彻在了日常的政治与社会生活中，并且在历史上创造了不少令世人称道的佳话。

1787年召开的制宪会议和会议上联邦宪法的产生，就被认为是美国历史上最伟大的妥协。在这次有55人参加、历时116天的会议上，开国元勋们曾有过激烈的交锋，包括尖锐的争吵，反复的辩论，无尽的猜忌、气愤和怨恨，甚至面临会议破裂。但是最终，制宪者们还是包容妥协，使宪法得以通过。人们普遍认为，这是一种政治理性和政治成熟的表现。因为此前，世界各国的制度要么是历史遗留的，要么是入侵者强加的，要么是通过流血建立的，只有美国是由开国者们坐在一起，在审时度势、比较反复中以和平的方式协商和设计出来的。

南北战争结束后，林肯总统到帐篷里看望伤病员，同每一个人都握手。当年轻的军医说"总统先生，别进去，这里都是叛军的俘虏和伤号"时，林肯却说："这正是我要去的地方！"林肯的博爱和超凡之举使叛军俘虏和伤号一个个热泪盈眶。这里体现的同样是包容。

在美国历届的总统大选中，人们的印象尤其深刻的是，总统候选人的竞选向来是认真和激烈的，有时候甚至达到白热化的程度，其中既有政见的纷争、能力的较量，也不乏隐私的曝光、品行的攻击。但是，一待尘埃落定，第一个向获胜者表示祝贺的往往就是其竞争对手。这其中所反映的其实不只是政治上的老道和算计。在2008年大选民主党党内预选阶段，希拉里同奥巴马曾激烈角逐。但当奥巴马赢得党内提名所需的代表人票后，希拉里立即称，要从坚定的对手转为绝对的盟友，帮助把奥巴马送入白宫。希拉里呼吁她的支持者说："我祝贺他取得胜利。我也请求你们和我一道，像支持我那样支持

第八章 从君权神授到君权民授

他。"随即,奥巴马发表声明,说他为得到希拉里的支持而感到激动和荣幸。而后来,当得知奥巴马提名自己出任美国国务卿时,希拉里更是感动和意外。

无疑,包容共进在美国既是个人自由与社会发展的手段和条件,也早已是人们政治和社会生活中的一个核心原则。

六是美国人富有责任感、勇于担当、国家忧患意识强的品质。

在美国,民主自由始终是与社会责任联系在一起的。对美国公民来说,民主自由也意味着承担义务,承担自己行为的责任。美国人认为,民主自由只有在与责任一起运用时才能发挥作用。如果没有责任感,任何自由社会都不会繁荣。如果没有责任感,自由市场制度就会盛行欺骗消费者、内部交易、虐待雇员等现象。如果没有责任感,社会精英的智力只会创造出一种狭隘的利益集团政治,为自己的无能辩解,而不能为更大的公众利益服务。如果没有责任感,个人的自由只不过是自私自利。任何人要获得成功,都必须作为一个美国人而同他人、同国家一起获得成功。

美国人虽然在骨子里认为,他们的国家是最走运的国家,他们的社会是最幸福的社会,他们是受上帝庇佑并体现上帝荣耀的国度,但在内心世界里也从来就存在着一种恐惧心理——恐惧进入衰落期,恐惧降到世界第二的位置,甚至恐惧自己把世界其他大国甩得不够远。因为在美国人看来,那就意味着失败,那就意味着耻辱,那还意味着辜负了上帝。美国是必须永远保持世界第一、永远保持绝对优势地位、永远遥遥领先于世界上其他一切国家的,似乎这才是美国,这才像美国人。这其中的不健康因素是明显的,却也反映了美国人一种特有的居安思危方式和强烈的超级国家意识。

"我想要的美国不是'假如,第一';不是'第一,但是';不是'当……时,第一';不是'也许,第一';而是'第一,句号!'"①"不要问你们的国家可以给你们提供什么,而要问你们能为你们的国家做些什么!"②第三十五任总统肯尼迪在20世纪60年代初发表的这些讲话,曾激起了美国人无比的豪情,让美国沸腾。人们都自觉地强调自身在国家发展中的责任,把一个人履

---

① [美]唐纳德·怀特:《美国的兴盛与衰落》,徐朝友等译,南京:江苏人民出版社2002年版,第422页。
② [美]威廉·德格雷戈里奥:《美国总统全书》,周凯等译,北京:社会科学文献出版社2007年版,第588页。

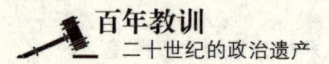

行权利和义务的能力，看作是公民对国家负责任的必然要求和体现。

美国强大的中产阶级的存在，决定性地加重了美国政治文化中责任、忧患这些核心要素的分量。在发达的市场经济条件下，在民主自由的政治氛围中，美国的中产阶级队伍往往比较理性和科学，具有丰富的政治知识，能够意识到政府政策与决策对他们个人乃至整个社会都有很大的影响，因此国家意识很强，具有政治使命感。他们对社会公益事业表现出积极参与的热情，能够主动地兼顾自身利益和社会利益，为政府和社会公共事务出谋献策，并且相信自己有能力影响政府的决策活动。他们在社会政治生活中看重自己对社会的责任，在社会经济交往中体现出诚信，对各种承诺、契约和协议能够负责任地履行，保证社会交往顺畅进行。他们对国内外形势保持客观理性的态度，对国家发展有着比较成熟的思考，能够将社会责任化为政治行为。在美国，他们属于能动型的社会成员。

一个真正意识到自己身上责任并被先进政治文化武装起来的民族实在是强大的，前途不可限量的。

2008年6月27日，连续13年被福布斯评为全球首富的比尔·盖茨引退，捐出了全部580亿美元的财产用于社会慈善事业。扶贫济贫、乐善好施，这是美国公民的悠久传统。几百年来，美国的社会福利事业基本上都是慈善团体和社会公众自己的事。即使是20世纪30年代《联邦紧急救济法》《社会保障法》颁布实施后，社会救助的主渠道仍然是社会自身。据20世纪80年代的统计，美国每年的私人捐款达到700多亿美元。到2001年，这一数字上升到3730亿美元。此外，全美还有约50%的公民参加了某种形式的志愿活动，平均每人每周为社会提供约4个小时的志愿服务。不过，比尔·盖茨的这一捐款还是创下了美国有史以来最大笔的个人捐献纪录。而无独有偶的是，就在他作出这一惊人举动的前两年，有"股神"之称的世界第二大富豪巴菲特也同样有把自己的巨额财产捐给社会慈善事业的壮举，他的捐献达到了300亿美元。世界为他们两人感动。新加坡《联合早报》发文赞叹："他们靠自己的天赋和本事正当赚钱，不搞黑金政治，不搞官商勾结，真是美国人的骄傲！""他们都称得上是伟大的商人，伟大的美国公民。"虽然比尔·盖茨和巴菲特在美国还属凤毛麟角，但他们的确集中代表了美国的公民素质和美国的公民精神。

美国人民是伟大的，是伟大的美国人民成就了伟大的国家，而伟大的国家又培育了伟大的人民,如此不息,把整个民族和国家都推向了世界之巅。也许正是在这样的意义上,所以第43任总统小布什说:"美国人民慷慨、强大、体面,这并非因为我们信任我们自己,而是因为我们拥有超越我们自己的信念,懂得何谓公民。一旦这种公民精神丧失了,无论何种政府计划都无法弥补它;一旦这种公民精神出现了,无论何种错误都无法抗衡它。"①

有必要了解的是,美国的公民精神、政治文化不是凭空产生或突兀起来的,而是有着极为特殊而又深刻的历史与现实的原因的。综合起来看,比较重要的有以下几个方面。

——独立前资本主义成分占主流的社会经济条件就已为新国家孕育了不少民主政治的基因。比如,北美殖民地的议会虽然从英国移植过来,但又比英国议会更具有民主性,因为北美议会的选举范围比英国广泛,选区设置也更为合理。再如,北美的社会经济生活相对自由和平等。虽然北美也存在剥削,但移民谋生比较容易,只要勤劳或有一技之长,就比较容易获得土地或获取财富。在北美,贫富差距也不像欧洲那样悬殊,没有超级富翁,没有国王,很少有无产者。还有,英格兰新教徒把古老英国在郡和镇的基础上长期实行自治的经验带到了北美殖民地,人们早已习惯了自己管理自己。在北美各殖民地,年满21岁的成年男子普遍都参加市镇大会,选举市镇行政委员会和议会的代表,提出、讨论和通过有关地方重大事务的议案,如征税、分配土地、制定地方法规及为学校、教会制定章程等。虽然以上这些在当时还谈不上是成熟的政治和社会制度,但其中所蕴含的民主政治因素却是新鲜而先进的,并且成为美国民主政治的启蒙。

——美国无封建等级制度的历史包袱。由于北美大陆没有经过传统的封建社会,各殖民区等级概念比较淡薄,不存在欧洲或亚洲式的封建特权,没有等级森严的社会阶梯。北美殖民地固然有有钱有势的上层集团,但他们与封建贵族有着本质的区别。新大陆权贵们的形成不是靠封建君主的封赠,而是靠经济实力;其经济实力又不是靠特权或门第获致,而主要是靠个人的才干、奋斗和机遇。许多商界名流和政治精英都是通过个人的努力并得到社会的承认才进入上层社会的。同时,18世纪上半期在北美反复出现的"大觉醒

---

① 〔美〕威廉·德格雷戈里奥:《美国总统全书》,周凯等译,北京:社会科学文献出版社2007年版,第824页。

运动"已经动摇了殖民地本不牢固的等级制度根基,使人们不仅在经济机会和政治特权方面、在信息的掌握和话语的权利方面,而且在明显的和微妙的社会生活的各个方面甚至包括服装与语言方面,都有了一种应该更宽松、更对等的想法。加之殖民地人口分散,政府机构和军队的人数少,教会上层也比较富有竞争精神。所有这些因素,都促使殖民地的等级制度远比欧洲和亚洲的等级制度脆弱,消除时也比较容易。

——国家发展过程中的一帆风顺和得天独厚的自然地理条件对培养美国人的气质起了特殊作用,而几乎贯穿整个19世纪的西进运动又进一步强化了美国人的思维方式和性格特点。西进运动既意味着美国版图的扩大、土地的开发、人口的增加以及联邦的壮大,同时也锻炼了美利坚民族。在人们先是向阿巴拉契亚山脉以西、后来是向密西西比河流域、最后是向起自墨西哥止于加拿大之间的广大区域进发的过程中,饥饿、寒冷、疾病……都被一一征服了。拓荒者们改造了西部,西部也改造了他们。通过西进运动,美利坚拥有了一批又一批富于理想、充满激情和勇于开拓进取的新人。1893年,当美国终于停息西部边疆的拓展时,美国人口普查委员会在发布的名为《边疆的终结》的报告中,对美国西部拓荒对美国民族性格的形成和影响也进行了总结。报告中写道:"边疆的生活条件形成了美国人的某些重要特点。既粗犷、强壮、敏锐,又充满求知欲;既注重实际,又富有创造性和随机应变的能力……美国人民从不断的边疆拓展中形成了自己的特性。"①美国历史学家康马杰说:"在整个历史上没有哪个国家像美国这样万事顺利,每一个美国人都了解这一点。地球上没有任何地方自然条件如此优越,物资资源如此丰富,每一个有进取心和运气好的美国人都可以致富。由于大自然和经验都告诉他们应该保持乐观,美国人的乐观精神是异乎寻常的。就总体来说,他们从来不知道失败、贫困或是压迫;他们认为这些不幸是旧世界所特有的。对他们来说进步不是抽象的概念,而是日常的经验;他们每天都看到荒野变成良田,村庄变成城市,社会和国家不断变得富有和强大。"②

——特有的结社传统和强大的社团功能有利于培育公民文化。美国人喜

---

① 〔美〕J. 艾捷尔编:《美国赖以立国的文本》,赵一凡等译,海口:海南出版社2000年版,第597—598页。

② 李其荣:《美国精神》,武汉:长江出版社1998年版,第50页。

第八章 从君权神授到君权民授

好结社在世界上是首屈一指的。不论年龄多大，不论处于何种地位，不论志趣是什么，美国人都会参加社团。实践证明，美国的社团不仅具有把人们组织起来实现行业、地区或者某种特定目标的功能，而且在传播思想、以示范的办法感化人培养人方面，作用也是很大的。一般来说，人只有在相互作用之下，才能使自己的情感和思想焕然一新，才能开阔自己的胸怀和发挥自己的才智。而美国的社团特别是政治方面的结社，正是在政府体制外为人们提供了这种可能。托克维尔认为美国的社团简直就是一所学校，在潜移默化中教育了人们。他在《论美国的民主》中写道："结社可以同时将许多人吸引到自己方面来，使他们摆脱原来因年龄、思想、贫富而造成的隔离状态，进而发生相互往来和接触。他们只要相会过一次，就会设法再次相会。……参加这样的结社后不久，他们就会知道在这样一大群人中应当遵守什么秩序和采取什么步骤，才能使他们步调一致地和首尾一贯地奔向共同的目标。他们要在这个政治社团中学会使自己的意志服从全体的意志，使个人的努力配合共同的行动。这些事情，无论是在一般结社，还是在政治结社中都是每个成员所必须知道的。因此，可以把结社看作是开办一所免费的大学。"①

——特殊的全民教育方式对培育公民文化起了重要作用。美国虽然不设宣传部文化部，政治教育没有举国的统一号令，政府不负有公民教育的主要责任，但其政治教育的效率还是很高的，就如同它的经济建设政府不负有主要责任照样发展得很好一样。在美国，政治教育的主渠道历来是学校、政党、媒体、社区、家庭、教会和一些公共教育场所。尽管力量分散、主体多元，但公民教育的内容是统一的，这就是美国的政治制度和价值观，公民的权利、责任和义务；教育的目标是一致的，这就是培养国家意识、公共精神和责任公民；教育的效果是叠加的，实际上是通过价值观的高度同一实现了政治上的高度统一，在全社会形成了教育的合力。从实际情况看，美国的政治教育确实在美国起到了凝聚人心、巩固政治、化解矛盾、稳定社会的重要作用。

"我，美利坚合众国的前总统，站在这儿，手里还拿着一个塑料袋准备铲狗屎——我重新回到了正常人的生活。"这是小布什2009年初卸掉总统职务回到得克萨斯州后第一次在居住小区散步时的一幕。小布什说，当他的爱犬搞

---

① 〔法〕托克维尔：《论美国的民主》，董果良译，北京：商务印书馆1988年版，第646—647页。

出"状况"时，新生活变得有点儿复杂，但一切都顺理成章。

这里所反映出的难道仅仅是小布什的或美国的平民意识吗？

的确，小布什现已是政治体制之外的"平民"，政府治下的"百姓"，偌大公民群体中的一员，在政治上已与其他人平等，在法律上也已失去了与其他人原先的差别，但是，对这个问题的回答却不能用"是"或"不是"来简单地表述。

人们的生活中保存着真正的秘密，潜藏着社会真理。有其人，就必有其国；有什么样的公民，就有什么样的国家。一个国家的荣辱兴衰，世界上国家与国家之间的激烈竞争，一个根本性的实质性的问题，是公民及公民文化问题。贵为总统的小布什卸职之后之所以能够同普通人一样"铲狗屎"，这分明是在说，公民社会已经在美国真正地还原成了国家的基础和目的，并且已经获得了普遍性意义和决定性效能。这分明是在说，一个具有宗教神谕或武力强制成分、囿于某种自然生活图式和政治依附关系的社会已经不存在了，一个把民主自由作为社会正当性、合理性价值评判标准和现实目标选择的时代真正开始了！一个希望民众驯良和俯首听命、鸦雀无声地顺从领导者意志的时代已经结束了，一个积极主动地参与国家政治进程、自主进行从传统"子民"到现代"国民"转变的趋势不会逆转了！一个靠一家一姓一阶层永享权力或仅仅依靠少数人治国已经没有前途了，一个由公民素质高低及公民文化优劣决定国家实力地位与高尊卑微的时代已经到来了！这分明是在说，一个没有公民及公民文化自觉的国家，一个不把公民及公民文化上升到国家思维的国家，是一定不会成为真正伟大的国家的。

在今天的世界上，已经没有一个国家的政府可以不向国内外宣布，它的目的是使它的全体国民过上幸福安康的生活，它已在运用各种手段来鼓励它的每个国民参与国家的发展；而要达成这样的目标，唯有公民社会及其公民社会所拥有的公民文化才提供了最根本的途径。

第九章
Chapter Nine

从硬实力到软实力
——任何国家无法长久地保持它的世界影响，
除非它能提供对全世界具有
重要意义的启示

> 当我们老了，回顾平生，我们就会清醒地意识到，那些最重要的时刻却总是和物质成功无关，而是和情感，和与我们的人类同胞、生物同胞、所居处的地球之间的关联感息息相关。
>
> ——〔美〕杰里米·里夫金

第九章 从硬实力到软实力

1990年,曾出任过美国国防部部长助理的哈佛大学教授约瑟夫·奈提出了软实力的概念。他认为,一个国家的综合国力既包括由经济、科技、军事等方面的力量所组成的硬实力,也包括由文化、意识形态或政治价值、社会制度等方面的影响力和吸引力所组成的软实力。约瑟夫·奈曾经这样定义他所说的软实力:"它不是强迫、欺负、威吓和贿赂别人的权力,而是通过智慧、榜样和尊重他人来吸引、说服和影响别人的权力。"①

后来,人们又把软实力进一步细分为文化软实力和政治软实力,认为文化的吸引力和感染力构成文化软实力,属于一种资源性实力;政治价值、政治制度、国家战略等因素的号召力和影响力构成政治软实力,属于一种运用国家资源的能力。并且认为,软实力的核心是政治软实力。所列举的理由是:(1)政治软实力的主体具有唯一性。其拥有者或组织者往往是政府或政党,可以对经济、科技、军事等力量进行集结整合,放大其能量;可以依托国家机器对社会资源进行动员,产生物质手段、市场手段所无法企及的力量与行动结果。(2)政治软实力具有很强的扩张性与传播性。它可以跨越地域、领域、人群及层级发挥作用。(3)政治软实力具有一种特殊的刚性。它既可以靠宣传力和动员力发挥作用,也靠诱惑力和吸引力发挥作用,往往能够导致人们自觉自愿地不由自主地接受、支持、模仿和遵从。因此,软实力虽然一直存在,其实现甚至还以硬实力为基础,但它又的确不同于硬实力,并且从未像今天这样重要,这样被人们所重视和追求。

---

① 〔美〕约瑟夫·奈:《理解国际冲突:理论与历史》,张小明译,上海:上海人民出版社2005年版,第1页。

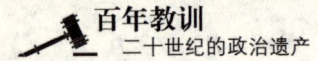

一　由伦敦共识到华盛顿共识——一种隐性霸权导致了世界领导权的禅让

对于 20 世纪前期那次世界领导国地位的交替，人们注重的一般都是美国的经济和军力。即便对美国后来的全球政策，人们多半也用"胡萝卜加大棒"来形容，认为其基本途径还是经济援助与军力强制。这样的判断固然不错，但也有一个明显的缺陷，即忽视了美国强大软实力的作用。

人们公认，19 世纪的世界领导国是英国。1851 年在伦敦举办世界首届博览会以后，英国步入鼎盛时期。其工业生产能力相当于欧洲的 55%—60%，世界的 40%—50%，人均工业化水平为法国和美国的 3 倍，中国的 15 倍，印度的 20 倍。英国始终保持着强大的海军，其战斗力基本上相当于除自身以外的世界其他国家海军实力的总和。悬挂着米字旗的商船队占全球商船总数的三分之一强，常年有上万艘商船游弋在世界各大洋。英国的殖民地遍布世界各大洲，号称"日不落帝国"。与此同时，伦敦还是世界的贸易中心、金融中心、政治中心和新闻中心，英镑为国际通用货币。

20 世纪初，虽然美国和德国的工业生产能力都已超过英国，但世界的领导权仍然在英国手上。1914 年，英国的殖民地领土等于其本土面积的 110 倍，超过 11000 万平方英里，统治的殖民地人口等于其本国人口的 8 倍，超过 4 亿，其权势、繁荣和财富在世界上都是独一无二的。尽管第一次世界大战结束后美国发起建立了"凡尔赛—华盛顿体系"，奠定了国际新秩序的基石，但迫于国内的压力又把主导权交还给了英国。只是又过了 20 年爆发第二次世界大战之后，先后在德黑兰和雅尔塔召开两次"三巨头会议"，才真正标志着英国霸权的陨落，由英国长期以来主导世界格局的权力棒也才移交到美国的手中。

导致这一重大变局的原因自然是多方面的。

首先，有包括英国在内的欧洲自身的原因。虽然不能认为美国的领导权就一定是英国人欧洲人自愿奉送的，但也不是美国人从英国人欧洲人手中强

第九章　从硬实力到软实力

行夺取的。

1914年秋，当一个又一个的欧洲国家卷入第一次世界大战的大屠杀时，英国外交大臣格雷伯爵就感叹不已："灯光正在整个欧洲熄灭。"①他的看法显然很有道理，并且其正确程度比他当时所能预见的还要高出许多。第一次世界大战注定要使人们所熟悉的整个欧洲变成废墟，它不仅毁灭了经营数世纪之久的哈布斯堡、霍亨索伦、罗曼诺夫和奥斯曼等这样一些古老王朝，造成千百万人的生灵涂炭，同时也使文艺复兴以来欧洲的传统世界地位一落千丈。

这种跌落至少表现在经济衰退、政治危机两大方面。1914年前，欧洲的经济在很大程度上是依靠大规模的全球投资来支撑的，这些投资每年都产生大量的利润。但在第一次世界大战期间，英国却失去了其对外投资的四分之一，法国失去了三分之一，德国则失去了全部。欧洲各参战国本土的工业生产也陷于瘫痪，失去元气。在政治上，欧洲内部遭到严重摧残。1914年以前，欧洲已是世界基本政治思想和基本政治制度的发祥地，这些思想和制度的影响遍及全球每个角落。但是，战争的浩劫使欧洲人顿感沮丧，失去信心。在古老大陆的各个地方，传统的政治、经济和社会秩序都受到了怀疑和挑战。

就是在这样的时刻，许多欧洲人都期待一位非欧洲人——美国总统威尔逊的指导。威尔逊在美国国会提出的结束一战的"十四点计划"，曾在全欧洲引起一阵充满期望的骚动。当威尔逊1918年12月踏上血染的欧洲土地时，一些欧洲人以发狂的热情把他当作"救世主""和平王子"和"人类的国王"来欢迎，贪婪地聆听他有关和平与安全的言论和远景规划。在18、19世纪时，欧洲人的思想曾唤醒和激励过美国人，而现在的情形则刚好反过来了。就是在欧洲急切地向美国寻求思想指导时，美国不自觉地获得了主导欧洲事务的权力。

第二，有第一次世界大战后经济实力对比发生不可逆转的历史性变化的原因。这为美国地缘政治抱负的膨胀提供了物质基础。

进入20世纪前，两大事件曾决定性地促进了美国的经济起飞。一个是南北战争。这场战争实际上是北方工业文明同南方大庄园经济之间的一场战争。随着北方获胜，联邦建立了统一的经济制度，工业发展所需的劳动力市场和

---

① 〔美〕斯塔夫里阿诺斯：《全球通史》，吴象婴等译，上海：上海社会科学院出版社1999年版，第578页。

原材料市场基本形成，使美国从此走向了工业化时代。再一个是西进运动，南北战争后的30年达到了高潮。30年间新开垦土地2.5亿英亩，相当于北美过去270年垦殖土地面积的总和。在这些新开垦土地上形成的专业农业区，一方面确立了美国现代农业发展的基本格局，同时又为美国整个经济发展奠定了基础。1870年前，美国的经济是以农业为主的，其农业产值占工农业总产值的63.8%；而到了1890年时，工业产值即占到工农业总产值的77.5%。1870年前，美国社会的生产主要是由个体来组织和进行的；而到了1890年以后，社会生产则主要由以股份制公司为代表的大企业来操控了。1860年时，美国的工业产值还不到英国的二分之一，而到1894年时，美国的工业产值即超过英国，跃居世界首位。

第一次世界大战的发生不仅给美国的经济注入了新的动力，而且给美国从根本上改变同英国以及整个欧洲的经济实力对比提供了历史性机遇。第一次世界大战前，美国的经济发展相当一部分是靠欧洲提供所需的资本，1914年美国欠欧洲投资者的债务约为40亿美元。但到1919年战争结束时，欧洲反过来已欠美国的款项37亿美元，到1930年时这一数字进一步上升到88亿美元。同时，一战中美国还借给欧洲协约国100亿美元的战债，其中英国就占41亿美元。在工业生产上，欧洲的主要工业区已遭战争彻底破坏，但美国的工业生产却在战时需求的推动下获得了惊人发展。一战结束后，美国的国民生产总值即由战前的390亿美元上升到771亿美元，美国的工业产量占世界工业产量的比例即由战前的33%上升到了42.2%。这一比例已经高于当时包括苏联在内的所有欧洲国家的工业生产比例。而在第一次世界大战结束后，英、法等交战国迫于大量的货物进口需求和巨大的军费开支，又不得不把大量黄金支付给美国，从而使美国的黄金储备由1913年时的7亿美元急剧上升到1921年时的25亿美元。这个数字也占到了当时世界黄金储备总量的40%以上。由此一来，美国与英国和欧洲的经济关系便因第一次世界大战而完全改变了，英国和欧洲已再不像19世纪时那样是世界的银行和世界的工场了，这两方面的领导权便慢慢开始向大西洋彼岸转移了。

而第二次世界大战的爆发，更是加速了欧洲的经济衰落，进一步扩大了美国的经济优势。虽然20世纪30年代的经济大萧条曾引起美国经济的缩减，但二战期间美国经济的快速增长除抵消经济危机时的损失以外还绰绰有余。

第九章 从硬实力到软实力

1940年时,美国的国民生产总值不足1000亿美元,而到1945年战争结束时这一数字翻了一番,达到了2000亿美元以上。到了20世纪40年代末,美国的工业产量更是占到世界工业产量的60%以上,黄金储备占到世界储备总量的70%以上,海外贸易额占到世界贸易总量的30%以上。这是美国经济在世界经济总量中所占比重的顶峰,也是自英国工业革命以来的世界近代史上从未出现过的现象。而与美国形成鲜明对照的是,欧洲的经济在第二次世界大战中又成了战争的重灾区。

第三,有军事力量对比发生重大改变的原因。这为美国后来的海外扩张和获得世界主导权奠定了实力基础。

在钢铁工业时代,海上的力量是一个重要指标。随着经济力的增长,美国的海军力量在进入20世纪时由世界第12位迅速上升到了世界第5位,并且凭着这一力量,美国于1898年在马尼拉湾击败了西班牙舰队。这是崛起于新大陆的国家击败了五百年前发现这片新大陆的国家,也是美国第一次在非美洲地区向世界亮出了自己的剑。

一战的发生给美国进一步发展军力提供了理由。1900年时,美国仅有武装部队13万人,而到1919年大战结束时扩展到了400多万人。尤其是其海军力量在这期间获得了飞速增长。参战前美国海军还只有7艘军舰和6艘货船,总吨位不足10万吨,而战争结束时竟拥有2000多艘舰船,总吨位数达到了325万吨,仅次于英国。为了拥有更大的海上自由,一战后美国提议召开了两次海军会议。在1922年召开的华盛顿会议上,美英日法意签订《海军军备条约》,明确5国的主力舰吨位数比例为5∶5∶3∶1.75∶1.75。在1930年召开的第二次海军会议上又签署《伦敦海军公约》,进一步明确了美英日3国战列舰吨位数的比例为5∶5∶3,驱逐舰吨位数的比例为5∶5∶3.5,潜水艇吨位数的比例为5∶5∶5。这样,美国就最终取得了与英国海军平起平坐的地位。

到了第二次世界大战,美国的军力就急剧膨胀起来了,连战时总统罗斯福都认为令人难以置信。他在国会上说:"美国的劳动力与资方年产飞机10.9万架,坦克5.7万辆,战舰537艘,登陆舰艇3.1万艘,货轮1900万吨位……以及年产小型武器军火230亿发子弹——我真的不理解,我相信你也不会理解。"①到二战结束时，美国军队总数已达到1200万人，拥有了世界上最强大的海军和空军，并且有了原子弹。这显然为美国主导世界事务准备了条件。

第四，有美国具有一些天然条件和获得一些难得国际机遇的原因。这是其他世界大国都不曾遇到的，尤其是在战乱与血腥的20世纪。

两次世界大战提供给美国的机遇不只是经济和军事方面的，更重要的在政治方面。长期以来，由于美国地处西半球，大西洋和太平洋为美国竖起了两道天然屏障，不但免于战火烧到美国本土，而且还为美国调停战事、提升自己的国家形象起到重要作用。一战为美国把大量军事力量投放到远离本土的欧洲提供了史无前例的机会。这次跨洋远征在规模和范围上都是空前的，标志着一支崭新政治力量的出现。同样重要的是，这次大战还使美国第一次作出重大的外交努力，运用美国的原则来寻求欧洲问题的解决。在巴黎和会上，不仅威尔逊总统的"十四点计划"成为会议谈判的基础，而且其成立国际联盟的建议也被会议通过，写入《凡尔赛和约》。在第二次世界大战中，美国更是处于中坚地位，一跃成为国际舞台上的主要力量。可以说，在这两次世界大战中，每发生一次大战，欧洲老牌资本主义国家就旧伤疤上增添新伤痕；而美国却是每参加一次大战，其国家实力和国际地位就上升一个大台阶。

第二次世界大战结束后，虽然出现了美苏两个新的世界领导国，并且，二战后的世界及20世纪将近一半的时间实际上是两极世界，有两个领导者，但这一格局是明显有利于美国的，对美国同样是一种机遇。一方面，战后的英国已经不构成一方，不足以与美国或苏联单独抗衡。另一方面，英国与苏联在意识形态上是根本对立的，而与美国不仅在意识形态上一致，而且有着特殊的历史渊源关系。更不用说，二战后的世界很快就形成了两个国际阵营，美苏两国已经代表着两个彼此对立的意识形态，各自领导着两个国际阵营，已使英国别无选择。事实上，还在冷战的序幕阶段，英国就完全站在美国一边，加入与苏联对抗的阵营了。

对于成就美国的世界地位来说，以上这些方面显然都是至关重要的，重要就重要在，缺少了其中的任何哪一条都不可能出现后来的这种结局。但是，

---

① 〔美〕唐纳德·怀特：《美国的兴盛与衰落》，徐朝友等译，南京：江苏人民出版社2002年版，第65页。

第九章 从硬实力到软实力

又不能不看到的是，除了上述这些属于硬实力和国际客观环境的一些因素外，确实还存在着一个一直起着独特作用的方面，这就是美国的软实力。甚至完全可以说，不凭借软实力，美国的世界地位或许也可以获得，但绝不会通过和平的方式获得，也绝不会出现英国或欧洲或多或少带些自觉自愿奉送这种情况。

美国这一时期的软实力，首先体现在文化方面。进入20世纪不久，随着第二次经济转型的完成和现代城市生活方式的确立，美国的文化软实力就达到了被人们称为"文化帝国主义"的程度。世界各地的人，不管你持什么样的美学价值，美国的大众文化都具有一种磁铁般的吸引力，尤其是对青年人。在一个很长的时期，美国的电影、电视节目和通俗音乐曾占到世界市场的四分之三，美国的文化时尚、社会风气或消费方式，甚至连穿着和饮食习惯，也在全世界被广泛模仿。美国还成为人们寻求高等级教育的圣地，有数十万的外国大学生涌向美国，其中很多最有能力的学生学成后不再回故国。欧洲评论认为，美国的世界地位早已从经济、货币、军事方面延伸到了生活方式、语言和铺天盖地涌向全球的大众文化产品等领域，这些生活方式和文化产品在左右着人们的思想和生活，甚至使美国的敌人也为之着迷。

而在政治软实力方面，从建国伊始，这就是美国最为自信的一个方面。许多政治领导人、外交官和学者，都是把美国的价值观埋在心里、挂在嘴边、体现在行动上。第37任总统尼克松说："我们决不能忘记美国为什么在世界上有特殊的意义。……即使在200年前美国还是一个软弱和贫穷的国家时，它就代表着一种比军事力量和经济财富更为重要的伟大思想——全面自由的思想。千百万人走上我们的海滩是因为美国代表着自由的国家、自由的人民、自由的市场、自由的选举、自由的表达意见和自由的宗教。对于我们来说，没有任何事情比向世界其他国家展示这种思想的力量更为重要。"[①]第40任总统里根说："我相信，是上帝把这块土地放在两个大洋之间，让世界各地的特殊人物发现了它，致使这些人因酷爱自由而远离故土云集到这片土地上。……我们对全世界来说就像一块磁铁，吸引人们冒着被子弹击中的危险，以生命为代价越过柏林墙来到这里，吸引人们冒着九死一生的危险乘一叶扁舟渡过

---

① ［美］理查德·尼克松：《超越和平》，范建民等译，北京：世界知识出版社1999年版，第279页。

波涛汹涌的大洋来到这里。……这块土地上的人民,能够高高地飞翔,一直飞到可以看见自由和希望的万里云天。"①软实力概念的提出者约瑟夫·奈同样认为,美国的软实力在很大程度上来自于美国的价值观,因为它可以激发他人的梦想与欲望。

在这一时期,美国软实力的超级能量还体现在填补英国衰落所造成的空白,在诸多领域主导建立国际机制和国际规则方面。在经济领域,英国实际上在1933年的全球经济会议上就已无法起到领导作用,空出了"制定世界经济计划的角色"。随着1944年在美国新罕布什尔州召开了有44国参加的国际金融会议,决定美元与黄金挂钩,各国货币与美元挂钩,并组建国际货币基金组织,设立国际复兴开发银行,以美元为中心的世界货币体系从此建立,也从此确立了美国在国际金融领域里的霸主地位。在安全领域,世界50个国家的代表于1945年6月在美国旧金山签署了《联合国宪章》,美国在这次会议上不仅促成了联合国的建立,并且主导确立了联合国安理会的权威和大国决定原则,深刻影响到二战以后的整个国际秩序。在军事领域,美国利用自己在第二次世界大战期间所发挥的作用和所建立起来的国际信任,获得了在全球战略要地驻军和建立军事基地的权力,拥有了空前的军事地位。而更为重要的还在于,美国按照自己的价值、自己的需要所主导制定的这一系列国际游戏规则,对许多其他国际行为体而言,它们竟也认为这是自己所需要的,也符合它们的愿望。

从以上可以看出,美国软实力的强大和其对国际社会的吸引,对于有史以来实现一种世界权力的和平转移,作用的确是无可比拟的。虽然20世纪前半期国际社会所遵循的国际关系原则仍然是实力原则,但这种实力已经不仅仅是硬实力,而是既包括硬实力也包括软实力,并且在更大的程度上取决于软实力。而进入20世纪后半期以后,美国通过自己的软实力影响其他国家的偏好,左右全球政治的议事日程,更是成为一种世界现象——美国现象。无论你承认它否定它,喜欢它反感它,赞美它诅咒它,它都无处不在无时不有,逼着人们身不由己地注视它,接受它,跟着它跑。这是一种隐性霸权,这种隐性霸权在20世纪属美国特有。

---

① 泽明等编:《外国首脑文集》(下册),北京:中华工商联合出版社1997年版,第86—87页。

二 由华沙之跪到莫斯科微笑——虔诚的战争赎罪帮助实现了大国回归

2010年5月9日上午10时许,德国总理默克尔与俄罗斯总理普京相视一笑,并肩站在莫斯科红场检阅台,同俄罗斯总统梅德韦杰夫和来自世界20多个国家的领导人一道,目睹了这次俄罗斯史上最大的并有美英法等当年反法西斯同盟国军队第一次参加的卫国战争胜利庆典阅兵式。对于默克尔来说,这并不轻松。其原因还不仅仅是因为欧洲各主要国家的领导人和美国的领导人都没有出席,而且主要在于65年前的这一天对于德国人来说,是极其敏感的、高度政治性的。因为就是在这一天,德国坚守柏林的100万大军被苏联军队彻底击溃;就是在这一天,德国签署了战败投降书。俄罗斯庆祝的胜利日,实际上就是德国的战败日和投降日。但是,默克尔还是来了。对于5月9日这个特殊的日子,默克尔在接受记者采访时是这样说的:要来莫斯科对德国人来说不一样,因为二战期间德国是对苏联伤害最深重的国家,很多德国人也因纳粹主义发动的战争而丧生,是苏联和其他盟国一起解放了德国,我们没有忘记这种解放。默克尔还强调,德国会教育年轻一代记住历史教训,永远与俄罗斯和平共处。①

也许默克尔的微笑不曾有蒙娜丽莎微笑的那般神秘,但与40年前时任总理勃兰特的华沙之跪却有着惊人的相似之处——都虔诚地为纳粹时代的德国认罪赎罪,都代表着德国人正视历史的勇气和决心,都同样赢得了世界的尊重。这些非凡之举于德国既是标志性的也是实质性的。二战结束时,德国陷入到全世界的声讨之中,连纳粹党驻波兰总督佛朗克在纽伦堡就刑前也不得不承认:"千年易过,德国的罪孽难消。"而二战结束后60多年来,德国已不是原来意义上的德国。人们在谈论别的世界大国时往往会比较容易提出这样或那样的批评,而在谈论德国时则往往是一片赞扬声。2009年2月,英国广

---

① 《环球时报》,2010年5月10日,第1版。

播公司和美国马里兰大学联合组成的全球舆论调查中心公布了它们每年一度的"国家形象"调查结果——"全球对德国的印象依然最好"。总理默克尔不仅被本国民众赞扬为"一个既普通又伟大的女子",并且曾在美国福布斯每年进行的全球最具有影响力的"十佳女性"评选中,三次荣登榜首。

分析德国二战后迅速回归世界舞台的原因,有许多值得总结的方面:举国的团结、稳定的政治、发达的经济、优质的教育、现代的科技,以及国民的现代化素质,等等。而就其软、硬实力在国家复兴过程中所起的作用来看,德国在对待纳粹时期发动战争问题上所采取的赎罪态度和赎罪行动,则是一个极为突出的方面,并且构成了德国政治软实力的一大特色。甚至可以说,20世纪的前半期,德国是在用疯狂的战争征服世界,而在20世纪的后半期,德国则是在用虔诚的战争赎罪征服世界。并且,这是通过一系列的国家行为来实现的。

1949年,出任联邦德国第一任总理的阿登纳即指出:"在今天的欧洲,世仇已经完全不合时宜了!"就是本着这样的认识,阿登纳和其他欧洲国家领导人一起启动了欧洲的和解与联合。

1952年,在联邦百废待兴、国家经济极度困难的条件下,德国签订了向以色列进行战争赔偿的协定。

1953年,德国通过了战争受害者赔偿法。根据这项法律,凡在二战中受到政治、种族和宗教迫害的人都可以得到赔偿。到2005年,德国累计支付这项赔偿1250亿马克。

1963年,德国同法国签署《合作条约》,实现了欧洲两个仇恨最深的大国之间的真正和解。

1970年,德国总理勃兰特访问波兰时冒着凛冽的寒风来到华沙犹太人死难者纪念碑前,在向纪念碑献上花圈后双腿下跪,发出祈祷:"上帝饶恕我们吧,愿苦难的灵魂得到安宁。"勃兰特的认罪赎罪,被认为是"欧洲约一千年来最强烈的谢罪表现"。多少饱受纳粹蹂躏的波兰人为勃兰特的这一举动热泪盈眶,从此淡化了郁积在心底的愤怒。

1970年底,德国总统赫利向全世界发表赎罪书,对战争进行反省认罪,承认德国给世界各国和人民带来了无穷的灾难,应该谴责自己。

1985年,德国总统魏茨泽克在二战结束40周年纪念日发表讲话,声明

第九章 从硬实力到软实力

1945年5月8日是希特勒法西斯的"战败日",同时也是德国人民从法西斯统治之下获得新生的"解放日"。

1995年,德国总理科尔继勃兰特总理之后,又双腿跪在以色列犹太人殉难者纪念碑前,重申国家的道歉。

1998年,德国举行犹太人被害的纪念活动,总统赫尔佐克指出:"对犹太人的屠杀是德国历史上最恶劣最无耻的事件,国家成了有组织犯罪的凶手。"

2005年,德国"被害欧洲犹太人纪念碑"在德国的象征与政治中心——勃兰登堡门与议会大厦旁揭幕。这一举动让世界震惊。因为这是破天荒的事件——"一个国家在自己首都的中心坦白了自己最大的历史罪行"。在这处既建有纪念碑又建有纪念馆的入口处写着这样的话:"我们要为这一空前的犯罪行为进行忏悔,对其历史责任毫不退却,并将它视为德国国家的态度。"

除了政府代表国家赎罪外,德国民间也积极采取行动。作家施奈德呼吁:"在一个民族的生命中可能会出现这样一个阶段,在这个阶段中,赎罪是唯一可能的态度,从而是这个民族的历史行为。"一位大学教授为了表达对犹太人的悔过和赎罪,将自己刚刚成年的女儿送到了以色列一家农场去做义工。2010年5月,新闻媒体和社会各界又纷纷谴责总统克勒在阿富汗问题上有关被认为"为德军驻阿富汗使命辩护"的言论,克勒也对自己的言论在"某些重要的和困难的问题上引起误解"而表示遗憾,迅速宣布辞职。这是二战结束以来德国首次出现总统辞职。可见,在如今的德国,任何涉嫌战争色彩的言论和行为都会遭到人们的强烈反对,总统也不例外。

德国人对战争的悔罪是虔诚的。这也是他们对上百年来德意志好战历史的最大拨乱反正,最大理性回归。

在19世纪初,德国应该说还是热爱和平的,同时也曾是战争的受害者。只是在1813年的莱比锡大会战中才推翻拿破仑的统治,争得了德意志的新生。与此相应的民族品质也是勤勉、忠诚、和睦、平等、自由等进步性民主性因素。

但是,到了19世纪中后期,深刻打上容克贵族和封建军事色彩烙印的德国资产阶级开始狂热地崇尚武力和军国主义,其占主导地位的社会思想也逐渐异化为"普鲁士精神",权力、扩张和民族复仇主义成为其内核。被视为普鲁士精神始祖的俾斯麦露骨地鼓吹"铁血道路",他刚被威廉一世任命为首相就说："我们的时代是战争的时代，是铁和血的时代。如果强者压服了弱者，那只是一种无可非议的生存竞争的规律。"就是这样的思想文化，使德国在产生一大批思想家和文学巨匠的同时，也产生了威廉二世、希特勒这样一些战争狂人。

威廉二世从1888年到1918年统治德国长达30年之久。他自视为"奉神之命的全欧盟主"，制定了一整套征服全欧、统治世界的计划。对欧洲，他的征战步骤是：先征服法国，再打败英国，尔后并吞奥匈比荷四国，最后征服俄国。对于建立全球统治地位，威廉二世设想了三种方案：先是与美国结为同盟，联合击败日本；如第一案不能实现，则笼络俄国，促使其与日本展开复仇之战，德国进行海上支援，事成之后德俄两国瓜分日本；如前两案都不能实现，则抛弃征服日本的念头，组建德美日三国同盟，由德美日三国瓜分世界，即：德国领有欧洲、非洲之全部并澳大利亚之一部，美国领有南、北美洲之全部及澳大利亚之一部，日本领有亚洲之全部及南洋之一部。为了推行其全球扩张战略，威廉二世还提出了一套荒谬的理论，如"皇权神授论""种族优越论"等。

希特勒的所作所为与威廉二世一脉相承，有过之而不及。在《我的奋斗》一书中，希特勒宣称："上帝并没有给任何国家以方寸的土地，一切边界不过是世人的自由更改罢了。"希特勒还以批评者的口吻指责威廉二世，认为他的政策"已不可能为日耳曼人的子孙获取地球上所应有的领土"，德国必须用武力来争夺新的生存空间，并且要"把目光投向东方的土地"。1933年获取总理位置后，希特勒便煽动种族狂热，推行法西斯统治，把扩军备战、争夺生存空间作为德意志第三帝国的战略核心。

早在19世纪80年代，恩格斯在分析欧洲列强争霸的趋势时就曾预言：一场空前规模和空前剧烈的世界战争将会到来，其结局将是"普遍的破产，旧的国家及其世代相因的治国才略一齐崩溃，以致王冠成打地滚在街上而无人拾取"①。历史的进程验证了恩格斯的这一预见。欧洲果然成了20世纪两次世界大战的主战场，而德国则又成了这两次世界大战的策源地。

事实上，从1862年俾斯麦出任普鲁士帝国首相到1945年希特勒第三帝

---

① 《马克思恩格斯选集》第4卷，北京：人民出版社1972年版，第267页。

第九章　从硬实力到软实力

国灭亡的整个历史进程中，德国都是沿着战争的道路、扩张的逻辑在发展的。在这期间，由少数人的疯狂和狂热演变成千百万人的不计后果的集体非理性行为，曾在德国的历史上一再重复。第二次世界大战中，整个国家的非理性更是发展到无以复加的地步，极权主义、军国主义、种族主义、复仇主义、法西斯主义等种种政治怪胎恣意肆虐，文明和哲理被异化，民族精神和情绪被误导，兽性和妄想代替了人性与理智。在这样一种历史条件下，如何在战争结束后尽快走出罪恶的深渊，如何承担起自己应该负的战争责任，就成了德国回归正常国家发展轨道和重返欧洲、重返世界的第一步。

每一个民族或国家的奇迹背后都总有一种精神。德国在经历了长期的分裂和惨烈的战争之后又迅速崛起，由一个遍体鳞伤的国家变成了一个高度发达的国家，由一个最好战的国家变成了一个最不好战的国家，令全世界感动和敬畏。德国过去用战争未曾征服世界，而今天却通过战争赎罪为自己赢得了尊严。一个民族一旦占领了思想和道德的高地，必定会有比较光明的前景。这就是享有思想之国、智慧之国这些盛誉的德国，在回归主体意识后又为人类供应的精神产品。

三　由国内满意到国际推崇——蕞尔小国开启了国家德治之先

通常，一个国家的硬实力越强其软实力也就越强。但是，新加坡却是一个例外。

"从8月9日起，新加坡将永远是一个建立在自由和公正原则上的民主、独立的主权国家，并在一个更公正更平等的社会里永恒地谋求人民的安宁和幸福。"①这是新加坡1965年退出马来西亚联邦成为独立的共和国时，年仅42岁的首任总理李光耀含着泪向人民和外界作出的承诺。

李光耀说这番话时，新加坡百废待兴，问题重重：失业，房荒，环境恶

---

① 鲁虎编：《新加坡》，北京：社会科学文献出版社2004年版，第45页。

化，种族冲突不断，经济衰退。人均国民生产总值仅有1330新元，53人才拥有1台电视机，27人才拥有1部电话，2534人才拥有1名医生，文盲率达到28%，失业率达到13.5%，还刚刚发生了一起马来亚人同华人的流血冲突，伤461人，亡22人。

然而，到了20世纪末时，新加坡的人均国民生产总值超过2.4万美元，人均收入列世界第9位，92%的居民拥有属于自己的住房，10岁以上人口的识字率达到了92%，每100人有38.5台电视机，每2人有1部电话，基本达到全民就业水平，普遍享有医疗保险。华盛顿人口委员会世纪末发布的报告对100个国家的人民生活水平进行比较，新加坡在许多指标上排名靠前：住宅水平居第1位，防止噪音水平居第1位，公共卫生水平居第6位，交通顺畅程度居第7位。与此同时，世界上最繁忙的港口、世界第二大钻井平台生产基地、世界第三大炼油中心、世界最大的硬盘生产国、世界第四大外汇交易中心、世界花园城市、亚洲第二大金融中心、东南亚硅谷、"东方的波士顿"、"亚洲的明珠"、"小国中的大国"等等一系列成就和头衔，都降到了新加坡的身上。这对于国土面积只有647.5平方公里、人口刚过400万、独立仅40多年的新加坡来说，实在是个奇迹。

人们既赞叹新加坡创造的这些奇迹，同时也对产生这些奇迹的背后故事——新加坡的国民素质、社会风尚、政府形象和发展理念——表现出了更大的关心和兴趣。软实力概念的提出者说，新加坡规模虽小，却成功地创造了一个全面发展的社会，给其他国家带来帮助。多国领导人和多种国际组织充分肯定和高度评价新加坡的社会发展成就。邓小平不仅自己去新加坡访问，还特意派人去新加坡考察，多次倡导向新加坡学习。1992年初邓小平在南巡讲话中再次强调中国应当借鉴新加坡的社会管理经验后，中国甚至开始了一次学习新加坡的热潮。诚然，学习人类文明的一切优秀成果是中国的传统，但一个小国的治国经验受到如此的重视并被借鉴，新加坡无疑是唯一的。

那么，新加坡这样吸引世界到底有哪些软功夫呢？下述一些方面应该说都是新加坡奇迹出现的原因，也是新加坡于世界的精彩奉献。

第一，创造平等、融合、自重、自足的社会，让每一个新加坡人都能成为有抱负、有风度、有素养的国民。

新加坡人口总数不多，但种族成分复杂。英国殖民期间，世界各地尤其

第九章 从硬实力到软实力

是与新加坡邻近的亚洲国家的移民不断进入,使新加坡逐渐成为一个"人种博物馆"。在400多万新加坡居民中,除了华人、马来人、印度人这几个主要种族外,还有阿拉伯人、苏格兰人、荷兰人、阿富汗人、菲律宾人、缅甸人以及欧亚混血人的后裔。各种族的人数不等、肤色各异、文化传统不同,但在政府的领导下,各种族之间都能和睦相处,热爱新加坡,积极参与国家建设。

1965年新加坡独立时,李光耀就指出:"在新加坡,我们将是一个多元种族的国家。这个国家不是一个马来人的国家,不是一个华人的国家,不是一个印度人的国家……不论民族、语言、宗教、文化,每个国民都应首先有国家意识,都要认同我是新加坡人。"①1982年和1988年,政府两次开展国家意识讨论,并从1988年起每年开展"国民意识周"活动,培养人们的爱国情感,增强国家意识。政府鼓励向新的、统一的民族文化演变,同时也实行多元文化政策,保留、保护和发扬各民族的传统文化,以保证民族和睦、社会和谐和国家安定。华人占新加坡总人口的四分之三以上,在经济、政治、社会各个方面都发挥着主要影响,新加坡领导人就格外提出华人不要有大民族主义。在强化共同国家意识的同时,新加坡政府鼓励各民族成立自治互助团体,帮助本民族民众解决教育和社会方面存在的问题。大量民族互助团体的建立,进一步促进了民族的合作和交融,也进一步增强了新加坡的社会凝聚力。据1969年和1989年的两次抽样调查显示,新加坡人对各民族和谐共处取得了越来越大的共识。在这20年中,华人拥有马来人朋友的人从42%增加到57%,拥有印度人朋友的人从60%增加到67%;马来人拥有华人朋友的人从85%增加到92%,拥有印度人朋友的人从72%增加到93%;印度人拥有华人朋友的人从42%增加到60%,拥有马来人朋友的人一直高达90%以上。

新加坡人种族多语言种类也多,为了体现平等,宪法规定马来语、华语、泰米尔语和英语同为官方语言。国会议员在国会发言时,可任选其中的一种语言。而为了培养新加坡人的国民意识,促进族际的交流、团结与和谐,新加坡还实行母语加英语的双语政策,规定各民族除了学习和使用本族的语言外,另以英语为全体新加坡人的共同语言,所有新加坡人都必修英语。认为这样既体现了对各民族历史渊源的尊重,有利于保留本民族的文化传统,又

---

① 鲁虎编:《新加坡》,北京:社会科学文献出版社2004年版,第10页。

能为引进外国资本创造良好的语言环境，激励各民族共同学习和掌握西方的先进技术。李光耀说，精通一种语言的人，会形成排外主义，因为他们无法用两只眼睛看世界，也不理解用其他语言所表示的另一种文明，而两种语言政策能使人用更开阔更深远的姿态观看世界。多数东南亚国家摆脱殖民地位后都摒弃宗主国的语言，把本民族的语言作为公用语，而新加坡仍然保留英国殖民统治时期的官方语英语，不仅有利于民族融合，并且也有利于新加坡的对外开放和经济发展。

第二，建立名副其实的法治社会，保证优良的社会秩序。

新加坡早先是典型的东方社会，"情"和"理"在国民的意识中往往是大于"法"的。为给社会发展创造良好的软环境，新加坡大力推进法制建设，认为只有好的法律才能产生好的秩序，只有严格执法才能维持秩序的守常。

虽然因历史上曾是英国的殖民地，其基本法承袭了英国的法律体系，但新加坡的法律又是从现实需要出发、符合自己国情的。在新加坡，任何一项立法的产生都有着极为严格的程序，新的法律草案不仅要经由政府部门提出、内阁会议讨论，而且提交国会后获得通过还必须经过三道程序：一是，将法律草案交给议员研究，并向社会公布，公开征询意见；二是，组织议员进行审查辩论，对草案提出意见，如果新的法律草案比较复杂，涉及面广，则还要成立特别委员会来审查，并邀请社会各方面人士发表意见，有时甚至用报纸、广播和电视组织大规模的讨论；三是，在征求各方面意见并达成共识后，国会才进行正式表决，如通过则成为法律。由于经过了以上步骤，所以新加坡的法律是比较成熟的。

作为一个法制完备的国家，新加坡的法律往往不拘泥于形式，而是与普通民众的生活息息相关的。从国家层面的法律来看，大到政治体制、经济管理、商业往来、公民的权利与义务，小到旅店住宿、汽车停放、货币管理、公共卫生，都有详细的规定，人们的言行举止、衣食住行都有章可循，有法可依。此外，各社会团体、公共部门和公共场所也都有自己的规章制度和行为准则。大街上随处可见多种告示，并且标明违规的罚款数额，提醒人们遵守公共规则。

新加坡重视立法更重视执法，强调犯罪必须受到足够的惩罚，以使罪犯和其他人不敢再重复犯罪。在法律面前，官民平等，不讲情面，任何人违反

第九章 从硬实力到软实力

法律都会受到法律的制裁。内阁部长郑章远曾为国家发展立下大功,深受李光耀器重,但是,当他犯有受贿罪并希望李光耀帮他压下案子时,李光耀却厉声地坚定地说:"我帮了你,我们的政府我们的国家就完了!"最终,郑章远畏罪自杀。李光耀虽为失去一个左膀右臂式的政府要员而叹息,却依然强调,"没有人可以超越法律"。

新加坡严于执法还体现在采用重罚和重刑上。如在大街上,乱丢垃圾、随地吐痰、如厕不冲水、过马路闯红灯等等,罚款都高达1000新元,几乎相当于一个普通工人一个月的工资,足以加重个人与家庭的负担。至今,新加坡也还保留着英国殖民时代的鞭刑,用于那些受人们憎恨而又罪不该死的盗窃犯和抢劫犯。鞭刑用的鞭子用专门的藤条制成,行刑前用水浸泡,行刑时由经过特殊训练的警员用力抽打犯人的臀部。因为重鞭两下就会皮开肉绽,一般一次打两鞭,一个月后再打两鞭,依此类推。1992年,一青年抢夺一女士的金项链、一男子持械抢劫并伤人,就分别被判6鞭、两年徒刑和24鞭、6年徒刑。就是这种从严处罚,使人们不敢铤而走险,以身试法。

如今,新加坡已是一个完全的法治社会,法律拥有至高无上的地位,人们普遍具有强烈的法律意识和良好的遵纪守法习惯。

第三,建立民主政治,保证人民享有充分的自由和全面发展的机会。

新加坡在民主共和的制度下,建立了稳定的文官系统,拥有代议制的国会,对政策进行公开讨论和辩论,定期进行一人一票的大选,允许反对党的存在和活动。作为一个高度制度化和现代化的政党,人民行动党不但是新加坡民主政治的建设者,而且模范遵循民主制度的原则运作,定期接受大选的考验。从1959年开始,人民行动党是新加坡唯一的执政党,其一党执政的地位长期未受根本性的挑战,其执政成就就连反对派也是承认和佩服的。

新加坡的民主制度建立在自己独特的国情和社会文化的基础之上,被视为以民本思想和贤人统治为基础的东方式民主典型。归纳起来,其主要特点是:

——民主服从政治稳定和国家发展。新加坡认为,任何一个国家、任何一个政党,真正的目标应该是使人民普遍受惠,让人民成为经济增长和各种政策的既得利益者。新加坡国家小,资源少,民族宗教多元,时时都面临生存危机,因而举国上下达成了这样的共识:首先要维护政治稳定,只有政治稳定才能发展经济，只有经济发展了才有新加坡的希望和未来。李光耀说，他从亚洲国家正反两方面的经验中得出的结论是，一个国家必须先有经济发展，民主才能随之而来。

——民主不等于必须实行多党制。新加坡虽然不禁止多党竞争，但反对实行反对党制度。李光耀认为，第三世界许多国家因建立反对党制度而引起了连续不断的暴力，新加坡必须拒绝这种状况的出现。吴作栋也认为，新加坡的一党优势加上若干小党，非常适合国情。有限的人才集结在一起为国家和民众服务，而不是分散在两个或更多的政党里，这最符合新加坡的利益。

——民主既包括政治民主又包括经济民主和社会民主。新加坡允许言论自由、结社自由和自由选举等，但同时又指出，这只是民主的一个方面，更重要的是要使人民享有必要的条件，获得全面发展。新加坡认为，经济和社会的发展并不总是与民主政治联系在一起的，对经济和社会落后的发展中国家来说，最迫切的人权问题是争取生存权利和经济、社会、文化的发展权利。

——民主原则应该民族化。新加坡认为，公民自由并不会存在于真空中，人们只能生存在一个社会里，这个社会有它的生活水准和社会习俗，这些习俗是随着它的历史、传统、技术与工业地位，以及人们所习惯的生活方式而定的。因此，新加坡在民主建设中并不注重其理论的系统性和完整性，而是追求其可行性和实效性，坚持走自己的路。

第四，政治透明，确保政府贤能廉洁。

新加坡政府是以清廉著称于世的，但也曾被腐败问题所困扰。李光耀主政之初坦承："腐化已成为当权人物的一种生活方式，没有任何政府能对腐败免疫。"不过，与许多东南亚国家贪污腐败横行无忌不同的是，新加坡很快就解决了这个问题。

1959年，新加坡人民行动党成为执政党，李光耀誓言，要"让腐败者在政治上身败名裂，在经济上倾家荡产！"李光耀的反腐利剑是反贪局，该局由总理公署接管后，工作直接对总理负责。接着，李光耀又亲自推动《反贪污法》出台，为反贪局开展反腐斗争提供了基本保障。根据这一法律，反贪局拥有极大的权力——有权在没有逮捕证的情况下逮捕嫌疑人；有权没收贪污罪犯的全部贿赂；有权检查和冻结嫌疑人的银行账户；有权入室搜查、检查和扣押其认为可以作为证据的任何物品；有权进入各部门、机构，要求其官员和

第九章 从硬实力到软实力

雇员提供调查人员认为需要的任何物品、文件和内部资料。此外,反贪局还有权对所有政府工作人员的行为进行跟踪,暗地调查其活动。

新加坡在建立清廉政府的态度和措施上之所以如此坚决,是因为他们把政府的形象与新加坡的前途和命运联系在一起。他们认为,新加坡没有广大的土地可供农业用途,没有石油等矿藏资源发展工业,甚至连饮用水都要从邻国进口,只有与外部工业化世界建立联系才能生存;而要与外部建立这种联系,就必须要有良好的组织、良好的政府,才能面对和适应世界。李光耀强调,在引进外资、实行开放政策时,政府的形象和能力是一个关系到新加坡生存和发展的问题,新加坡必须树立一个由廉洁政府管理的公平市场的形象。

加强公务员队伍的选拔、使用和管理,是新加坡建立廉洁高效政府的又一个重要方面。新加坡的公务员采取公开招聘、公平竞争、择优录用的制度,对其道德水准和基本素质要求很高。政府每年从高中毕业生中挑选200名品学兼优者,提供奖学金或助学金,送到国外名牌大学学习,学成回国后成为公务员。公务员的晋级升迁都以绩效为基础,绝不以年资为标准。政府制定了一系列规范公务员行为的法规,包括《公务员法》《公务员纪律条款》《防止贪污法》和《财产申报法》等。公务员每年必须申报自己和配偶的全部财产,一般先由本人出具财产清单,经法院公证处公证,然后交到反贪局审核。如果发现财产来源有问题,反贪局就要进行调查。如果财产增长不正常,则必须说明增长的原因,说明不了即视为贪污。经过长期的实践,新加坡已形成一套行之有效的监督机制。

当然,新加坡为保证政府官员廉洁也采用了一些特殊措施,如以俸养廉、高薪养廉等。新加坡一面强调公务员要有奉献精神,同时又主张公务员应该得到与其职务相称的薪酬,要为公务员提供较好的保障。20世纪80年代,新加坡公务员的月薪在1000新元至1.2万新元之间,政府部长约为3万新元,总理约为5万新元,这与同期普通工人600新元的月薪相比是很可观的。虽然公务员领取薪金后不再享有其他额外待遇,但住房和用车完全有能力自己负责,司机和保姆完全有能力自己雇请,从而有效地杜绝了这方面的以权谋私行为。同时,因为公务员只要不犯错误就不会被解雇,退休后有保障,所以许多人愿意长期在政府部门工作,这又为保持一支稳定的高素质的公务员

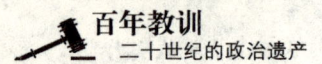

队伍创造了条件。

从20世纪80年代以来,新加坡一直实行高薪养廉的方针,并且在90年代又作了大幅度的提高。经过这次提高,新加坡总理的年薪超过日本首相、德国总理和美国总统,成了世界政府首脑中年薪最高的之一。1994年,新加坡还发布题为《以具竞争性薪金建立贤能廉洁政府——部长与高级公务员薪金标准》的白皮书,要求将部分政府官员的工资与企业管理人员的收入挂钩,力求达到私人企业高级专业人士的平均收入水平。这一做法的目的是,通过提高薪酬遏制优秀人才从政府部门流向私人部门的趋势,把最优秀的人才吸引到政府中来。新加坡认为,这虽然增加了一些开支,但由此带来的效益是无法衡量的。

就这样,新加坡政府在世界上赢得了廉洁高效的声誉。1995年,在美国商业环境调查机构发布的"最具效能政府"调查报告中,新加坡高居榜首。1996年,在柏林透明国际组织发布的"世界各国贪污观察指数"调查报告中,新加坡也被列为世界上最廉洁的政府之一。新加坡反贪局局长说:"现在,新加坡公务员已经因为有效率和廉洁而闻名世界。从以往贪污受贿猖獗到现在基本上抓不到贪污受贿者,这是全体新加坡人引为自豪的成就。"

第五,东西合璧,建立自己独特的以道德为核心内涵的价值观。

新加坡治国最为成功的方面,就是一方面争取经济的高速发展,一方面又重视加强社会的思想文化建设和道德建设。新加坡认为,如果社会的文化失根、道德水平下降、个人主义和享乐主义盛行,新加坡就有可能成为"伪西方社会",在外表上看起来很繁荣,但在一切有关促进家庭团结、民族和睦和社会发展的内在力量上出现危机。新加坡逐渐认识到,除了西方的技术和管理外,东方的传统文化也是其创造经济奇迹的主要原因之一;在新的时期,东方传统文化仍然具有生命力和新的价值,仍然是新加坡的精神之源。

20世纪80年代以来,新加坡在倡导东方传统文化的价值时,重点把儒家思想作为学习借鉴的内容。李光耀说:"儒学不是一种宗教,而是一套实际的和有理性的原则,目的是维护世俗人生的秩序和发展。"1982年,新加坡正式宣布将儒家思想作为治国之纲和社会道德标准。当年,通过报纸、电台和电视台,在全国以"儒家思想现代化"为题展开了深入讨论,邀请了海外38名儒学专家到访讲学。新加坡还重视从学校教育抓起,成立儒家伦理教育委员会,

第九章 从硬实力到软实力

协助教育部为中学生制订了一项道德教育计划。从 1984 年开始，儒家伦理课程教学即在所有中学全面展开了。

新加坡虽然强调儒家思想为新加坡的精神之源，把儒家思想作为治国之纲和社会道德标准，但并不是对其全盘照搬，而是同时吸收国内其他民族和世界各国的优秀文化，把儒家思想现代化本土化。他们分析儒家思想，认为其核心价值是儒家伦理的"忠、孝、仁、爱、礼、义、廉、耻"八种美德以及以个人修养为基础、从自我出发、由己到人到家庭到整个社会的实现机理，对这些部分，是需要加以保持和发扬的；而对儒家思想中诸如家长制、权重于法、缺乏效率、共性至上等糟粕性因素，则应该予以拒绝和摒弃。为了便于社会大众接受并奉行，新加坡还根据实际对八种美德进行了新的诠释，强调：

忠，就是效忠国家。内容包括：每个新加坡人都要视新加坡为自己扎根的乡土，不能认为自己是外国人或侨民；每个新加坡人都要忠诚和热爱国家，具有誓死卫国的意志和吃苦耐劳、遵纪守法的品格，必要时应该牺牲个人来捍卫国家的利益；每个新加坡人都要认识到新加坡的成就是集体协作而来的，个人与群体密不可分。

孝，就是孝顺长辈。要求每个新加坡人都要重视家庭，孝敬老人，视家庭为国家和社会的基础。李光耀说："中国有句古话充分表现了这种思想，这就是修身、齐家、治国、平天下。我们地区所有的人都接受这一格言。政权会随时代更易，而这种基本概念却不会变。"

仁、爱，就是关心他人，富有同情心和友爱精神。内容包括：各族之间应平等互助，共同发展；劳资双方应互相协作，利益均沾；年轻人应肯定老一辈的业绩，生活上关心他们，老一辈应培养提携青年，主动让贤；家庭成员要彼此关心爱护，不得随意离异。李光耀号召新加坡人都要做"仁人君子"和"有人情味的人"，避免用金钱来维系人与人之间的关系。

礼、义，就是注重情义，讲求信义，以礼待人。主要内容包括：视礼、义为社会秩序与行为规范；保持民族尊严，反对崇洋媚外；待人接物坦诚，守信，守时；公共场所讲卫生，爱护公物，遵守公共准则。

廉、耻，就是廉洁奉公，是非分明，具有知耻之心和知耻之勇。主要是要求各级政府官员要德才兼备，清正廉明。

在重视以上述内容为主体加强社会道德建设的同时，新加坡在经过长期社会实践的基础上，于1991年发布《共同价值白皮书》，正式对新加坡人的共同价值观作了明确。具体规定为五个方面：(1)国家高于群体，社会先于个人；(2)家庭是社会的核心和基石；(3)互相帮助，同舟共济；(4)通过共识而不是斗争来解决有争议的问题；(5)种族、宗教相互容忍与和谐。由于这些方面都植根于新加坡的社会发展历程，融合了各民族文化的优秀传统，对解决面临的问题有着强烈的针对性和现实性，因而得到了全社会的认可和支持，也得到了良好的遵守和奉行，从而为新加坡成为一个软实力国家和被世界公认的品牌国家提供了坚实的最根本的基础。

在新加坡全部的发展过程中，执政的人民行动党的创始人、首度出任并且曾经八次出任新加坡总理的李光耀一直起着独特的作用，并且至今还在发挥着重要影响。从他身上可以看到，拥有一个杰出的领导人，对于一个国家的发展来说是何等的重要。

李光耀是一个革命家，但是一个不同凡响的革命家。他从不将词汇与实质混为一谈，决不允许意识形态压倒常理。他于1957年入主政府时，新加坡社会危机四伏，人们反对英国殖民主义的情绪高涨到了危险的程度。李光耀意识到，弹丸之国新加坡只有奋发图强才可能生存下去，他只有用智慧和毅力才能够有效地建设自己的国家。

李光耀注重从思想道德方面教育人民。他要求青年人不要穿奇装异服，青年男子不要蓄长发，反对吸毒和淫乱。他告诫本国民众不要去开赛车，不要在家里铺大理石地板来炫耀自己的财富。有人批评他是带有维多利亚时代道德教育色彩的官员，但他却认为，为了减少新加坡社会不同族群之间的敌对情绪，鼓励人们同心协力地工作，强调道德、纪律和进行强有力的引导是必要的。

李光耀虽然祖籍中国广东大埔县，但从小在英国接受教育。他1947年进入剑桥大学修读法律，1950年怀着强烈的激情回国。经过几年筹备，李光耀等人于1954年发起成立新加坡人民行动党，李光耀当选为秘书长。1959年，英国被迫同意新加坡建立自治邦实行内部自治后，人民行动党成为执政党，李光耀出任自治邦第一届政府总理，年方36岁。李光耀高瞻远瞩，居安思危，要求人们对新加坡地域小、资源贫乏、是个多民族多文化移民国家这些

第九章 从硬实力到软实力

"脆弱本质"永远保持警惕。新加坡独立时,没有人想到它会腾飞,会成为亚洲的"四小龙"之一。但是李光耀想到了。就在宣誓就职的那一刻,李光耀在心里立下誓言:要领导新加坡像雄狮一样在亚洲崛起。

一个小国的领导人在世界舞台上的活动余地通常是比较小的,但李光耀又是一个例外。这不仅是因为他缔造的新加坡令世界瞩目,而且还因为他本人是一个很有洞察力的外交分析家。无论是在担任国家领导人期间还是卸任以后,李光耀都是中美日等大国几代领导人的座上宾,几十年来在国际政坛都不时发出他的声音,发挥着他的影响力。由于是华人,李光耀对中国有着深刻的了解。1967年他对尼克松说:"毛泽东是在镶嵌的瓷砖上绘画,一旦他去世,雨一来就会把他的画冲刷得一干二净。但中国还是中国,中国总是能溶化并最后摧毁外来的影响。"①李光耀是在毛泽东逝世九年前说这番话的,当时,中国的"文化大革命"正如火如荼。然而事实证明,他关于中国将要崛起的预言是正确的。李光耀还用同样形象的语言将世界各国分成对全球局势有影响的国家和没有影响的国家,让人印象很深刻。他说:"有大树、树苗和匍匐植物之分。俄国、中国、西欧、美国和日本是大树;其他国家有些是有潜力成为大树的树苗,绝大多数则是匍匐植物,它们由于缺乏资源,或缺乏得力的领导,永远不会成为大树。"②

同新加坡的政治和社会建设成就一样,李光耀作为新加坡的政治领袖人物其实也已成为新加坡软实力的一个重要组成部分。尼克松评价他说:"在国内,李光耀不为受到伤害的民族自尊心所左右,把自己和本国人民的精力引导到建设国家方面,而不是怒气冲冲地去搞破坏性的革命,这在结束殖民统治后的第三世界国家的领导人中是少有的。他对国际问题也表现出同样的气魄,能够摆脱一时的感情冲动既往不咎,去构想未来的新世界的性质。这是真正伟大的表现。"③

---

① 〔美〕理查德·尼克松:《领袖们》,施燕华等译,海口:海南出版社2008年版,第298页。
② 〔美〕理查德·尼克松:《领袖们》,施燕华等译,海口:海南出版社2008年版,第298页。
③ 〔美〕理查德·尼克松:《领袖们》,施燕华等译,海口:海南出版社2008年版,第298页。

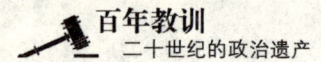

四 由注重物质消费到注重精神消费——国家之间的竞争将更表现为软实力的竞争

2006年，英国一研究机构公布了"世界快乐地图"，这是全球第一个按"幸福指数"排名的国家排行榜。其中，人均国民生产总值仅1400美元的不丹名列第八位，超过了美国、加拿大、英国等发达国家。而在此前的2005年，全球各大媒体也曾将目光聚焦在这个喜马拉雅山南麓的小国，人们对其追求"国民幸福总值"的施政纲领产生了浓厚的兴趣。

不丹是世界上最早对崇拜GDP提出质疑的国家之一。前国王吉莫·辛吉·旺楚克早在1974年就提出了以"国民幸福总值"代替"国民生产总值"的政府理念。旺楚克认为，人基本的问题是"如何在物质生活和精神生活之间保持平衡"，"政策应该关注幸福，并应以实现幸福为目标"。① 旺楚克是全球第一个提出"幸福立国"概念的执政者。2008年，不丹通过新宪法，规定政府在制定国家政策以及评价政府措施和官员政绩时，都不能以经济为出发点，而须以民众的幸福作为出发点。

考虑到幸福往往是主观的和个人的体验，为便于统一衡量和遵循，不丹对"国民幸福总值"这一概念进行了量化，建立了可供测算的指标体系。主要内容包括，确立了9个被认为是缺一不可的幸福要素——心理幸福、生态环境、健康、教育、文化的多样性和弹性、生活标准、时间使用、社区活力和政府治理，并把这9个要素又进一步细分为72项获得幸福感的变量指标，以便使最终测算结果能够转化为政府的政策。

作为全球首先将人的幸福放在政策核心地位的国家，不丹在制定每项政策时都会考虑其对"国民幸福总值"的影响。目前，在医疗和教育方面，不丹的投入分别占国家总预算的12%和18%，民众享有免费医疗和免费教育。在国防上，不丹则实行不养军队、不购买武器的政策，尽量将有限的资源用在

---

① 吴婷：《抛弃唯GDP论，以实现幸福为目标——不丹："最幸福"的穷国》，载香港《凤凰周刊》2009年第36期，第56页。

第九章　从硬实力到软实力

民生上。根据不丹人口普查局的调查，97%的不丹人表示拥护自己的政府和政府的政策，认为自己的生活幸福。

无独有偶，2009年9月，法国也提出了"国民幸福总值"的施政理念。

萨科齐总统在收到一项由两名诺贝尔经济学奖获得者率领专家组历经一年半研究后提出的报告后，正式宣布衡量国家的发展要引入"国民幸福总值"，而不再仅仅是依据国内生产总值。萨科齐称，将幸福和快乐纳入社会发展指标是一项革命性计划，它包含以下几方面：工作与生活的平衡、生态循环、交通拥挤程度与居民家务杂活等。萨科齐说："一次巨大的变革正等着我们。多年来，人们一直认为金融是一个令人叹服的财富创造者，终有一天我们会发现金融积累了大量的风险，让全球陷入混乱。"①

法国专家组提交给总统的报告认为，"国民幸福总值"就是幸福指数，评价人们生活质量的指数。它比国民生产总值更具全面性，因为国民生产总值仅仅反映经济增长数据和市场活动，而社会发展通常还包括环境、安全、教育等多个领域。它注重社会福利和人们精神上的感受，认为社会的发展不仅要让人们从物质生活中得到快乐和幸福，也要让人们从精神生活中得到快乐和幸福，政府部门应该制定更加全面和更为美好的社会发展政策。

不丹和法国提出这些执政理念，显然不是一时的心血来潮，而是在全球范围内都有根据并存在普遍意义的。今天，盲目追求GDP和传统GDP增长模式已被人们广泛质疑，伴随其经济过速发展而来的环境污染、工作压力、贫富差距、失业威胁和社会冲突等，已使人们越来越感到，物质的丰裕、收入的提高并未增加自己的幸福，反而增加了困惑。在欧美发达国家，从1960年至2000年，人们的收入翻了两三番，但认为自己幸福的人却没有增加多少，反倒是罹患抑郁症的人急剧增加。越来越多的事实表明，经济的增长、收入的增加在一定程度上可以提高人的幸福指数，但并非总是正相关关系。

出于对盲目追求GDP和GDP增长模式的检讨，许多国家从20世纪后期开始就放弃了以经济增长为核心的发展观，转而倡导经济、社会、环境、文化等多方面协调进步的综合发展。与此同时，学术界则开始了对"幸福"的实证研究。自1958年"生活质量"概念被提出，社会学、心理学、经济学等多学

---

① 人民日报社《环球时报》，2009年9月16日，第5版。

科领域就给予高度关注,并延伸出侧重于人的幸福体验,由对人的态度、期望、感受、欲望、价值等方面的考察逐渐发展为对人的主观幸福感的研究。具有代表性的是20世纪末美国耶鲁大学出版的《市场民主制度下幸福的流失》一书,该书被美国政治学会评为政治心理类最佳学术著作。这部著作认为,幸福才是人们追求的终极目标,而人们为之奋斗的金钱、物质、自由、民主等,不过是实现这个终极目标的手段。这部著作还提出,人们的收入高低与幸福之间并不是直线关系,在收入达到一定高度前,收入提高会增加幸福;而达到一定高度后,收入提高则未必会继续增加幸福。

在国家政策层面,在不丹于20世纪70年代最早提出"国民幸福总值"的理念之后,美国、英国、日本、法国、中国等也相继开展国民幸福指数研究,提出了类似的政策主张,并且认为这是国家软实力的重要组成部分。

人们的生活需求之所以会从主要体现为物质方面转到物质方面与精神方面并重或精神方面急速加重,国家的政策重心之所以会从主要发展经济转到重视人与社会的全面发展,国与国之间之所以会把国民的幸福感也作为竞争的内容,一般认为,是由于20世纪中后期以来人类的生活领域和生存环境出现了一些既有进步的也有倒退的变化。这集中体现在如下方面。

第一,随着时代的前进,人类精神生活的满足和社会精神产品的生产越来越重要。

"人类的历史也是一部饥饿动物寻觅食物的历史。哪里食物充足,哪里就有人类安家。"[1]美国历史学家房龙的这一论断大抵是正确的。在衣食无着的情况下,人们必须首先考虑生存问题。远古时代如此,现代社会也如此。马克思和恩格斯在他们合著的《德意志意识形态》这部经典著作中就阐明:"人们为了能够'创造历史',必须能够生活。但是为了生活,首先就需要吃喝住穿以及其他一些东西。因此第一个历史活动就是生产满足这些需要的资料,即生产物质生活本身,而且这是这样的历史活动,一切历史的一种基本条件,人们单是为了能够生活就必须每日每时去完成它,现在和几千年前都是这样。"[2]

---

[1] [美]亨德里克·威廉·房龙:《人类的故事》,秦立彦等译,北京:中国人民大学出版社2003年版,第3页。
[2] 中央编译局马列部编:《马克思主义经典著作选读》,北京:人民出版社1999年版,第11页。

第九章 从硬实力到软实力

然而，尽管人们最初的发展总是和人的生存需要联系在一起的，但人的需要又不止是生存需要，追寻物质又远不是人类生活和人类历史的全部。不仅个人的需求会因际遇的改变而变，而且社会的需求也会因时代的发展而变。一旦人们获得了基本的生存条件而衣食无忧时，对于精神生活的需求往往会随之而来，并且其比例越来越大，极有可能还占上风。从本质上看，人之所以区别于动物，也就是因为人能够创造精神生活，人的存在很大程度上也就是一种精神存在。物质文明毕竟只解决物质生活问题，而精神世界的问题则需从精神领域获得解决。

今天，人类社会已经前进到了这样的地步：人们越来越重视精神对社会发展的作用，也越来越认识到精神本身的意义；社会发展热点正在或已经从物质领域转向精神领域，精神方面的消费有可能取代物质方面的消费而成为人们未来生活的主体内容。这些趋向与人的发展——人类社会的最高命题有关。人的发展在根本上是指社会中的每个人在体能、智能和心理能力方面都得到全面的发展。这既是社会发展的根本要求和动力，也是社会发展的必然趋势、终极目标和最高境界。这样一来，把以实现人的全面发展作为出发点和归宿点，把国民的幸福和快乐作为衡量社会进步的标尺，在不断满足人民日益增长的物质生活需求的同时也不断满足人民日益增长的精神生活需求，就成为具有社会责任意识和政治远见卓识的政府的自然选择。

第二，现代化的生产生活方式极大地满足人们的物质生活需要，却也带来了人们精神世界的困顿和精神生活的错位。

正如马克思所指出："在我们这个时代，每一种事物好像都包含有自己的反面……技术的胜利，似乎是以道德的败坏为代价换来的……甚至科学的纯洁光辉仿佛也只能在愚昧无知的黑暗背景上闪耀。"[①]20世纪急速的现代化一方面在造福人类，同时也导致自然环境和人文环境恶化，使人们的物质生活与精神生活在进步性上出现了剪刀差。

首先是，人类在征服自然、改造自然方面取得的成绩越大，由此招致的报复也越大。生态失衡、环境污染、气温升高、人口暴长、能源危机、食品短缺等等问题和难题已经在日益困扰着人类，必将使人类付出巨大的代价。

[①]《马克思恩格斯全集》第12卷，北京：人民出版社1962年版，第4页。

据科学界有关数据，目前全球24%的地表陆地已成耕地，50%的可利用地表水已被消耗，65%以上的自然资源已破坏殆尽，人类将难以为继。如何解决生态的脆弱性、资源的有限性，与人类消费的疯狂性、欲望的无限性之间的冲突和危机，除了需要努力寻找新的科学技术来缓解开发自然所带来的负面作用外，还需要努力提高人文素质来协调人与自然的关系。这很可能是人类未来的一个很重要的特点。

再者是，人类历史上没有哪一个世纪的物质生活有20世纪这么富足，同时也没有哪一个世纪的社会罪恶有20世纪这么深重。当人们陶醉于能够探索太空、开发极地、移植基因、模拟智能时，当人们所需要的物质生活大厦已经建立起来时，都不能不看到，现代化既给人类带来了进步和富裕，同时也带来了矛盾和苦恼；人们的物质生活需要虽然得到了满足，却又失去了许多更为需要、更为重要的东西。人情淡薄，亲情疏离，道德滑坡，关爱缺失；拜金主义、重利轻义、寡廉鲜耻、个人至上之风渐长；假冒伪劣、坑蒙拐骗、贪污盗窃、谋财害命之事不穷；大规模的毒品文化流行、日益弥漫的精神空虚感泛滥等等，都在极其严重地破坏人与人之间的和谐友爱和社会的安定团结。要解决价值观念失衡，度过精神危机，同样需要遏止人文素质下降，追求人和社会的全面发展。

更有，在20世纪的历史进程中，每当社会发展出现断裂、人们急需精神指导时，又总是存在着政治思想对社会的注入不足问题，进一步加剧了人与社会或社会与社会之间的冲突。先是资本主义危机引发了两次世界大战，接着是两种主义之争导致了东西方长达半个世纪的冷战，后来又是被称作"双重幻灭"的信念危机——苏联的解体和东欧的易帜，使人们试图通过苏俄社会主义模式克服资本主义固有弊端的希望破灭了；而接踵而至的资本主义世界泡沫经济的崩溃，又同样打破了人们对于所谓自由世界的种种美丽幻想。到了上世纪末新世纪初，虽然世界大战的几率在减少，但地区、部落、集团间的小规模冲突不断，恐怖主义到处都在威胁着人类的安全，全球贫富差距的拉大和各国贫富不均的扩大也在不断地造成国际秩序紧张和各国社会动乱。于是，信仰被实惠代替，各种主义遭到嘲笑，政治信仰危机成了主体危机，人类好像在一条没有航标的河流上漂流，谁也不知道要漂向何处。显然，这都是需要精神的时候，需要国际政治和社会思想更新的时候。

第九章 从硬实力到软实力

20世纪的历史教导人们，无论是在客观上还是在主观上，无论是出于应对社会生活复杂性的考虑还是出于应对人类状况无确定性的考虑，都需要人们建立道德共识，都需要人们克服全球的精神危机，这是一种政治需要，是人类控制自己命运的起点。在一个狂热自信的世界里，可以把道德规范看成是多余的；但在一个无确定性的世界里，履行道德义务则是使人们生活得踏实而充满信心的最重要的甚至是唯一的支柱。如果没有人的共同道德和共同精神世界的建立，人类是无法生存和发展的。就如同自然环境的破坏将直接导致人类以及所有生物的生存危机一样，人文环境的恶化将直接导致人的精神生活的堕落和窒息。

第三，精神因素在综合国力中所占的比重越来越大，国家之间的竞争越来越表现为软实力的竞争。

在20世纪后半期明显加速的全球化进程中，生产力的发展是很重要的；但是，在全球化过程中处于竞争地位的又不只是经济，社会的价值、民族的文化和人们的道德等等，实际上也都处于竞争之中，它们与经济竞争是互相促进、互为条件的。任何一个国家如果仅靠物质力支撑而没有坚固的精神力作保证，都将会十分危险。因为物质力不足所带来的仅是这个国家的贫穷与落后，而精神力不足所带来的则可能是这个国家整个大厦的倾斜或坍塌。

20世纪最为激烈的国家竞争莫过于美苏两个超级大国之间的竞争，而苏联之所以在这场旷日持久的竞争中失败，最重要的原因又恰恰在软实力方面，是其国际影响力和国内凝聚力都出现了问题。在20世纪30年代世界经济危机肆虐之时，苏联不但是广大亚非拉地区和殖民地人民的希望之乡，也是很多西方国家民众的避难之所。在苏联驻美国大使馆外，就经常有申请去苏联的人排着长队等待签证。直到二战结束后的10多年里，苏联一直是包括中国在内的许多第三世界国家的学习榜样。但是，当后来走上霸权主义道路特别是入侵匈牙利和捷克斯洛伐克以后，苏联却失去了原先的形象，尽管这时它的经济和军事力量还在增长。在其内政方面，苏联人痛心疾首的不是物质生活的贫乏，而是精神生活的窒息。信仰危机波及社会各个阶层，民众对国家前途普遍失去了信心。

而与苏联不同的是，20世纪后半期的美国在国际社会基本上保持着一种能够"说服别人跟进和效仿"的能力。国际舆论认为，美国在世界所发挥的作用，其根源不但依赖于有形的物质因素，而且也依赖于无形的非物质因素。在其国内方面，美国最为自豪的，就是在面对各种冲击时，美国政坛所表现出来的稳定、自我调适能力以及如前所述的美国社会的高度凝聚力和美国民众对政府的深度信任。这一点也是令世界称羡的。

当然，对于一些谋求世界地位的大国来说，它们之所以比以往更加重视软实力方面的竞争，也还有世界权力资源发生了重大变化的原因。

过去几个世纪以来，不同的权力资源在不同的时期都曾起着重要作用。16世纪控制世界的葡萄牙、西班牙，其权力资源为黄金、殖民地、雇佣军；17世纪控制世界的荷兰，其权力资源主要是商品贸易、资本市场和强大的海军；18世纪控制世界的法国，其权力资源主要是军队的战斗力和民族的文化，软实力这时开始起作用；19世纪控制世界的英国，其权力资源主要是工业、金融和举世闻名的海军，在软实力方面是其自由的准则；20世纪控制世界的美国，其权力资源在硬实力方面主要是经济规模和军事力量，在软实力方面则包括科技力量、政治结盟、现代文化和现代生活方式、主导国际机制以及其民主自由的价值等。虽然权力资源不会静止不变，但在当今世界要获得世界领导权，软实力的砝码无疑会越来越重。

分析这种情况出现的原因，不难看到，这与国际政治中行为主体、目标、手段这三个基本方面都发生了历史性变化密切相关。

从国际政治中的行为主体来看，虽然国家仍然是当今世界的主要行为体，但却并没有占据整个舞台，并且其地位还在不断削弱。第二次世界大战以后，国家数量迅速增多，由1945年时的50个左右变成了现在的200个左右，然而，比国家增多更快更重要的事实是，大量非国家行为体蓬勃兴起后，已经在越来越大的程度上参与世界政治事务，影响世界政治进程。比如，大型跨国公司所拥有的经济资源常常比许多国家所拥有的经济资源还多，2000年时即有12个跨国公司的年销售额比世界上超过半数的国家的国内生产总值还大。虽然这些跨国公司不具备某些属于国家所有的行政权力，但它们绝对可以极大地影响一国一地区的经济发展。在世界热点地区，非国家行为体的作用也不可小视。如中东局势，就既有国家间的纷争、外部的插手，也有跨国石油公司、跨国宗教组织、跨国族群集团、各种非政府组织以及恐怖主义集团、毒品集团、反政府秘密组织等一系列非国家行为体都参与其中，对地区

第九章 从硬实力到软实力

事务起着重要的影响和作用。

从国际政治中的行为目标来看,主要的变化在于国家追求的目标更广了。在传统意义上,国家追求的目标主要是国家主权和军事安全。但现在除了关心国家主权和军事安全以外,往往还同样关心甚至更关心自己的经济安全、社会稳定和可持续发展前景。各国围绕自己的国家利益,已经使国际政治的议题变得更加广泛更加复杂更加尖锐了。

从国际政治中的行为手段来看,传统的观点是认为只有军事力量才是真正重要的手段,但在过去的半个世纪里,军事力量的作用明显发生了变化,一国的军事实力同实现这个国家的国家目标之间的联系已经不那么紧密了。这主要是因为:(1)作为军事力量之最后手段的核武器由于其巨大的破坏力,难以被加以使用;即便是使用常规军事力量来统治已经动员起来的民众,其代价也比过去大得多。无论有多少理由,有多么强大,一个大国也很难再去占领任何一个哪怕是最弱小的国家。20世纪60年代和70年代,美国在越南认识到了这一点。20世纪80年代,苏联在阿富汗获得了相同的启示。而新世纪初,美国则在阿富汗、伊拉克又有了更深刻的教训。(2)一种反对武力的伦理观已经日渐深入人心。虽然这并不能防止使用武力,但它会让决策者在选择使用武力时必须面对极大的政治风险,从而使现在使用武力要比以前困难得多。(3)国际交往中有许多问题已不能靠武力来加以解决。也就是说,虽然武力现在还是解决国际政治问题的重要手段,但已不是唯一的手段;虽然运用军事力量作为一种手段并没有过时,但仅仅靠军事力量已不足以消除外部威胁或慑服别人屈从自己。既然"硬"的不解决问题,就在"软"的方面想办法。如此一来,就使得一切期望获得更高国家利益和更优世界地位的国家,在追求自己的国家目标时不得不对其手段及实力布局作新的选择了。

第十章
Chapter Ten

从革命理想主义到政治现实主义
—— 历史并不站在任何人一边，
但选择永远存在

没有现实主义的理想主义是天真而又危险的，没有理想主义的现实主义是玩世不恭而又毫无意义的。如果你的牌打得蹩脚、一再出错，一直在等着你的黑暗时代很快就会到来。

第十章 从革命理想主义到政治现实主义

纵观人类历史,20世纪真正是大国崛起、群雄逐鹿的时代。

在世纪初,英、法两国的传统霸主地位虽然仍然稳固,但多极化的格局俨然已现。德国、美国、日本三个新强国在世纪之交先后涌现,实力迅速上升。到20世纪头十年结束时,五国的经济实力座次已经变成:美国第一,德国第二,英国退至第三,法国第四,日本第五。

第二次世界大战的最大后果之一是国际力量对比发生根本变化,导致了两极格局的出现。战争结束后,美国和苏联不仅成为世界上最强大的两个国家,而且从盟友变成敌国,各自代表着两个意识形态和社会制度都截然不同的阵营,使天下从此两分。

而到了20世纪末时,世界竟又变成了另外一番模样。美国如愿以偿地看到了它强大的对手倒下,自己成了唯一的超级大国。世纪初的那些欧洲列强都已不复当年,不得不结成国家联盟来求自保。尽管世界秩序也酝酿着新的变化,欧盟、日本、俄罗斯和中国都是新秩序的有力推动者,但全球格局至多是显现出了新的多极化趋势,无法在短期内改变鹤立鸡群的局面。

世界政治体系在这个世纪里发生如此翻天覆地的变化,各相关的国家在这一百年里此消彼长、轮番登台,无论从哪个角度进行分析,都与这些国家的发展战略密切相关。任何一个国家,如果没有对自己国际国内政策的统筹考虑,没有对国家硬实力和软实力的正确运用,没有对短期政策和中长期政策的内在衔接,都是不可能有什么美好的宏伟的前景的。

一 美国崛起——孤立主义的胜利

自1776年独立到20世纪前期的一个半世纪里,美国总体上还是固守自己大西洋国家的概念的。尽管整个19世纪美国都在开疆拓土，把其版图从大西洋西岸拓展到了太平洋东岸，但活动范围基本上没有超越西半球；20世纪前几十年，美国虽已具备涉足全球的软、硬实力，第一次世界大战期间也曾向遥远的欧洲战场用兵，但基本格局仍属一个相对孤立于西半球的国家。只是1941年底日本对珍珠港的一击，才使美国不可逆转地走向世界，彻底终结了长期奉行的孤立主义战略。

　　孤立主义的形成与美国的历史文化有关，它最早是针对欧洲局势的，主张在欧洲事务中美国应保持中立地位。

　　独立之初，多数美国人认为欧洲是堕落和肮脏的，保持自己超然于欧洲政治之外是他们的心理选择。美国朝野都期望避开欧洲大陆的纷争，专心国内发展。这种情绪在首任总统华盛顿任职八年后的告别演说中有着清晰的表述："我们要对所有国家遵守信约和正义，同所有国家促进和平与和睦。宗教和道德要求我们这样做，难道明智的政策不是一样要求这样做吗？"①"我们为什么要摒弃这种特殊环境带来的优越条件呢？为什么要放弃我们自己的立场而站到外国的立场上去呢？为什么要把我们的命运同欧洲任何一部分的命运交织在一起，以致把我们的和平与繁荣陷入欧洲的野心、竞争、利益关系、古怪念头或反复无常的罗网之中呢？我们真正的政策，乃是避免同任何外国订立永久的同盟。"②

　　华盛顿的这些思想相继被几位总统确认。第二任总统亚当斯力排众议，避免了同法国的战争。第三任总统杰斐逊坚决主张，不同欧洲国家缔结纠缠不清的联盟。第四任总统麦迪逊说："美国丝毫不想侵犯其他国家的权利或安宁，美国的真正光荣是坚守正义、维护和平，对交战的国家严格奉行不偏不倚的态度，尽到中立国的责任。"③第五任总统门罗说："我们对于欧洲的政策，早在那些长期扰乱欧洲的战争的前一阶段就已经确定，仍然没有变动，那就是：不干涉任何国家的内政；认为事实上的政府都是合法的政府；和它发展友好关系并且用坦白、坚定和刚毅的政策来保持这种关系；在各种事件上接受各国所提的公正的要求；不对任何国家所加于我的损害妥协。""我们过

---

① 〔美〕J. 艾捷尔编：《美国赖以立国的文本》，赵一凡等译：海口：海南出版社2000年版，第369页。
② 〔美〕J. 艾捷尔编：《美国赖以立国的文本》，赵一凡等译：海口：海南出版社2000年版，第371页。
③ 泽明等编：《外国首脑文集》(下册)，北京：中华工商联合出版社1997年版，第337页。

第十章　从革命理想主义到政治现实主义

去保持了中立,而且如果没有变化发生时,将继续保持下去。"①

虽然美国的外交政策因为受理想主义与现实主义两种理论影响力的此消彼长常常具有很大的伸缩性,但自华盛顿时代起,孤立主义就成为美国制定和执行外交政策的基本准则。

19世纪末,随着羽翼渐丰,美国奉行了一个多世纪的孤立主义战略开始松动。1898年与西班牙海战的胜利,使美国的力量深入太平洋,越过夏威夷,到达菲律宾,——实现了政治、经济和军事方面的扩张目的。1915年一艘德国潜艇击沉英国的"露西塔尼亚号"客轮,导致包括128名美国人在内的1200多人丧生,又激起了美国人征战世界的念头。在德国潜艇连续击沉几艘美国商船之后,美国终于在1917年4月第一次世界大战接近尾声时宣布参战,将上百万军力投入欧洲战场。但是,在一战中对欧洲的这次短暂领导,并未导致美国对世界事务的持续介入。由于国会中自由主义势力占上风,美国在一战结束后又很快退回到了一种自我满足的孤立主义与理想主义相混合的状态。到了20世纪30年代初,军国主义势力加紧在欧洲大陆积聚战争力量,此时的美国虽然已拥有一支能够在两大洋作战的舰队,但仍然保持不介入的态度。美国这时的安全概念依旧是建立在把美国看作是一个相对独立的大陆岛国这一基础之上的,其战略集中在保护大西洋、太平洋海岸,因而不愿意考虑全球其他地区的问题。

第二次世界大战爆发后,美国最初仍然想置身事外。德国1939年9月1日入侵波兰,美国便于9月5日宣布中立。1941年3月,美国国务卿赫尔还与日本驻美大使野村吉三郎举行秘密谈判,希望通过承认日本在中国东北的权力,以保住美国的在华利益。只是当战火燃及大西洋和太平洋、日本又于1941年12月7日偷袭珍珠港之后,美国才真正进入第二次世界大战,从此扮演着世界领导者的角色。

正确的战略选择从来就是美国得以成为全球超级大国的重要原因。在建国后的漫长时间里,美国对欧洲和世界事务奉行以中立、不介入、不出头为核心的孤立主义战略,最大的成功就是,在纷乱复杂的世界中争取了对自己有利的国际环境,为专注国内发展提供了条件。

---

① 泽明等编:《外国首脑文集》(下册),北京:中华工商联合出版社1997年版,第333页。

刚独立时美国的外部环境并不乐观，不仅独立得不到承认，与英国殖民军的战斗在新大陆正陷入僵持，而且欧洲列强窥见美国邦联体制的危机，也纷纷调整政策，有的甚至开始筹划在美国分裂时如何瓜分美国的领土和扩大在北美的势力。但是，通过严格地奉行孤立主义战略，美国稳住了阵脚，有效地维护了国家的独立。华盛顿总统在阐释他这一时期的外交政策时说："我的最大的动机，是力图赢得时间，以稳定和完善我国新的制度，使之持续不断地取得具有力量和韧性的进步。这对于我国获得自身命运的支配权是必需的。"

此后，美国更是恪守中立，坚持不卷入欧洲冲突，为自己营造了一个长达一个半世纪之久的不受外界干扰、稳步增强国力的良好环境。

在建国后的漫长时间里，美国对孤立主义战略的运用最突出的方面就是不与列强直接相撞，有时甚至与强权开展合作，既减少或消除了对自己的威胁，又从中获取了巨大的利益，确保了自己战略目标的实现。

首先是谨慎处理与英国的关系。

进入20世纪之前，美国与英国的关系实际上就是一个上升的大国与一个处于顶端的强权大国如何相处的问题。这既是一个新兴大国无法回避的问题，也与美国同英国的特殊历史有关。由于美国是以战争的方式挣脱英国的殖民统治而独立的，因此在相当长的一段时期里两国一直心存芥蒂。但美国比较好地应对了这一挑战。特别是在初始阶段，它在同英国打交道时处处小心翼翼，趋利避害，化解了许多危机和矛盾。

美国所采取的一个主要行动，是在挣脱英国政治控制的同时，仍然不脱离英国所主导的国际贸易体制，并继续与英国保持着密切的经济联系。独立之初，美国整个社会都弥漫着很强烈的反英情绪，许多美国人从自由、平等的概念出发，认为如果仍与这个前宗主国保持密切关系，将会使美国政治英国化，败坏共和国的声誉和美德。同时，人们还对英国在商业活动中的专横霸道感到愤怒，主张对英国发动贸易战。然而，以华盛顿、汉密尔顿为首的美国政治精英们还是清醒地认识到，在国际事务中，力量与利益是起决定作用的，新生的美国必须谨慎从事。更何况，18世纪90年代时美国联邦预算90%的财源来自英国货物的进口税，而美国出口总额的35%又是到了英国。当时，英国的金融业主导着美国的商业，英国的工业技术无与伦比，英国的

第十章 从革命理想主义到政治现实主义

海军几乎控制了全球所有的海上贸易通道。既然美国无法让英国按照美国的规则行事,那美国就按照英国的规则行事。所以,在1793年英国出动舰船在海上截获美国几百艘船舶并扣留美国海员后,华盛顿仍然从大局着眼,拒绝了国会同英国宣战的要求,而派遣联邦最高法院首席法官前往英国谈判,对英国海上权力作出了重大让步。正是这些抉择,不仅为美国的发展赢得了时间,而且把美国最主要的外部威胁转化成了某种积极因素,让英国这个当时的世界最强国事实上成了美国经济发展的最主要外部动力。在接下来的整个19世纪,美国都充分利用了英国建立的自由贸易体制发展壮大自己,英国也一直充当着美国最主要出口市场和资金、技术最主要输入地的角色。

美国采取的另一个行动,是同英国达成战略妥协,在北美地区划定各自的势力范围,免除了自己的安全隐忧。美国认识到,与欧洲大陆国家相比,尽管英国傲慢自大、野心勃勃,但它是一个更为安全的伙伴。因为按照美国的均势逻辑,尽管英国可以用海军摧毁美国的城市,也可以通过控制国际信贷体系来使美国的金融市场陷入混乱,但美国对这两种情况都拥有有效的反制手段。如果英国利用海上优势威胁美国,美国则可以将英属殖民地加拿大作为其在北美行动的"人质";如果英国采用经济手段卡美国的脖子,美国则也可以关闭市场,让英国许多产业公司破产,并引发伦敦金融市场混乱。事实上,美国同英国在北美是一种既互为威胁又互有所依的利害共同体,任何一方都可以对另一方造成不可接受的破坏。在这种情况下,与英国保持良好的关系,欧洲其他国家的舰队慑于英国强大的海军,就不可能穿越大西洋对美国造成破坏,美国就可以在北美享有行动的自由,得到作为英国盟国的所有好处;而英国出于自身利益需要,还不得不长期支付所有的成本。于是,美国便与英国达成协议,在北美地区划清了各自的利益边界,即美国不干涉欧洲列强的内部事务,包括它们在美洲殖民地的事务,英国也不干涉美国的事务;同时,在美国和加拿大边境,实行非军事化。后来的事实证明,由门罗总统推动建立的美英北美体制是美国的最佳政策,它使美国在几代人的时间里不必为自己的安全担忧,不必发展强大的军队,用最低的成本获得了最大的安全红利。

二是竭力避免与日本发生冲突。

日本在1895年打败中国和1905年战胜俄国之后,迅速从中国东北着手扩大其势力，逐渐暴露出称霸中国及东亚的野心。这时，美国在华扩展利益的努力不断受到日本阻挠。1906年，日本拒绝了美国分享南满铁路和其他利益的打算。1908年，日本挫败了美国资本进入东三省修建铁路和兴办实业的计划。1909年，日本又破坏了美国提出的满洲铁路中立化的建议。但是，面对日本的攻势，美国总是退避三舍。

1915年，中日两国就日本对中国提出的21条不平等条约进行谈判时，"中华民国"政府非常期望美国的支持。但是，美国政府只是发表声明称："美国政府不能承认中日两国政府间已缔结或可能缔结的有损美国及其公民在中国的条约权利、'中华民国'的政治或领土完整，或一般称之为门户开放政策的关于中国的国际政策的协定或成约。"在这里，美国对日本的扩张所采取的行动仅是一种消极的不承认方式。1917年，已经加入第一次世界大战的美国又对日本作出妥协，承认由于领土的毗邻，日本在中国享有特殊利益。在1919年的巴黎和会上，美国更是违心地同意日本取代德国而获取其在山东的权益。虽然在1921年的华盛顿会议期间曾联合英国促使日本在重申门户开放的《九国公约》上签字和交还山东，但美国一直没有采取任何实质性措施阻止日本在中国东北的所作所为。

1931年发生"9·18事变"之后，南京政府又渴望得到美国的帮助。虽然美国对此表示关切，也曾派人参加国联对中国东北危机问题的讨论，但美国政府仍然只是在1932年1月由国务卿史汀生发表了一项被称之为"不承认主义"的声明。尽管如此，时任总统胡佛还担心这项声明连累美国。

美国的对日态度虽然不利于制止日本的侵略扩张，遭到了国际社会特别是中国的谴责，然而从美国的角度看，其政策却又有合理性。第一，美国当时难以准确地预见到后来会同日本打仗。就当时的欧亚形势来看，先欧后亚是美国的一个适当选择。第二，从经济和国内状况看，美国政府当时的首要责任是摆脱经济大危机，恢复民生。这就需要尽量减少与外部的冲突。第三，美国在华的利益不及在日本的利益，美日关系比美中关系更重要。同时，日本在中国的侵略扩张也不会使美国蒙受太大损失。第四，让在华利益较多的英、法两国来承担因干涉中日战争可能带来的战争风险，对美国更为有利。

三是对德国军国主义保持中立。

在希特勒法西斯专政甚嚣尘上之时，美国参众两院于1935年8月31日召

第十章 从革命理想主义到政治现实主义

开联席会议,通过了《中立法》,再次决定对欧洲事务实行中立政策。如前面所指出,这是美国式绥靖主义政策的产物。

美国之所以对德国军国主义保持中立,主要的原因和考虑包括:(1)美国的孤立主义情绪在刚刚发生的经济大危机面前更加严重,上上下下普遍对国际事务不感兴趣,人们的注意力主要集中在了国内的经济复兴和就业方面。(2)经济大危机加深了美国同欧洲国家的矛盾,特别是英国一直在纠集欧洲各债务国,企图一起赖掉在第一次世界大战中向美国的战争借债,从而影响了美国的欧洲政策。(3)希特勒的扩军备战对美国并没有构成直接威胁,而且美国在德国还有大量的经济权益。为了保护自己在德国的巨额投资和债权,美国不愿轻易冒犯德国。(4)对欧洲采取中立政策,让德国、英法两国和苏联这三种力量互相牵制,互相削弱,对美国不论在经济方面还是在政治方面都有好处。

不过,美国毕竟是美国,当自己的国家利益后来受到实质的现实的威胁以后,他们立即调整了政策。战时总统罗斯福在向国会提出的修改"中立法"的咨文中也坦率地承认:"我们的中立法执行起来可能是不公平和不公正的,它实际上帮助了侵略者,而使被侵略者得不到援助。自卫的本能告诫我们,今后再也不该让这样的事情发生了。"①

四是同苏联搞实用主义。

正如前面所谈到的,美国对苏联意识形态的反感和对其社会主义制度的敌对不只是在冷战期间才有的,而是在19世纪80年代就种下了仇恨的种子,1917年十月革命后又得到了进一步强化。十月革命的炮声一停,美国就率先宣布对苏俄实行经济封锁,并出兵参加了资本主义世界对新生苏维埃国家的武装干涉。美国认为,美国所具有的自由思想与苏俄实行寡头统治的奴役思想之间存在着根本的冲突,这种冲突是不可调和的——苏俄企图扩张共产主义,消灭自由;而美国则要阻止共产主义,扩大自由。如果美国在同苏俄的斗争中打了败仗,美国所有的努力都将毫无意义。为此,十月革命后,反苏可以说是美国政治生活中的经常性内容和对外政策中的基本指导原则。但是,当德意日法西斯主义轴心国的侵略步伐在20世纪30年代末急速地在世界各

---

① 陶德言主编:《20世纪纵览》,杭州:浙江人民出版社1996年版,第314页。

地挺进时，美国却不得不放下成见，借助苏联的力量了。

实际上，在参战后的整个二战期间，美国同苏联都超越社会制度，超越意识形态，致力于建立反法西斯统一战线，对付共同的敌人，直到取得这场战争的完全胜利。美国与苏联的这次携手，虽然只是一次短暂的合作，也基本上是20世纪资本主义社会与社会主义社会唯一的一次合作，但却是一次卓有成效的合作，改变20世纪历史航向和历史命运的合作。这场对抗法西斯主义的战争——特别是欧洲战场的战争——之所以能够取得最后胜利，在很大程度上就是依靠苏联的力量。如若不是苏联付出几千万人的代价打败了德国法西斯，除美国以外的整个西方世界的历史恐怕都要改写。

而在此前，美国也还有一次对苏联搞实用主义，即1933年罗斯福入主白宫以后，一改十月革命以来历届美国政府的封堵政策，决定承认苏联并与之建交。这也完全是出于功利方面的考虑。一则，苏联自20年代以来国力获得了迅速增长，其庞大的市场和建设所需的资金、设备等都吸引着处于严重经济危机之中的西方，美国的资本也纷纷寻求到苏联开辟市场。二则，此时同苏联建交具有重要的战略价值。从全球角度考虑，苏联是一个大国，已同24个国家建立外交关系，在国际舞台上拥有一定发言权，可以对业已实行法西斯专政、大势推行侵略扩张政策的德意日三国起到牵制作用。从地缘政治角度看，苏联处于德国和日本之间的广大区域，在战略空间上对美国具有极大的好处和作用。

不过，最具讽刺意义的一幕是，在苏联以它最为辉煌的成就挽救了西方资本主义的命运之后，以美国为首的西方世界则又马上把它变成了在冷战中不共戴天的敌人，并且，双方剑拔弩张近半个世纪。

当然，美国在历史上同各个时期的世界强国打交道时，灵活地采用各种方式来执行孤立主义战略，其根本的出发点和落脚点都是其国家利益和国家利益的最大化。也正是因为这个最根本的动力，才驱使美国在国际社会时而采取理想主义的政策手段，时而又采取现实主义的外交策略，在不同的时期、对不同的对象各有侧重，并且运用还比较自如。

美国前国务卿基辛格曾经谈到，美国外交的一大特征是，制定外交政策是在现实主义与理想主义之间寻求平衡，理想主义地提出目标，现实主义地实现目标。看来，这样的总结不无道理。第二次世界大战前，美国蛰伏于西

第十章 从革命理想主义到政治现实主义

半球，长期孤立自保，走过了多少悬崖峭壁，渡过了多少激流险滩。而第二次世界大战后，美国又义无反顾地走向世界，强势主导国际事务，并且在综合国力上把其他国家远远地抛在了后面。美国的战略思想和战略运用，对于崛起中的新兴大国来说，无论如何都是值得重视、研究和学习的。

二 苏联狂飙陨落——勉为其难争霸的产物

苏联与美国的全面争霸是从勃列日涅夫入主克里姆林宫后开始并在他主政时期达到白热化的。

勃列日涅夫认为，既然苏联是世界上第一个社会主义国家，是世界上最先进的社会制度，那这个国家以外的世界就都是落后的、贫穷的、没落的，甚至是濒临死亡的；20世纪30年代、60年代美国乃至整个资本主义世界发生的经济危机和社会颓废，不正是证明了苏联是世界上唯一的光明之国，唯有苏联在发展、唯有苏联最先进、唯有苏联最强大、唯有苏联最有前途吗？

为此，勃列日涅夫决意要把自己执掌的苏联与自己的冷战对手美国所进行的竞争全面升级。并且，这种竞争是一场全面夺取"世界第一"的竞争，是一场在各方面都实现"彻底的苏联第一"的竞争。不仅要社会制度世界第一，社会发展方向世界第一，文化和意识形态世界第一，而且要经济发展速度世界第一，科学技术世界第一，发明创造世界第一，原子弹世界第一，导弹火箭世界第一，空间开发世界第一，没有失业和贫穷世界第一，连苏维埃这个"新的统一的民族"优越于其他民族也要世界第一。总之，要对美国和整个资本主义世界发动釜底抽薪般地冲击，要把更多的"世界第一"归在苏联名下，要让"苏联第一"的口号响彻全球。

为了达成这样的目标，苏联采取了若干非常措施：

——公开宣布以美国为竞争对手，争当头号超级大国。勃列日涅夫一改赫鲁晓夫提出的和平共处政策，强调"苏美之间的竞争与对抗是当代国际生活的主要矛盾和主轴"。在整个勃列日涅夫时期，苏联都把对外战略和对外政策目标定格在与美国争夺世界头号超级大国地位上。出于策略上的考虑，尽管其间也提出过"缓和",但"缓和"历来是手段,争夺才是目的,前者是为后者服务的。

——强化扩军备战,既准备进行常规战争,也准备进行核战争。抛弃赫鲁晓夫宣扬的"要以活命逻辑反对死亡逻辑"的活命哲学,勃列日涅夫提出,战争是军事、经济力量和战略态势的总较量,要把扩充军事实力、加速经济发展以及加紧战争部署同时抓起来。勃列日涅夫执政不久,苏联就提出了以积极进攻为主要特征的军事战略。根据这个战略,苏联进一步强化在欧洲与美国的军事争夺,于20世纪70年代中后期在这一地区部署重兵,集结了75%的陆军师,80%—90%的中远程导弹,80%以上的坦克,70%的海军力量,74%的空军和空防军力量。到20世纪80年代中期,苏联在欧洲即在武器数量的增长方面占据绝对优势,迫使美国在相当长的一段时期内都不得不利用技术上的优势来抵消苏联的数量优势。

——加紧扩张渗透,在世界各地向美国步步进逼。在中东,苏联应邀把大量武器装备空运到埃及,促成了不战不和的局面,并时刻保持着继续渗透的态势。在非洲,苏联于1975年派古巴雇佣军入侵安哥拉,成功地实施了一次"代理人战争"。1979年出兵占领阿富汗后,苏联则宣称,美国没有资格对其在阿富汗的行动指手画脚,苏联是应阿富汗合法政府的邀请,根据1978年苏联同阿富汗的友好合作条约行事的。在欧洲,苏联软硬兼施,正一步步实现稳住东欧、分化西欧的目的。这时的苏联,在战略上已处于进攻态势。

——采取两面手法,利用"缓和"获取西方的资金和技术。苏美之间达成的"缓和"对苏联来说只是一种策略、一种同西方继续进行对抗的方式,苏联是力图在不使用武力或直接运用军事力量的情况下即达到自己的目的。勃列日涅夫在1973年的布拉格东欧共产党领导人秘密会议上曾直言不讳地说,"缓和"为的是"使苏联赢得时间来加强我们的军事和经济实力,以便使力量对比发生变化,从而使我们能够在任何需要实现我们意愿的地方实现我们的意愿"。举着"缓和"的旗帜,苏联在经济上大量注入了西方的资金和技术。1971年至1980年,苏联累计从西方国家获取贷款104亿美元。从1978年起,苏联每年从美国和其他西方国家进口的设备与技术价值都在50亿美元以上。

——在国际和国内两条战线强化意识形态领域的斗争。勃列日涅夫说:"我们决不能忘记未来考验落在苏联人民肩上的可能性,在今天如此复杂和紧

第十章 从革命理想主义到政治现实主义

张的国际形势下,我们的责任是表现出不懈的警惕性。'缓和'并不能取消阶级斗争,而是推动这种斗争,'缓和'仅仅涉及国家之间的关系,而不涉及阶级与政党之间的关系。社会主义和资本主义国家之间可以达成各种协定,诸如军备控制、贸易或其他领域,但是这仅是政府之间的协议,而不是'人民'和'阶级'之间的协议。""在任何情况下'缓和'都没有取消也不能取消阶级斗争。谁也不能指望在'缓和'的条件下共产党人能容忍资本主义剥削,或者垄断资本家能成为革命的拥护者。"①从20世纪70年代下半期起,苏联即宣称缓和只涉及国与国之间的关系,不适用于意识形态领域。与此同时,苏联还动用一切手段和舆论工具同美国进行意识形态战,指责批评美国的价值观与政策,宣传苏联社会和政治制度的优越性。

然而,国与国之间的竞争要靠实力,争夺世界的头号霸主地位更需要有强大的经济力量作为后盾。在勃列日涅夫主政初期,苏联的经济发展虽有一些起色,工业增长率高于美国也高于世界平均水平,但是,在绝对经济实力上同美国相比,苏联仍然处于下风,甚至不在一个水平上。

从按联合国方法统计的国民生产总值数据来看,苏联1970年时的国民生产总值为6260亿美元,1975年时为7510亿美元,1980年时为8560亿美元,1985年时为9420亿美元;而美国1970年时的国民生产总值为13280亿美元,1975年时为15290亿美元,1980年时为18700亿美元,1985年时为21260亿美元。在这几个时间节点,苏联的国民生产总值仅分别为美国的49%、49%、45.7%、44.3%,都未达到一半。

从《世界经济年鉴》发布的两国在世界经济总量中所占的比例来看,1970年时,苏联经济所占的比例为12.4%,美国为23%;1980年时,苏联为11.4%,美国为21.5%。苏联的经济总量与美国的经济总量在世界经济总量中的份额,也大体保持着1:2的倍数关系。

而到80年代后期,两国的经济差距又进一步拉大了。这是因为,从1982年开始,美国的经济持续增长,年平均增长率达到了4.2%。在里根政府8年执政期间,美国的国民生产总值几乎翻了一番。而这一时期苏联的经济增长率却持续下降。在1981年至1985年这个五年计划期间,其增长率下降幅度

---

① 陈之骅等主编:《苏联兴亡史纲》,北京:中国社会科学出版社2004年版,第525页。

达到了 3% 以上。到了 1986 年至 1990 年这个五年计划时，整个国民经济就出现了负增长，1990 年与 1985 年相比，国民生产总值增长率为 -4.4%，国民收入增长率为 -5.6%，工业生产增长率为 -4.6%，被称为"自由落体般地迅速下滑"。

显然，在这样的情况下同美国争夺全球霸主地位是力不从心的。俄罗斯国家档案馆公布的数据表明，在勃列日涅夫当政的 18 年间，苏联的积累率长期保持在 28% 左右，其中个别年份高达 30%。之所以出现如此高的积累率，主要就在于苏联是在国力长期弱于美国并且与美国存在着巨大差距的条件下投入竞争的，为了满足这场只能赢不能输的政治竞争的需要，苏联只能用高得不能再高的积累率来弥补经济实力的不足。所以，勃列日涅夫主导的这场与美国争霸的全面升级，给苏联留下了严重的后遗症。勃列日涅夫去世不久，苏联的经济形势很快就恶化了。

而问题不止于此，更大的灾难还在于，苏联一味锋芒毕露，招致了美国加倍的报复和反制。

就在苏联对美国步步紧逼之时，美国针锋相对，对苏联采取了更为严厉的报复与反制行动。里根政府 1981 年一上台，就把共产党、共产主义、苏维埃制度看作是美国社会制度和美国价值观的最危险敌人，誓言要同苏联进行殊死的战斗。里根称，要从军事、经济和政治方面，对苏联建立最坚固的壁垒和最有效的抵消力，要把苏联和苏维埃制度一起扫进历史的垃圾堆。国防部长温伯格在自己的办公室贴上丘吉尔"决不退让，决不退让，决不！决不！决不！"的警句，以表达在同苏联打交道时坚决推行实力政策，决不在苏联的扩张面前有任何犹豫和退让的决心。

里根政府 8 年执政期间，美国一以贯之地对苏联采取了如下纲领和行动：

——强化遏制与威慑。决不允许苏联取得对美国的军事优势，坚持以武力抵抗苏联危害美国利益的任何行动，并且明白无误地向苏联表达，侵略扩张付出的代价将远远超过所希望获取的好处。

——扩大军事实力。采取坚决措施打破美苏之间在军事力量方面的均势，在一些关键地区加强美国的军事存在。里根政府于 1981 年 10 月开始实施新的核战略计划，1983 年 3 月揭开太空战略计划的帷幕，以此强化美国的核进攻能力和空间军事优势。在欧洲，美国部署了最新型的导弹。与此同时，

1983年至1986年间，美国通过各种条约和协议向60个国家承担义务，保证了美国武装部队在任何时候都有大约1/3的人员驻扎在海外。

——强化对苏联的经济攻势。一方面通过加大国防投入，把苏联引入新的军备竞赛，借此增加苏联的经济负担。1981年至1985年，美国的国防预算由1426亿美元增加到2868亿美元，5年间翻了一番。另一方面，联合西方国家对苏联实行贸易歧视政策，不给其提供最惠国待遇，并且严格控制向苏联的高技术及产品出口，延缓苏联的经济发展。

——在意识形态领域加紧向苏联进攻。美国认为，遏制战略更为关键的目的是促使苏联内部发生变化，最终导致苏维埃政权瓦解，把苏联带进美国所追求的自由世界中来。为此，里根政府把冷战政策和仇共反共情绪结合在一起，在80年代开展了一场讨伐苏联社会主义的行动，其主要内容包括：离间苏联与其他社会主义国家之间的关系；鼓动与支持苏联国内的反政府势力；通过国际广播对苏联展开宣传战，揭露苏联社会的黑暗面，宣扬美国的价值观与生活方式，力求"为社会主义培育演变的种子和西方所希望的社会主义制度的掘墓人"。里根当政期间，美国花费10亿美元建成了世界上最庞大最现代化的短波广播系统，以满足对外广播的需要。

——组建堵截苏联扩张的国际战略防线。苏联入侵阿富汗后，美国即开始封堵苏联向南扩张的势头，先后同以色列建立了战略合作关系，同埃及、沙特阿拉伯达成了战略一致，提出了解决中东问题的计划，并且加大了对巴基斯坦、土耳其等国的军事援助，以便把这些国家作为反苏的前沿地带。此外，里根政府还注意调整与西欧和日本的关系，协调对苏政策，又同中国签署了有关台湾问题的"八一七"公报，以进一步巩固两国关系。美国所采取的这些行动，对其推行对苏政策都具有战略意义。

应该看到，苏联在勃列日涅夫时期奉行全面争霸的扩张战略，与美国在全球争锋，也有国际环境和美国逼迫的成分，但结果却是，苏联垮了，美国却能安然度过。这不仅说明，无论拥有多么强大的军力和强大的国家机器，一旦失去了经济力的支撑，也不足以保证国家的安全；而且也说明，政治上必有的理想主义和激情，与战略上的盲目和虚荣是水火不相容的，无论拥有多么强大的军力和强大的国家机器，一旦在战略选择上失误，往往也会带来灾难性后果。

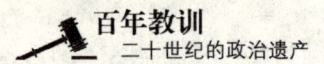

三 内不折腾，外不当头——中国腾飞的双翅

2010年1月，中国发布2009年度的GDP增幅为8.7%后，国际社会掀起了新一轮的有关中国迅速崛起的评论。然而，与以往不同的是，过去那些基调为"威胁""崩溃""泡沫"的论断被一一否定，取而代之的是"中国的世界元年""中国率先""中国第一"等等至少在表面看起来是带些褒奖之意的赞许，甚至连"中美国""G2""当中国统治世界时"等词汇也在西方媒体中广为流行。与这些语言相随的自然还有人民币升值、增加减排，以及中国太傲慢，呼吁中国民主化、增加军事透明度等等内容。

法国《费加罗报》说，今天的数字说明，2009年是"中国奇迹年"。

英国广播公司说，"中国很可能在2009年就已超越日本成为世界第二大经济体"。

德国《世界报》说，"今年刚开始就已是中国年"。

日本共同社说，一年前当世界深陷金融危机时，人们对中国政府宣布的"保8"目标能否实现还抱有很大悬念，而现在中国经济已经迅速恢复到了危机前的增长水平。

美国《市场观察》网说，"在整个2009年，中国的故事一直是加速复苏的故事"。美国《时代》周刊以"繁荣之路"为题发表文章称："2008年举办的规模宏大的奥运会让中国的软实力得到加强，2010年将举行的上海世博会同样会让人眼花缭乱。新中国成立60周年举行庆祝活动时展示的军事硬件和走正步的军人，即便吓不倒世人也会让人们印象深刻。不那么显眼的是，中国是第一个走出全球经济衰退的大国，事实上，它也在引领着整个世界摆脱这场危机。"

不管这些评论的背后有无什么用意，是何种心态，一个共同的显而易见的观点是，认为中国又强大起来了，又回到世界舞台的中心位置了。事实上，经过几代人的努力，尤其是经过改革开放以来30年的努力，中国的经济社会发展与世界发达国家的差距已显著缩小，逼近世界第一强国也不是遥不可及。

第十章 从革命理想主义到政治现实主义

曾经的屈辱和不幸都已成为过去,聚光灯重又在中国身上闪耀了。

那么,是什么使一个具有10多亿人口、经济文化落后的大国在改革开放30年后就取得如此重大的成绩的呢?原因可能不下十条八条,但是,如果从国家战略层面来看的话,最重要的可能还是这样两个方面,一是国内不折腾,二是国外不当头。

还是在上个世纪70年代末80年代初,中国改革开放的总设计师邓小平就规划了共和国的发展蓝图,到21世纪中叶建国100周年时,基本实现国家的现代化。为了保证这一宏伟目标的实现,邓小平在为中国设计出一整套国内发展战略——"一个中心两个基本点"的同时,也为中国设计了一整套国际政治战略,这就是:冷静观察、稳住阵脚、沉着应付、韬光养晦、决不当头、有所作为。其国内战略的核心是不折腾、发展经济,国际战略的核心是不当头、韬光养晦。邓小平说:"第三世界有一些国家希望中国当头。但是我们千万不要当头,这是一个根本国策。这个头我们当不起,自己力量也不够。当了绝无好处,许多主动都失掉了。中国永远站在第三世界一边,中国永远不称霸,中国也永远不当头。"[①]

中国的这一方略是讲究实际的理想主义与远见卓识的现实主义相结合,建立在对历史的深刻总结、对形势的正确把握和对未来的高瞻远瞩基础之上的。不当头、韬光养晦为不折腾、发展经济提供了安全保障,不折腾、发展经济使不当头、韬光养晦具有了意义,它们互为促进、相得益彰,都统一在中华民族的伟大复兴之中。

中国的这一方略是基于国家利益和负责任大国的立场,充分兼顾国际和国内两个大局的。就国情而言,中国应集中精力发展经济;就大国地位而言,中国并不放弃国际责任,它与建设性地参与国际事务并为人类作出自己力所能及的贡献是并行不悖的。这一方略的基本精神在于:不为国际风云的变幻而动摇自己的前进方向和目标,不为外部的要求、挑动或刺激而锋芒毕露。

中国的这一方略对于第三世界是不当头,对于世界头号大国就是不当挑战者。这意味着中国接受现存世界体系,加入现存世界体系,对主要由西方国家主导的现存世界体系不采取对抗的国际行为模式。这不仅有利于中国在

---

① 《邓小平文选》第3卷,北京:人民出版社1993年版,第363页。

激烈的国际竞争中争得比较主动的国际地位和更大的回旋余地，也在很大程度上有利于缓和国际紧张局势。中国既追求自身的和平与发展，也追求世界的和平与发展。即使同美国这样喜欢称霸的国家打交道，中国的方针也仍然是尽量减少麻烦，不搞对抗，从战略高度处理双方的分歧。

中国的这一方略是一项古老的充满东方智慧的谋略，它构成了中国人处理中国与世界关系的永恒哲学原则。中国早已认识到，在这个相互依存的世界上，中国的前途命运已经日益紧密地同世界的前途命运联系在一起，只有和谐共处、利益共享、责任共担、互利共赢，才最符合自己和别人的利益。可以说，这一方略已经成为中国国家哲学的一部分，它是一种美德、一种节制和一种积极的国家态度。今天，中国的声音、实力和影响力或许已经遍及世界，但是，世界需要中国甚于中国需要世界的这一天远未到来；即使这一天到来了，中国的国家性质和文化传统也不允许中国称霸。中国对于人类将要作出的贡献，不是基于物力和武力基础的，而是建立在精神和文化层面的。

践行这一方略，中国走出了运动治国误区，为聚精会神于国家经济建设争取了时间和空间

20世纪70年代末80年代初，中国面临的外部挑战固然不少，但内部的问题也很严峻，急需一个相对平和的内外环境，以便集中精力化解累积已久的社会经济矛盾。正是基于这样的现实，1978年12月召开的中国共产党第十一届三中全会作出了摒弃以阶级斗争为纲、把全党全国工作的重点转移到经济建设上来的决策。这一历史性选择，是以邓小平为首的中国共产党人从新中国正反两个方面的经验教训中得出来的。

新中国成立以后的前30年虽然取得了非凡成就——从半封建半殖民地到拥有世界大国地位，从自给自足的农耕社会到建成社会主义国家，从遭受列强欺凌劫掠的牺牲品到成为联合国安理会的常任理事国，从小米加步枪到自行研制成功两弹一星……但是，伴随着诸多光环，中国在国内发展方面也摔了不少跟头，集中的是三大错误：阶级斗争、"大跃进"、"文化大革命"。

把阶级斗争作为推动社会发展动力的做法几乎贯穿了新中国成立后前30年的整个历程。党的执政地位的获得，社会主义制度的确立，本应意味着大

第十章 从革命理想主义到政治现实主义

规模的急风暴雨式的群众阶级斗争已经基本结束,国家的根本任务应是在新的生产关系下保护和发展生产力。而对于在一定范围内还存在的阶级斗争,应当按照严格区别和正确处理两类不同性质矛盾的方针去解决,按照宪法和法律规定的程序去解决,绝不能混淆两类不同性质矛盾的界限,绝不能损害社会主义现代化建设所需要的安定团结的政治局面。但是,由于党的主要领导人把社会主义社会中一定范围内存在的阶级斗争扩大化、绝对化了,认为无产阶级同资产阶级的矛盾仍然是社会的主要矛盾,在整个社会主义历史阶段资产阶级都将存在和企图复辟,并成为党内产生修正主义的根源。在这样的政治判断和理论指导下,以阶级斗争为纲便成了社会生活的主轴,每隔三五年就要搞一次运动,甚至把它提升到无产阶级专政下继续革命的高度来认识。显然,这就背离了社会发展的正确方向。

1958年至1960年进行的"大跃进"是新中国成立后一次试图在经济领域"赶英超美"的全民行动。由于这场运动从开始就脱离实际,所以很快演化成了一场十足的"造神运动"。在运动期间,竟出现了小麦亩产7320斤、早稻亩产13万斤的"放卫星"记录。报纸上甚至说,"人有多大胆,地有多大产";"不怕做不到,就怕想不到";农产品产量将"成倍、十几倍、几十倍地增长"等。基于对农业生产形势的这种过高估计,中央政府还制定并实施了多项工业生产翻番计划。一直到1960年冬,"巨大物质进步成就"的神话破灭后,"大跃进"中的"左倾"冒进错误才开始被认识被纠正。这场持续三年之久的运动给党、国家和人民带来了深重灾难。不仅使新中国成立后积聚的经济家底和在第一个五年计划期间初步形成的经济格局遭到了极大的损失和破坏,而且短短几年间就有上千万人死于饥饿。这是在中国发生的一场最大人灾。

这场灾难还集中暴露了中国共产党在执政方式方面面临的问题,即:是党政不分还是党政分开。这其中体现的是政权的性质,如果采用党政不分、以党代政的方式,就会破坏政权的民主性。而在"大跃进"刚刚展开的1958年7月,党中央就成立财经、政法、外事、科学和文教五个领导小组,直属中央政治局和书记处,对国务院机关各部门实行分口领导。毛泽东在中央下发的成立这些小组的文件中写道:"这些小组是党中央的,直属中央政治局和书记处。大政方针在政治局,具体部署在书记处。只有一个'政治设计院',没有两个'政治设计院',大政方针和具体部署都是一元化。"①这样一来,党的组织在国家政治生活中就完全国家化、权力化与行政化了。招致的后果自然也就是:一切权力高度集中于党,党的权力又高度集中于个人,权力的运作失去了起码的监督和制约,最终又导致了个人专断与权力的滥用。张闻天在参加1959年的庐山会议时即谈到,"大跃进"全部的问题只有一个原因——缺乏党内民主,一个人说了算,几句话讲得不对就被扣上帽子,当成怀疑派、观潮派,还被拔白旗。这一见解是如此的尖锐和深刻。而在庐山会议后期,党又错误地发动对彭德怀的批判和开展反右倾斗争,从而使党和国家从中央到地方的民主生活遭到严重损害,在经济上打断了纠正"左倾"错误的进程,导致在更长的时间里延续了错误。

在新中国成立后的前30年中,如果经济领域的核心错误是"大跃进",那政治领域的核心错误就是"文化大革命"。1968年10月14日,在中国共产党第八届十二中全会上,毛泽东曾问到会的中央委员:"同志们对'文化大革命'怎么看?"当台下鸦雀无声没人回答时,毛泽东又接着说:"我看五十年、一百年之后,可能我们这一段是历史上的一个小插曲。"②毛泽东此语是耐人寻味的。

自1966年5月开始的历时10年的"文化大革命",被中国共产党第十一届中央委员会第六次全体会议通过的《建国以来党的若干历史问题的决议》定性为:是一场由领导者错误发动,被反革命利用,给党、国家和各族人民带来严重灾难的内乱。毛泽东发动和领导这场运动的主要论点是:一大批资产阶级的代表人物、反革命的修正主义分子,已经混进党里、政府里、军队里和文化领域的各界里,相当大的一个多数的单位的领导权已经不在马克思主义者和人民群众手里。党内走资本主义道路的当权派在中央形成了一个资产阶级司令部,它有一条修正主义的政治路线和组织路线,在各省、市、自治区和中央各部门都有代理人。过去的各种斗争都不能解决问题,只有实行"文化大革命",公开地、全面地、自下而上地发动广大群众来揭发上述的黑暗面,才能把被走资派篡夺的权力重新夺回来。很明显,毛泽东的这些论点不符合中国的实际,而林彪、江青等则利用他的错误组成两个集团,背着他进

---

① 《建国以来毛泽东文稿》第7册,北京:中央文献出版社1992年版,第268页。
② 中共中央文献研究室编:《三中全会以来重要文献选编》,北京:人民出版社1982年版,第52页。

第十章 从革命理想主义到政治现实主义

行夺取最高权力的阴谋活动。直到1976年9月毛泽东逝世、10月江青集团被粉碎,"文化大革命"才得以结束。

对于这场运动所带来的损失和危害,邓小平指出,就整个政治局面来说,是一个混乱状态;就整个经济情况来说,实际上是处于缓慢发展和停滞状态。西方评论,"文化大革命"是人类历史上最大的灾难之一,近10亿人在疯狂的个人崇拜鼓动下爆发了一场持久的歇斯底里式的破坏症,千年文明遗产毁于一炬,千百万人的生命被碾作泥泞,革命过后,偌大的国家在物质与精神上都荒芜一片。

与"破"相伴而生的就是"立"。结束运动治国模式和不切实际的发展方式后,社会主义初级阶段、社会主义市场经济等创新概念便随之诞生了。可以说,社会主义初级阶段、社会主义市场经济这两大理论的提出和付诸实践,是在社会主义的理想与现实之间架起了一座桥梁,它从根本上解决了困扰中国社会主义乃至世界社会主义运动的难题。

回顾世界社会主义运动史,虽然马克思1875年在《哥达纲领批判》中提出了共产主义两个发展阶段——第一阶段和高级阶段的设想,但在很大程度上仍然是理想性的。而十月革命后社会主义制度首先在经济和文化落后的国家建立,又进一步增大了理想与现实之间的分离。到中国在20世纪80年代实行改革开放,虽然社会主义运动已历经一个多世纪,社会主义社会也已存在半个多世纪,但却仍未能消除人们的距离感,仿佛那仍然是天边的玫瑰,可望而不可即。只是社会主义初级阶段、社会主义市场经济理论的提出,才使社会主义具有了更大的包容性和现实性,才打破社会主义与市场经济不相容的禁区,使对立面的结合成了可能,使社会主义成了人们的生动实践和现实生活,把理想进一步拉近了。

在1998年12月召开的纪念十一届三中全会召开20周年的大会上,江泽民曾这样总结社会主义初级阶段提出的意义:"当今中国还处于并将长期处于社会主义初级阶段。我们党用了30年的时间,经过正反两方面经验的比较,才开始认识了这个当今中国最大也是最重要的实际。……我们的全部理论和实践活动只有符合这个实际,才能取得胜利。建国以后的前30年,我们在建设社会主义的理论上和实践中发生的一些严重失误,归根到底都是由于脱离了这个实际;而十一届三中全会以来这20年,我们在建设社会主义的理论上

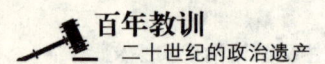

和实践中取得的巨大成功，归根到底都是由于符合了这个实际。"①

理性务实发展状态的回归，促使中国的国力迅速向历史高位回升。19世纪前，中国的GDP曾经长期位居世界第一。跌落一个多世纪后，中国重又开始回到这一高地。2009年11月，英国《伦敦标准晚报》发表了"金砖四国"这一概念的提出者、高盛集团首席经济学家吉姆·奥尼尔的文章。文中称："8年前的这个月，我偶然创造了金砖四国这一概念。毫无疑问，金砖四国中的中国比其他几国重要。……中国的数据令人叹为观止。2008年，中国的GDP约为4.3万亿美元。而2001年时还只有1.3万亿美元。仅仅7年，中国的GDP就增长了3万亿美元。我们估计，中国的GDP明年有可能达到5.4万亿美元。这意味着中国将超过日本，成为世界第二大经济体。只统计过去7年的数字，中国的增幅相当于7个2001年的印度。实际上，这一时期中国的GDP增长相当于其他金砖三国的总和。中国在短暂光阴里的成长相当于创造了两个新英国。按照目前的活力，中国每隔三四年就能增长出一个新英国。2003年时我们首次预测中国在2041年成为世界第一大经济体，很多人认为是白日做梦。事实是，这可能还要更早。我们认为这将在20年内实现，准确地说是2027年。"②

20世纪80年代末，美国前总统尼克松在分析20世纪的中国时也充分预见到中国新发展战略的优势和广阔前景，虽然论述中他用词尖刻，甚至还有政治上的成见，但也有远见卓识。他在《1999年：不战而胜》这部著作中写道：

> 20世纪的中国受尽了劫难：它经历了革命和困苦、贫穷与希望、政治和思想动荡、乱后得治、治后又强行乱。在几十年的时间里，中国猛然从一个古老的王国成为稚弱的共和国，然后又变成了共产主义专政的国家。它时而怒气冲冲地把西方的点滴影响都拒之门外，时而又谨慎地接受同西方改善关系的好处。它是世界上最具有同一性的国家之一，但在这个世纪的绝大部分时间里，它的内部却一直同室操戈。……50年代末60年代初，在工业化运动和强制实行的集体化运动中，2700万人饿

---

① 《江泽民文选》第2卷，北京：人民出版社2006年版，第250—251页。
② 《参考消息》，2009年11月19日，第6版。

第十章 从革命理想主义到政治现实主义

死。中国领导人当时却称之为"大跃进",岂非怪事。几年后毛泽东发动了"文化大革命",对全国进行严格的思想审查。这使数以百万计的人民不聊生,在知识分子中造成的创伤直至今日还没有消除。①

但是我们时代的奇迹之一是中国在惨遭20世纪各种最可怕的天灾人祸之后,在21世纪必将成为世界上的一个头等大国。……在20世纪的一位最杰出的政治家邓小平的领导下,中国摆脱了教条型的马克思主义,从而把世界五分之一人口的巨大潜力发挥出来。如果中国继续坚持邓小平的方略,我们孙辈的世界将有三个超级大国而不是两个——美国、苏联和中华人民共和国。②

践行这一方略,中国规避了各种干扰和风险,为比较从容地应对国内外危机事件创造了条件

20世纪的最后20年是世界风云际会、剧烈震荡的时期。就如同历史上任何一个大的战略都不仅产生于乱世并且还往往会经历更多更大的磨难和考验一样,邓小平为中国制定的方略也经历并且经受住了一个接一个的来自国际和国内的历史性大考。

还是在80年代初,东欧剧变的种子就在波兰埋下了。由于经济失败、高度集权的政治官僚化和腐败丛生,波兰在1980年7月发生大罢工,很快波及全国49个省,演变成一场严重的社会危机。几个月后,在大罢工中产生的"独立自治团结工会"便出现在波兰的政治舞台上。而在接下来的六七年时间里,执政党仍未能有效解决社会的政治经济问题,迫于内外压力,不得不于1989年4月举行民主选举,结果如前所述,团结工会在大选中大获全胜,组成波兰新政府。这是二战后40多年来东欧第一次出现非共产党领导的政府。接着,连锁效应发生了:从1989年下半年开始,匈牙利、捷克斯洛伐克、保加利亚、民主德国、罗马尼亚、南斯拉夫等社会主义国家全部实现了政权更

---

① 〔美〕理查德·尼克松:《1999年:不战而胜》,王观声等译,北京:世界知识出版社1989年版,第251页。

② 〔美〕理查德·尼克松:《1999年:不战而胜》,王观声等译,北京:世界知识出版社1989年版,第253页。

迭，无一例外地都由非共产党执政。整个东欧国家就这样迅速地改变了自己的社会政治制度。

就是在这样的大气候下，前面所曾提及的一场政治风波1989年夏天在中国首都北京发生了。极少数图谋不轨的人和一些非法组织，在人民群众沉痛悼念中共中央前总书记胡耀邦逝世期间，制造谣言，蛊惑人心，反对党的领导和社会主义制度，并且煽动一些人进行绝食，占据了天安门广场。5月20日，国务院决定在北京部分地区实行戒严，以恢复秩序。而动乱的组织者和策划者竟利用政府和戒严部队采取的克制态度，继续煽动一些青年学生占据天安门广场，组织非法活动，以至于酿成一场政治风波，迅速波及全国。但是，中国很快平息了这场政治风波，恢复了社会稳定。6月9日，邓小平在接见戒严部队时说：总结过去十年，我们的一些基本提法，从发展战略到方针政策都是对的，不然，就没有今天。①

1991年12月，人类历史上第一个建立社会主义制度并已存活74年之久的红色苏联轰然解体，改换旗帜，更是使世界社会主义事业遭受前所未有的重挫，全球社会主义运动跌入谷底。在这种情况下，中国的社会主义能否站住又成为人们关注的焦点。而令世界惊奇的是，中国不仅没有在这样的大剧变中受到惊扰，反而在世界处于一片混乱之时，步入经济和社会都快速发展的黄金期。

1997年亚洲金融危机爆发后，中国复又面临一场来自外部的巨大冲击。这场首先在泰国爆发，接着在菲律宾、缅甸、马来西亚、印度尼西亚等东南亚国家发生，然后蔓延到中国香港、日本和韩国，最后还殃及拉美、北美乃至整个世界的危机，曾使多国经济雪上加霜，日、韩经济黯然失色，美国股市也一度狂泻。然而，尽管这场危机发生在同中国有密切经济关系的周边国家，却未能动摇中国经济发展的良好局面。危机期间，中国经济始终是地区经济最重要的稳定因素，对亚洲经济复苏起到重要作用。

1998年7、8月间，中国内陆发生的一场历史上罕见的洪涝灾害，又严重危及改革开放以来的现代化建设成果。长江全流域性的特大洪水为1954年以来之最，先后出现8次洪峰，宜昌以下360公里的江段和洞庭湖、鄱阳湖的

---

① 参见《邓小平文选》第3卷，北京：人民出版社1993年版，第306—307页。

第十章 从革命理想主义到政治现实主义

水位长时间超过历史最高纪录。嫩江、松花江和珠江流域的西江、福建闽江，也在这期间分别发生超历史记录的特大洪水和大洪水。一时，湖北、湖南、江西、安徽、江苏、黑龙江、吉林、内蒙古、广东、福建等10多个省区沿江沿湖的众多城市和广大农村，人民的生命财产安全和经济社会发展成就都受到洪水的严重威胁。最后，经过数十万军警和灾区民众奋力拼搏，洪水被降伏了，中国又把这场特大自然灾害的损失减少到了最低程度。

1999年3月，以美国为首的北约国家武装干涉南斯拉夫内部事务，发动了科索沃战争。5月7日深夜，从美国本土基地起飞的战略轰炸机用5枚导弹从不同角度袭击了中国驻南斯拉夫大使馆，导致3名新闻记者牺牲，20多名使馆人员受伤，整个馆舍被洞穿。这一骤然发生的事件，顷刻把中国同世界头号大国的冲突聚焦在了世人面前。尽管事发后美国一直未能对事件真相作出令人信服的解释，但也不得不在全世界面前低头向中国认错，作出公开道歉并给予赔偿。而更为重要的，是这一事件让中国人民对50年前杜鲁门政府发布《美国与中国的关系》白皮书时毛泽东"丢掉幻想"的教诲，有了更深刻更透彻的认识，最终把祸害化成了中国卧薪尝胆、加速发展自己的动力。

20世纪行将结束之际，有国际媒体曾发出这样的诘问：为什么在昔日社会主义盟主晚霞散尽的时候，中国却躲过一场场灾难，空前地壮大起来了？从改革开放以来的历程中，人们其实不难得出这样的结论，即：中国的发展是建立在科学地认识国际国内形势、清醒地把握战略全局和战略机遇、审时度势地确定自己的发展方针这个基础之上的。可以说，邓小平方略的伟大创造，就是从廓清历史迷误、认清时代特征、解决现实困局起步的，这其中实际上也包括对应对各种危机的预先考虑和准备。

20世纪的最后20年，是中国发展史上极为重要的阶段。国际局势的扑朔迷离、复杂多变，国内转型期各种矛盾和问题的交织与改革攻坚，都使中国既面临着大的机遇也面临着前所未有的挑战。国际与国内两个大局如果顾此失彼，外部的动荡不安如果与国内的矛盾和问题叠加共振，就很可能影响中国的稳定与发展大局，掣肘中华民族的伟大复兴。为了抓住机遇、加快发展，中国就必须实事求是地判断国际形势，谨慎恰当地处理内外关系，绝不允许有任何大的闪失。正如多次感慨"事非经过不知难"的中国共产党第三代领导人江泽民在1998年12月纪念十一届三中全会召开20周年大会上总结党的历史经验时所说:"按照冷静观察、沉着应付、绝不当头、有所作为的战略方针处理国际事务,以利抓住时机发展自己,把国内的事情办好,争取对人类进步与和平事业作出更大贡献。这些都是十一届三中全会以来我们对外工作坚持的重要方针政策,也是我们对外工作的重要经验。实践已经证明都是正确的。"①

践行这一方略,中国成功地收回了香港、澳门主权,为实现国家的完全统一提供了范例

香港、澳门问题是历史遗留问题。它既是外国列强侵略奴役中国的见证,也是中华民族历史上落后屈辱的一页。1989年5月,邓小平会见来访的苏共中央总书记戈尔巴乔夫时,曾神情凝重地向他讲述了这一切。邓小平说:"从鸦片战争起,中国由于清王朝的腐败,受列强侵略奴役,变成了一个半殖民地半封建国家。欺负中国的列强,总共大概是十几个,第一名是英国,比英国更早,强租中国领土澳门的,是葡萄牙。从中国得利最大的,则是两个国家,一个是日本,一个是沙俄,在一定时期一定问题上也包括苏联。"②

为什么邓小平把英国、葡萄牙排在欺侮中国的前两名?除了时间顺序上的原因外,还有一个也许是更重要的因素,即泱泱大国的两颗明珠——香港、澳门长期被远隔重洋的两个殖民国强行占领,构成了对中华民族的最大羞辱。英国、葡萄牙攫取香港和澳门的历史,其实就是中国被欺辱的历史。

香港——包括港岛、九龙和新界,自古以来就是中国的领土。但是,英国于1840年发动鸦片战争后,强迫清政府先后签订三个不平等条约——1842年签订《南京条约》,永久割让香港岛;1860年签订《北京条约》,永久割让九龙半岛尖端;1898年签订《展拓香港界址专条》,租借九龙半岛大片土地及附近被统称为新界的200多个岛屿,租期99年(1997年6月30日期满),实现了长期占领香港的野心。

葡萄牙自1514年起即侵占中国珠江口、屯门、广州一带,后又以借地晾

---

① 《江泽民文选》第2卷,北京:人民出版社2006年版,第261页。
② 《邓小平文选》第3卷,北京:人民出版社1993年版,第292—293页。

第十章 从革命理想主义到政治现实主义

晒湿水贡物为托词,以重金贿赂为手段,于1553年染指澳门。虽然在第一次鸦片战争前,中国明清两朝仍对澳门行使了全面主权,葡萄牙只是在澳门获得了居留权、贸易权和有限的自治权,但在第一次鸦片战争后,随着中国逐渐沦为半殖民地,葡萄牙就一反常态,开始了采取强力手段变澳门为第二个香港的步伐。1845年,葡萄牙擅自宣布澳门为自由港。1846年强占三巴门至关闸的领土,并公然向澳门中国居民征税。第二次鸦片战争后,又利用清政府的愚昧软弱,通过诓骗和外交讹诈手段,先后强加给中国一系列不平等条约,包括1862年的《和好贸易章程》、1886年的《中葡会议草约》和1887年的《和好通商条约》,使葡萄牙"永居管理澳门"有了法律形式。

长期以来,中国民众一直反对英、葡两国强加的不平等条约,并为收回香港和澳门作了不懈努力,但这些前赴后继、不屈不挠的斗争最终都失败了。而到了20世纪40年代,中国又两次错失收回的良机。

一次是1942年。

1941年底太平洋战争爆发后,日本侵略军向香港展开了进攻。由于英国忙于保卫本土及欧洲战事,在香港抵抗不力,仅18天即弃甲曳兵而走,香港从此落入了日本之手。与此同时,随着两艘王牌军舰"威尔士亲王号"和"却敌号"在马来海面被日军击沉,英国在远东和东南亚的殖民体系迅速土崩瓦解。至1942年6月,英军已先后退出其殖民地马来亚、新加坡、缅甸等地,日军陈兵印缅边境,直逼印度大门。英国的这次大溃退标志着第一次世界大战后列强通过华盛顿会议建立起来的远东国际均势已被彻底瓦解,中、美、英已成为共同反对日本侵略战争的盟邦。这一形势迫使英国不得不考虑中国废除不平等条约的要求。

当时,东西方战场反对法西斯战争的力量已连成一片,中国的抗战与各同盟国的作战已汇成一体,国际局势的变化不仅有利于中国争取抗日战争的胜利,也为中国收复香港提供了良机。以罗斯福为首的美国政府,深知中国战场对日本的牵制作用,为了使国民政府坚持对日作战,也为了战后填补英国在远东可能留下的真空,开始指责英国在中国保留殖民特权、不将香港归还中国等做法。种种趋向表明,解决香港问题的时机已经成熟。

1942年下半年,应国民政府要求,英国也与中国举行了废除不平等条约的谈判,并且通过谈判废除了英国在华的治外法权和1901年的《辛丑条约》,

收回了天津、广州的租界和北平使馆租界、上海与厦门公共租界的行政管理权，但是却坐失良机，未能解决香港的收回问题。这固然有英帝国顽固坚持殖民主义立场的原因，但国民政府态度软弱、争取不力，难逃干系。

再一次是抗日战争结束时。

1945年8月日本无条件投降后，收复香港、澳门的机会同时到来了。然而，由于这时蒋介石已经奉行矛头对内、坚决反共的政策，根本顾不上收复失去的国土，结果又让英国抢先重新占领了香港。不仅如此，蒋介石作为反法西斯同盟国中国战区的最高统帅，其所代表的国民政府本有权接受驻香港日军的投降，可最后连这个受降权也被英国夺走了。

而在澳门，岛内外回归的呼声在抗战结束时也达到了高潮。当开赴广州接受日军投降的第二方面军司令官张发奎授意中山县县长和驻军师长提出收回澳门的口号后，立即得到了澳门、广东全省及全国各地的热烈响应和支持。此时，澳门的葡萄牙军警不足千人，势单力薄，早已无力控制局面。但由于国民政府态度暧昧，时而下令广州行营解除对澳门的封锁，时而又以"目前国际形势之下此问题难以解决"为由进行搪塞，结果，使易如反掌的绝好机会也白白丧失了。

1949年新中国的成立，为最终结束港澳的殖民地位奠定了基础。但是，对于时间这么久、关注度这么高的重大历史遗留问题，究竟在什么时机解决、通过什么方式解决、如何彻底解决，却是一个极为复杂、牵涉面非常广的问题。一则，香港、澳门的殖民地位必须如期结束，中国决不能容忍外国占据中国领土的状况再继续下去。这不仅有一个利益和尊严的问题，而且还因为，在一个比较长的时间里，中国的完整统一与其国际地位极不相称。一方面，作为联合国安理会常任理事国，中国具有世界性的影响力和作用，是以世界大国的面貌展现于世的。而另一方面，在所有的世界性大国中，中国又是唯一未能实现领土完整和民族统一的国家。自身的问题都不能够圆满解决，又怎能在国际舞台上发挥更大的作用？二是，随着1997年租期届满的临近，英国方面不断试探中国关于解决香港问题的立场和态度，这说明，殖民当局不肯善罢甘休。事实上，在香港问题的解决过程中，英国一方面不得不表示如期归还香港的主权，另一方面又在归还的方式和香港回归后的管理办法上，作了不少文章，甚至在移交的最后阶段还设置了许多难题。三是，港澳同胞

第十章 从革命理想主义到政治现实主义

在等待大陆的行动,他们害怕动荡,对社会主义也有些恐惧,不愿意改变现存生活方式。怎么样保证回归后两地的居民生活更加美好而不会下降,这是一个需要慎之又慎的问题。四是,还必须把港澳的回归与祖国的统一大业联系起来,充分考虑对台湾问题带来的影响。

就是在这种复杂的情况下,邓小平提出了"一国两制"的伟大构想,并且由他多次亲自出面,主持或指导一轮又一轮的谈判,终使香港的回归得到了圆满解决,同时也带动了澳门问题的解决。在进入新世纪之前,五星红旗分别取代米字旗和双色旗,在香港、澳门上空飘扬,中华民族蒙受的百年耻辱得到洗雪,几代中国人梦寐以求的夙愿变成现实,这也成了20世纪世界历史上的一件盛事。

曾与邓小平在会见中多次交锋、在国际政坛享有"铁娘子"之称的英国前首相玛格丽特·撒切尔,这样评价一国两制:"中国领导人对谈判采取了高瞻远瞩的态度,对此我谨向他们表示敬意。一国两制的构想,即在一个国家中保留两种不同的政治、社会和经济制度,是没有先例的。它为香港的特殊历史环境提供了富有想象力的答案。这一构想树立了一个榜样,证明了看来无法解决的问题如何才能解决以及应该如何解决。"①

撒切尔的这一看法是中肯的。香港、澳门问题通过谈判方式和平解决,是中国高度政治智慧的产物;邓小平提出的一国两制,堪称革命理想主义与政治现实主义相结合的典范。

这首先体现在,一国两制是一种崭新的社会实践,在世界上是史无前例的,古今中外从未有过。邓小平1987年会见香港基本法起草委员会委员时说:"我们的社会主义制度是有中国特色的社会主义制度,这个特色,很重要的一个内容就是对香港、澳门和台湾问题的处理,就是一国两制。这是个新事物。这个新事物不是美国提出来的,不是日本提出来的,不是欧洲提出来的,也不是苏联提出来的,而是中国提出来的,这就叫做中国特色。"②

其次,一国两制是尊重历史与现实这种科学态度的真正体现。邓小平说:"中国面临一个香港问题,一个台湾问题。解决问题只有两个方式:一个是谈判方式,一个是武力方式。用和平谈判的方式来解决,总要各方都能接受,

---

① 泽明等编:《外国首脑文集》(上册),北京:中华工商联合出版社1997年版,第352页。
② 《邓小平文选》第3卷,北京:人民出版社1993年版,第218页。

香港问题就要中国和英国,加上香港居民都能接受。什么方案各方都能接受呢?就香港来说,用社会主义去改变香港,就不是各方都能接受的。所以要提出一国两制。"①"如果一国两制的构想是一个对国际上有意义的想法的话,那要归功于马克思主义的辩证唯物主义和历史唯物主义,用毛泽东主席的话来讲就是实事求是。这个构想是在中国的实际情况下提出来的。"②可以说,没有实事求是的精神,没有解放思想的勇气,没有高度的政治智慧和胆略,是提不出一国两制的构想的。

第三,一国两制为纷扰的世界解决民族的、地区的历史恩怨与争端提供了新思路,开辟了新前景。在一个国家的框架内,通过政策和制度的调整,把过去两种完全对立的因素容纳在一起,各自进行发展,各自发挥作用,这本身就闪耀着思想的光辉。

1984年9月中英两国政府结束香港问题的谈判、签署香港问题的协议后,邓小平在中共中央顾问委员会第三次全体会议上谈到香港问题为什么能以和平方式获得解决时,总结了三个方面的原因,其中也充分肯定一国两制这一战略构想的作用。他说:"香港问题为什么能够谈成呢?并不是我们参加谈判的人有什么特殊的本领,主要是我们这个国家这几年发展起来了,是个兴旺发达的国家,有力量的国家,而且是个值得信任的国家,我们是讲信用的,我们讲话是算数的。……当然,香港问题能够解决好,还是由于一国两制的根本方针或者说战略搞对了,也是中英双方共同努力的结果。"③

斯人已逝,精神犹在。当人们今天看到社会主义与资本主义两种制度同处于一个屋檐下相得益彰、相互辉映时,都不得不感叹:一国两制实在是中国海纳百川包容力的最有力体现,中国坚持以人为本宗旨的最有力体现,中国古典东方智慧在新的历史条件下的最有力最生动体现,自然也是中国对人类社会政治发展所作出的最重大贡献。

---

① 《邓小平文选》第3卷,北京:人民出版社1993年版,第84页。
② 中共中央文献研究室编:《邓小平年谱》,北京:中央文献出版社2004年版,第1019页。
③ 《邓小平文选》第3卷,北京:人民出版社1993年版,第85页。

第十章 从革命理想主义到政治现实主义

践行这一方略，保证中国有了一个比较安宁的周边环境，全面加强了同周边国家和地区的睦邻友好关系

1978年底决定把精力集中于国内经济建设后，中国十分需要有一个和平稳定的周边环境，中国经济社会发展的成功将在很大程度上取决于与周边国家关系的稳定。然而，此时的中国周边情况却并不尽如人意，地区安全形势还相当严峻。

中国是世界上邻国最多的国家，与中国接壤和隔海相望的周边邻国达20多个，超过了亚洲国家的半数。这些国家的政经制度、文化传统、宗教信仰以及大小强弱都不尽相同，情况十分复杂。人类的历史证明，地理位置和距离可以极大地影响国家的行为。邻居之间接触比较多，发生摩擦的机会也比较多。一个半世纪以来，世界上大约有50%的军事冲突就发生在邻国之间。如果一国感到自己受到邻国的威胁，那么它就会根据"我的敌人的敌人就是我的朋友"这个古老格言行事，进一步加剧紧张局势。

新中国成立后的前30年，周边是不安宁的，曾多次把中国卷入兵戎相见的冲突与争端之中。因为存在着这种或那种历史遗留与现实问题，中国在改革开放之初，苏联仍然在中苏边境陈兵百万，越南仍然在大举进攻柬埔寨，同时还不断在中越边境挑衅滋事，以致中国不得不进行一场边境自卫战争。在回顾这段往事时，邓小平曾不无感慨地对到访的联邦德国总理施密特说："你看，中国在越南的独立战争中始终支持越南，先是抗日，尔后是抗法，最后是抗美。我们向越南提供了价值200亿美元的物资，而且是在我们自己对每一个美元都需要的时候。但几年以后，越南在苏联的影响下站到了反对中国的一边，他们把数十万中国人从越南赶出来。以后，又在中越边境一再进行新的挑衅。"①

随着经济全球化的加速和各国竞相发展经济，中国与周边国家在边界、海域方面的一些争议问题也从80年代开始越来越敏感。在南海，围绕海洋划界、岛礁归属、资源开发和渔业而引起的摩擦频繁发生，一次又一次地将这个世界上涉及国家最多、纠葛最复杂的海洋推入人们的视线。尽管中国一直

---

① 泽明等编：《外国首脑文集》（上册），北京：中华工商联合出版社1997年版，第293页。

采取忍让克制态度，希望有关争议留待将来去解决，但由于南海隐藏着巨大的经济利益，有若干相关国为争夺资源大有时不我待之势，这就使矛盾越来越尖锐，甚至有演变成冲突的可能。在东海，中日1972年建交后两国关系虽然总体上保持良好状态，但也存在着令人担忧的东海油气田等问题。在东南亚，地区各国与中国的贸易关系其实并不像人们所想象的那样紧密，甚至可以说是一种竞争中的合作关系。

还有一个心照不宣甚至永远都无法彻底摆脱的心结是，没有几个亚洲国家对中国的强大真正持欢迎的态度。许多周边国家面临中国强大时实际上处于一种极度矛盾的心态：一方面，它们希望在经济上与中国密切关系，另一方面，它们又在政治上时时提防中国、疏远中国；一方面，它们非常希望从中国经济的繁荣发展中分一杯羹，并且已经获利良多，而另一方面，它们却又在千方百计地借助或拉拢外部势力牵制与制衡中国，不愿意看到中国强大。它们对中国的迅速崛起，越来越感到不安。可以作为最新佐证的是，2009年4月中国在青岛举行庆祝海军成立60周年的海上阅兵活动后，一次邀请了29个国家的海军代表参加、原本希望展示中国海军是一支开放的和平的力量的行动，却招致了外界完全不同的解读。美国《时代》周刊网站发表文章称："中国的邻国坐不住了。它们对于北京的迅速上升虽然表面上不动声色，但私底下却日益担忧。……为应对中国的海军扩充，邻国相继开始加强舰队。"这次阅兵活动后才一周，越南就宣布向俄罗斯采购6艘基洛级潜艇。不出半个月，一份澳大利亚军队的战略扩充计划便出世了。澳大利亚政府决定，要通过加强海军和空军的实力，以保护北方的空白区域、近海和近海石油及天然气储备；在2018年前将国防预算每年增加3%，总共投入720亿美元，用于采购武器装备，包括把潜艇扩充1倍，增加100架F-35联合攻击机，购置8艘拥有潜艇察觉能力的护卫舰和3艘空战驱逐舰。5月中旬，又有两国同时对抗中国——越南16日无理抗议中国的南海休渔令；菲律宾19日高调宣布，将花费巨资升级菲律宾在南沙群岛占领的岛礁上的军用设施。与此同时，马来西亚也迅速调整和扩充了自己的潜艇计划。2010年7月，更有13国的海军聚集在美国的旗帜下，在西太平洋进行了史上最大规模的联合军演，其中半数以上是同中国保有长期关系的东南亚国家。这一系列的事态发展说明，周边国家对于中国的疑虑是一时难以消除的，它们在采取行动应对日益强大的中国时也是坚定不移的;而在它们采取行动后,中国欲在地区建立某种新的力量平衡,则又要耗费成倍的财力。

在发展的过程中,在周边和地区的安全稳定越来越重要的情况下,中国作为一个区域大国和世界大国,究竟应该如何才能处理好同周边国家的关系,做一个让邻国放心的大国?人们也许永远都无法改变邻居或者选择邻居,而可以改变和可以选择的只是自己或自己的战略。在诸多的考验和历史性课题面前,中国选择了韬光养晦、有所作为的战略方针和与邻为善、以邻为伴的周边外交政策,并且从实行改革开放的那一刻起,就开始重建与周边国家的睦邻友好关系。

一是,在同邻国的相处中不以大国自居,不谋求对地区事务和地区组织的主导权。中国始终恪守同印度、缅甸两个邻国共同倡导的和平共处五项原则,切实尊重所有邻国的独立、主权和对本国政治制度及发展模式的选择;不把自己的观点强加于人,不干涉邻国的内政及对邻国的内部事务说三道四;对邻国平等相待、尽力相帮。在东亚区域合作中,鉴于东盟是地区合作组织的先行者和牵头者,又是各类区域合作组织的基轴,中国坚持东亚区域合作以东盟为主导。这一合情合理并行之有效的主张,已成为东亚各国的共识。进入21世纪后,中国又进一步强调并恪守以"互信、互利、平等、协作"为核心的新安全观和"睦邻、安邻、富邻"的周边外交新方针,努力把与邻国的关系提升到新的高度,促进邻国关系永续健康与良性发展。

二是原则性与灵活性相结合,秉持实事求是、面向未来的态度,积极解决同周边国家的历史遗留与争议问题。中国认为,没有邻国的共同发展,任何国家都不可能持续发展;一个不和谐的亚洲,将永远没有前途,并且被别人所利用。因此,对于最尖锐最敏感的问题,中国也坚持既谨慎克制,又勇于面对,努力寻找各方都能接受的办法来加以解决。在南海,中国提出并坚持"主权属我,搁置争议,共同开发"的原则。2002年,与东盟各当事国共同签署《南海各方行为宣言》,达成了通过友好协商和平解决争议的共识,建立了有关磋商机制。这些行动清晰地表明,中国致力于通过政治和外交手段推动南海争议问题的解决和南海资源的共同开发利用。这是对各国利益的最好维护,也是与地区各国协调争端的最好方式。它有可能通过这种方式,在南海地区形成一种处理和解决摩擦与冲突的模式,推动整个地区走向更深入更合理的合作，并为亚洲未来的融合打下基础。

三是加深了与毗邻大国的关系。这是改革开放以来中国外交最为成功的篇章。苏联解体后，中俄关系实现了从友好国家关系到建设性伙伴关系再到战略协作伙伴关系的跨越。两国领导人保持密切接触和磋商，人民间往来日益频繁，双方在政治、经济、科技、安全、人文、国际等各个领域的合作富有成效并不断加强。边界问题的最终解决，彻底清除了干扰两国关系的最大障碍。双方签署的《中俄睦邻友好合作条约》，将两国"世代友好、永不为敌"的愿望用法律形式固定下来，推动各方面的合作进入快车道。在21世纪，如果说中、美、欧（含俄罗斯）是最重要的全球大三角关系，那对于亚洲来说，中、日、印就是最重要的亚洲大三角关系。因此中国历来重视并务实发展同日、印两国的关系。尽管日本在侵华战争问题上一直回避其历史责任，不少右翼政治家对中国怀有很深的敌意，但中国并不把日本看作主要安全威胁，日本也明白永远都不可能通过对中国的战争来达到它过去所没有达到的目标，因此两国关系在20世纪70年代初建交后在各个方面都获得了重大发展。特别是2008年两国签署全面推进战略互惠关系的联合声明后，中日关系进入新的发展时期。现在，中国超过美国成为日本的第一大贸易伙伴国，日本成为仅次于美国的中国第二大贸易伙伴国，同时是中国最大的外资来源国。中印作为世界上两个最大的发展中国家，认真吸取了历史上的经验教训，已就解决边界问题达成政治框架，建立了特别代表磋商会晤机制和边境地区信任措施，以确保边界的和平与安宁。进入新世纪后，双方都把与对方的关系定位为自己最重要的双边关系之一，推动两国的政治互信与经济合作向纵深发展。特别是，两国充分利用"金砖四国"等新兴大国合作机制，在应对国际金融危机、气候变化等全球性突出热点问题上采取共同立场和协调行动，推动了这些问题朝着正确的方向解决。

四是积极同边境地区各国开展区域合作，取得实质性成果。在东亚形成的以东盟为核心的多层次合作机制，包括东盟分别与中、日、韩构建的"10+1"机制，东盟与中、日、韩构建的"10+3"机制，东盟与中、日、韩加上印度、澳大利亚、新西兰构建的"10+6"机制，中国都积极参与其中并尽力推动所有这些合作机制取得进展。在中亚，中国是上海合作组织的主要创始国之一。中国高度重视和大力支持上合组织的发展壮大，为其建设和发展倾注了大量心血。随着其合作不断扩大与深化,上合组织将为保障地区的和平、安全与稳定,促进成员国的共同发展与繁荣发挥愈益重要的作用。

五是以实际行动支持邻国的发展。1997年亚洲金融危机爆发时,中国同韩国、马来西亚、印尼等国签署了总额达6500亿人民币的双边货币互换协议,为其提供流动性支持,缓解其资金短缺压力。为因应2008年国际金融危机,积极推动建立拥资达1200亿美元的亚洲外汇储备库,其中中国出资384亿美元,占总资金的32%。中国还出资100亿美元成立"中国—东盟投资合作基金",用于双方共建基础设施的投资项目,并决定从2009年起的3年至5年内,向东盟国家提供150亿美元的信贷。对中亚地区国家,中国先后为上合组织框架内的经济合作提供109亿美元的优惠买方信贷支持。同巴基斯坦、朝鲜开展互惠经济合作,巩固了传统友好关系。此外,中国还为周边发展中国家提供经济支持,宣布减免柬、老、缅、越4国的债务,为部分国家对华出口提供特惠关税,在多数东盟国家进行了大量援建项目等。

务实的政策,真诚的行动,产生的效果也是明显的。不仅从总体上维持了周边环境的和平稳定,为中国获得一个宝贵的发展期提供了外部条件,而且推动中国同周边国家的合作关系不断向前发展,日益显现出双赢的效果。目前,虽然在中国与周边国家的关系中还存在着这样那样的一些问题,但随着双边关系的不断加强和区域合作的不断深化,前景仍然是广阔和光明的。

践行这一方略,促使中美关系在跌宕起伏中不断向前,形成了比较紧密和日臻成熟的大国关系

1979年1月1日,在经过了30年的敌对状态之后,中华人民共和国与美利坚合众国终于建立了正式的外交关系。这是奉行改革开放方针后中国在外交上采取的第一个重大行动。但是,两国敌对状态的结束却并不意味着两国蜜月期的到来。尽管中美关系目前已成为世界上最重要的一对双边关系,也是最为成功的一对双边关系,但建交后两国关系是在风雨中前行的,经历了大起大落。

1979年到1989年政治风波前,中美关系的发展还属正常。在冷战持续进行和中国推进改革开放的背景下,两国对对方都有比较正面的定位,美国视中国为友好的非盟国，中国视美国为抗衡苏联霸权和实现经济目标的伙伴。双边关系在这一时期呈现出淡化政治分歧、注重战略与经济合作的特点。但是，自1989年6月北京政治风波后，中美关系即进入跌宕起伏期。

美国把中国政府在1989年政治风波中采取的行动看作是对西方政治制度和价值观的最大挑战，事发前即通过各种途径进行干涉，对事态扩大起到推波助澜的作用；事发后又急剧恶化对华态度，率先对中国实行制裁，致使中美关系陷入低谷。接踵而至的冷战终结，等于给两国的战略合作画上了句号。转瞬间，中国便成了美国的政治对手，在战略合作时期那些曾被置于次要地位的分歧——人权、宗教、言论自由等等，均被美国凸显出来，作为向中国施压的武器。而在涉及中国核心利益的领土、主权问题上，美国也越来越肆无忌惮，公然于1992年向中国台湾出售150架F-16战斗机，进一步把两国关系推向了困境。虽然老布什向以"中国人民的朋友"自诩，却恰恰在他担任总统期间，中美关系经历了建交以后最漫长的困难时期。

在克林顿总统第一任期内，美国继续在人权与台湾问题上向中国施压，中美关系仍然处于冷却时期。但是，由于这一时期中国发展势头迅猛，综合国力节节攀升，而美国在这一时期试图建立单极世界的种种努力不断受挫，同时还要应付各种新出现的挑战，于是不得不重新思考对中国的政策。在这一背景下，中美两国最高领导人在1997年、1998年实现互访并发表联合声明，确认双方"致力于发展建设性的战略伙伴关系"，才走出1989年北京政治风波后的阴影，重新实现两国关系正常化。

小布什就任美国总统后，中美关系经历了又一次重大起伏。新世纪初，美国新保守主义力量得势，对外采取咄咄逼人的态度。2001年4月初发生的中美撞机事件，更为顽固坚持冷战思维的美国政客制造"中国威胁论"提供了口实，使中国被认为是美国的主要竞争对手和潜在威胁，导致两国关系再度陷入紧张状态。只是当"9·11"事件发生后，美国调整全球战略，把反对恐怖主义和防止核扩散作为主要目标，越来越需要借助中国，才逐步改善对华关系。

从以上过程不难看到，中美两国关系的复杂之处在于，这种关系从来就不是单纯的双边关系，而是与国际政治紧密地联系在一起的。建交30多年来两国关系一波三折，发生几次重大转折，都与国际形势变化有关。即使1972

第十章 从革命理想主义到政治现实主义

年尼克松总统访华,历史性地开启新的中美关系,在很大程度上也是由当时的国际战略格局所致。20世纪70年代初,尼克松觉察到苏联已成为一个"非常强大、有力和咄咄逼人的竞争者",为了削弱苏联营垒,壮大自己的资本,美国需要改善对华关系。同时,美国当时还深陷越南战场,以基辛格为首的一些政治精英认为,向中国开门可能帮助结束这场灾难。加之,在珍宝岛事件后,中国也感到自己的安全受到苏联的威胁,愿意改善中美关系以增强抗衡苏联的地位。所以,尼克松访华实际上是在战后国际形势发生重大变化的情况下,为了共同对付苏联扩张,中美两国调整外交政策的产物。

中美两国关系的主要症结在于,在对待中国的问题上,美国始终存在着两种错误的观念:一是冷战思维,按政治制度和意识形态划线,认为中国是共产主义国家,就必然是美国的敌人;二是霸权思想,容不得新兴力量出现,认为中国强大后,必然要挑战美国的世界霸主地位。中美两国建交后之所以摩擦和麻烦不断,难以建立政治和战略互信,其深层次的原因都是这两种错误观念在作怪。这种根深蒂固的政治成见和偏见,是中美两国关系的大敌,它无端地给两国关系制造了种种障碍。

中美两国关系的重要之处在于:对中国来说,中美关系的状况可能决定着中国未来的发展。在新世纪,中国的机遇有赖于中美关系,中国的麻烦也可能来自于美国。所以江泽民指出:"中美关系关乎我国外交全局,关乎我国政治、经济和国家安全的战略利益。"①对美国而言,无论是美国国家利益的实现,还是美国世界作用的发挥,也都越来越取决于与中国的合作,最明智的、最符合美国国家利益的对华政策,就是扩大与深化同中国的合作。而对于国际社会而言,中美两国的关系朝着积极合作的方向发展,不仅符合双方的共同利益,影响两国人民的福祉,而且也关系到整个世界的和平与发展。完全可以说,21世纪的世界政治是以对抗为主还是由合作主导,在很大程度上将取决于中美关系的性质。正如奥巴马在中美举行首次战略与经济对话前强调两国关系的意义和价值时所指出:"美中关系将塑造21世纪。"②

在如此复杂、困难而又重要的情况下,为了维护中美关系的大局,既为自己的经济社会发展争取有利的国际和平环境,又为世界的和平与发展作出

---

① 《江泽民文选》第2卷,北京:人民出版社2006年版,第203页。
② 马振岗:《对中美关系的热期盼与冷思考》,载《国际问题研究》2009年第5期,第5页。

一个负责任大国的积极贡献，中国在处理同美国的关系和两国面临的问题时，可以说，一贯采取了最为克制的态度、最为务实的政策、最为有利于双方利益的行动。

中国早已向全世界庄严宣告：中国永远不称霸。这不是一个国力强不强、国力允许不允许的问题，而是由中国国家的性质所决定的，由中华民族的历史文化传统所决定的。中国不称霸，就意味着不与美国对抗，意味着美国不会面临来自中国的安全威胁，意味着中美之间不存在不可调和的国家利益矛盾。事实上，即使在美国极度敌视中国的时期，中国政府也曾一再明确表示，"中国人民同美国人民是友好的"，"中国不会主动挑起对美国的战争"。1989年政治风波后，中国处于以美国为首的整个西方国家的全面制裁之中，邓小平在会见来访的美国前总统尼克松时仍然说："中国没有做任何一件对不起美国的事。"①

中国积极参与现存国际体系，并致力于在其中发挥建设性作用。与苏联根本不同，中国选择参与现存国际体系是接受这个体系，而不是作为力量的一极而另立体系。这就在很大程度上避免了同美国的冲突。同时，中国在现存国际体系中追求的是共赢和多边合作，而不赞成单边主义和传统的以政治、军事外交作为先导的手段。在解决全球性问题时，中国一向积极主动地扮演负责任大国的角色，既不当挑战者，也不盲目追随。这不仅使中国在处理对外关系时可以有更多的选择，同时也有利于推动国际社会在决定人类共同问题时朝着更符合大多数人利益的方向努力。

中国在对待中美两国的关系时还考虑到，中美两国的社会制度不同，意识形态相异，价值观念和道德规范也有差别；同时，由于中美处于不同的经济社会发展阶段，面临的历史任务和现实挑战不完全一致，考虑的问题和处理问题的方式也难能相同，因而在处理两国的分歧和矛盾时，也极力避免情绪化和民族主义选择。今天，民族情绪不只是存在于中国的政治精英和知识分子中，它已广泛渗透到全社会，早已是一种群众性现象，已经在越来越大的程度上决定着世界上人口最多的国家的思想方式和政府行为。可以说，为了改善中美关系，中国也在这方面付出了更大的耐心和更多的努力。

---

① 《邓小平文选》第3卷，北京：人民出版社1993年版，第331页。

第十章 从革命理想主义到政治现实主义

目前,虽然中美两国的关系中还存在着这样那样的矛盾和问题,也可能摩擦和麻烦永远都不会停止,但是,在经历了风雨和混合着竞争与合作的互动之后,两国的关系毕竟已经上了一个新台阶。双方现在已经能够比较实事求是地看待两国关系,承认双方既存在不同与差异,也具有广泛而重要的共同利益;能够实事求是地推进互利合作,在维护和寻求自己的利益时也考虑对方,努力谋求双方利益的最佳汇合点;能够比较实事求是地对待和处理双方的分歧,本着面向未来的态度,不断开拓和发展新的合作领域和具体内容。在政治上,两国首脑联络频繁,业已展开战略—经济对话,政府和民间都形成了全方位、多层次的交流机制。在经济上,双边贸易已经达到3300多亿美元的年度规模,中国是美国债券的最大持有国,双方形成了真正意义上的深度相互依赖。在安全上,两国正通过在朝核、伊核、反恐等方面的共同努力,摸索合作之道。尽管未来的道路不会平坦,但航路已经开通,并且在处理两国关系的危机方面积累了丰富经验。无论如何,中美关系都已成为当今世界最值得期待的一对双边关系。这也正是中国30年来奉行邓小平外交方略的重要意义所在。

1998年8月,中国第九次驻外使节会议在北京召开,江泽民在出席这次会议时说:"在世纪之交的重要历史时期,我们要坚定不移地贯彻邓小平外交思想,始终不渝地奉行独立自主的和平外交政策……努力为实现我国社会主义现代化建设的战略目标营造一个更为良好的周边环境和国际环境。首先,要继续长期坚持冷静观察、沉着应付、绝不当头、有所作为的战略方针。要韬光养晦,收敛锋芒,保存自己,徐图发展。"①

在这里,江泽民把贯彻邓小平的外交思想作为中国新世纪对外交往的第一条要求提出来并且强调要坚定不移、继续长期坚持,这无疑是极富政治和战略远见的。历史的大转变时期和大变革时期,通常也是需要大智慧的时期。在新的世界格局向纵深演化时,在国家急速转型和发展时,在战略上尤其应该谨慎。邓小平的外交思想是建立在深刻洞察和科学把握内外现实环境与未来发展趋势之上的,具有强大的生命力。在新的世纪里之所以要坚定不移、继续长期坚持,有着历史和现实的必然。具体说来,应该有以下一些主要

---

① 《江泽民文选》第2卷,北京:人民出版社2006年版,第202页。

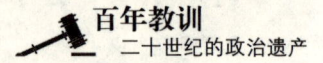

原因。

一是由中国仍然处于不发达状态的现实国情所决定的。

改革开放30多年来，中国的经济发展虽然取得了骄人的成绩，但并未改变中国社会处于现代化初级阶段的根本属性。在未来一个相当长的时间里，中国都将是一个人口大国，经济小国。不管多么庞大的财力物力，只要平均到人头，就成为很低很低的人均水平。

美国《纽约时报》2008年8月19日刊登的分析家文章即指出：有人说中国将追上美国，但简单的理由可以说明这不可能很快实现。对一个经济上欠发达的大国来说，要想在人均收入上追上世界头号大国往往需要很长时间，甚至100多年。19世纪时，美国经济增长率比英国高得多，然而直到一战时才追上英国。日本在明治维新时期走上现代化之路150年后，尽管名义上追上了美国，但就购买力水平来说，日本人均GDP仍只相当于美国的80%。而且美国也并非停滞不前。事实上，从1990年到2007年，美国人均收入的增长速度几乎比所有其他大国都要快。即使假定两国都保持现在各自的增长率向前发展，到2100年，扣除物价因素后中国人均GDP将不超过4万美元，而美国几乎达到65万美元。中国的起点目前是人均收入1000美元，而美国的起点是4.3万美元。如果到2100年，中国人口还像现在一样是美国的4倍，那中国的人均GDP将不可能追上美国的人均GDP。所以，不管从绝对意义上还是从相对意义上来看，中国在GDP上都不可能很快超过美国。也许会出现一个中国的世纪，但这会发生在22世纪，而不是21世纪。

2009年6月，就在"金砖四国"领导人峰会召开前夕，瑞士某著名金融机构也举办了一个以来自"金砖四国"的代表为主的论坛。会上发生了一个小插曲：当驻瑞士苏黎世州银行北京代表处的首席代表习惯性地用英文"golden bricks"（金砖）来介绍"金砖四国"时，与会者茫然，不知所指为何物。介绍者这才意识到，国际上一直用"砖头"一词（BRIC与brick同音）来表述巴西、俄罗斯、印度与中国这四个国家，但在"砖头"前面并没有"金"字。因为在西方经济学家眼里，这四个国家只不过是普通的"经济四强"而已。这个插曲多少反映出人们对当前经济状况的不同心态："金砖四国"视自己为"金"，而其他国家则未必这样看。事实上，西方一直是把"金砖四国"和其他一些发展中国家统称为"新兴市场"或"新兴国家"，而把那些老牌西方工业国家统称为"成

第十章 从革命理想主义到政治现实主义

熟市场"。之所以把"金砖四国"和其他发展中国家称为"新兴市场"或"新兴国家",是因为这些国家的经济社会发展还存在着不完善、不健全和不平衡,在法制、经济结构、社会公德和企业的社会责任感等方面,相对于西方"成熟市场",都还存在很大的差距。即便在经济总量上,"金砖四国"的整体实力也与西方发达国家相距甚远。依照美国中央情报局的统计,"金砖四国"2008年的GDP总量合计约为8.88万亿美元,仅相当于美国(14.33万亿美元)的62%、七国经济体(32.72万亿美元)的27%。特别是,作为经济发展原动力的核心技术、尖端技术,基本上都掌握在西方发达国家手里。这是包括中国在内的发展中国家不得不长期面临的严酷现实。

所以,中国虽然现在不再贫穷,但却远未富裕和强大。中国现有的成就同中国的远大目标相比,同人民对美好生活的期待相比,还差得很远,决不能因为改革开放30年来取得的这些进步就自恃强盛。

二是有中国未来发展之路上面临诸多拦路虎的原因。

在可预见的将来,中国不但在经济社会发展水平方面还处于初级阶段,而且在经济社会结构方面还将处于转型阶段,并且这种转型是在多个层面同时进行的。这分明是在警示国人,未来的道路绝非坦途。

2009年中华人民共和国成立60周年前后,国际媒体纷纷刊发评论员文章,谈了对中国的认识——确切地说,是发人深省的忠告。尽管这些言论中难免有不少差错或偏激成分,但读一读这些来自另一视角的中国观是绝没有坏处的。

澳大利亚《澳大利亚人报》以《前路漫漫》为题发表评论员文章称:"不可否认,自从五星红旗于1949年10月1日在北京升起以来,中国共产党极其成功地改变了这个国家。……与革命前相比,普通百姓当前的生活质量绝对有所改善。预期寿命增加了一倍,人口增加了将近两倍,粮食产量则增加了三倍多。由于制造业飞速发展,中国经济减少了对农业的依赖。几十年间,中国在世界贸易中所占的份额从1%增加到8%以上。根据世界银行的统计数据,按购买力平价计算,中国的人均GDP从1977年的不足200美元提高到了2003年的4990美元。""这样的惊人成就令许多西方国家不安。不过,如果不了解情况,就很容易言过其实。……中国共产党的挑战是扩大财富的覆盖范围,确保沿海制造业大省的繁荣能扩展到内地农村,并且保护民众免受权贵的贪婪行为的侵害。共产党绝不能再让普通百姓感觉受到剥削了。""在国庆60周年之际，这个人民共和国已经把1949年的那个贫穷国家远远抛在了身后，但长征尚未结束。"①

墨西哥《宇宙报》发表了一篇题为《中国革命尚未成功》的文章，说："60年前，毛泽东宣布中华人民共和国成立，随之而来的一系列政策取消了分割社会的精英阶层。然而随着中国经济的蓬勃发展，新的特权阶层重新建立，这样的社会形势已经引发了人民群众的不满情绪。""在国际政策领域，中国已成为一支可以与美国抗衡的力量，尤其是在军事力量和政治影响力方面，中国的世界大国角色毋庸置疑。""但60年后的今天，腐败和在财富分配方面屡屡无法兑现的承诺使中国社会处在紧张状态中，随时威胁着稳定大局。"②

英国《金融时报》发表的文章称："在准备以盛大的阅兵展示中国的实力之时，这个国家显然已经走出全球危机，而且大大提升了自己的威望。……由于北京和上海等都市的繁华，很容易让人忘记中国有多穷。一个关于中国经济的更惊人的数据是，就人均GDP而言，中国排在前100个国家之外。国际货币基金组织的数据显示，2008年，中国排在佛得角和亚美尼亚之后，仅领先于伊拉克和刚果共和国。虽然在减贫方面成果卓著，但大多数中国家庭的日常生活仍是勉强度日。""虽然社会在迅速发展，但政治制度发展缓慢。共产党如何保持统治的合法性、法治如何实现以及社会如何容纳新的声音，这些棘手的问题被暂时搁置。""人们很容易按照中国GDP的增长图表——每年增长9%，无一例外——来绘制中国的崛起图。但是最好预料到，在通往'中国世纪'的道路上还有很多大的障碍。"③

俄罗斯《权力》周刊以《迎接又一个甲子》为题发表文章说："10月1日，新中国将迎来建国60年大庆。表面看来，北京在此期间取得的成就无与伦比。它从贫穷落后的农业国一跃成为世界工厂、全球第三大经济体。然而，此次经济危机也暴露出众人称羡的中国模式背后的脆弱之处。虽然中国模式在西方和俄罗斯备受追捧，但中国领导层相当清醒地意识到它的缺点以及国家所面临问题的严峻程度。早在2007年10月，胡锦涛就在中国共产党十七

---

① 《参考消息》，2009年9月29日，第16版。
② 《参考消息》，2009年9月29日，第16版。
③ 《参考消息》，2009年9月29日，第16版。

第十章 从革命理想主义到政治现实主义

大报告中历数了出口型发展模式的主要弊病,其中包括沿海跟内地、城乡居民之间生活水平差距的拉大,环境的恶化,对国际市场过于依赖,发展本国高科技产业的能力不足。""上述软肋在此次经济危机中凸显出来。……一年过去了,除去大规模的国家支出,北京并未找到新的经济增长点。"①

埃及埃菲社发表的评论员文章称:"作为柏林墙倒塌之后仍屹立不倒的共产党政权充满矛盾,但注定了要在本世纪同美国平起平坐。""邓小平开创的改革时代使中国发生了翻天覆地的变化,但根本的政治制度并没有发生变化。""中国取得的成绩是惊人的,国内贫困人口的数量从1978年的2.5亿减少到2500万。香港回归、中国加入世界贸易组织、中国人第一次太空漫步,以及北京奥运会的成功举办都是共产党政权引以为豪的大事。""但是,中国是一个充满矛盾的国家,在世界上污染最严重……快速增长的模式加大了社会的不平等现象。""60年的共产主义之后,中国政权的未来在哪里?……对摒弃了上世纪60年代的理想主义、缺乏革命热情的中国人来说,似乎出路在于缓慢的发展竞赛。"②

日本《东京新闻》在中国国庆日这天发表的文章说:"曾经被称为'东亚病夫'的中国,如今已发展成为世界性大国。中国之所以能够实现飞跃发展,是因为有共产党的坚强领导。被称为'中国速度'的迅速决策和高速发展的经济建设,使中国迅速进入了世界大国的行列。然而,中国也为迅速的经济增长付出了巨大代价。为振兴出口而向外企廉价提供土地资源和劳动力的措施,不仅导致了国土荒废而且制约了国内市场的发展。不断增长的贸易盈余带来的大量资金,一方面吹大了房地产和股市的泡沫,另一方面又加剧了贫富差别的扩大。片面地墨守成规,放弃在决策过程中民主化程序的做法,使得政治经济实权过分集中,带来了权力寻租、腐败蔓延的结果。"③

而在此前,德国外交政策协会研究所所长桑德施奈德也曾著书谈了他对中国未来发展前景的看法,说:"中国在内政问题上所面临的弹药库随时都可能爆炸。这是所有试图对中国政治进行评价的行为中所蕴含的真正危险。""中

---

① 《参考消息》,2009年9月29日,第16版。
② 《参考消息》,2009年9月29日,第16版。
③ 《参考消息》,2009年10月2日,第8版。

国只有成功消除了通往未来道路上所潜伏的危机，才会使国家真正持续地增强。"①

不能不承认，国外媒体和有识之士的这些见解，不仅在总体上是客观的、实事求是的，而且对中国所存在问题的分析、所面临风险的评估，都是很中肯、很有道理的。新中国虽然已经成立60年，但仍然处在发展中，前面的路仍然充满了未知。如若对一些矛盾和问题处置不当，就会危及稳定局面，影响发展进程。正如胡锦涛2009年11月在新加坡出席亚太经合组织会议时所指出的："60年来特别是改革开放30年来，中国取得了举世瞩目的发展成就，经济实力和综合国力显著增强，各项社会事业全面进步，人民生活从温饱不足发展到总体小康，中国社会迸发出前所未有的活力和创造力。同时，我们也清醒地认识到，中国仍然是世界上最大的发展中国家，中国在发展进程中遇到的矛盾和问题无论规模还是复杂性都世所罕见。要全面建成惠及十几亿人口的更高水平的小康社会，进而基本实现现代化、实现全体人民共同富裕，还有很长的路要走。"②

三是中国面临的国际环境和周边环境仍然是一个问题。

在国际环境方面，西方国家在意识形态上的敌视和对立将会使中国同西方的关系面临长期的困难，甚至导致尖锐的冲突。尽管在苏联崩塌之际，西方学者曾称"意识形态的战争已经终结"，但现实国际政治生活中远不是这么一回事，且还不谈此番话的背后所隐藏着的胜利者的傲慢。

历来，以美国为首的西方资本主义世界对于共产主义和社会主义国家的敌意与仇视，几乎到了一种病态的程度。虽然美国的政治文化向来是以个人主义强烈、意识形态多元、信仰自由和包容忍让为特征的，但唯独将共产主义——无论是作为个人信仰、社会意识形态，还是作为政治实践——视为异端邪说，洪水猛兽，美国价值观的天敌。因此，绝对不能与之共存，必须从地球上消灭之。可以说，自十月革命胜利以来，美国就是这一思维定势和政治目标，已经贯彻了整个20世纪。在冷战中，杜鲁门主义、马歇尔计划、艾森豪威尔主义、尼克松主义、里根主义纷纷登台亮相，其根本原因也就在

---

① 《参考消息》，2007年3月15日，第16版。
② 《光明日报》，2009年11月14日，第4版。

第十章 从革命理想主义到政治现实主义

这里。

苏东剧变发生后,西方世界并没有把反共仇共抛到九霄云外,并且很快就把主要矛头对准了中国,在政治、经济、科技以及军事战略部署方面,仍然运用冷战时期所惯用的孤立、制裁、禁运、包围等遏制政策,向中国施压。

1993年2月,克里斯托弗担任克林顿的国务卿刚刚一个月,他就在一次演讲中声称:"我们的政策将是谋求促进中国出现从共产主义到民主制的广泛的、和平的演变。"①克里斯托弗的助手、助理国务卿洛德对美国的这一政策作了进一步阐述。他说:"在过去半个世纪以来,美国曾在亚洲打过3场战争。我们在那里拥有持久的安全利益。……但是世界上最后5个共产党政权中的4个,与其他一些压迫政权一起,在一个被扭曲的时代里仍然困守在亚洲。"②"因此,我们面对的政策挑战,是既要与这个重要国家交往,又要把我们所承担的促进国际价值观念的责任这两者结合起来。……应当对北京实行一种微妙的政策,直到中国出现一种更为人道的制度。"③

时至2002年,美国总统小布什与到访的俄罗斯总统普京在谈到世界面临的威胁时,更是直言不讳地讲道:"从长远来说,我们的问题在中国。"④

从以上这些可以清楚地看到,在美国的政治目标中,中国是社会主义和共产主义的最后堡垒,是必须促使其发生变化的。虽然纽约"9·11"事件发生以来,由于力不从心,一时难以将战略重点放在意识形态斗争上,但这丝毫不意味着美国在反共仇共上会软化立场或改变立场。现在的"失忆"只不过是暂时的,是一种策略。一俟腾出手来,还可能会变本加厉。殊不知,伊拉克、阿富汗的战争还在进行,朝核危机、伊核危机还谈不上解决,美国就展开了它对中国的咄咄逼人态势吗?可以预见,这种情形今后还会长期继续,并且在特定的条件下还可能有新的发展。

此外,在周边环境方面,中国周边地区虽然保持了一个比较长的和平时期,但与一些邻国的领土和领海争议还未能解决,不可避免地会影响同有关周边国家的关系和周边环境的稳定。如果西方超级大国插手,有些矛盾则还

---

① 张海涛:《何处是美利坚帝国的边界》,北京:人民出版社2000年版,第206页。
② 张海涛:《何处是美利坚帝国的边界》,北京:人民出版社2000年版,第208页。
③ 张海涛:《何处是美利坚帝国的边界》,北京:人民出版社2000年版,第209页。
④ 于歌:《美国的本质》,北京:当代中国出版社2006年版,第176页。

会进一步上升。一旦周边环境恶化，也必将给中国的发展带来消极影响。

对于国家的安全，中国是永远都不能丧失警惕和忧患的。

四是尤其还有中国国际形象需要进一步改善的原因。

现在，中国虽然比较彻底地抛弃了历史上被指为"蛮""夷""黄祸""未开化""东亚病夫"等的帽子，国内外都在树立和谐、和平和文明的形象，但现实状况却又堪忧。在欧洲、在北美、在东亚、在南亚，中国的负面印象都不是在减少而是在增加。

2009年6月，"世界和平指数"出炉，中国排第74位，而日本却名列第7，在亚洲国家中高居榜首。这消息在网站一公布，大陆网民回帖如云，其中大都是批驳。有人称这种评比纯粹是胡说八道，还有人坚信这是西方的又一次阴谋。其实，不仅这次日本的国际形象调查在亚洲领先，过去几年来不同组织机构推出的国家形象调查，日本也都处于前列。究竟是调查确有值得商榷之处，还是国人被历史积怨蒙住了双眼而认不清日本？的确值得深思。

"世界和平指数"的发布始于2007年，由总部设在澳大利亚的国际经济与和平研究所主持。这项研究以144个国家为对象，对其国内外的争端、社会犯罪、恐怖袭击的危险性和政治稳定性等等，分别进行量化排序。参与这项研究的是全球各领域的专家和智库人士，由他们进行有关数据资料的收集、分析和最终评判。

日本这次的排名为何如此靠前？国际经济与和平研究所报告中所提出的主要理由是：日本社会稳定，诸如暴力犯罪、有暴力倾向的示威、杀人率等指标均为世界最低的国家之一；日本尊重人权，法制健全，国家政局相对稳定；日本军费占GDP的比例较低。综合起来，这份报告认为，日本既是世界经济的重要参与者，又能通过政治改革作出民主化的变化，而其民众则是良善的国际公民。

作为亚洲的两个大国，中国同日本的排名这么悬殊，这里面究竟有什么玄机？从各单项评分看，引人关注的与邻国关系一项，两国均为3分；发生对外冲突的可能性一项，两国各得1分。这说明，在对外关系方面，中日两国旗鼓相当。在军费开支占GDP比重方面，两国均为1分；在每10万人中的武装人员数量、常规武器进出口数量、重武器总量等方面，两国也各得1分。这说明，中国军事威胁在这项研究中并没有影响中国得分，中日两国是平手。

而中国的这项排名之所以落后，最主要的差距在国内因素。在所有影响排名的国内因素中，两国旗鼓相当的只有流离失所人员比率、自杀率和国内有组织冲突致死这几项，而其他各项国内评比指标——人权、社会稳定、暴力犯罪、警察比例、潜在示威、潜在恐怖行为等方面，中国都全面落后于日本。

客观冷静地看，这些分析和结论有一定道理。日本的社会诚信、贫富差距、可持续发展和公民的受教育程度等都强于中国，人与人之间的关系也更和谐，因而"和平指数"也就更高。这与 2007 年以来一些国际研究机构所发布的类似调查结果也是大体相同的。2007 年 4 月，美国《时代》周刊组织进行了世界 12 个主要国家的国家形象调查，在这项由 27 国近 3 万人参与的评比排名中，中国名列第 5，属于适度正面形象，而日本却位居第一，得分高出中国 12 个百分点。2008 年可以说是国际社会对中国的印象向负面转化的一年，多项研究表明，法国、德国、西班牙、意大利、英国、日本、菲律宾、土耳其和埃及，对中国的看法都持续恶化。而同期的一些调查又都显示，日本的形象明显好于中国。2009 年，由皮尤全球态度项目对 22 个国家进行的一项民意调查也同样显示，中国的国际形象在下滑，而日本则继续名列前茅。

尽管对于以上这些排名和指标是不能迷信的，但作为一个爱好和平、倡导和谐世界的国家，中国的"和平指数"排在日本之后，却又不能只埋怨西方不了解日本历史上的侵略罪行，因为今天的中国社会与今天的日本社会，的确尚有差距。同时，对于国际社会的不公正舆论、不友好态度，也可以不必太在意，但是，对于改善中国国际形象的努力，却又是一刻也不应该停止的。

这些年来，中国在物质发展方面取得了举世瞩目的成就，但在精神发展方面却陷入了困顿。人伦错位、义利颠倒、假冒伪劣、坑蒙拐骗、贪污腐化、谋财害命……种种破坏人与人之间的关爱和社会的安定团结之事比比皆是。念念不忘自己的国家是具有五千年历史的文明古国，却又没有把自己的文明水准提升到与文明古国地位相适应的程度。更不了解在全球化的背景下，一个现代的中国人需要的不仅仅是中国的文化，而是世界的文化；自己不仅仅是中国的一分子，而且也是世界的一分子。一方面声称中国是负责任的大国，时而夜郎自大、自我陶醉，一方面又经常表现出激烈的民族主义情绪，不会妥协和让步，不顾及他国的得失和感受，一副受害者受困者心态。根本就不懂得，一个大国同一个小国的区别，从来就不只是疆土的大小、经济的强弱，而更重要的是国家的气质、胸襟和对世界的包容。既希望向世界开放自己、宣传自己、展示自己，却又不讲究方法和效果，不懂得用国际语言去表达。一味追求声势浩大、热闹非凡，结果让人猜疑、抵触和反感，花的钱越多，起的反作用越大，还不时给人以借题发挥的机会。一味凭自己的好恶去取舍外界的信息，以为说好话的就是友人，批评的就是仇敌或别有用心，津津乐道于同别人打无价值的口水仗。凡此种种，其实都在思考和克服之列。

以色列总统西蒙·佩雷斯曾经谈到："中国从历史上看是一种文明，从地理上看是一片大洲，从政治上看是地球上人口最多的国家。……伟大的中国人民给世界提供了精神上的和物质上的文化财富，假如没有这些财富，人们将不可能描述历史的进程。……中国已经证明，可以在经济上坚如石，而在政治上柔如丝。"[①]不难看出，这其中也包括对中国国家战略的赞许。

历史总是在回应时代课题中前进。如果外交是内政的延续这种说法成立的话，那内不折腾、外不当头其实就是一体两面，它们都是由中国的国家利益、中国的改革发展所需要所决定的，都是为中国的未来服务的。新世纪的种种挑战要求，中国在未来仍然需要集中解决好国内的问题，韬光养晦，决不当头。改革开放30年来的实践业已证明，邓小平为中国制定的对外方略，不是消极无为，而是积极有为；中国未来的实践还将证明，邓小平为中国制定的对外方略，不是一时的权宜之计，而是为共和国保驾护航的百年大计。

中国应当对于人类有较大的贡献。新中国成立60多年创造的辉煌，只不过是中华民族伟大复兴征程上的一个起点。作为一个具有灿烂文明的古国和世界上人口最多的大国，在经过了19世纪以前的繁荣与停滞、20世纪的成功与挫折之后，必将在21世纪焕发出新的生机与活力，像胡锦涛所指出的那样，"在政治上更有影响力、经济上更有竞争力、形象上更有亲和力、道义上更有感召力"，奉献给世界更多的惊叹与启示。

---

① 泽明等编：《外国首脑文集》（中册），北京：中华工商联合出版社1997年版，第312—313页。

主要参考文献

1. 《毛泽东选集》第 5 卷，北京：人民出版社 1977 年版。
2. 《邓小平文选》第 1、2、3 卷，北京：人民出版社 1993、1994 年版。
3. 《江泽民文选》第 1、2、3 卷，北京：人民出版社 2006 年版。
4. 《胡锦涛〈在纪念党的十一届三中全会召开 30 周年大会上的讲话〉学习读本》，北京：人民出版社 2008 年版。
5. 《中国共产党中央委员会关于建国以来党的若干历史问题的决议》，载《三中全会以来重要文献选编》，北京：人民出版社 1982 年版。
6. 中共中央马恩列斯著作编译局编：《马克思主义经典著作选读》，北京：人民出版社 1999 年版。
7. 〔美〕菲利普·李·拉尔夫等：《世界文明史》，赵丰等译，北京：商务印书馆 2001 年版。
8. 〔英〕赫伯特·乔治·韦尔斯：《世界史纲》，梁思成等译，上海：上海世纪出版集团 2005 年版。
9. 〔美〕保罗·肯尼迪：《大国的兴衰》，陈景彪等译，北京：国际文化出版公司 2006 年版。
10. 〔英〕戴维·赫尔德等：《全球大变革：全球化时代的政治、经济与文化》，杨雪冬等译，北京：社会科学文献出版社 2001 年版。
11. 〔美〕约翰·罗尔克编：《世界舞台上的国际政治》，宋伟等译，北京：北京大学出版社 2005 年版。
12. 〔美〕加尔文·D. 林顿编：《美国两百年大事记》，谢延光等译，上海：

上海译文出版社 1984 年版。

13.〔美〕戴维·S. 兰德斯：《国富国穷》，门洪华译，北京：新华出版社 2007 年版。

14.〔英〕埃里克·霍布斯鲍姆：《民族与民族主义》，李金梅译，上海：上海世纪出版集团 2005 年版。

15.〔英〕锡德尼·维伯等：《资本主义文明的衰亡》，秋水译，上海：上海世纪出版集团 2005 年版。

16.〔美〕理查德·尼克松：《超越和平》，范建民等译，北京：世界知识出版社 1999 年版。

17.〔美〕理查德·尼克松：《1999 年：不战而胜》，王观声等译，北京：世界知识出版社 1989 年版。

18.〔美〕兹比格纽·布热津斯基：《大棋局：美国的首要地位及其地缘战略》，中国国际问题研究所译，上海：上海人民出版社 1998 年版。

19.〔美〕罗·麦克纳马拉：《历史的教训：美国国家安全战略建言书》，张立平译，北京：世界知识出版社 2005 年版。

20.〔美〕弗朗西斯·福山：《国家构建：21 世纪的国家治理与世界秩序》，黄胜强译，北京：中国社会科学出版社 2007 年版。

21.〔美〕曼纽尔·卡斯特：《千年终结》，夏铸九等译，北京：社会科学文献出版社 2006 年版。

22.〔美〕兹比格涅·布热津斯基：《大失控与大混乱》，潘嘉玢、刘瑞祥译，北京：中国社会科学出版社 1995 年版。

23.〔美〕杰里米·里夫金：《欧洲梦》，杨治宜译，重庆：重庆出版社 2006 年版。

24.〔美〕罗兰·斯特龙伯格：《西方现代思想史》，刘北成等译，北京：中央编译出版社 2005 年版。

25.〔法〕皮埃尔·勒鲁：《论平等》，王允道译，北京：商务印书馆 1988 年版。

26.〔法〕孟德斯鸠：《论法的精神》，张雁深译，北京：商务印书馆 1959 年版。

27.〔英〕汉默顿：《思想的盛宴》，王彤译，北京：九州出版社 2005 年版。

28.〔英〕格雷厄姆·沃拉斯：《政治中的人性》，朱曾汶译，北京：商务印书馆1995年版。

29.〔俄〕亚历山大·季诺维也夫：《俄罗斯共产主义的悲剧》，侯艾君等译，北京：新华出版社2004年版。

30.〔英〕埃里克·霍布斯鲍姆：《极端的年代》，郑明萱译，南京：江苏人民出版社1998年版。

31.〔美〕约翰·斯坦布鲁纳：《全球安全原则》，贾宗谊译，北京：新华出版社2001年版。

32. 陈之骅、吴恩远、马龙闪主编：《苏联兴亡史纲》，北京：中国社会科学出版社2004年版。

33. 钮先钟：《西方战略思想史》，桂林：广西师范大学出版社2003年版。

34. 王立美主编：《科学上下五千年》，北京：当代世界出版社2007年版。

35. 苏国生、张旅平、夏光：《全球化：文化冲突与共生》，北京：社会科学文献出版社2006年版。

36. 张健雄编：《列国志·欧洲联盟》，北京：社会科学文献出版社2006年版。

37. 孙士海等编：《列国志·印度》，北京：社会科学文献出版社2003年版。

38. 鲁虎编：《列国志·新加坡》，北京：社会科学文献出版社2004年版。

39. 刘杰等：《执政党与政治文明》，北京：时事出版社2006年版。

40. 胡鞍钢等主编：《第二次转型：国家制度建设》，北京：清华大学出版社2003年版。

41. 赵伯英等主编：《文化历史20讲》，北京：中共中央党校出版社2005年版。

42. 刘建武：《中国特色与中国模式》，北京：人民出版社2006年版。

43. 杨双等主编：《政坛大地震》，合肥：安徽人民出版社1993年版。

44. 房宁：《民主政治十论：中国特色社会主义民主理论与实践的若干重

大问题》，北京：中国社会科学出版社2007年版。

45. 李慎明主编：《世界社会主义跟踪研究报告——且听低谷新潮声之一》，北京：社会科学文献出版社2006年版。

46. 李慎明主编：《2005年世界社会主义跟踪研究报告——且听低谷新潮声之二》，北京：社会科学文献出版社2006年版。

47. 梁维平：《荣耀与苦难：20世纪文明的历史见证》，北京：东方出版社2002年版。

48. 李铁映：《论民主》，北京：中国人民大学出版社2007年版。

49. 燕继荣主编：《发展政治学：政治发展研究的概念与理论》，北京：北京大学出版社2006年版。

50. 许耀桐、胡叔宝、胡仙芝：《政治文明：理论与实践发展分析》，北京：中央编译出版社2006年版。

51. 王长江、姜跃主编：《世界执政党兴衰史鉴》，北京：中共中央党校出版社2005年版。

52. 吴友法：《德国现当代史》，武汉：武汉大学出版社2007年版。

53. 燕继荣：《政治学十五讲》，北京：北京大学出版社2004年版。

54. 毛磊、石光荣、郝侠君主编：《中西500年比较》，北京：中国工人出版社1989年版。

55. 陶德言主编：《20世纪纵论》，杭州：浙江人民出版社1996年版。

56. 王南湜：《从两极到中介：理论创新的辩证法》，载《光明日报》2009年6月9日第9版。

57. 张琳：《对当代资本主义的新认识》，载《理论视野》2009年第5期。

58. 陈俊宏：《论以人为本的历史定位》，载《光明日报》2009年5月26日第9版。

59. 王大卫：《日本的国际形象为何强于中国》，载《凤凰周刊》2009年第18期。

60. 倪峰：《美国在历史上如何与强权相处》，载《科学决策月刊》2006年第9期。

61. 刘树成、董山峰：《渐进式，一条符合中国国情的改革之路》，载《光明日报》2008年12月17日第5版。

62. 金灿荣：《美国市民社会与政治民主的关系初探》，载《美国研究》2001年第1期。

63. 门洪华：《国际机制与美国霸权》，载《美国研究》2001年第1期。

64. 熊志勇：《美国崛起过程中的对外策略》，载《美国研究》2006年第2期。

65. 刘金质：《关于冷战的几点思考》，载《外国军事学术》2002年第5期。

66. 刘建飞：《意识形态在美国外交政策中的地位》，载《美国研究》2001年第2期。

67. 杨玲：《当代资本主义：在借鉴中演进》，载《学习与探索》2009年第1期。

68. 许平：《60年代：西方变革向平等倾斜》，载《环球时报》2007年2月7日第11版。

69. 张太原：《德国式民主及其新问题》，载《南风窗》2009年第6期。

70. 闻一：《莫忘苏联第一的历史教训》，载《环球时报》2009年3月23日第11版。

72. 朱建新：《全球面对的核生化威胁与防御》，载《学习时报》2007年6月25日第7版。

73. 黄新初：《民族复兴的恢弘序章，改变世界的伟大征程》，载《光明日报》2009年9月29日第10版。

74. 李向前：《柏林墙与一个社会主义国家的命运》，载《新华文摘》2009年第10期。

75. 曾绍耀：《论墨西哥的政治现代化道路》，载《拉丁美洲研究》1993年第1、2期。

76. 马振岗：《对中美关系的热期盼与冷思考》，载《国际问题研究》2009年第5期。

图书在版编目(CIP)数据

百年教训：二十世纪的政治遗产 / 肖德甫著． —北京：中央编译出版社，2016.9

(大国镜鉴)

ISBN 978-7-5117-2674-2

Ⅰ．①百… Ⅱ．①肖… Ⅲ．①国际政治-研究-20世纪 Ⅳ．①D5

中国版本图书馆CIP数据核字(2015)第113617号

出 版 人：	葛海彦
出版统筹：	贾宇琰
责任编辑：	薛迎春
责任印制：	尹 珺
出版发行：	中央编译出版社
地　　址：	北京西城区车公庄大街乙5号鸿儒大厦B座(100044)
电　　话：	(010)52612345(总编室)　　(010)52612335(编辑室)
	(010)52612316(发行部)　　(010)52612317(网络销售)
	(010)52612346(馆配部)　　(010)55626985(读者服务部)
传　　真：	(010)66515838
经　　销：	全国新华书店
印　　刷：	河北下花园光华印刷有限责任公司
开　　本：	787毫米×1092毫米　1/16
字　　数：	438千字
印　　张：	27.75
版　　次：	2016年9月第1版第1次印刷
定　　价：	69.00元

网　　址：www.cctphome.com　　邮　　箱：cctp@cctphome.com
新浪微博：@中央编译出版社　　微　　信：中央编译出版社(ID：cctphome)
淘宝店铺：中央编译出版社直销店(http://shop108367160.taobao.com)　　(010)52612349

本社常年法律顾问：北京嘉润律师事务所　李敬伟　问小牛
凡有印装质量问题，本社负责调换。电话：(010)55626985